Komm.de

Deutsch und Kommunikation für berufliche Schulen in Rheinland-Pfalz

Basislernbaustein **Lernbaustein 1** **Lernbaustein 2**

Herausgegeben von:
Manfred Maier

Erarbeitet von:
Ines Hildt
Katharina Kretz
Susanne Lütkemeier-Freudenreich
Kerstin Lutter
Manfred Maier
Thorsten Möhlmann
Reinhild Vogt

Ernst Klett Verlag
Stuttgart · Leipzig

Lernbereiche

Basislernbaustein **1**

Siehe auch Lernbereiche

7 Mit Konflikten umgehen
8 Argumentieren und erörtern
9 Stellung nehmen
15 Mit Kundinnen und Kunden kommunizieren

Über Sprache und Kommunikation nachdenken

?

Sprachliche Übungen

Sprache und Kommunikation

Verhaltensregeln vereinbaren
- → Verhaltensregeln in der Gruppe
- → Arbeit mit Karten
- → Abstimmung mit Klebepunkten

Grundlagen der Kommunikation verstehen
- → Einfaches Kommunikationsmodell kennenlernen
- → Gespräche führen

In der Gruppe arbeiten
- → Gesprächs- und Arbeitsverhalten beobachten
- → Arbeitsergebnisse vorstellen
- → Rückmeldung (Feedback) geben
- → Ein Projekt planen und durchführen

Höflich kommunizieren
- → Respektvolles Sprachverhalten

Körpersprache einsetzen
- → Verbal und nonverbal kommunizieren

Verhaltensregeln vereinbaren

1

Schreiben Sie auf Karten, welche Verhaltensregeln in der Klasse gelten sollen.

BEISPIEL:
Niemand darf ausgelacht werden, wenn er etwas Falsches sagt.

a) Überlegen Sie zunächst allein (3 Minuten).
b) Einigen Sie sich mit einer Partnerin/einem Partner auf gemeinsame Verhaltensregeln (5 Minuten).
c) Einigen Sie sich in einer Gruppe mit acht Personen auf gemeinsame Verhaltensregeln (15 Minuten).
d) Einigen Sie sich in der Klasse auf gemeinsame Verhaltensregeln. Beachten Sie, dass Ihre Klassenregeln nicht gegen Gesetze oder die Hausordnung verstoßen.
e) Begrenzen Sie Ihre Verhaltensregeln gegebenenfalls auf eine überschaubare Anzahl, indem Sie z. B. die Ideen bepunkten lassen (siehe Kompetenzbox) und nur die 8–10 Regeln auswählen, die die höchste Punktzahl erreicht haben.

2

Legen Sie fest, welche Folgen Verstöße gegen die Verhaltensregeln haben, und halten Sie Ihre Ergebnisse z. B. in der Form fest, wie sie hier angedeutet ist.

Verhaltensregeln, die in der Klasse gelten	Folgen bei Verstößen gegen die Verhaltensregeln
1.	1.
2.	
3.	

3

Schreiben Sie Ihre Verhaltensregeln auf ein Plakat, das Sie im Klassenzimmer aushängen können.

KOMPETENZBOX

Arbeit mit Karten

→ Schreiben Sie auf jede Karte nur **eine** Idee, damit Sie die Karten leichter ordnen können.

→ Beschriften Sie jede Karte mit höchstens drei Zeilen.

→ Schreiben Sie groß, deutlich und in Druckbuchstaben mit der Breitkante des Stifts.

→ Heften Sie Karten mit dem gleichen Inhalt untereinander oder bündeln Sie Karten mit einem ähnlichen Inhalt und finden Sie für jedes Bündel **(Cluster)** eine Überschrift.

Die Benutzung von Karten eignet sich, wenn Ideen erst einmal ungeordnet gesammelt werden sollen.

KOMPETENZBOX

Abstimmung mit Klebepunkten

→ Bei einer Entscheidung zwischen wenigen (2–4) Alternativen und einer verhältnismäßig großen Personenzahl genügt ein Punkt pro Person zur Abstimmung.

→ Bei einer Vielzahl von Entscheidungsmöglichkeiten werden mehrere Punkte pro Person ausgehändigt, aber immer wesentlich weniger, als Entscheidungsmöglichkeiten gegeben sind, damit eine wirkliche Entscheidung möglich ist.

→ Alle Personen setzen ihre Punkte möglichst gleichzeitig.

Die **Vorteile** der Abstimmung mit Punkten sind:

→ Das Abstimmungsverfahren ist leicht kontrollierbar.

→ Das „Bild" der Abstimmung kann längere Zeit sichtbar aufbewahrt werden.

Grundlagen der Kommunikation verstehen

1

Erklären Sie anhand der Informationen in der Kompetenzbox und Ihrer eigenen Erfahrungen, was man unter Kommunikation versteht.

2

Übertragen Sie das Kommunikationsmodell auf eine Situation
a) im Straßenverkehr,
b) im Unterricht,
c) im Call-Center.

3

a) Nennen Sie je eine Situation aus Ihrer Erfahrung, in der die Kommunikation
- problemlos,
- schwierig war.

b) Erklären Sie, warum die Kommunikation wie von Ihnen genannt verlaufen ist.

4

a) Nennen Sie Personen, mit denen Sie gut Gespräche führen können, und Personen, mit denen Sie Schwierigkeiten haben, Gespräche zu führen.
b) Nennen Sie Gründe, die für das Gelingen und die Schwierigkeiten Ihrer Meinung nach maßgeblich sind.

5

Erzählen Sie, durch welche Äußerungen Sie sich verletzt fühlen.

6

Listen Sie auf, welches Verhalten Sie von Gesprächspartnerinnen oder Gesprächspartnern erwarten.

KOMPETENZBOX

Kommunikation

Kommunikation ist der Austausch von Informationen. Ein Sprecher oder Schreiber (Sender) übermittelt eine Information einem Hörer oder Leser (Empfänger). Dafür benutzt der Sender Zeichen (z. B. Wörter), die dem Empfänger über ein Medium (z. B. Stimme oder Schrift) übermittelt werden.

KOMMUNIKATIONSMODELL

Medium
(natürlich oder technisch)

Sender → Information → Empfänger
Zeichen

Das wichtigste Kommunikationsmittel für den Menschen ist die Sprache, ein Teil der Kommunikation läuft auch über die Körpersprache.
Es gibt auch andere Mittel der Kommunikation, z. B. Verkehrszeichen, Piktogramme oder akustische Signale.

Körpersprache einsetzen

KOMPETENZBOX

Körpersprache

Kommunikation geschieht nicht nur mit Worten (verbal), sondern auch durch die Körpersprache (nonverbal). Es ist nicht nur wichtig, was gesagt wird, sondern auch, wie man es sagt. Zu den nonverbalen Signalen gehören der Gesichtsausdruck (Mimik), die Haltung des Körpers und die Bewegungen von Armen und Händen (Gestik). Kleidung, Frisur, Schmuck und Geruch senden ebenfalls Signale an die Gesprächspartnerin/den Gesprächspartner.

Was man sagt, sollte mit dem übereinstimmen, was man durch die Körpersprache ausdrückt.

1

a) Beschreiben Sie die Körperhaltung der Frau auf den Bildern A und B.
b) Erklären Sie, wie die jeweilige Körperhaltung auf Sie wirkt.

2

Stellen Sie die folgenden Situationen nur durch Körpersprache dar.
A Sie freuen sich über eine unerwartete positive Nachricht.
B Sie sind enttäuscht.
C Sie warten ungeduldig auf die Bahn.

3

Arbeiten Sie paarweise. A sendet Körpersignale aus, B beschreibt die Wirkung.
Anschließend tauschen Sie die Rollen.
1 Mit den Fingern anhaltend auf die Tischplatte trommeln
2 Die Arme in Brusthöhe vor dem Körper verschränken, die Hände klammern sich jeweils an den Oberarmen fest
3 Den Kopf senken und den Blick auf den Boden richten, die Arme hängen lassen
4 Mit den Fingern an die Lippe fassen
5 Auf der Stuhlkante sitzen, die Füße nur auf die Zehen stellen und wippen
6 Sich hinter dem Ohr kratzen
7 Auf den Gesprächspartner/die Gesprächspartnerin zugehen, die Hand reichen, mit der anderen Hand den Oberarm leicht umfassen, ihm/ihr dabei lächelnd ins Gesicht sehen

4

Finden Sie jeweils eine Gesprächssituation, in der die in Aufgabe 3 aufgezählten Körpersignale angemessen wirken.

5

a) Arbeiten Sie paarweise.
A drückt ein Gefühl nur mit dem Gesicht aus, B errät das Gefühl.
b) Tauschen Sie die Rollen.

Höflich kommunizieren

1

Lesen Sie die Kompetenzbox zur Höflichkeit und beurteilen Sie, worin das unhöfliche Verhalten in der folgenden Gesprächssituation besteht.

Situation:
Eine Schulklasse wartet im Eingangsbereich eines Museums mit ihrer Lehrerin auf eine gebuchte Führung durch die Ausstellung. Es entwickelt sich ein Gespräch zwischen einer Schülerin und der Lehrerin.

Schülerin: „Wer führt uns denn durch die Ausstellung?"
Lehrerin: „Diese Dame dort drüben an der Theke."
Schülerin: *(stirnrunzelnd)* „Was, diese Alte?"
Lehrerin: *(empört)* „Mein liebes Mädchen, diese Dame ist alt und klug. Du bist jung. Ob du je so alt wirst, weißt du nicht. Sicherlich wirst du aber nie so klug werden wie diese alte Dame."
(Schweigen)

KOMPETENZBOX

Höflichkeit

Ursprünglich: das gesittete Verhalten bei Hofe

Höflichkeit ist Ausdruck von Respekt dem anderen gegenüber. Man tut etwas dafür, dass sich der andere wohlfühlt, und vermeidet alles, was den anderen herabwürdigt oder verletzt. Höflichkeit ist eine innere Haltung, die durch Freundlichkeit und andere Umgangsformen gelebt wird.

BEISPIELE:

- **Indem wir uns für etwas bedanken, zeigen wir, dass wir die Anstrengung unseres Gegenübers würdigen.**
- **Wir lassen den anderen ausreden und hören ihm aufmerksam und aktiv zu.**
- **Wir wählen Ausdrücke und Formulierungen, die sachlich und neutral sind und die Gesprächspartnerin oder den Gesprächspartner nicht angreifen und herabwürdigen.**
- **Mit unserer Körpersprache, der Gestik und Mimik unterstützen wir diese Haltung. Wir wenden uns der Gesprächspartnerin oder dem Gesprächspartner mit dem Körper zu und lächeln freundlich.**
- **Wir halten den nötigen körperlichen Abstand zum anderen ein.**

2

Erläutern Sie, warum Patricks Verhalten gegenüber Person B jeweils unhöflich ist, indem Sie sich in Person B hineinversetzen.

Situation A
Patrick erhält von Lehrer B ein Arbeitsblatt und bastelt daraus eine Papierschwalbe.

Situation B
Patrick wird von Meister B wegen seiner unsorgfältigen Arbeit getadelt. Nachdem er eine neue Tapetenbahn geklebt hat, stellt er sich neben den Meister, stößt ihn lässig mit dem Ellbogen an und sagt: „Na, das ist doch jetzt eine schöne Naht, nicht wahr?"

Situation C
Patrick sitzt beim Essen bei seiner Freundin (B) und ihrer Familie. Er sagt zu seiner Freundin: „Komm, reich mal die Salatschüssel rüber."

Situation D
Patrick betrachtet das Werkstück des Auszubildenden aus dem dritten Lehrjahr (B) und sagt: „Nach dem, was du sonst so machst, sieht das ja ganz schön aus."

Situation E

Patricks Mitschülerin B fällt oft durch ihre geschmackvolle Kleidung auf. Nach einer Präsentation erhält sie ein dickes Lob von den Beurteilenden. Patrick bemerkt nur: „Na ja, Kleider machen Leute."

Situation F

Patrick ist unzufrieden mit seiner Note, er beschwert sich bei Lehrerin B und möchte seine bisherigen Noten wissen. Lehrerin B schlägt das Notenbuch auf, Patrick stellt sich dicht neben sie und zeigt mit dem Finger auf die bisherigen Einträge.

3

Formulieren Sie, was Sie in den folgenden Situationen zur anderen Person sagen, wenn Sie sich respektvoll äußern.

Situation A

Sie hatten den Auftrag, für eine Besprechung Unterlagen zu kopieren. Da Ihnen der neue Fotokopierer noch nicht so vertraut ist, haben Sie versäumt, die Sortierfunktion einzustellen. Sie wollen Ihre Kollegin im ersten Ausbildungsjahr bitten, Ihnen beim Sortieren zu helfen, damit die Unterlagen rechtzeitig zur Besprechung beim Chef liegen.

Situation B

Sie sind Einzelhandelskaufmann im zweiten Ausbildungsjahr und leiten den neuen Auszubildenden an, den Warenbestand aufzufüllen. Sie stellen fest, dass die Regale gefüllt, aber nicht ausgezeichnet sind.

Situation C

Sie sind Einzelhandelskauffrau im dritten Ausbildungsjahr in einer Boutique. Die Kundin ist darüber verärgert, dass an dem Blazer ein Knopf fehlt und sie den Blazer nicht sofort mitnehmen kann. Weil Sie wissen, dass Nicole aus dem zweiten Jahr im Nähen geschickt und schnell ist, bitten Sie sie, das Annähen des Knopfes zu übernehmen.

KOMPETENZBOX

Respektvolles Sprachverhalten

Respektvolles Sprachverhalten zeigt sich

→ in der **Achtung der Persönlichkeit**,

» **BEISPIEL:**

„Guten Morgen, Frau Müller."

→ in der **Wertschätzung des anderen**,

» **BEISPIEL:**

„Danke, dass Sie die Post noch fertiggestellt haben."

→ in der **Betonung von Gemeinsamkeiten**,

» **BEISPIEL:**

„Danke, es ist schön, dass Sie die Arbeit so schnell erledigt haben, Nicole. Das entlastet mich sehr."

→ im **Lob** der Arbeitsleistung,

» **BEISPIEL:**

„Es war richtig, dass Sie gegenüber dem Kunden höflich und sachlich geblieben sind."

→ in **sachlicher Ausdrucksweise**,

» **BEISPIEL:**

„Würden Sie bitte ..."

„Es hilft mir sehr, wenn Sie das eben für mich erledigen."

→ in der **Formulierung offener Fragen bei Einwänden**,

» **BEISPIEL:**

„Sie haben die Tabelle in WORD erstellt und nicht mit EXCEL, wie ich Ihnen empfohlen habe. Können Sie mir das erläutern?"

→ in der **Erwähnung des Positiven, bevor Kritik** geäußert wird.

» **BEISPIEL:**

„Das Datum bei dem Termineintrag ist richtig, aber Sie haben den Wochentag verwechselt, korrigieren Sie das bitte, Sandra."

In der Gruppe arbeiten

1

Bilden Sie Gruppen von 5 bis 7 Personen und benennen Sie in jeder Gruppe 2 Beobachter/innen. Die Beobachter/innen und die übrigen Gruppenmitglieder haben jeweils gesonderte Aufgaben.

Aufgabe der Beobachter/innen
ist es, die folgenden Fragen zu beantworten:
1. Was läuft gut in der Gruppe?
2. Welches Verhalten wirkt sich negativ auf die Gruppenarbeit aus?
3. Welche äußeren Bedingungen (z. B. zu enge Räumlichkeiten, Zeitdruck) wirken hinderlich für die Gruppenarbeit?

KOMPETENZBOX

Rückmeldung durch Beobachtergruppe (Feedback)

Das Ziel einer Rückmeldung ist immer die Qualitätsverbesserung, nicht die Verletzung des anderen. Deshalb muss sie so vorgetragen werden, dass die Angesprochenen bereit sind, Verbesserungsvorschläge anzunehmen und umzusetzen.

Grundsätzlich gilt deshalb:

1. Man beginnt immer mit dem **Positiven.**
2. Man sagt, was **man** beobachtet hat, und formuliert nur Ich-Botschaften.

   Man kann beispielsweise so beginnen:
   Ich habe beobachtet, dass ...
   Mir ist aufgefallen, dass ...
   Dies hat auf mich gewirkt wie ...
3. Man nennt mindestens genauso viele positive wie negative Beobachtungen.
4. Man stellt evtl. gezielte Rückfragen.
5. Man gibt Tipps, wie **man** etwas anders machen würde (Aussagen in der Ich-Form).

Feedbackgeber dürfen nicht unterbrochen werden.

Erst am Schluss können sich Feedbackempfänger und die übrigen Beteiligten äußern.

Aufgabe der übrigen Gruppenmitglieder
ist es, die folgenden Aussagen
1. den Überschriften in der Tabelle zuzuordnen,
2. eine Rangliste festzulegen (das Wichtigste zuerst) und
3. die Aussagen jeweils zu erläutern.

Gesprächsverhalten in der Gruppe	Arbeitsverhalten in der Gruppe
1.	1.
2.	

Aussagen:
- Jeder in der Gruppe arbeitet mit.
- Jeder in der Gruppe lässt den anderen ausreden.
- Kritik an der Person wird in der Ich-Form eingeleitet („Ich habe den Eindruck, dass du ...“, „Mir ist aufgefallen, dass ...“).
- Keiner stört bei der Arbeit.
- Jeder macht sich Notizen während der Arbeit.
- Jeder versucht, etwas zum Gesamtergebnis beizutragen.
- Es wird in ganzen Sätzen geredet.
- Alle arbeiten zielstrebig auf ein Ergebnis hin.
- Wer etwas sagen will, sagt es, ohne den anderen zu unterbrechen.
- Der Umgangston ist höflich und respektvoll.
- Jeder drückt sich klar aus.
- Die Sitzordnung ist so gestaltet, dass jeder den anderen gut versteht und ihm in die Augen sehen kann.
- Man unterscheidet klar zwischen Kritik an der Person und Kritik an der Sache.

2

Bereiten Sie die Vorstellung Ihrer Arbeitsergebnisse vor, indem Sie die Anweisungen in der Kompetenzbox beachten.

3

Tragen Sie Ihre Arbeitsergebnisse in geeigneter Form vor. Die Beobachter/innen tragen ihre Ergebnisse zuletzt vor (siehe Kompetenzbox, S. 10).

4

A

a) Bilden Sie Gesprächspaare.
b) Geben Sie das, was Sie über
  - Grundlagen der Kommunikation,
  - Körpersprache,
  - höfliches Kommunizieren,
  - das Gesprächsverhalten in der Gruppe,
  - die Arbeitshaltung in der Gruppe,
  - die Vorstellung von Arbeitsergebnissen

gelernt haben, in strukturierter Form Ihrer Gesprächspartnerin oder Ihrem Gesprächspartner wieder.

5

P

Projekt:
Bauen Sie eine Brücke mit den Materialien Karton (ein Bogen Zeichenpapier DIN A2) und Klebstoff. Zur Herstellung sind Schere, Bleistift und Lineal zugelassen. Die Brücke soll nur mit Karton einen Abstand von 30 cm überspannen und so stabil sein, dass sie das Gewicht einer Getränkeflasche aushält. Stellen Sie Ihre Brücke vor und begründen Sie, warum Ihre Brücke am besten in eine zuvor festgelegte Landschaft passt. Bestimmen Sie in jeder Gruppe 2 Beobachter/innen, die notieren,

- wie die Gruppe arbeitet (Planung der Arbeit, Vorgehensweise, Durchführung),
- welche sozialen Beziehungen sich bilden (Wer entscheidet? Wer zieht sich zurück? Wer ist Ideengeber?).

Am Ende des Projekts geben die Beobachter/innen eine Rückmeldung an die Gruppe.

KOMPETENZBOX

Arbeitsergebnisse vorstellen

1. **Einführung**
   → Thema nennen, an dem gearbeitet wurde
   → Gruppenmitglieder vorstellen
   → Ablauf des Vortrags mitteilen
2. **Vortrag** der Arbeitsergebnisse
   → Klar strukturieren, sodass das Publikum dem Gedankengang leicht folgen kann
   → Inhalt veranschaulichen durch Beispiele und Visualisierungen (Kernpunkte des Gesagten müssen sichtbar sein)
   → Schwierige Begriffe erklären
3. **Diskussionsprozess** in der Gruppe
   → Mögliche Meinungsverschiedenheiten in der Gruppe nennen
4. **Beantwortung der Fragen** des Publikums
5. Hinweis auf **Weiterarbeit**
   → Aufzeigen, wie mit den Ergebnissen weitergearbeitet werden soll

Eine Stimme kann ermüdend wirken, deshalb tragen **mindestens zwei** Personen die Ergebnisse vor.

KOMPETENZBOX

Die 5 Phasen der Projektarbeit

1. **Vorarbeit**
   → Thema auswählen
   → Mitarbeiter/innen finden
   → Rolle in der Projektgruppe überlegen
2. **Planung**
   → Projekt und Adressat festlegen
   → Arbeitsmethoden und -orte bestimmen
   → Zeit- und Materialplan erstellen
3. **Durchführung**
   → Material beschaffen
   → Produkt fertigen
   → Arbeit koordinieren und reflektieren
4. **Präsentation**
   → Produkt präsentieren
5. **Auswertung**
   → Produkt und Prozess bewerten

Sprachliche Übungen

1

a) Wählen Sie die Adjektive (Eigenschaftswörter) aus den folgenden Wörtern aus und schreiben Sie sie so auf ein gesondertes Blatt, dass Sie diese noch erweitern können.

Wörter:

GERECHT AUSSAGE KRITIK VOLL TABELLEN RESPEKT REGEL WIDRIG FORM GLEICH STREBIG KRÄFTIG ZIEL ARTIG FÄHIG ZEIT

b) Schreiben Sie ein passendes Substantiv (Hauptwort) vor das Adjektiv (Eigenschaftswort), sodass ein neues, zusammengesetztes Adjektiv entsteht.

BEISPIEL:
__ *voll*
→ *respektvoll*

2

Bilden Sie Substantive (Hauptwörter) mit gleichem Wortstamm (siehe Anhang, Regel 8).

A begrenzen
B regeln
C bewerten
D abfragen
E hinweisen
F andeuten
G verstoßen
H aufbereiten
I vorstellen
J beobachten
K zielen
L diskutieren
M visualisieren
N strukturieren

3

Ergänzen Sie jeweils ein Verb (Tätigkeitswort) im Infinitiv (Grundform) (siehe Anhang, S. 269).

A Das Wichtigste zuerst __.
B In einer Tabelle __.
C Auf ein Ergebnis __.
D Kontakt zum Publikum __.
E In der Gruppe aktiv __.
F Die Regeln __.

4

Formulieren Sie ganze Sätze mit Subjekt (Satzgegenstand) und Prädikat (Satzaussage) (siehe Anhang, S. 270).

A Den anderen ausreden lassen.
B Den Redenden nicht unterbrechen.
C Sich klar ausdrücken.
D Genau zuhören.
E Zum Ergebnis beitragen.
F Höflich sein.
G Respektvoll miteinander umgehen.

5

Ergänzen Sie ein passendes Prädikat (Satzaussage) (siehe Anhang, S. 270).

A Jeder __ mit, nur er __ nicht mit.
B Keiner __ in der Gruppe.
C Ich __ mich so aus, dass mich jeder __.
D Wir __ uns so, dass wir einander __.
E Wir __ in ganzen Sätzen.
F Keiner __ den anderen.
G Ich __ anderen bei der Arbeit.
H Jeder __ seine Aufgaben pünktlich.
I Wir __ Störungen.

6

Vervollständigen Sie die Sätze und setzen Sie die Kommas (siehe Anhang, Regel 22).

A Ich habe den Eindruck dass wir das …
B Mir ist aufgefallen dass du eine Zeit lang …
C Ich beobachte dass du …
D Mir scheint dass …
E Mir fällt gerade auf dass …

7

Erklären Sie diese Begriffe und geben Sie je ein Beispiel.

A Strukturieren: …
B Visualisieren: …
C Publikum: …
D Kompetenz: …
E Feedback: …
F Tipp: …
G Projekt: …
H Ich-Botschaft: …

8

a) Notieren Sie die Wörter, die zum Wortfeld des Verbs „sprechen" gehören:
sagen, unterhalten, laufen, bearbeiten, kommunizieren, flüstern, essen, tanzen, antworten
b) Ergänzen Sie das Wortfeld durch weitere Verben.
c) Bilden Sie einen Satz mit dem Verb „sprechen".
d) Ersetzen Sie in diesem Satz „sprechen" durch zwei andere Verben des Wortfeldes.
e) Beschreiben Sie, welche inhaltlichen Unterschiede sich daraus ergeben.
f) Untersuchen Sie das Wortfeld eines Begriffs Ihrer Wahl in gleicher Schrittfolge.

9

Unterstreichen Sie Subjekt (Satzgegenstand), Prädikat (Satzaussage) und Objekt (Satzergänzung) jeweils mit einer anderen Farbe.

A So sehe ich das auch.
B Ich habe diesen Eindruck schon lange.
C Das ist mir aufgefallen.
D Du hast die Initiative ergriffen.
E Alina machte viele Vorschläge.
F Ich habe die Arbeitsweise beobachtet.
G Ich habe bemerkt, dir ist das leichtgefallen.
H Jeder unterstützte jeden, der gerade Hilfe brauchte.
I Ich hatte das Gefühl, dass bei euch ein offenes Gesprächsklima herrscht.

10

Formulieren Sie die Sätze so um, dass eine positive Hilfestellung darin zum Ausdruck kommt.

A Sprich nicht so leise.
B Zieh dich im Gespräch nicht so zurück.
C Du wirkst so unsicher, wenn du etwas sagst.
D Das hast du etwas unstrukturiert vorgetragen.
E Du hast so wenig über die Arbeit deiner Teamkollegen gesagt.

Basislernbaustein **2**

Siehe auch Lernbereiche

3 **Inhalte von Texten wiedergeben**
5 **Sich informieren**
14 **Medien kritisch nutzen**
19 **Mit literarischen Texten umgehen**

Texte lesen und verstehen

?

Texte lesen und verstehen

Lesegewohnheiten

Erfahrungen mit Lesen

Sprachliche Übungen

Das stille Lesen
→ W-Fragen beantworten
→ Arbeitstechnik

Meinungsbetonte Pressetexte
→ Glosse
→ Kommentar
→ Karikatur

Informierende Pressetexte
→ Bericht
→ Nachricht/Meldung

!

1

Erstellen Sie eine Tabelle und listen Sie Ihre Lesegewohnheiten auf.

Das lese ich			
gerne	gezwungenermaßen	flüchtig	gar nicht

2

Notieren Sie Ihre Erfahrungen mit Lesestoff.

Das Lesen fällt mir leichter, wenn …	Das Lesen fällt mir schwer, wenn …
xxx	xxx
xxx	xxx

3

Lesen Sie den Text mit der Kompetenzbox auf S. 15/16 und beachten Sie die Unterstreichungen und Markierungen sowie die Randbemerkungen zum Textaufbau.

Zeitungstexte lesen und verstehen

Klaus Zintz

Lachen macht glücklich und zufrieden

Mediziner meinen: Heiterkeit stärkt das Immunsystem[1] und fördert die Durchblutung

Morgen muss gelacht werden – zumindest wenn es nach den Gründern des Weltlachtags geht, der dann zum elften Mal begangen wird. Weltumspannend wird gelacht, besonders intensiv in Berlin, mit einem lebenden Lachsack und anderen lachanregenden Genüssen. Stuttgart war übrigens auch schon kräftig mit von der Lachpartie: In den Jahren 2002 und 2003 wurde hier der Weltlachtag im Rahmen eines Humorkongresses gefeiert.

Anlass für Veröffentlichung

Aber das Thema ist ernst, sowohl aus gesellschaftlicher wie auch medizinischer Sicht. Denn die Deutschen haben immer weniger Grund zum Lachen – oder glauben das zumindest. Jedenfalls lachen sie im Durchschnitt nur noch sechs Minuten am Tag. Im Wirtschaftswunder-Deutschland um das Jahr 1950 waren es noch sage und schreibe 18 Minuten täglich. Das sagt der Tuttlinger Lachforscher Michael Titze. Als Grund nennt er zunehmenden Druck und wachsendes Konkurrenzdenken am Arbeitsplatz: Dadurch werde die Heiterkeit im zwischenmenschlichen Bereich erschwert.

Thema

Gegenwärtige Situation

Grund

Dabei wäre diese doch so hilfreich, rein medizinisch gesehen. Lachforscher weisen darauf hin, dass ein spontaner Heiterkeitsausbruch dem gesamten Organismus[2] gut tue. Dabei werde das Immunsystem aktiviert, die Durchblutung verbessert und der Stoffwechsel angeregt. Lachen, so sagen sie, mache glücklich und zufrieden. Zudem sei es der größte Feind des Stresses, was sich darin

Bedeutung des Lachens

KOMPETENZBOX

Das stille Lesen

Das stille Lesen dient dazu, ein **Grundverständnis eines Textes** zu erlangen.

Dabei sollte man für sich folgende Fragen beantworten:

→ **Wer** schreibt?

→ **Worüber** wird geschrieben?

→ **Welche Wörter** muss ich nachschlagen, weil sie mein Textverständnis behindern?

→ **Welcher Textaufbau** ist erkennbar?

Eventuell noch:

→ **An wen** wendet sich die Autorin/der Autor?

→ **Welche Absicht** verfolgt sie/er?

Arbeitstechnik für das stille Lesen:

→ Nur das Wichtigste unterstreichen

→ Schlüsselbegriffe markieren

→ Unbekannte Wörter nachschlagen und Bedeutung (am Rand) notieren

→ Aufbau des Textes am Rand notieren

zeige, dass Stresshormone[3] abgebaut würden. Und schließlich zeigten Studien, dass Lachen das Schmerzempfinden lindern könne.

Doch bei aller Lacheuphorie[4] gibt es auch einen Wermutstropfen[5]: Das Lachen wie auch seine zaghaftere Variante, das Lächeln, müssen echt sein, um medizinisch positiv zu wirken. Denn schließlich kann der Mensch diese Gefühlsäußerung zeigen, ohne sie auch wirklich zu empfinden. Dahinter kann beispielsweise das strategische Kalkül[6] stecken, dass man einem lächelnden Menschen kaum böse sein kann – so lässt es sich zur Besänftigung eines erbosten Kontrahenten[7] einsetzen.

Einschränkung

Doch wenn man genau hinsieht, ist ein solches falsches oder halbherziges Lächeln durchaus zu erkennen: Dann sind nämlich nur die Muskeln des Mundes beteiligt, während echtes Lächeln von den Augen ausgeht. Und nur dieses Lächeln aktiviert jene Bereiche des Gehirns, die bei Glücksgefühlen aktiv sind. Bei der Lachforschung sind die Wissenschaftler zwar noch nicht ganz so weit. Aber auch hier steht zu vermuten, dass ein tiefes, herzhaftes Lachen einen weitaus positiveren Effekt hat als ein abgerungenes Lachen.

Erkennen des falschen Lachens

Stand der Forschung

Stuttgarter Zeitung, 06.05.2006

Nachgeschlagene Wörter

1 Immunsystem
= Ordnungsgefüge, das uns unempfänglich für Krankheiten macht

2 Organismus
= gesamtes System der Körperteile

3 Stresshormone
= körpereigene Wirkstoffe, die bei starker körperlicher und seelischer Anstrengung aktiviert werden

4 Lacheuphorie
= Begeisterung für das Lachen

5 Wermutstropfen
= bezogen auf die Bitterstoffe in der Gewürz- und Heilpflanze Wermut: etwas Schmerzliches zwischen sonst sehr Schönem

6 Strategisches Kalkül
= im Voraus genau geplante Berechnung

7 Kontrahent
= Gegner

4

Entscheiden Sie, welche Aussage zutreffend ist.

A Der Artikel „Lachen macht glücklich und zufrieden" wurde von der Stuttgarter Zeitung am 06.05.2006 verfasst.
B Der Artikel „Lachen macht glücklich und zufrieden" wurde von einer Presseagentur verfasst und von Klaus Zintz in der Stuttgarter Zeitung am 06.05.2006 veröffentlicht.
C Der Artikel „Lachen macht glücklich und zufrieden" wurde von Klaus Zintz geschrieben und am 06.05.2006 in der Stuttgarter Zeitung veröffentlicht.
D Der Artikel „Lachen macht glücklich und zufrieden" wurde von Journalisten der Stuttgarter Zeitung am 05.05.2006 geschrieben und veröffentlicht.

5

Nennen Sie die Aussagen, die mit dem Inhalt des Textes übereinstimmen.

A Den Weltlachtag gibt es seit 1996.
B Die Deutschen haben nichts mehr zu lachen.
C 18 Minuten sollte man täglich lachen.
D Lachen kann das Immunsystem ausschalten.
E Durch Lachen wird Stress abgebaut.
F Lächeln ist medizinisch schädlich.
G Es fällt schwer, einem lächelnden Menschen böse zu sein.
H Die Augen verraten, ob jemand herzhaft oder gezwungen lacht.
I Es ist wissenschaftlich erwiesen, dass echtes und abgerungenes Lachen dieselbe Wirkung haben.

6

Entscheiden Sie, welche Erklärung richtig ist.

A Lachanregende Genüsse
- **1** Das Lachen, das Genüsse bereitet.
- **2** Genüsse, die zum Lachen anregen.
- **3** Das Lachen regt Genüsse an.

B Erboster Kontrahent
- **1** Zorniger Gegner
- **2** Eher böser Gegner
- **3** Zornig gewordener Gegner

C Abgerungenes Lachen
- **1** Das Lachen ist einem vergangen.
- **2** Erzwungenes Lachen
- **3** Unterbrochenes Lachen

7

Ordnen Sie die folgenden Überschriften jeweils einem der 5 Abschnitte des Textes zu.

A Der medizinische Nutzen des Lachens
B Was ein falsches Lachen bewirken kann
C Wie man falsches Lachen erkennt
D Die Feier des Weltlachtags
E Die Entwicklung des Lachens in Deutschland

8

Notieren Sie jeweils die richtige und passende Begründung zu den folgenden Aussagen.

Aussagen
A Nach Ansicht eines Lachforschers lachen die Deutschen weniger, …
B Spontane Heiterkeit tut uns gut, …
C Auch ein berechnendes Lächeln kann wirkungsvoll sein, …
D Das echte Lächeln lässt sich vom halbherzigen Lächeln unterscheiden, …

Begründungen
1 weil beim halbherzigen Lächeln zwei Gesichtspartien beteiligt sind.
2 denn kaum jemand kann einem lächelnden Menschen böse sein.
3 weil beim halbherzigen Lächeln nur eine Gesichtspartie beteiligt ist.

4 weil der wirtschaftliche Druck auf den Einzelnen zugenommen hat.
5 weil wir glücklich und zufrieden sind.
6 denn medizinisch lässt sich das nicht beweisen.
7 weil die zwischenmenschlichen Beziehungen erschwert sind.
8 weil dadurch alle Organe des Körpers aktiviert werden.

KOMPETENZBOX

Informierende Pressetexte

NACHRICHT

→ **Information über aktuelle Ereignisse (Beantwortung der W-Fragen) in knapper Form (Umfang ca. 10–20 Zeilen), sehr sachlich in der Sprache**

MELDUNG

→ **Kurzform der Nachricht (bis ca. 10 Zeilen)**

BERICHT

→ **Langform der Nachricht (über 20 Zeilen)**

→ **Der Bericht zeigt Zusammenhänge, Hintergründe und Auswirkungen auf, ist anschaulich geschrieben.**

REPORTAGE

→ **Tatsachenbetonter, aber aus subjektiver Sicht geschriebener Erlebnisbericht**

→ **Die Reportage dient der Information und Unterhaltung und enthält deshalb auch anregende, interessante Einzelheiten.**

9

Führen Sie die drei Sätze fort.

Um den Text zu verstehen, muss ich nicht wissen,
A was ein „Humorkongress“ ist. Es genügt, wenn ich weiß, dass …
B was man unter „Wirtschaftswunder-Deutschland“ versteht. Es genügt, wenn ich weiß, dass …
C wer Michael Titze wirklich ist. Es genügt, wenn ich weiß, dass …

10

Begründen Sie, um welche Art von Zeitungsartikel es sich bei diesem Text (S. 15/16) handelt (siehe Kompetenzbox).

11

Lesen Sie den folgenden Text.

Besserer Schutz für Stalking-Opfer

BERLIN (DDP). **Der Bundesrat hat gestern einen wichtigen Gesetzesbeschluss gefasst. Stalker werden künftig schärfer bestraft.**

Stalker, die anderen Menschen nachstellen, auflauern oder sie etwa durch Telefonate belästigen, können künftig mit bis zu drei Jahren Haft bestraft werden. In schweren Fällen, in denen das Opfer in Lebensgefahr gebracht wurde, droht eine Strafe von bis zu fünf Jahren Haft; kommt das Opfer durch das Stalking ums Leben, wird die Tat mit bis zu zehn Jahren Gefängnis bestraft. Besonders gefährliche Täter können auch vorbeugend in sogenannte Deeskalationshaft genommen werden.

Stuttgarter Zeitung, 17.02.2007

(to) stalk (engl.)
= sich an jemanden anschleichen
Deeskalation
= stufenweise Abschwächung

12

Entscheiden Sie, welche Antworten richtig sind.

Stalking-Opfer sind Menschen, die ...

A anderen nachstellen oder auflauern.
B belästigt werden.
C andere in die Enge treiben.
D mehr oder weniger großem Terror ausgesetzt sind.
E andere Menschen zum Mobbing verführen.

13

Entscheiden Sie, welcher Satz richtig ist, und führen Sie ihn mit dem Inhalt des Textes sinnvoll weiter.

A Die Bundesregierung brachte ein Gesetz ein, das ...
B Der Bundestag verabschiedete ein Gesetz, das ...
C Die Regierung machte ein Gesetz, das ...
D Der Bundesrat stimmte einem Gesetzesentwurf zu, der ...
E Der Bundesrat schlug ein Gesetz vor, das ...

14

Begründen Sie, um welche Art von Zeitungsartikel es sich bei diesem Text (S. 18) handelt (siehe Kompetenzbox).

15

Lesen Sie den folgenden Text und bearbeiten Sie ihn auf einer Kopie in der Form, wie der Text S. 15/16 bearbeitet ist.

Die andere Meinung

Ursula Ott

Über-bewertet!

Neulich an einer Autobahn-Tankstelle: Gedankenverloren steigt man aus seinem Auto aus und will automatisch zur Zapfpistole greifen, als hilfsbereit ein junger Mann in top gebügeltem Blaumann herbeieilt. „Darf ich?" Klar darf er sich statt meiner die Finger schmutzig machen und meinen Wagen volltanken.

Irritiert bin ich erst, als er mir einen Zettel in die Hand drückt. „Waren Sie mit meiner Leistung zufrieden?" Dann – aber nur dann – möge ich an der Kasse einen Euro für ihn abgeben.

Ja, klar, Dienstleistungsgedanke, Vorbild Amerika. Muss man jetzt wohl gut finden, aber mich hat's beschämt. Was soll ich diesen netten jungen Kerl denn benoten? Vor allem: Was soll er denn falsch machen beim Tanken – den Deckel vergessen? Statt Diesel Super einfüllen? Dann wär's eh ein Fall für die Haftpflicht.

So demokratisch die neudeutsche Benoterei daherkommt, mir ist sie in vielen Fällen regelrecht peinlich. „Wie ist mein Fahrstil?" steht auf den Autos mancher Eilkurierdienste hintendrauf, und ich könnte eine 0180-Nummer wählen und mich über den Vordermann beschweren. Dann wäre er wahrscheinlich seinen ohnehin miserabel bezahlten Ausbeuterjob los.

Was soll er denn dann werden? Tanker an der Autobahn?

Beispiel Kurierdienste. Klar fahren die manchmal wie die Sau, weil sie unter einem mörderischen Zeitdruck stehen. Aber mir wäre lieber, die Firmen würden ihre Leute besser bezahlen und ihnen einen realistischen Zeitplan machen – anstatt anschließend schlechte Noten für den Fahrstil zu verteilen. Für die dann auch noch ich als Kundin verantwortlich bin – dabei ist der Schwarze Peter doch beim Arbeitgeber!

Überall wird neuerdings die Qualität überwacht. Unter www.mein-prof.de dürfen die Studenten neuerdings ihre Professoren bewerten. Bei den Flirtlines im Internet wird gleich der ganze Body abgecheckt: hot or not?

Selbst wenn ich einen Nachsendeantrag bei der Post buche, schickt mir die Firma Ipsos sofort einen Bewertungsbogen hinterher, ob ich mit der Nachsendung zufrieden war. Und ich hatte noch keinen einzigen Bonuspunkt meiner neuen Bahn-

card eingelöst, da wurde ich schon gefragt: „Wie bewerten Sie auf einer Skala von eins bis fünf die Prämien? Sprechen Sie mit Ihren Freunden über das Bahn-Bonus-System?" Nein! Mit denen spreche ich höchstens darüber, dass mein Zug schon wieder Verspätung hatte.
Und darüber tröstet mich auch kein Fragebogen hinweg. Klar, dieses Land will sich von einer Servicewüste in ein Dienstleistungsparadies verwandeln. Aber bitte eins nach dem andern. Erst mal soll es kundenfreundlich werden. Und dann gebe ich auch gerne meinen Senf dazu. […]

Sonntag Aktuell, 10.09.2006

16

Schreiben Sie auf, wer den Artikel worüber geschrieben hat. Sie können die vorgegebenen Sätze verwenden und die korrekten Formulierungen in eckigen Klammern auswählen.

A Der Artikel ist in Sonntag Aktuell am 10.09.2006 unter der Rubrik [„Leserbrief"/„Die andere Meinung"] erschienen. Schon die Platzierung unter dieser Rubrik macht deutlich, dass es sich um einen sehr [objektiven/neutralen/subjektiven] Artikel handeln muss.

B Dies wird auch in der Überschrift deutlich, in der das Wort „Über-bewertet!" entgegen den Regeln [mit Bindestrich getrennt/in „über" und „bewertet" mit Bindestrich getrennt] und [mit einem Ausrufezeichen/mit einem Satzzeichen nach der Überschrift] versehen wird.

17

Nennen Sie die Wörter, die Sie noch klären müssen, und erkundigen Sie sich nach deren Bedeutung.

18

Ordnen Sie diese Ausdrücke so, dass sie dem Aufbau des Textes (siehe Aufgabe 15) entsprechen.

Qualitätssicherung überall (Beispiele)

Kundenfreundlichkeit erwünscht

Benotung oft peinlich

Verwirrung

Erlebnis an der Autobahn-Tankstelle

Fraglicher Sinn der Benotung

19

Entscheiden Sie, ob die folgenden Aussagen dem Sinn und der Absicht des Textes entsprechen.

A Die Autorin möchte mit ihrem Text aufzeigen, dass die Qualität überall in unserem Land überprüft werden sollte.
B Die Autorin will darauf hinweisen, dass Deutschland ein qualitätsbewusstes Land ist.
C Die Autorin regt sich darüber auf, dass in Deutschland zu viel und zu oft benotet wird.
D Die Autorin ist erfreut darüber, dass es in Deutschland endlich demokratisch zugeht.
E Die Autorin will auf Missstände bei der Beurteilung von Qualität hinweisen.
F Die Autorin ist der Ansicht, dass der Gedanke der Dienstleistung bei uns vernachlässigt wird.
G Die Autorin will sich über alle Menschen, die Dienstleistungen anbieten, lustig machen.
H Die Autorin beklagt, dass falsche Leistungen und falsche Personen bewertet werden.
I Die Autorin beklagt, dass die beschriebene Praxis der Qualitätsüberwachung nicht zu einem kundenfreundlicheren Verhalten führt.

20

Vervollständigen Sie diese Sätze über die Bewertung der Sprache in diesem Text (siehe Aufgabe 15).

A Sätze, wie „Mich hat's beschämt", „Mir ist [es] peinlich", „Mir wäre lieber", weisen auf einen Text hin, der …

B Unvollständige Sätze, wie „Ja, klar, Dienstleistungsgedanke, Vorbild Amerika" drücken …

C Der Text enthält auch viele …, wie „miserabel bezahlt", „mörderischer Zeitdruck".

D Umgangssprachliche Wendungen, wie „…", unterstreichen den unterhaltsamen und auch etwas belustigenden Ton des Textes.

E Eher witzig sind die Passagen, in denen die Autorin …

21

Notieren Sie, welche Gedanken Sie mit der Überschrift „Über-bewertet!" verbinden, und führen Sie den Satz mit einer Begründung fort.
Die Überschrift „Über-bewertet!" klingt für mich wie (z. B. *unsinnig bewertet/schrecklich bewertet/als Erwachsener bewertet werden wie ein Schüler/abgestempelt*) …

22

Begründen Sie, um welche Art von Zeitungstext es sich bei diesem Text (siehe Aufgabe 15) handelt (siehe Kompetenzbox).

KOMPETENZBOX

Meinungsbetonte Pressetexte

KOMMENTAR

→ Meinung einer Journalistin/eines Journalisten mit Namensangabe

→ Aufbau: Einstieg, Argumentation, Schlussfolgerung

GLOSSE

→ Ironisch-witzige Form des Kommentars

→ Überspitzte und unterhaltsame Darstellung

→ Manchmal auch unsachlich kritisierend

LESERBRIEF

→ Meist Stellungnahme zu einem Beitrag aus der Zeitung

→ Aufbau: Bezug, Argumentation, Schluss

KARIKATUR

→ Witzige Kritik mit Mitteln der Zeichnung

→ Meist Bezug auf ein aktuelles Ereignis

23

Lesen Sie den folgenden Text.

Rauchen im Hinterzimmer

Jutta Kramm

Selten haben sich deutsche Politiker so schwergetan mit einer derart simplen Entscheidung. Jahrelang hatten Krebsforscher, Krankenkassen und Bürger hartnäckig für einen Schutz der Nichtraucher und für ein breites Rauchverbot geworben. Verlangt wurde es vor allem für Schulen und Kliniken, aber auch für Busse und Bahnen, Arbeitsstätten, Restaurants und Diskotheken. Die guten Argumente hatten die Antiraucher auf ihrer Seite – schließlich ist bewiesen, dass Rauchen eine tödliche Sucht und Passivrauchen schädlich ist.
Doch ebenso hartnäckig haben sich die Politiker einem Nichtraucherschutzgesetz verweigert. Zuletzt war klar, dass sie mit ihrer Blockade nur noch den Interessen der Tabakindustrie, aber nicht mehr denen der Bürger dienten. Offensichtlich war nun die Angst, als von Lobbyisten Abhängige zu gelten, so groß, dass sich [gestern] nach dem Bund auch die Länderminister für ein generelles Rauchverbot in der Gastronomie ausgesprochen haben. Nur noch im abgeschlossenen Nebenzimmer darf gequalmt werden – der Salon kehrt wieder. [...]

Berliner Zeitung, 24./25.02.2007

24

Entscheiden Sie, welche Aussagen jeweils mit den Aussagen im Text übereinstimmen.

A

1 Politiker tun sich schwer mit Entscheidungen.

2 Deutsche Politiker haben eine simple Entscheidung getroffen.

3 Den Politikern ist selten eine Entscheidung leichtgefallen.

B

1 Nur Nichtraucher wollen ein breites Rauchverbot.

2 Krebsforscher konnten nicht beweisen, dass Rauchen tödlich sein kann.

3 Die Nichtraucher behaupten, dass Passivrauchen schädlich sei.

C

1 Die Politiker wollten kein Nichtraucherschutzgesetz einbringen.

2 Der Nichtraucherschutz war auch im Interesse der Tabakindustrie.

3 Die Lobbyisten hatten Angst vor den Politikern.

25

Führen Sie die folgenden Sätze mit den Inhalten des Textes fort.

A Obwohl erwiesen ist, dass Rauchen schädlich ist und sogar tödlich wirken kann, …

B Politiker standen unter dem Verdacht, nicht mehr den Bürgern, …

C Laut Aussage der Kommentatorin hatten die Politiker Angst, dass sie in der Öffentlichkeit …

26

Nennen Sie die Aussage, die die Absicht der Kommentatorin richtig wiedergibt.

Die Kommentatorin kritisiert in erster Linie

A das Verhalten der Politiker.

B das Verhalten der Nichtraucher.

C das Verhalten der Raucher.

D das Verhalten der Lobbyisten.

27

Begründen Sie, mit welchem Satz die Einstellung der Kommentatorin richtig beurteilt wird.

A Die Kommentatorin ist mit dem Nichtraucherschutz in der jetzigen Form ganz zufrieden.

B Der Kommentatorin gehen die Bestimmungen zum Nichtraucherschutz nicht weit genug.

Karikaturen verstehen

1

Betrachten Sie die Karikatur genau.

Stuttgarter Zeitung, 02.02.2007

2

Entscheiden Sie, welche Beschreibung am ehesten der bildlichen Darstellung entspricht.

A Im Vordergrund des Bildes steht ein Auto, im Hintergrund befindet sich eine Plakatwand mit der Aufschrift „Naturkost", davor ist eine Frau mit einem Einkaufswagen abgebildet. Da der Einkaufswagen leer ist, ist sie vermutlich auf dem Weg zum Einkaufen. In der Bildmitte laufen zwei Frauen auf die Plakatwand zu und reden miteinander.

B Zwei Personen bewegen sich eiligen Schrittes auf einen Naturkostladen zu. Ihnen folgt ein ziemlich großes Auto. Eine der Personen sagt zu der anderen: „Für die Umwelt ist mir kein Weg zu weit!"

C Auf dem Bild sind zwei Personen zu sehen, die gerade aus einem ziemlich großen und schweren Auto ausgestiegen sind und sich jetzt auf einen Markt mit Naturkostprodukten zubewegen. Die eine Person hält den Autoschlüssel in der Hand und verriegelt damit das Auto, aus dessen vier Auspuffrohren noch letzte Rauchschwaden aufsteigen. Die Fahrerin sagt zur anderen Person: „Für die Umwelt ist mir kein Weg zu weit!"

3

Führen Sie die Aussagen über die Absicht der Karikatur fort.

A In der Karikatur wird das widersprüchliche menschliche Verhalten aufgezeigt, wenn auf der einen Seite „kein Weg zu weit … für die Umwelt" ist, auf der anderen Seite aber …

B Mit der Karikatur soll der Widerspruch zwischen Anspruch und Wirklichkeit aufgezeigt werden. Der Anspruch besteht darin, keine Mühe zu scheuen, um die Umwelt zu schonen. In Wirklichkeit wird aber gerade mit dieser Mühe die Umwelt stark belastet, denn …

4

Setzen Sie jeweils das passende Wort ein.

Verharmlosungen/ Übertreibungen	*Parallelen/ Widersprüchen*
sprechende/ schweigende	*Nachlässigkeit/ Fürsorge*
kurze/weite	*Schaden/Nutzen*
Positive/Gegenteil	*sofort/gar nicht*

Das Witzige an der Karikatur liegt darin, dass mit __ und __ gearbeitet wird. Die __ Person schließt jede __ in Sachen Umwelt aus: „Kein Weg" sei ihr „zu weit" für die Umwelt. Zur Beförderung von nur zwei Personen fährt sie aber ein übertrieben großes Auto, das auch noch besonders viele Abgase produziert. So wird der __ Weg zum Naturkostladen zu einem besonderen __ für die Umwelt. Die eigentliche Absicht, die Umwelt zu schonen, verkehrt sich in das __. Das Witzige besteht auch darin, dass die Sprecherin diesen Widerspruch __ zu merken scheint.

5 →A←

a) Bilden Sie Gesprächspaare.
b) Teilen Sie sich gegenseitig mit,
- welche Fragen beim Lesen an einen Text zu stellen sind,
- wie ein Text nach dem Lesen gestaltet sein sollte,
- welche Textsorten Sie kennengelernt haben.

Sprachliche Übungen

1

Setzen Sie die Verben (Tätigkeitswörter) in Klammern in der korrekten Form im Präsens (Gegenwart) ein.

A Der Text __ sich schnell. (lesen)
B Den Inhalt __ man leicht. (verstehen)
C Zuerst __ du: Wer __ einen solchen Text? (überlegen, verfassen)
D Du __ dir Gedanken, worüber der Autor __. (machen, schreiben)
E Unbekannte Wörter __ du __. (nachschlagen)
F Eine Kurzform des Inhalts __ du am Rand jedes Abschnitts. (notieren)
G Du __ dich: Welche Absicht __ die Autorin mit dem Text? (fragen, verfolgen)

2

Wandeln Sie die Sätze vom Aktiv (Tatform) in das Passiv (Leideform) um (siehe Anhang, S. 270).

A Zuerst liest man den Text.
B Wichtige Wörter und Ausdrücke unterstreichst du.
C Schlüsselbegriffe für das Verständnis markiert man.
D Unbekannte Wörter schlägst du nach und notierst deren Bedeutung am Rand.
E Den Aufbau des Textes hältst du am Rand fest.

3

Wandeln Sie das Partizip Perfekt (Mittelwort der Vergangenheit) in einen Relativsatz (bezüglichen Satz) um und trennen Sie diesen durch Komma ab (siehe Anhang, Regel 22).

BEISPIEL:
Die verlangte Leistung ist nicht zu unterschätzen.
→ *Die Leistung, die verlangt wird, ist nicht zu unterschätzen.*

A Was einen Text oft schwer verständlich macht, ist das vorausgesetzte Wissen.
B Manchmal sind auch im Text erwähnte Theorien und Sachverhalte hinderlich für das Verständnis.
C Oft muss man auch mit den genannten Namen gewisse Vorkommnisse verbinden, um den Inhalt zu verstehen.
D Die Kenntnis nur kurz angedeuteter Ereignisse ist in manchen Texten wichtig für das Verständnis.

4

Begründen Sie anhand der sprachlichen Gestaltung, ob die Sätze einem informierenden oder einem meinungsbetonten Text entnommen sind.

A Tierschützer protestierten gestern vor dem Kanzleramt.
B Ein Hoch sorgt nordöstlich der Ukraine für mildes und freundliches Wetter.
C Doch die Steuerreform betreibt die Regierung leider nur halbherzig.
D Im Universum gibt es einer Studie zufolge viel mehr Galaxien als angenommen.
E Ja, es ist wärmer als noch vor einer Woche. Ja, es wird morgens schon zeitiger hell und ja, an windstillen Plätzen wärmt die Sonne schon.
F Endlich wurde in diesem Artikel das Problem, das so viele Menschen betrifft, einmal beim Namen genannt. Dem Autor sei Dank!

Basislernbaustein **3**

Siehe auch Lernbereiche
2 Texte lesen und verstehen
4 Inhalt eines Schaubildes wiedergeben
5 Sich informieren
10 Protokollieren
17 Reden und vortragen

Inhalte von Texten wiedergeben

?

Text lesen
→ strukturieren
→ bearbeiten
→ vorlesen
→ wiedergeben in Strukturform

Sprachliche Übungen

Inhalte von Texten wiedergeben

Literarischer Text
→ Übungen

Sachtext
→ Übungen

!

1

Erstellen Sie eine Tabelle und tragen Sie ein, in welchen Situationen Ihnen schon Inhaltsangaben begegnet sind und wozu sie benutzt wurden.

Situation	Zweck (wozu benutzt?)
xxx	xxx
xxx	xxx

2

Lesen Sie den Text auf der Musterseite und die Hinweise in der Kompetenzbox.

Den Inhalt eines Sachtextes wiedergeben

Gabriele Mosbach

LERNEN LERNEN

Mit allen Sinnen

Jeder lernt anders

Lernfähigkeit ist nicht nur vom Intelligenzquotienten, sondern von unendlich vielen Faktoren abhängig. Ob man besser durch Zuhören oder aus Büchern, im Gespräch oder im stillen Kämmerlein, durch praktische Anwendung oder anhand abstrakter Formeln lernt, ist von Mensch zu Mensch verschieden. Dabei spielen persönliche Vorlieben, Emotionen und Wünsche, individuelle Stärken und Schwächen eine wichtige Rolle. Im Klartext heißt das: Es gibt nicht nur einen einzigen Weg, Informationen zu verarbeiten. Es gibt viele verschiedene Methoden, sich Lernstoff anzueignen. Zugegeben, nicht jede Unterrichtsgestaltung kann diesen Überlegungen Rechnung tragen. Ein Patentrezept für optimales Lernen gibt es nämlich nicht. Dennoch: Jeder hat die Möglichkeit, Informationen für sich selbst aufzubereiten und besser im Langzeitgedächtnis zu verankern. Jeder kann für sich herausfinden, unter welchen Bedingungen sich Lernen am meisten lohnt.

Behauptung

Erläuterung

Nähere Erklärung

Siehe Behauptung oben

Folgerung / Einschränkung

Optimal speichern

Lernen soll Freude machen. Schließlich gehört Lernen bis ins hohe Alter zum Leben dazu wie Essen und Trinken. Wer sich beim Lernen wohlfühlt, kann Lernprozesse positiv beeinflussen. Deshalb sollte jeder beim Lernen auf ein angenehmes stressfreies Lernklima achten. Zudem sollte man Wert darauf legen, dass in Sachen Arbeitsort, Arbeitsplatz und Arbeitsmittel alles stimmt. Zu diesen Vorbereitungen aufs Lernen gehört auch eine

Aufzählung: Bedingungen für gutes Lernen

– Lernklima

– Vorbereitungen

KOMPETENZBOX

Inhalte wiedergeben

VORARBEITEN

→ Text still oder halblaut lesen

→ Betonte und sinntragende Wörter mit hohem Informationswert unterstreichen

→ Gliederungssignale des Textes markieren

- Aufzählungen (*Erstens – zweitens – drittens*)
- Gegenüberstellungen (*Einerseits – andererseits*)
- Zeitliche Reihenfolge (*Früher – heute*)
- Behauptung
- Begründung (*Denn – weil – da*)
- Beispiel zur Stützung der Begründung
- Unterschiedliche Orte
- Personen

→ Eventuell Randnotizen machen

AUFBAU EINER INHALTSANGABE

→ Textart (1) und Quelle angeben: Autor/in (2), Titel (3), Erscheinungsort (4) und -zeit (5)

→ Inhalt in ein bis zwei Sätzen zusammenfassen (6)

→ Danach den gesamten Text in eigenen Worten wiedergeben (7–9)

→ Schluss: Persönliche Wertung, wenn sie verlangt wird

vernünftige Regelung der Arbeitszeit. Denn pausenloses Lernen vor Prüfungen bis tief in die Nacht führt häufig nicht zum gewünschten Lernerfolg. Gut eingeplante Nickerchen können hingegen sehr lernförderlich sein. Wenn man tagsüber lernt und sich dann hinlegt, speichert man sein Wissen nämlich besser ab.

Je mehr Sinne beim Lernen zum Zuge kommen, desto besser prägen sich Informationen ein. In Bilder verpackte Informationen kann das Gehirn besonders leicht und dauerhaft speichern. Deshalb ist es äußerst sinnvoll, Lernstoff mit passendem Anschauungsmaterial zu verknüpfen. Wer das, was er gerade gehört hat, zum Beispiel anhand einer Grafik, eines Fotos oder Films wiederholt, kann es sich ungefähr doppelt so gut merken wie vorher. Wenn man etwas mit den Händen nachbaut oder Lernstoff einem Freund nacherzählt, bleibt alles noch besser hängen. Grundsätzlich gilt: Wer sein Speichervermögen optimal ausnutzen möchte, sollte mit möglichst vielen Sinnen lernen und möglichst viel selber machen. Je aktiver man lernt, desto mehr landet im Langzeitspeicher.

– Arbeitszeit
– Viele Sinne einschalten
– Bildhafte Informationsaufarbeitung
– Praktische Arbeit
– Nacherzählen
Grundsatz

ARBEIT UND GESUNDHEIT next, Juni 2006, S. 3 und 6

3

Lesen Sie den Text in der linken Spalte (S. 27/28) langsam und betont laut vor.

4

Lesen Sie die folgenden beiden Inhaltsangaben und nennen Sie je eine Situation, in der die jeweilige Fassung angemessen ist.

KOMPETENZBOX (FORTSETZUNG)

ZEITFORM

→ **In der Regel Präsens (Gegenwart)**

SPRACHE

→ **Sachlich, verständlich**

→ **Direkte Rede in indirekter Rede wiedergeben**

Wiedergabe des Inhalts

Erste Fassung

Der Text „Lernen lernen. Mit allen Sinnen" **3** ist in ARBEIT UND GESUNDHEIT next **4** im Juni 2006 **5** erschienen und wurde von Gabriele Mosbach **2** verfasst.
In dem Sachtext **1** wird aufgezeigt, wovon das Lernen abhängt und wie man das Lernen positiv beeinflussen kann. **6**
Danach hängt die Möglichkeit zu lernen nicht nur von der Intelligenz, sondern von vielen anderen Dingen ab, die von der jeweiligen Einzelpersönlichkeit bestimmt sind. Lernen ist nicht nur auf eine Art beschränkt. Jeder lernt also anders und kann für sich den Weg des besten Lernens finden. Es gibt keine ideale Art zu lernen. **7**
Es gibt allerdings Bedingungen, unter denen man besser lernt. Dazu gehören die positive Einstellung zum Lernen, das entspannte Arbeitsklima, die optimale Umgebung, geeignete Arbeitsmittel, sinnvolle Arbeitszeiten und Pausen, richtig geplanter Schlaf zur Speicherung des Gelernten, der Einsatz möglichst vieler Sinne beim Lernen. **8**
So kann man sich Informationen, die man sich bildhaft umgesetzt hat, doppelt so gut merken wie nur Gehörtes. Und wer selbst etwas tut oder Gelerntes einem anderen erzählt, kann sich dies noch besser merken. Je aktiver man mit Lernstoff umgeht, desto mehr speichert man im Langzeitgedächtnis. **9**

Zweite Fassung

Der Sachtext „Lernen lernen. Mit allen Sinnen" ist in ARBEIT UND GESUNDHEIT next im Juni 2006 erschienen und wurde von Gabriele Mosbach verfasst.
Der Text zeigt auf, wovon Lernen abhängt und wie man es positiv beeinflussen kann.
Die Lernfähigkeit ist von der Intelligenz, aber auch von vielen anderen Dingen abhängig, wie den Medien, der Umgebung und der Persönlichkeit.
Positiv wird das Lernen beeinflusst durch ein stressfreies Lernklima, eine gute Vorbereitung, eine vernünftige Arbeitszeitregelung und die Arbeitsmethode, die am besten alle Sinne einschließt. Bildhaft dargestellte Inhalte lassen sich doppelt so gut merken wie nur Gehörtes. Noch besser gespeichert werden Informationen durch eigene Tätigkeiten oder dadurch, dass man sie einem anderen weitergibt.

5

a) Lesen Sie den Text.
b) Markieren Sie in einer Kopie mit unterschiedlichen Farben die Wörter, die auf eine zeitliche Struktur verweisen, und die Wörter, die eine inhaltliche Gliederung andeuten.
c) Unterstreichen Sie die Wörter, die einen hohen Informationswert haben (siehe Musterseiten, S. 27/28).

KOMPETENZBOX

Struktursignale

Zum Verständnis eines Textes ist es wichtig, die Wörter zu erkennen, die über den Gedankengang Aufschluss geben. So kann beispielsweise etwas aufgezählt, gegenübergestellt, in einer zeitlichen Reihenfolge dargestellt werden.

Wörter, die auf eine Struktur (oder Gliederung) verweisen, sind z. B.

- **Zudem – ferner – darüber hinaus**
- **Zum einen – zum anderen**
- **Nicht nur – sondern auch**
- **Größtenteils – einige jedoch**
- **Früher – vor einiger Zeit – heute**
- **Zunächst – sodann – schließlich**

GERUCHSSINN

Das ultimative Glücksparfum

Auf der Suche nach dem ultimativen[1] Glücksparfum sind britische Forscher ein gutes Stück vorangekommen. Sie haben Duftstoffe identifiziert, die bei Menschen aus unterschiedlichen Kulturen positive Gefühle auslösen.
Bislang waren Wissenschaftler der Ansicht, die Reaktion auf einen Geruch werde praktisch ausschließlich von dem Umfeld geprägt, in dem ein Mensch aufgewachsen ist. So verbindet beispielsweise ein Brite den Duft von Chrysanthemen[2] mit romantischen Gefühlen, während der Geruch bei einem Franzosen Assoziationen[3] mit Tod und Friedhöfen weckt. Die Emotionen, die ein Geruch auslöst, können also von Kultur zu Kultur sehr unterschiedlich sein.
Seit einigen Jahren mehren sich jedoch die Hinweise darauf, dass es neben den kulturell erlernten auch angeborene Reaktionen auf Düfte gibt – allerdings hauptsächlich bei Gerüchen, die negative Emotionen wie Angst oder Ekel auslösen.

Um nun zu testen, ob es auch angeborene Reaktionen auf angenehme Gerüche gibt, ließ das Team um Anne Churchill und John Behan vom Parfümerieprodukthersteller Quest International knapp 30 Probanden[4] an 50 Düften schnuppern und zeichnete gleichzeitig ihre Gehirnströme auf. Die Testteilnehmer stammten dabei aus Großbritannien, Frankreich, Deutschland und Japan. Anhand der Messungen konnte das Team nun nachweisen, dass süße und moschusartige[5] Düfte auf alle getesteten Probanden gleich entspannend wirkten. Das berichtet das Wissenschaftsmagazin „New Scientist". Die Auswertung zeigte den Wissenschaftlern zweierlei: Zum einen rief ein und derselbe Duftstoff sogar bei Probanden mit gleicher Herkunft zum Teil sehr unterschiedliche Hirnreaktion hervor – selbst dann, wenn die Teilnehmer die Wirkung des Dufts gleich beschrieben. Das zeige, dass die Reaktion auf Gerüche nicht nur von der Kultur abhänge, sondern auch von den individuellen Erfahrungen, schließt Churchill aus diesem Ergebnis. Andererseits entdeckten die Wissenschaftler bei ihren Tests auch Düfte, die bei allen Probanden exakt die gleiche, entspannende Wirkung hervorriefen. Diese Reaktion müsse demnach angeboren sein, schrieben die Forscher. John Behan glaubt sogar, eine Erklärung für diesen Effekt zu haben: Die hauptsächlich süßen und moschusartigen Düfte erinnern seiner Ansicht nach an den Geruch der Muttermilch und vermitteln deswegen ein derartig entspanntes Gefühl. Um welche Duftstoffe es sich dabei genau handelt, verraten die Forscher jedoch nicht.

aun/DDP
www.stern.de, Artikel vom 18. Oktober 2006, abgerufen am 19. Oktober 2006

Worterklärungen

1 ultimativ
= nachdrücklich

2 Chrysantheme
= Zierpflanze mit großen strahligen Blüten

3 Assoziation
= Verknüpfung einer Vorstellung mit einer anderen

4 Proband
= Testperson

5 Moschus
= Riechstoff

6

Bilden Sie Gesprächspaare (Person A und Person B). Person A gibt Person B den Inhalt des Textes auf der Grundlage der zeitlichen Strukturwörter (z. B. „bislang") wieder.
Person B gibt anschließend Person A den Inhalt des Textes nach einer inhaltlichen Struktur wieder (z. B. „In dem Text wird ausgesagt, dass die Reaktion auf einen Geruch zum einen von der Umwelt (Kultur) bestimmt ist, …").

7

Notieren Sie die Textart und -quelle (siehe Musterseiten, S. 27/28) und wählen Sie dazu jeweils den inhaltlich und sprachlich richtigen Satz aus A und B aus.

A

1 Der Artikel der Illustrierten „stern" ist der Internet-Ausgabe vom 19. Oktober 2006 (www.stern.de) entnommen.

2 Der Artikel ist aus stern.de im Internet am 19. Oktober 2006.

B

1 Er handelt vom Geruchssinn „Das ultimative Glücksgefühl".

2 Er handelt vom Geruchssinn und hat die Überschrift: „Das ultimative Glücksparfum".

8

Entscheiden Sie, ob die Sätze in A oder B am besten geeignet sind, die Inhaltsangabe fortzuführen.

A In dem Artikel wird über ein britisches Forscherteam berichtet, das Duftstoffe gefunden hat, die bei den Testpersonen aus unterschiedlichen Kulturkreisen die gleiche positive Reaktion hervorgerufen haben.

B Wissenschaftler haben laut diesem Artikel herausgefunden, dass das Glücksgefühl bald gefunden sein wird.

9

Vervollständigen Sie die Inhaltsangabe mit den Ausführungen, die Sie in Aufgabe 6 gemacht haben.

10

Bilden Sie Gruppen von 3 bis 5 Personen und lesen Sie sich gegenseitig Ihre Inhaltsangaben vor. Alle Zuhörenden geben jeweils eine positive Rückmeldung und sagen anschließend, welche Verbesserungen im vorgelesenen Text vorgenommen werden sollten.

Einen literarischen Text wiedergeben

1

Lesen Sie den Text in der linken Spalte.

Tanja Zimmermann

Eifersucht

Diese Tussi! Denkt wohl, sie wäre die Schönste. Juhu, die Dauerwelle wächst schon raus. Und diese Stiefelchen von ihr sind auch zu albern. Außerdem hat sie sowieso keine Ahnung. Von nix und wieder nix hat die 'ne Ahnung.
Immer wenn sie ihn sieht, schmeißt sie die Haare zurück wie 'ne Filmdiva.
Das sieht doch ein Blinder, dass die 'ne Show abzieht. Ja okay, sie kann ganz gut tanzen. Besser als ich. Zugegeben. Hat auch 'ne ganz gute Stimme, schöne Augen, aber dieses ständige Getue. Die geht einem ja schon nach fünf Minuten auf die Nerven.
Und der redet mit der … stundenlang. Extra nicht hingucken. Nee, jetzt legt er auch noch den Arm um die. Ich will hier weg! Aber aufstehen und gehen, das könnte der so passen. Damit die ihren Triumph hat.
Auf dem Klo sehe ich in den Spiegel, finde meine Augen widerlich, und auch sonst, ich könnte kotzen. Genau, ich müsste jetzt in Ohnmacht fallen, dann wird ihm das schon leidtun, sich stundenlang mit der zu unterhalten.
Als ich aus dem Klo komme, steht er da: „Sollen wir gehen?" Ich versuche es betont gleichgültig mit einem Wenn-du-willst, kann gar nicht sagen, wie froh ich bin. An der Tür frage ich, was denn mit Kirsten ist.
„Oh Gott, eine Nerventante, nee, vielen Dank!" …
„Och, ich find die ganz nett, eigentlich", murmle ich.

Tanja Zimmermann: Eifersucht. In: Marion Bolte (Hrsg.): Total verknallt. Rowohlt Taschenbuchverlag, Reinbek bei Hamburg 1984, S. 36

Inhaltsangabe

Der vorliegende Text ist eine Kurzgeschichte von Tanja Zimmermann mit dem Titel „Eifersucht". Sie ist in dem Buch „Total verknallt", herausgegeben von Marion Bolte, im Rowohlt Taschenbuchverlag in Reinbek 1984 erschienen.

Darin geht es um ein Mädchen (Ich-Erzählerin), das auf ein anderes Mädchen namens Kirsten eifersüchtig wird, schließlich aber keinen Grund zur Eifersucht hat.

Die Geschichte beginnt damit, dass die Ich-Erzählerin ihre „Rivalin" verflucht und ihr Äußeres und ihr Verhalten herabwürdigt und kritisiert. Sie gesteht ihr auch ein paar gute Eigenschaften zu, aber insgesamt bleibt sie bei der negativen Einstellung ihr gegenüber.

Als ihr Freund sich Kirsten körperlich nähert, überlegt sie sich kurz, ob sie fliehen soll, entscheidet sich dann aber doch, zu bleiben und den Kampf gegen die „Rivalin" aufzunehmen.

Beim Blick in den Toilettenspiegel fühlt sie sich minderwertig und glaubt, nur noch durch einen Ohnmachtsanfall Aufmerksamkeit bei ihrem Freund zu gewinnen.

Vor der Toilette passt ihr Freund sie ab und will mit ihr nach Hause gehen. Sie ist etwas überrascht und spielt ihre Eifersucht herunter. Und als er sich über Kirsten beklagt, findet sie sogar freundliche Worte für die vermeintliche Rivalin.

2

Lesen Sie den Text von Tanja Zimmermann langsam und betont laut vor.

3

Lesen Sie die Inhaltsangabe auf der Musterseite (S. 32).

4

a) Verkürzen Sie die Inhaltsangabe ab dem 3. Abschnitt noch weiter.
b) Nennen Sie jeweils eine Situation, in der die jeweilige Inhaltsangabe angemessen wäre.

5

Lesen Sie den folgenden Text und unterstreichen Sie in einer Kopie die Textstellen, die Angaben zu den Personen, den Orten und der Zeit enthalten.

Hans Joachim Schädlich

Am frühen Abend

Am frühen Abend des achtundzwanzigsten Februar betrat der junge Handelsreisende Saller die kleine Halle des Bahnhofs von Schwäbisch Hall, einem Ort in der Nähe Stuttgarts.
Die Luft ist um diese Zeit kalt, sodass Saller die Helle und Wärme der kleinen Halle willkommen war. Er sah, dass auf dem steinernen Fußboden vor dem Ofen ein Mann lag. Saller gab sich den Anschein, als achte er nicht auf den Schlafenden. Er betrachtete den Fahrplan, suchte die Abfahrtszeit des Zuges, mit welchem er in das nahe Stuttgart fahren wollte, sah auf die Uhr über der Tür und warf einen schnellen Blick auf den Mann. Saller bemerkte, dass der Mann sich den Anschein gab, als bemerkte er Saller nicht.
Saller setzte sich. Zu seiner Linken hatte er den halb wachen Mann im Auge.
Bis zur Einfahrt seines Zuges waren es noch sieben, bis zur Abfahrt acht Minuten. Saller rechnete zwei Minuten für den Weg zum Bahnsteig. Sechs Minuten kann ich ausruhen, sagte er.
Der Mann sagte nichts.
Saller sah das strähnige, wirre Haar des Mannes, die schmutzig braune Haut des Gesichts, den schütteren Vollbart, die fleckige Joppe, deren Knöpfe fehlten, die schmutzig schwarzbraune Haut der Hände, die schmierige Hose, die nassen Halbschuhe.
Saller sagte auf gut Glück, Es ist zu kalt auf dem Steinfußboden.
Der Mann öffnete die Augen, sagte, Ich wollte am Ofen stehen, aber die Beine, die verdammten, tragen mich nicht mehr. Ich bin zusammengesackt. Ich habe Beine, ganz kaputt. Wund. Die Wunden groß wie meine Hand. Auf der Bank wäre es besser für Sie, sagte Saller und zeigte auf den Platz neben sich.
Aber wie hinkommen, sagte der Mann.
Ich könnte Ihnen helfen, sagte Saller.
Aber Sie können mich nicht tragen, sagte der Mann.
Nein, sagte Saller.
Ich hab mir was gebettelt in Schwäbisch Hall, sagte der Mann. Aber nicht viel. Leute, fromm und geizig.
Wo wollen Sie hin, sagte Saller.
Wo will ich hin, sagte der Mann. Wohin soll ich wollen. Ich bin hier.
Hier können Sie nicht bleiben, sagte Saller.
Wie soll ich weg? Allein schaff ich es nicht. Mir hilft kein Gott und kein Bulle. Und wenn ich drei Mal schrei, Herzlieber Jesu mein.

Sie brauchen einen Arzt, sagte Saller.
Du redest, wie du's verstehst. Wie Klein Moritz, sagte der Mann. Bezahlst du den Arzt?
Nein, sagte Saller. Einen Notarzt.
Hatte ich schon, sagte der Mann. Hat leise gesagt zu mir, Dreckskerl elender.
Sie müssen in ein Krankenhaus, sagte Saller.
Und wo?, sagte der Mann.
In Stuttgart, sagte Saller.
Bravo!, sagte der Mann. Darauf noch'n Asbach Uralt. Ich schaff's nicht bis zu deiner Bank, der Doktor fasst mich nicht an, die Bullen rollen mich aus'm Bahnhof und der liebe Gott selig pfeift auf mich. Nee, Märchen glaub ich nur noch meine eigenen.
Saller schwieg.
Der Zug nach Stuttgart fuhr ein, Saller stand auf, sagte Auf Wiedersehen! und ging auf den Bahnsteig.
Der Mann sagte, Er hilft mir auch nicht.

Hans Joachim Schädlich: Ostwestberlin. Prosa. Rowohlt, Reinbek bei Hamburg 1987, S. 72 ff.

KOMPETENZBOX

Laut vorlesen

5 REGELN

1. **Kein Vorlesen ohne Vorbereitung**
   → **Text wird mit Zeichen versehen.**
   → **Lesen wird geprobt.**
2. **Langsam vorlesen**
3. **Blickkontakt zum Publikum halten**
4. **Wörter deutlich aussprechen, in Lautstärke und Tonhöhe abwechseln**
5. **Zusammenhängende Wortgruppen als Einheit lesen**

FÜR GEÜBTE VORLESER/INNEN

→ **Schwer verständliche Wörter zuvor erklären**
→ **„Schlüsselbegriffe" und „Schlüsselsätze" wiederholen**
→ **Gliedernd lesen**
→ **Eigene Deutung durch Vorlesen anderen vermitteln**
→ **Gefühle zeigen**

6

Lesen Sie den Text erneut und markieren Sie in einer Kopie die Wörter und Ausdrücke, die eine inhaltliche Gliederung andeuten und mit diesen Wörtern inhaltlich in Verbindung stehen:

kommen/betreten	–	gehen
sehen	–	wegsehen
sprechen	–	schweigen
helfen	–	nicht helfen

7

Nummerieren Sie die Vorschläge, die Saller dem Mann auf dem Fußboden unterbreitet.

8

Lesen Sie den Text laut vor. Betonen Sie die markierten Wörter und Ausdrücke. Lesen Sie die Aussagen Sallers und des Obdachlosen mit verteilten Rollen.

9

Entscheiden Sie, welche Quellenangabe sprachlich korrekt und inhaltlich vollständig ist.

A 1987 verfasste Hans Joachim Schädlich den Text „Am frühen Abend", der vom Rowohlt Verlag herausgegeben wurde.

B In der Kurzgeschichte „Am frühen Abend" von Hans Joachim Schädlich erschien 1987 im Rowohlt Verlag in Reinbek bei Hamburg.
C „Am frühen Abend" heißt der Text, den Hans Joachim Schädlich 1987 geschrieben hat und der im Buch „Ostwestberlin" im Rowohlt Verlag herausgegeben wurde.
D Die Kurzgeschichte „Am frühen Abend" von Hans Joachim Schädlich erschien 1987 im Sammelband „Ostwestberlin" im Rowohlt Verlag in Reinbek.

10

Schreiben Sie einen der Sätze ab und vervollständigen Sie ihn mit Aussagen zum Inhalt des gesamten Textes.

A In der Geschichte geht es um zwei Männer, die einen unterschiedlichen Sozialstatus haben und die deshalb …
B Die Geschichte handelt von zwei Menschen, die …

KOMPETENZBOX

Indirekte Rede

Wird die direkte Rede in die indirekte Rede umgewandelt, wird für das Prädikat (Satzaussage) der Konjunktiv (Möglichkeitsform) verwendet. Zudem verändern sich die Personal- und Possessivpronomen (persönliches und besitzanzeigendes Fürwort) und die Zeichensetzung.

» BEISPIEL:

Sie behauptet: „Mir ist nicht kalt."
→ Sie behauptet, ihr sei nicht kalt.

Personalpronomen
ich → er, sie, es

Possessivpronomen
unser → ihr

11

Setzen Sie die Verben (Tätigkeitswörter) ins Präsens (Gegenwart) und trennen Sie Haupt- und Nebensatz durch ein Komma ab (siehe Anhang, Regel 22).

A Als er die Bahnhofshalle betrat bemerkte er einen etwas verwahrlosten Mann der schlafend auf dem Boden lag.
B Er versuchte teilnahmslos zu wirken indem er den Fahrplan studierte.
C Obwohl beide Männer sich gegenseitig wahrnahmen wollte dies keiner offen zeigen.
D Er setzte sich so dass er den Obdachlosen beobachten konnte.

12

Wandeln Sie die direkte Rede in indirekte Rede um. Beachten Sie dabei die Hinweise in der Kompetenzbox und wählen Sie die richtige Form des Konjunktivs (Möglichkeitsform) in Klammern.

A Er sagt: „Es ist zu kalt auf dem Steinboden." (wäre/sei)
B Er antwortet: „Die Beine tragen mich nicht mehr." (trügen/trägen)
C Er gesteht: „Ich habe etwas gebettelt." (habe/hätte)
D „Nun, Sie können mich nicht tragen", behauptet er. (könnte/könne)
E „Wo wollen Sie hin?", fragt er. (hinwolle/hinwollte)
F Er fragt: „Wie soll ich weg?" (solle/soll)
G Er beklagt sich: „Mir hilft niemand." (hälfe/helfe)
H „Sie brauchen einen Arzt", erwidert er. (bräuchte/brauche)
I Er meint nur: „Du redest, wie du's verstehst." (redete/rede, verstünde/verstehe)
J „Ich schaffe es nicht bis zu deiner Bank", muss er eingestehen. (schaffe/schüfe)

13

Trennen Sie die Infinitivgruppen (Grundformgruppen) durch Komma vom Hauptsatz (siehe Anhang, Regel 23).

A Zunächst sucht er eine Ausflucht um ihn nicht ansprechen zu müssen.
B Er achtet darauf ihn nicht aus dem Blick zu verlieren.
C Er vermeidet es ihn lange anzuschauen.
D Er ist der festen Überzeugung ihm mit seinen vielen Ratschlägen helfen zu können.
E Ohne wirklich Hilfe geleistet zu haben verabschiedet er sich.

14

Verfassen Sie eine Inhaltsangabe des Textes (siehe S. 33/34).

15

a) Lesen Sie den folgenden Text.
b) Bearbeiten Sie ihn in einer Kopie (siehe Musterseite, S. 32).
c) Fertigen Sie eine Inhaltsangabe an.

Laura Naumann

Christopher und Linda

Christopher will was von Linda.
Hat er gesagt. Erst zu Benjamin, dann zu Linda selbst.
Linda versteht ihn nicht ganz.
WAS will er denn von ihr? Geld? Einen Bleistift? Ihr Mathematikbuch? Ein Stück Kuchen? Einen Apfel? Und wofür will er das, was er will? Hätte er das nicht dazusagen können?
Linda sitzt zu Hause und zerbricht sich den Kopf. Wochenlang. Sie schlägt sich sogar mit der flachen Hand gegen die Stirn, weil das schließlich manchmal hilft, in Arbeiten und so. Doch ihr fällt und fällt einfach keine richtige Erklärung ein.
Nach 17 verschwiegenen Musikstunden neben Christoph entschließt sie sich endlich, ihn zu fragen.
„Du, Christopher …“, fängt sie an, „äääähhmm …“
Christopher sieht sie an. Er will sie gar nicht ausreden lassen.
„Nee, Linda, ich will nüscht mehr von dir.“
„Er geht doch jetzt mit Claudia“, mischt sich Benjamin von hinten ein.
Mit Claudia …
Hm, fragt sich Linda, wohin die wohl gehen mögen?

Laura Naumann: Christopher und Linda. In: Ganz nah gegenüber. Treffen Junger Autoren 2006. edition lit.europe Berlin 2006, S. 18

16

a) Bilden Sie Gesprächspaare.
b) Teilen Sie sich gegenseitig mit,
- welche Arbeitsschritte Sie zur Vorbereitung einer Inhaltsangabe machen müssen,
- wie eine Inhaltsangabe aufgebaut ist,
- was bei einer Inhaltsangabe zu beachten ist.

Sprachliche Übungen

1

Bilden Sie Adjektive (Eigenschaftswörter) mit gleichem Wortstamm.

BEISPIEL:
Optimismus → optimistisch

A Pessimismus
B Phänomen
C Karriere
D Musik
E Interesse
F Kritiker

2

Finden Sie ein Wort und bilden Sie mit dem vorgegebenen Wort jeweils ein neues zusammengesetztes Wort.

A Regime
B Typen
C Blockade
D Balkon
E Auto
F Struktur

3

Schreiben Sie die Sätze neu, indem Sie die vorgegebenen Adjektive (Eigenschaftswörter) als substantivierte Adjektive (als Hauptwörter gebrauchte Eigenschaftswörter) in der richtigen Form einsetzen (siehe Anhang, Regel 10).

gut (2 x), schlecht, rechte(r), interessant, besondere, langweilig

A Leider ist ihm schon viel _ widerfahren.
B Das verheißt nichts _ .
C Er hat nichts _ gelernt.
D Das war schon etwas _ .
E Viel _ hat er nicht erfahren.
F Er erlebte dort genug _ .
G Es gibt nichts _ als das.

4

Erstellen Sie eine Tabelle wie hier angedeutet.

Infinitiv (Grundform)	Präsens (Gegenwart)	Präteritum (Vergangenheit)
xxx		

Tragen Sie die Verben (Tätigkeitswörter) jeweils in die richtige Spalte ein. Entscheiden Sie dabei, ob Sie ss oder ß schreiben (siehe Anhang, Regel 6).

er wu_te es, sie hei_t, er wei_ das, ich beschlo_, er umri_ es kurz, das mu_ er wi_en, ich beschlie_e, er hie_ sie willkommen, sie sa_en, er lä_t nicht los, das kann man nicht guthei_en, er go_ Öl ins Feuer, sie mu_ es lernen, er mu_te das Haus abrei_en, wir lie_en sie in Unkenntnis, ich wei_, er ha_t das.

5

Setzen Sie die direkte in die indirekte Rede. Verändern Sie dabei die Pronomen (Fürwörter), wo nötig.

A Er meint: „Es hat sich nicht viel verändert." (habe/hätte)

B Enttäuscht stellt er fest: „Mein Roman lässt sich nicht mehr verkaufen." (ließe/lasse)

C Ironisch bemerkt sie: „Ich komme sicherlich nie mehr richtig auf den Boden." (käme/komme)

D Etwas wütend erkennt sie: „Alles bleibt beim Alten." (bliebe/bleibe)

E Er gesteht: „Heute kann ich nur noch kurze Texte schreiben." (könne/könnte)

Basislernbaustein **4**

Siehe auch Lernbereiche
3 Inhalte von Texten wiedergeben
13 Visualisieren

Inhalt eines Schaubildes wiedergeben

?

Inhalt eines Schaubildes wiedergeben

- **Verknappten Text mit bildlicher Darstellung in einen zusammenhängenden Text umgestalten**
- **Aufbau**

Sprachliche Übungen

Textbeispiele

!

1

Nennen Sie Situationen, in denen Sie Schaubilder vorgefunden haben.

2

Erläutern Sie, worin für Sie die positive Bedeutung von Schaubildern liegt.

3

Erklären Sie, was für Sie den Umgang mit Schaubildern bisher schwierig gemacht hat.

4

Betrachten Sie das Schaubild auf der Musterseite genau und lesen Sie die Wiedergabe des Inhalts des Schaubildes.

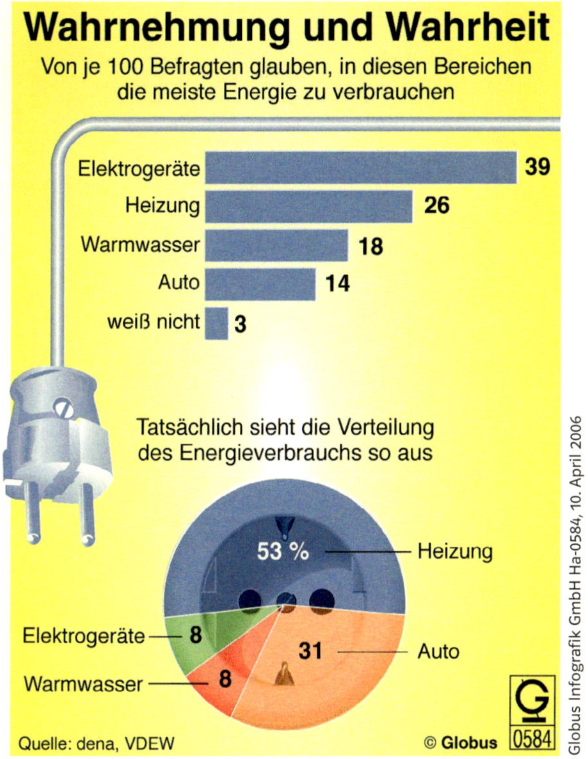

dena:
Deutsche Energie-Agentur GmbH

VDEW:
Verband der Elektrizitätswirtschaft

Inhaltswiedergabe des Schaubildes

Heute weiß jeder, dass Energie teuer und nur begrenzt zur Verfügung steht. Und so lernt man, dass man die Kühlschranktür nicht unnötig lange offen hält, dass man zum Lüften das Fenster nicht in Kippstellung belassen, sondern eher stündlich kurz kräftig durchlüften sollte und dass man nicht unnötig das Licht brennen lässt. Doch wenn es konkret darum geht, in welchen Bereichen man am meisten Energie einsparen kann, wissen die Bundesbürger doch nicht so genau Bescheid. **0**
Das verdeutlicht das Schaubild „Wahrnehmung und Wahrheit“ **1**, das am 10. April 2006 **3** von der Globus

KOMPETENZBOX

Inhalt eines Schaubildes wiedergeben

VORARBEIT

Schaubild genau betrachten:

→ Aus wie vielen Teilen besteht das Schaubild?

→ Was fällt auf?

→ Worauf beziehen sich die angegebenen Zahlen?

AUFBAU

→ Passende Einleitung schreiben (falls verlangt wird) (0)

→ Quelle angeben: Thema des Schaubildes (1), Erscheinungsort (2) und -zeit (3)

→ Eventuell angeben, aus wie vielen Teilen das Schaubild besteht und worum es in den einzelnen Teilen geht (4)

→ Benennen, woher die Angaben stammen (5) und auf welches Jahr sie sich beziehen

→ Danach das Auffallende, dann das weniger Auffallende erwähnen (Nicht jede Zahl muss genannt werden.)

→ Schluss: kurze Auswertung (längere Auswertung nur, wenn sie verlangt wird)

ZEITFORM

→ Präsens (Gegenwart)

SPRACHE

→ Sachlich

Infografik GmbH **2** veröffentlicht wurde. Darin wird in einem Balkendiagramm dargestellt, in welchen Bereichen die Menschen glauben, am meisten Energie zu verbrauchen. Im zweiten Teil des Schaubildes, einem Kreisdiagramm, kann man dann ablesen, wofür tatsächlich Energie verbraucht wird. **4** Alle Zahlenangaben sind Prozentzahlen und stammen von der Deutschen Energie-Agentur GmbH (dena) im Verband der Elektrizitätswirtschaft (VDEW). **5**
Aus dem ersten Teil des Schaubildes lässt sich ablesen, dass 39% der Befragten glauben, dass sie mit Elektrogeräten am meisten Energie verbrauchen. Tatsächlich aber machen Elektrogeräte nur 8% des Energieverbrauchs aus, wie man aus dem zweiten Teil des Schaubildes ersehen kann. Einer ähnlichen Täuschung unterliegen die Befragten, wenn nur ein Viertel von ihnen erkennt, dass die Heizung der größte Energiefresser ist. Denn sie macht über die Hälfte des Energieverbrauchs aus.
Auch der Energieverbrauch durch das Auto wird vermutlich unterschätzt. Immerhin gehen auf das Konto des Autos 31% des Energieverbrauchs, aber nur 14 von hundert Befragten glauben, dass wir mit dem Auto die meiste Energie verbrauchen. Fast ein Fünftel aller Befragten nimmt auch an, dass wir mit Warmwasser die meiste Energie verbrauchen. Auch hier liegt eine große Täuschung vor. Die Warmwasseraufbereitung macht nur 8% unseres Energieverbrauchs aus.
Die Wahrnehmung über unseren Energieverbrauch ist also häufig grundverschieden von unserem tatsächlichen Verbrauch. Will man in großem Maße Energie einsparen, müssen wir nicht nur unseren Umgang mit dem Handy, Fernseher, Computer, dem Föhn usw. kontrollieren, sondern auch den mit der Heizung und dem Auto.

5

Schreiben Sie
a) eine andere Einleitung für das Schaubild „Wahrnehmung und Wahrheit",
b) einen anderen Schlussabschnitt.

6

Betrachten Sie das folgende Schaubild genau.

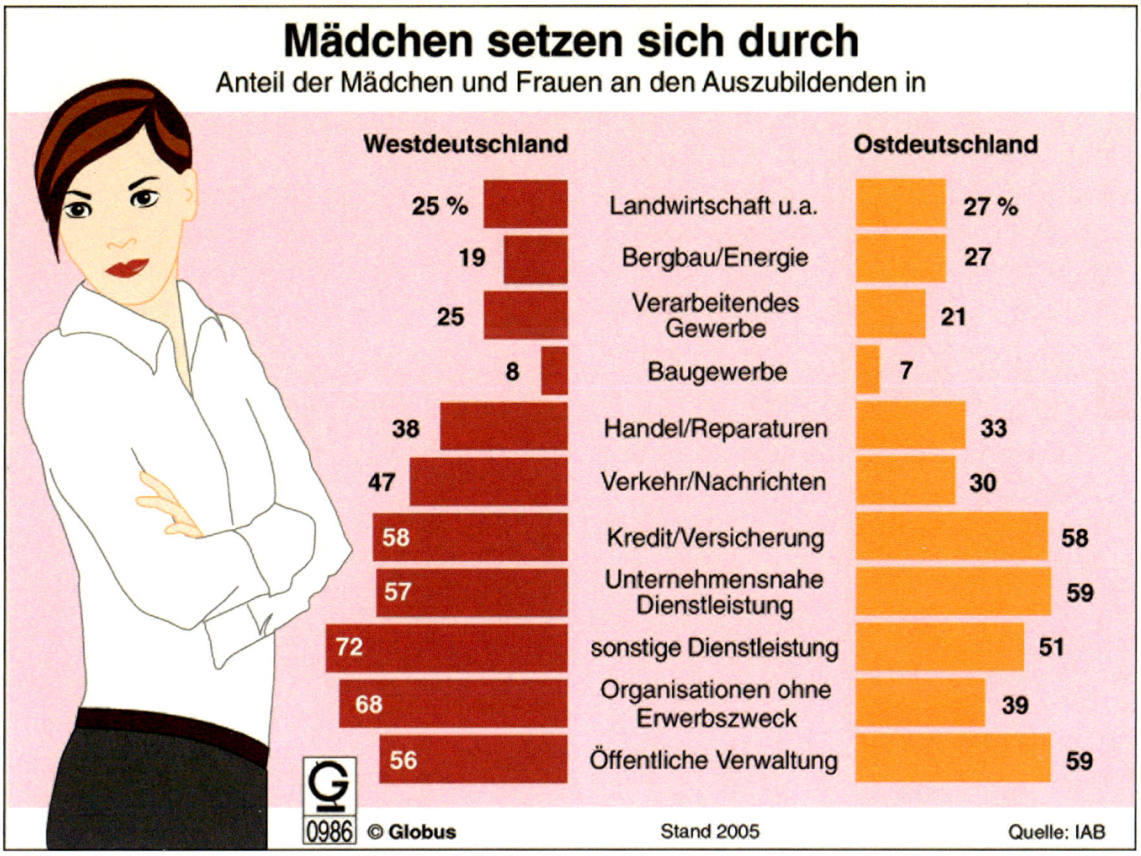

Globus Infografik GmbH Ib-0986, 30. Oktober 2006

IAB:
Institut für Arbeitsmarkt- und Berufsforschung

7

Vervollständigen Sie einen der folgenden Satzanfänge, um die Quellenangabe (siehe Kompetenzbox, S. 39) für das Schaubild zu notieren.

- Das Schaubild „Mädchen setzen sich durch" wurde von der …
- Am 30. Oktober 2006 wurde das Schaubild …
- Die Globus Infografik GmbH veröffentlichte …

8

Entscheiden Sie, welcher Satz korrekt beschreibt, worum es in dem Schaubild geht.

In dem Schaubild wird aufgezeigt, …

A … wie viele Mädchen in West- und Ostdeutschland in den einzelnen Wirtschaftszweigen arbeiten.

B … wie hoch prozentual der Anteil der Frauen und Mädchen an den Auszubildenden in einzelnen Wirtschaftszweigen in West- und Ostdeutschland ist.

C … wie hoch der Mädchen- und Frauenanteil in Westdeutschland und Ostdeutschland ist.

D … wie viel Prozent der Mädchen und Frauen in Westdeutschland arbeiten und wie viel in Ostdeutschland.

9

Notieren Sie den Satz, der sprachlich angemessen und korrekt ist.

A Die Quelle ist IAB, Stand 2005.
B Die Zahlen sind von 2006 aus IAB von Globus.
C Die Zahlen stammen vom Institut für Arbeitsmarkt- und Berufsforschung (IAB) und beziehen sich auf das Jahr 2005.

10

Setzen Sie die folgenden Sätze mit den Inhalten des Schaubildes fort.

A Zunächst fällt einem auf, dass der weibliche Anteil an den Auszubildenden in …
B Eine Ausnahme bildet der Bereich Bergbau und Energieversorgung, in dem …
C Rund drei Fünftel der Auszubildenden in der öffentlichen Verwaltung in Ostdeutschland …
D Umgekehrt sind im Verkehrs- und Nachrichtenwesen bei den nicht unternehmensnahen Dienstleistungen und gemeinnützigen Organisationen in Westdeutschland …
Mädchen und Frauen stellen im ersten Fall … gegenüber 30 im Osten, 72 % der Auszubildenden im zweiten Fall gegenüber 51 % in Ostdeutschland und im dritten Fall 68 %, während in Ostdeutschland nur …
E Insgesamt kann man sagen, dass im Dienstleistungsgewerbe, bei gemeinnützigen Organisationen sowie bei Banken und Versicherungen …

11

Bilden Sie aus den Satzteilen in der rechten Spalte dass-Sätze und trennen Sie sie durch Komma vom Hauptsatz ab. Finden Sie ein passendes Verb (Tätigkeitswort), um das Prädikat (Satzaussage) zu ergänzen (siehe Anhang, Regel 22).

A Bemerkenswert ist … — … immer mehr Mädchen in klassische Männerberufe
B Es fällt auf … — … im Dienstleistungsgewerbe mehr Frauen als Männer
C Es wird deutlich … — … Frauen in bestimmten Wirtschaftsbereichen stärker als Männer
D Man kann erkennen … — … keine bedeutenden Unterschiede
E Es ist klar … — … diese Tendenz
F Besonders auffallend ist … — … Männer im Dienstleistungssektor nur eine untergeordnete Rolle

12

Begründen Sie, welche der folgenden Sätze inhaltlich korrekt sind.

A Die Aussage „Mädchen setzen sich durch" kann aus dem Schaubild allein nicht unbedingt abgeleitet werden.
B Die Überschrift „Mädchen setzen sich durch" bezieht sich auf die vielen Wirtschaftsbereiche, in denen es mehr weibliche als männliche Auszubildende gibt.
C Das Schaubild zeigt deutlich, dass Mädchen und Frauen in bisher typische Männerberufe vordringen.
D Insgesamt gibt es in Deutschland mehr weibliche als männliche Auszubildende.

13

Wählen Sie eines der folgenden Schaubilder aus und geben Sie deren Inhalt wieder (siehe Musterseiten, S. 39/40).

Globus Infografik GmbH, 3036, 30. September 2009

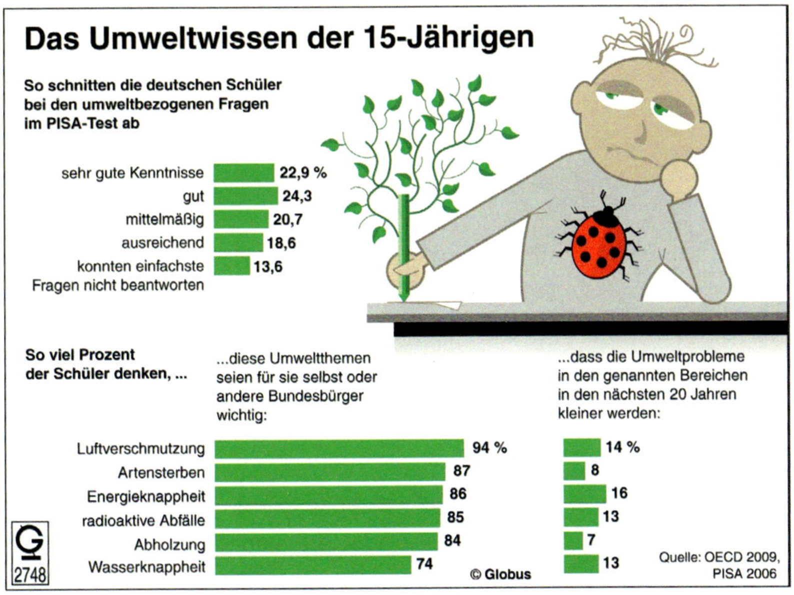

Globus Infografik GmbH, 2748, 16. April 2009

14

Bilden Sie Gruppen entsprechend der Schaubildwahl und lesen Sie Ihre Texte in der Gruppe vor. Bewerten Sie Ihre Texte und machen Sie Vorschläge zur Verbesserung. Wählen Sie den besten Text aus und tragen Sie ihn der Gruppe vor, die ein anderes Schaubild gewählt hat.

15

a) Notieren Sie, was Sie in diesem Lernbereich gelernt haben. Strukturieren Sie Ihre Aufzeichnungen.
b) Bilden Sie Gesprächspaare und stellen Sie sich gegenseitig Ihre Aufzeichnungen vor.

Sprachliche Übungen

1

Ergänzen Sie die fehlenden Buchstaben und schreiben Sie die substantivierten (wie ein Hauptwort gebrauchten) Zahlwörter und die substantivierten Adjektive (Eigenschaftswörter) groß (siehe Anhang, Regel 10).

A Im __llgemeinen gibt es __eine __roßen Unterschiede zwischen __eiden Gruppen.
B Jeder __ritte arbeitet in einem __andwerklichen Beruf.
C Fast __wei __ünftel __ller Bewerberinnen sind __lter als __chtzehn Jahre.
D Im __brigen gehört knapp ein __iertel davon zu dem Personenkreis, deren Familieneinkommen __oppelt so hoch ist wie das der __brigen Bewerber.
E Obwohl man mit __iel Fleiß das __oppelte verdienen kann, macht dieser Verdienst nur __rei __iertel dessen aus, was man in __nderen Ländern Europas verdienen kann.
F Wir wissen: Eine 8,5-prozentige Erhöhung werden wir nicht durchsetzen können, aber eine __ünf vor dem Komma wäre bei __ukünftigen Gehaltserhöhungen schon __rstrebenswert.

2

Schreiben Sie die Zahlen als Ziffern. Beachten Sie die korrekte Schreibweise (siehe Anhang, Regel 17).

A Die Chancen sind dreimal so hoch.
B Als Neunzehnjähriger hast du hier größere Chancen als als Fünfundvierzigjähriger.
C Man sieht, dass die dreieinhalbprozentige Lohnerhöhung nur geringe Auswirkungen auf die Kaufkraft hatte.
D Als achtzehnjähriger Auszubildender hat man in diesem Fall bessere Karten als ein vierunddreißigjähriger Angelernter.

3

Schreiben Sie die Sätze in der korrekten Groß- und Kleinschreibung (siehe Anhang, Regeln 8 und 9) und setzen Sie die Satzzeichen (siehe Anhang, Regel 20).

A die attraktivität des berufes ist in den letzten jahren beträchtlich gestiegen das lässt sich aus den zahlen ablesen.
B im gleichen zeitraum gab es ein größeres angebot an lehrstellen auch die nachfrage ist gestiegen sie blieb aber unter dem niveau vom letzten jahr.
C es wird deutlich die umweltbelastungen nehmen zu das beweisen die zahlen im rechten teil des schaubildes.
D die auswirkungen sind gewaltig die chancen auf einen sicheren arbeitsplatz sinken die einkommen stagnieren oder nehmen nur leicht zu.
E viele sind schon in jungem alter verschuldet das zeigen diese zahlen die höchste verschuldungsrate ist aber nicht bei den ganz jungen zu finden.
F der lebensstandard ist in den letzten jahrzehnten stark gestiegen das verdeutlichen nicht nur die zahlen in den industriestaaten auch in vielen entwicklungsländern ist der lebensstandard heute höher.

4

Ergänzen Sie die rechte Spalte, um daraus Nebensätze mit „dass“ zu bilden, und trennen Sie sie durch Komma vom Hauptsatz ab (siehe Anhang, Regel 22).

A Zunächst fällt auf …
… die Bandbreite relativ groß
B Es wird sehr deutlich …
… beträchtliche Unterschiede
C Aus diesem Schaubild kann man ablesen …
… Dienstleistungen bedeutender Wirtschaftsfaktor

D Man kann verstehen …
… viele in andere Berufe

E Selbst die große Steigerungsrate verhindert nicht …
… dieser Bereich immer unattraktiver

F Die Zahlen machen einem bewusst …
… vieles noch

G Es ist klar ersichtlich …
… der Beruf des Kfz-Mechanikers bei Jungen hoch im Kurs

H Das Schaubild zeigt …
… der Verkauf von Musik-CDs

I Aus den Zahlen ist zu entnehmen …
… keine großen Unterschiede

J Erstaunlich ist …
… dieser Beruf bei Mädchen immer größeres Interesse

5

Bilden Sie Relativsätze (bezügliche Sätze) und setzen Sie dort, wo Verben (Tätigkeitswörter) fehlen, die passenden Verben in der korrekten Form ein. Trennen Sie Haupt- und Nebensatz durch Komma ab (siehe Anhang, Regel 22).

A Frauen können auch die Berufe _ _ Männer_.

B Sie können auch in den Bereichen arbeiten _ Männer_.

C Die Ergebnisse _vor fünf Jahren _wurden sind fast identisch mit den heutigen Zahlen.

D Die Zahlen _ in der linken Spalte _ weichen sehr stark von den Zahlen ab _ im Kreisdiagramm_.

E Für Mädchen ist die Arbeit sehr anstrengend _ hier _ werden muss.

F Sie sollten sich eher eine Arbeit suchen _ für sie einfacher ist.

6

Entscheiden Sie, welche Form des Prädikats (Satzaussage) korrekt ist.

A Die Zahl der Beschäftigten in dieser Branche (ist/sind) rückläufig.

B Sowohl im Dienstleistungssektor als auch im produzierenden Gewerbe (ist/sind) Verschiebungen erkennbar.

C Sowohl die Arbeitgeber als auch die Arbeitnehmer (profitiert/profitieren) von dieser Entwicklung.

D Die schwache Geburtenrate und die steigende Lebenserwartung (wirkt/wirken) sich hier aus.

E Die zu entrichtende Steuer (ist/sind) in diesem Fall gleich hoch wie im ersten Fall.

F Die Lebenserwartung (stieg/stiegen) in den letzten Jahren beträchtlich, gleichzeitig (sank/sanken) die Geburtenrate.

G Die Veränderung der Einstellungen besonders junger Menschen (ist/sind) auffallend.

H Der sinkende Preis und das verbesserte Angebot (erhöht/erhöhen) die Absatzchance.

I Ein Teil der Jugendlichen (sieht/sehen) diese Entwicklung positiv, die Mehrzahl aber (verbindet/verbinden) eher negative Gefühle mit dieser Entwicklung.

7

Verbessern Sie die Sätze, die zu diesen Schaubildangaben geschrieben wurden, sodass sie den Inhalt des Schaubildes (Ausschnitt) richtig wiedergeben.

Surfer, Zapper, Lebenskünstler

Wie die Computerkultur nach Meinung der 14- bis 29-Jährigen unser Leben verändert:

INSZENIERTER LEBENSSTIL 57 %

Werbung und Medien inszenieren unser Leben.

OBERFLÄCHLICHE KONTAKTE 40 %

Kontakte im elektronischen Netz bleiben oberflächlich.

A Inszenierter Lebensstil hat die höchste Zahl, nämlich 57%.

B Oberflächliche Kontakte ist nicht so hoch und steht an zweiter Stelle.

Basislernbaustein **5**

Siehe auch Lernbereiche
2 Texte lesen und verstehen
3 Inhalte von Texten wiedergeben
14 Medien kritisch nutzen

Sich informieren

?

Sich informieren

Sprachliche Übungen

Sich aus Medien Informationen beschaffen
- → Medien zur Informationsgewinnung einschätzen
- → Anzeigen formulieren
- → Fernsehen als Informationsmittel nutzen
- → Nachrichten im Fernsehen mit Nachrichten in der Zeitung vergleichen

Das Internet als Informationsquelle nutzen
- → Informationen im Netz suchen und beurteilen

Ein Sachbuch als Informationsquelle benutzen
- → Fünf-Gang-Lesemethode einsetzen

Mit einem Wörterbuch arbeiten
- → Unterschiedliche Informationen einem Wörterbuch entnehmen

!

1

Berichten Sie von den Erfahrungen, die Sie mit der Informationsbeschaffung gemacht haben.

2

Beschreiben Sie, was man Ihrer Meinung nach bei der Beschaffung von Informationen beachten muss.

Sich aus Medien Informationen beschaffen

1

a) Beantworten Sie mithilfe der Medien Buch, Zeitung/Zeitschrift, Fernsehen, Radio, Computer/Internet jeweils die folgenden Fragen.
b) Bewerten Sie Ihre Suche.

Fragen

A Wie teuer ist der günstigste Last-Minute-Flug von Frankfurt a. M. nach New York?
B Wie heißt unser Staatsoberhaupt?
C Wann fährt der letzte Zug oder die letzte S-Bahn von Hamburg Hbf nach Bönningstedt?
D Wie lautet die Wettervorhersage für morgen?
E Wie viele Berufsschulen gibt es in Ludwigshafen?
F Wie hoch ist der aktuelle Kurs des € gegenüber dem US-$?
G Welche Telefonnummer hat der Pizzaservice in Ihrer Wohngegend?
H Wie lautet der richtige Name des Autors Richard Bachman?
I Wer war der erste Bundeskanzler der Bundesrepublik Deutschland?
J Was ist eine „Körperschaft des öffentlichen Rechts"?
K Wann lebte Friedrich Schiller?
L Welcher Titel ist die Nummer 1 der deutschen Charts?
M Welchem aktuellen Tagesgeschäft geht die Bundesregierung heute nach?
N Was bedeutet das Wort „Stagnation"?
O Wie schreibt man das Wort, das [ni'wo] ausgesprochen wird?
P Ihre Großeltern wollen in die Nähe Ihres Wohnorts ziehen und bitten Sie, ihnen bei der Wohnungssuche behilflich zu sein. Wie gehen Sie vor?

KOMPETENZBOX

Wichtige Informationsträger

WÖRTERBUCH/LEXIKON

→ Kurze sprachliche und inhaltliche Informationen zu vielen Begriffen oder Themen

SACHBUCH

→ Ausführliche Informationen zu einem bestimmten Sachgebiet

Beziehbar über Bibliotheken, den Buch- oder Versandhandel, zum Teil im Internet einsehbar

ZEITUNG/ZEITSCHRIFT

→ Berichte und Reportagen zu vielen Themen, Informationen über Lokales, Anzeigen (Werbeanzeigen, Kleinanzeigen, Familienanzeigen)

Beziehbar im Abonnement oder im Handel

FERNSEHEN

→ Aktuelle Informationen zu den unterschiedlichsten Themen weltweit, Dokumentarfilme, Reportagen, Diskussionsrunden, Talkshows

Adressen aller Fernsehanstalten abrufbar unter www.ta7.de/txt/film/film0011.htm

Sendungen und Texte können bei den Fernsehanstalten bestellt werden.

RADIO

→ Aktuelle Nachrichten, Verkehrsinformationen, sonstige Informationen

Adressen aller Sender ersichtlich unter www.vth.de/FUNK/downloads/h%C3%B6rzu%20Tabelle.pdf

Gesendete Texte können bei den Sendern bestellt werden.

COMPUTER/INTERNET

→ Informationen weltweit über die unterschiedlichsten Themen, Ereignisse, Diskussionen, Produkte, Dienstleistungen, Betriebe usw.

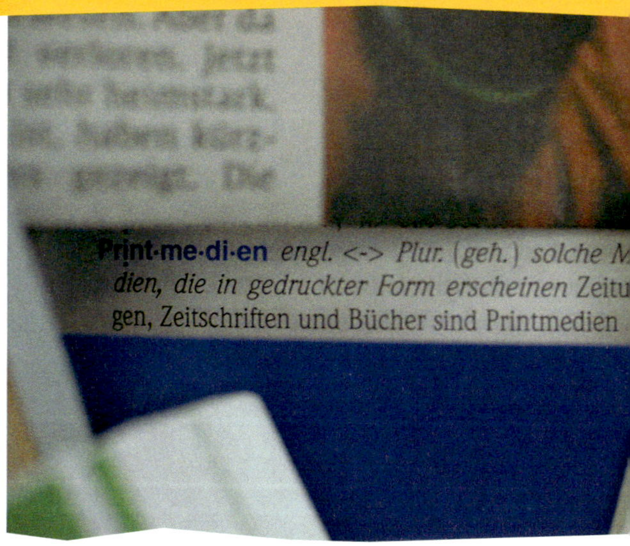

2

a) Entscheiden Sie, welche Angaben fehlen, wenn Sie in Ihrer Tageszeitung eine Anzeige aufgeben wollen.
b) Formulieren Sie jeweils eine Anzeige.

A 2-Zimmer-Wohnung gesucht, möglichst in Bahnhofsnähe
B Computer zu verkaufen, gut erhalten, Tel. 0171 778821
C Dachgepäckträger für Peugeot gesucht
D Biete Nachhilfe an – preisgünstig!
E Hund entlaufen – hohe Belohnung

3

Stellen Sie mithilfe einer Fernsehzeitschrift zusammen, an welchen Tagen, zu welcher Uhrzeit und in welchem Sender Informationssendungen (Nachrichtensendungen, Dokumentarfilme, Reportagen) im Fernsehen gezeigt werden. Tragen Sie die Ergebnisse in eine Tabelle wie unten skizziert ein.

4

Berichten Sie, was Ihnen auffällt.

5

a) Wählen Sie eine Nachrichtensendung im Fernsehen aus, schauen Sie sich diese an und notieren Sie sich die Themen.
b) Vergleichen Sie die Nachrichten im Fernsehen mit den Nachrichten in einer ausgewählten Tageszeitung.

	Sonntag	Montag	Dienstag	Mittwoch	Donnerstag	Freitag	Samstag
Titel der Fernsehsendungen							
Uhrzeiten							
Sender							

Mit einem Wörterbuch arbeiten

1

Lesen Sie die Stichwörter in diesem Ausschnitt aus einem Wörterbuch.

konvergent – Konzeption 580

kon·ver·gent *lat. Adj.* **1.** *(geh.) übereinstimmend* Wie sich herausstellte, verfolgten wir konvergente Ziele. **2.** MATH. *einem endlichen Grenzwert zustrebend*

Kon·ver·genz die *lat.* <-, -en> **1.** *(geh.) Übereinstimmung (von Meinungen, Zielen)* **2.** MATH. *konvergentes² Verhalten*

Kon·ver·sa·ti·on die *franz* <-, -en> *(meist Sing.) (geh.) Gespräch von häufig oberflächlichem Charakter, das nur zur Unterhaltung geführt wird* Ich habe nichts gegen eine geistreiche/gepflegte Konversation.

Kon·ver·sa·ti·ons·le·xi·kon das <-s, Konversationslexika> *(veralt.) Enzyklopädie*

Kon·ver·si·on die *lat.* <-, -en> **1.** SPRACHWISS. *Übertritt eines Wortes in eine andere Wortart, ohne dass damit eine formale Änderung des Wortes verbunden ist* **2.** MILIT. *Umstellung eines Rüstungskonzerns auf die Produktion ziviler Produkte* **3.** REL. *Wechsel von einer Konfession zu einer anderen* **4.** PSYCH. *Umsetzung einer seelischen Erregung in ein körperliches Symptom* **5.** RECHTSW. *die Umdeutung eines aus Formgründen nichtigen Rechtsgeschäfts in ein rechtsgültiges, wenn das letztere bestimmten formalen Kriterien genügt*

kon·ver·tie·ren *franz.* <konvertierst, konvertierte, hat/ist konvertiert> **I.** *tr. (haben)* **1.** WIRTSCH. *eine Währung in eine andere umtauschen* Er konvertiert Euro in US-Dollar. **2.** EDV *eine Datei so verändern, dass sie mit einem anderen Programm geöffnet und bearbeitet werden kann* Du musst die Daten konvertieren, sonst kann ich sie nicht in meiner Datenbank laden. **II.** *intr. (haben/sein)* REL. *von einem Glauben zum anderen übertreten* Er konvertierte zum Christentum/Judentum/Islam.

Kon·ver·tit, Kon·ver·ti·tin der *engl.* <-en, -en> REL. *jmd., der seinen Glauben wechselt*

kon·vex *lat.* <-, -> *Adj.* (↔ *konkav) nach außen gewölbt* Die Linse ist konvex.

Kon·vikt das *lat.* <-(e)s, -e> **1.** *Stift²* **2.** *(österr.) katholisches Internat*

Kon·voi, Kon·voi der *engl.* <-s, -s> **1.** *zusammenhängende Fahrzeugkolonne* Die große Hochzeitsgesellschaft fuhr im Konvoi von der Kirche ins Restaurant. **2.** MILIT. *Kraftfahrzeuge oder Schiffe, die in einem Verband zusammen mit Schutzfahrzeugen unterwegs sind*

Kon·vo·lut das *lat.* <-(e)s, -e> *(geh.)* **1.** *Bündel von Schriftstücken, Drucksachen* **2.** *Sammelband, Sammelmappe*

Konzen·t·ra·t das <-(e)s, -e> CHEM. *(flüssige) Substanz, in der ein Bestandteil in hoher Konzentration enthalten ist*

Kon·zen·t·ra·ti·on die *franz.* <-, -en> **1.** *(kein Plur.) Zustand großer Aufmerksamkeit* Diese Aufgabe verlangt höchste Konzentration. **2.** *(kein Plur.) die Fähigkeit, sehr aufmerksam zu sein, sich zu konzentrieren II.1* Meine Konzentration lässt allmählich nach. **3.** *(kein Plur.) Bündelung der geistigen Aufmerksamkeit auf eine bestimmte Aufgabe hin* Jetzt ist die Konzentration aller Kräfte auf dieses Ziel nötig. **4.** *Vereinigung, Verdichtung* Die Fusion der Großbanken führte zu einer Konzentration der wirtschaftlichen Macht. **5.** CHEM. *Gehalt einer Lösung* Hierzu wird Schwefelsäure in hoher Konzentration verwendet.

PONS. Großes Schulwörterbuch DEUTSCH. Ernst Klett Sprachen GmbH, Stuttgart 2006, S. 580

KOMPETENZBOX

Ein Wörterbuch benutzen

Ein Wörterbuch gibt Auskünfte über Wörter.

Es listet die **Stichwörter** (fett gedruckt) in alphabetischer Reihenfolge auf. (Beispiel: Konvolut vor Konzentrat, aber hinter Konvoi)

Konvolut

Besonderheiten des Stichwortes werden kursiv in Klammern gesetzt: *(geh.)* für gehobene Sprache

Bedeutung (kursiv: *1. Bündel von Schriftstücken, Drucksachen, 2. Sammelband, Sammelmappe*)

Betonung, erkennbar am Strich unter dem langen u (Beispiel: Konvolut) oder einem Punkt unter dem kurzen Vokal (Selbstlaut) (Beispiel: Konvoi)

Bei Substantiven (Hauptwörtern) werden in der Dreiecksklammer zusätzlich die Endungen des **Genitivs** (2. Falls) und des **Plurals** (Mehrzahl) angegeben. (<-(e)s, -e>: Konvolut(e)s, Konvolute)

Herkunft (kursiv: *lat.*, lateinischer Herkunft)

Bei Substantiven wird unmittelbar nach dem Stichwort der **Artikel** (das Geschlecht) angegeben (Konvolut das)

Trennung (erkennbar an den Punkten zwischen den Silben: Kon·vo·lut)

2

Lesen Sie die Kompetenzbox auf S. 49 und sagen Sie in Ihren eigenen Worten, welche Informationen über ein Wort Ihnen dieses Wörterbuch liefert.

3

Entnehmen Sie dem Wörterbuchausschnitt die folgenden Informationen:

A Wie lautet das Substantiv (Hauptwort) mit dem gleichen Wortstamm zu „konvergent" und „konvertieren"?
B Wie trennt man das Wort „Konzentration"?
C Wie heißt der Plural (Mehrzahl) von „Konversationslexikon"?
D Wie wird das Perfekt (vollendete Gegenwart) von „konvertieren" gebildet?
E Wie lautet der Genitiv (2. Fall) von „Konzentrat"?
F Wie wird „Konvikt" betont?
G Was ist das Gegenteil von „konvex"?
H Welche drei Bedeutungen hat das Wort „konvertieren"?
I Was ist die Herkunft des Wortes „Konvoi"?

4

Bilden Sie vier Gruppen. Jede Gruppe besorgt sich ein Wörterbuch (z. B. Rechtschreibwörterbuch) und sucht fünf schwierige Wörter heraus, über die sie eine Auskunft (z. B. Bedeutung, Worttrennung) von den anderen Gruppen haben möchte.
Zwei Personen leiten das Spiel und halten die erreichten Punkte der einzelnen Gruppen an der Tafel fest. Eine Gruppe beginnt mit einer Frage, die die übrigen Gruppen beantworten müssen. Die Gruppe, die die richtige Antwort am schnellsten geben kann, erhält einen Punkt. Sobald alle 5 Fragen beantwortet sind, stellt die nächste Gruppe ihre erste Frage usw. Gewonnen hat die Gruppe, die die meisten Punkte erzielt hat.

Ein Sachbuch als Informationsquelle benutzen

1

Überfliegen Sie den Text. Informieren Sie sich grob über den Inhalt, um den es geht.

Bedeutung von Tarifverträgen

Könnten Arbeitgeber nicht auf Tarifverträge zurückgreifen, dann müssten sie bei jeder Einstellung alle Arbeitsbedingungen vom Verdienst, über den Urlaub bis zur Arbeitszeit usw. einzeln aushandeln und danach schriftlich festhalten. Dafür müsste sehr viel kostbare Zeit aufgebracht werden. Es ist fraglich, ob dies bei großen Unternehmen überhaupt möglich wäre.
Außerdem würde es dazu führen, dass jeder Arbeitsvertrag andere Verhandlungsergebnisse enthalten würde. Beispielsweise könnten gute Verhandlungspartner mehr Jahresurlaub durchsetzen, ungeschickte Verhandlungspartner müssten einen niedrigeren Verdienst akzeptieren. Während einer Hochkonjunktur müssten Unternehmen Spitzenlöhne bezahlen, wohingegen Arbeitnehmer, die in wirtschaftlich schlechten Zeiten eingestellt wurden, Niedriglöhne bekämen. In den Betrieben wären die Arbeitsbedingungen nicht gleich und der Verdienst verschieden. Die Arbeitnehmer hätten das Gefühl, ungerecht behandelt zu werden. Unzufriedenheit und schlechtes Betriebsklima wären die Folge.
Hinzu kommt, dass beim Aushandeln eines Einzelarbeitsvertrages meist der Arbeitgeber in der stärkeren Verhandlungsposition ist. Anders ist es,

wenn Gewerkschaften Tarifverträge aushandeln. Da Gewerkschaften notfalls sogar Arbeitskämpfe führen können, werden sie in ihren Tarifverträgen bessere Verhandlungsergebnisse erzielen. [...] Tarifverträge sind zeitlich begrenzt, d.h. sie haben eine vereinbarte Laufzeit. Ist ein Tarifvertrag abgelaufen, so sind neue Tarifverhandlungen nötig. Da naturgemäß große Interessengegensätze zwischen den Gewerkschaften und den Arbeitgeberverbänden bestehen, stellen die Ergebnisse von Tarifverhandlungen immer einen Kompromiss dar. Selten wird also eine Seite ihre Vorstellungen ganz verwirklichen können. Allerdings kann die Verhandlungsposition der Partner unterschiedlich stark sein. Beispielsweise sind Gewerkschaften mit wenigen Mitgliedern keine starken Verhandlungspartner und in Zeiten der Vollbeschäftigung haben die Arbeitgeber eine schwächere Verhandlungsposition.
Gewerkschaften und Arbeitgeberverbände bilden jeweils eine Kommission, die Tarifkommission, deren Aufgabe die Durchführung von Tarifverhandlungen ist.
Verlaufen die Verhandlungen ergebnislos, wird zunächst ein Schlichtungsverfahren eingeleitet. Der Schlichtungsausschuss, der wiederum aus Vertretern beider Sozialpartner zusammengesetzt ist, wird von einem unabhängigen Vorsitzenden geleitet. Dieser unabhängige Schlichter muss von beiden Seiten akzeptiert werden. Führt auch das Schlichtungsverfahren zu keiner Einigung, kann es zum Arbeitskampf kommen.

Helmut Nuding, Josef Haller: Wirtschaftskunde. Ernst Klett Schulbuchverlag, Leipzig 2006, S. 172f.

2

a) Beantworten Sie die Fragen:
- Was weiß ich nach dem Überfliegen schon?
- Was möchte ich noch wissen?

b) Schreiben Sie die Wörter aus dem Text heraus, deren Bedeutung Sie nicht verstehen, und schlagen Sie diese nach.

KOMPETENZBOX

Arbeitstechnik: Fünf-Gang-Lesemethode

1. TEXT GROB ÜBERFLIEGEN

Informieren Sie sich zunächst grob über den Inhalt, um den es geht.

2. FRAGEN STELLEN UND NACHSCHLAGEN

Beantworten Sie die Fragen: Was weiß ich schon? Was möchte ich noch wissen? Schreiben Sie die Wörter aus dem Text heraus, die Sie nicht verstehen, und schlagen Sie diese nach.

3. GRÜNDLICH LESEN

Markieren Sie die Textstellen, die Ihnen wichtig erscheinen.

4. ABSCHNITTE ZUSAMMENFASSEN

Fassen Sie jeweils die Informationen zusammen, die Ihnen am wichtigsten sind. Dies kann entweder in Stichworten geschehen oder durch eine Tabelle, eine Zeichnung usw. Sie sollten hinterher wissen, worum es in dem jeweiligen Textabschnitt geht.

5. INHALT WIEDERGEBEN

Nachdem Sie den Text abschnittweise gründlich durchgearbeitet haben, versuchen Sie, den gesamten Text mit eigenen Worten wiederzugeben.

3

Lesen Sie den Text gründlich und markieren Sie in einer Kopie die Textstellen, die Ihnen wichtig erscheinen.

4

Fassen Sie die Informationen der einzelnen Textabschnitte in einer für Sie geeigneten Art zusammen.

5

Geben Sie den Inhalt des Textes mit eigenen Worten wieder.

Das Internet als Informationsquelle nutzen

1

Suchen Sie mithilfe des Internets die gewünschten Informationen in den folgenden Situationen.

A Sie planen eine Urlaubsreise nach Barcelona und möchten wissen, wie die Wettervorhersage für die nächste Woche aussieht.
B Sie möchten sich über das Veranstaltungsprogramm in Trier im nächsten Monat informieren.
C Für die Vorbereitung eines Referates müssen Sie wissen, wer derzeit die EU-Ratspräsidentschaft innehat.
D Aufgrund einer Wette möchten Sie herausbekommen, in wie vielen Spielfilmen der Schauspieler Arnold Schwarzenegger innerhalb der letzten zehn Jahre mitgespielt hat.
E Sie suchen eine Bahnverbindung von Koblenz nach Hannover.

2

Situation:
Sie sind in einem gemeinnützigen Verein organisiert und werden darum gebeten, eine Informationsbroschüre über Beratungs- und Anlaufstellen in Ihrem Wohnort oder der nächsten größeren Stadt anzufertigen.

Suchen Sie hierzu im Internet Informationen zu folgenden Themen:

1 Allgemeine Lebenshilfen (z. B. Aidsberatung, Telefonseelsorge, Unterstützung für sozial Schwache)
2 Sucht und Drogen
3 Frauen/Mädchen
4 Männer/Jungen
5 Homosexualität
6 Menschen mit Migrationshintergrund

3

Informieren Sie sich über die Stellenangebote und Weiterbildungsmöglichkeiten in Ihrem Beruf.

a) Rufen Sie die Adresse www.arbeitsagentur.de auf.
b) Finden Sie Weiterbildungsangebote für Ihren Beruf in der Nähe Ihres Wohnortes und notieren Sie diese.
c) Verfahren Sie in derselben Weise mit Stellenangeboten.
d) Informieren Sie Ihre Mitschülerinnen und Mitschüler über Ihr Suchergebnis.

KOMPETENZBOX

Das Internet als Informationsquelle

→ **Das Internet ist ein Medium, das weltweit rund um die Uhr bedient und benutzt werden kann und ein immenses Spektrum an Informationen jeder Art bietet, zu dem jede Teilnehmerin und jeder Teilnehmer selbst beitragen kann. Die Informationen werden vernetzt angeboten.**

→ **Um sich fundiert über ein Thema oder ein Sachgebiet zu informieren, ist es notwendig, seriöse und glaubwürdige Quellen zu benutzen, da jede Privatperson Beiträge verfassen und im Internet veröffentlichen kann.**

→ **Die Seriosität ist eher gegeben, wenn die Herkunft einer Information auf der Webseite genannt ist (Quellenangabe). Angaben wie „letzte Überarbeitung" oder „Stand" plus Datumsangabe lassen Rückschlüsse auf die Aktualität der angebotenen Informationen zu. Bei Zweifeln sollte man immer weitere Informationsquellen zum Vergleich heranziehen, z. B. andere Internetseiten oder ein Lexikon oder ein Fachbuch.**

→ **Die Stichwortsuche erfolgt mithilfe von Suchmaschinen.**

Sprachliche Übungen

1

Setzen Sie die passenden Tageszeiten in der richtigen Schreibung ein (siehe Anhang, Regel 11).

NACHMITTAGS MORGEN ABENDS MORGENS VORMITTAG NACHTS

A Die Zeitung am Frühstückstisch ist für viele Menschen am __ nicht wegzudenken.

B Andere hören __ jedoch lieber Radio.

C Während der Kaffeepause um 10:00 Uhr am __ wollen manche Kollegen ihre Ruhe haben.

D Erst __ oder __ haben die meisten Leute Zeit, eine Zeitschrift zu lesen oder im Fernsehen Sendungen zu verfolgen.

E Wenn man __ im Internet recherchiert, ist das oft von Vorteil, da viele Informationen schneller übertragen werden.

2

Setzen Sie die Verben (Tätigkeitswörter) im Präsens (Gegenwart) ein.

A Für viele Menschen __ (gehören) die Tageszeitung zum Frühstück wie der Kaffee.

B Auch wer einen Tipp __ (brauchen), welcher Kinofilm oder welches Theaterstück gerade sehenswert __ (sein), __ (sein) mit der Tageszeitung gut beraten.

C Die Tageszeitung __ (bereithalten) auch wertvolle Informationen __, was in der eigenen Stadt gerade __ (stattfinden).

D Mit dem Inhaltsverzeichnis __ (verschaffen) du dir rasch einen Überblick.

3

Ergänzen Sie die fehlenden Kommas (siehe Anhang, Regel 21).

A Die Informationen erhalten Sie täglich stündlich oder halbstündlich.

B Einmal kann ich mich kaum konzentrieren ein andermal bin ich völlig aufgeweckt ein drittes Mal bin ich total müde.

C Je nach Verfassung verwende ich die Zeitung das Radio das Internet oder das Fernsehen.

D Über spezielle Themen informiere ich mich auch mit Zeitschriften in Internetforen oder in Sachbüchern.

4

Kennzeichnen Sie die Zitate aus dem folgenden Text, indem Sie die richtigen Satzzeichen setzen (siehe Anhang, Regel 27).

Tarifverträge sind zeitlich begrenzt, d. h. sie haben eine vereinbarte Laufzeit. Ist ein Tarifvertrag abgelaufen, so sind neue Tarifverhandlungen nötig. Da naturgemäß große Interessengegensätze zwischen den Gewerkschaften und den Arbeitgeberverbänden bestehen, stellen die Ergebnisse von Tarifverhandlungen immer einen Kompromiss dar.

A Er wies auf die Interessengegensätze zwischen den Gewerkschaften und den Arbeitgeberverbänden hin.

B Tarifverträge sind zeitlich begrenzt sagte er.

C Nach Ablauf des Vertrags seien neue Tarifverhandlungen nötig geworden.

D Er betonte, dass die Ergebnisse von Tarifverhandlungen natürlich immer einen Kompromiss darstellten.

E Die Interessengegensätze zwischen den Gewerkschaften und den Arbeitgeberverbänden so sagte er bestehen nun einmal.

5

Schlagen Sie folgende Wörter im Wörterbuch nach: Service, Recherche, System, Virtualität. Notieren Sie jeweils: Artikel, Bedeutung, Herkunft, Genitiv.

Sich bewerben

?

Sprachliche Übungen

Sich bewerben

Bewerbungsanschreiben
- → Vorarbeit
- → Aufbau
- → Besonderheiten
- → Übungen

Vorstellungsgespräch
- → Vorbereiten
- → Durchführen
- → Rollenspiele

Lebenslauf
- → Vorarbeit
- → Form
  - → tabellarisch
  - → handgeschrieben in Fließtext
- → Aufbau
- → Besonderheit
- → Gestaltung

!

1

Berichten Sie von Ihren Erfahrungen mit Bewerbungen.

2

Notieren Sie, welche Möglichkeiten Sie kennen, sich über Berufe und Stellenangebote zu informieren.

3

Listen Sie auf, worauf es bei einer Bewerbung ankommt und was deshalb Ihren Erfahrungen nach beachtet werden sollte.

4

Lesen Sie das Bewerbungsanschreiben auf der Musterseite, die Kompetenzbox und die Anzeige, auf die sich Julia beworben hat.

Ein Bewerbungsanschreiben verfassen

Für unser Unternehmen suchen wir tüchtige/n, aufgeschlossene/n

Fahrzeuginnenausstatter/in

zur Mitarbeit in unserem Team.

Automobile GmbH
Siemensstr. 104, 65428 Rüsselsheim

Ihre vollständigen Bewerbungsunterlagen senden Sie an Herrn Ralf Bruckmüller.

KOMPETENZBOX

Ein Bewerbungsanschreiben verfassen

VORARBEIT

Überlegen,

→ was von mir verlangt wird

→ was ich beherrsche

Erkundigungen einholen,

→ über den Betrieb, bei dem ich mich bewerbe

→ an wen die Bewerbung zu richten ist

AUFBAU

→ Briefkopf, Betreff, Anrede schreiben

→ Anlass der Bewerbung nennen

→ Die besondere Eignung für die angebotene Stelle beschreiben

→ Auf die Anforderungen eingehen, die in der Stellenanzeige genannt werden, z. B. tüchtig, aufgeschlossen, teamfähig

→ Möglichen Arbeitsbeginn mitteilen

→ Um ein Vorstellungsgespräch bitten

→ Grußformel

→ Unterschrift

→ Anlagen

SPRACHE

→ Sachlich

BESONDERHEITEN

→ Auf gute äußere Gestaltung achten

→ Weißes unliniertes DIN-A4-Papier verwenden

→ Bewerbungsunterlagen vor dem Abschicken noch einmal auf Vollständigkeit überprüfen (lassen)

15.06.2010

Julia Scheffler
Magdeburger Allee 29
55128 Mainz
06131 23773
Fax 06131 236448
schefflerj@t-online.de

.
.
.
.

Automobile GmbH
Herrn Ralf Bruckmüller
Siemensstr. 104
65428 Rüsselsheim

.
.
.

Bewerbung um eine Stelle als Fahrzeuginnenausstatterin
Ihre Anzeige in der Allgemeinen Zeitung vom 14.06.2010

.
.

Sehr geehrter Herr Bruckmüller,

.

Ihre Anzeige ist gerade zur rechten Zeit erschienen. In unserem Betrieb sollen zwar alle Auszubildenden nach der Gesellenprüfung übernommen werden. Ich suche jedoch eine neue Herausforderung und bewerbe mich deshalb um die oben genannte Stelle.

.

Ich habe alle Tätigkeitsfelder einer Fahrzeuginnenausstatterin kennengelernt und mit allen Materialien gerne gearbeitet. Am meisten Spaß hatte ich allerdings, wenn ich Bezüge aus Leder herstellen konnte. Zudem hatten wir Gelegenheit, an unterschiedlichen Automodellen zu arbeiten. Manchmal mussten wir auch die Innenverkleidung bei anderen Automarken ausführen, wenn spezielle Kundenaufträge vorlagen. Mein Meister war auch bei diesen Arbeiten mit meinen Leistungen sehr zufrieden.

.

In diesem Ausbildungsjahr arbeitete ich im Team an einem mehrwöchigen Projekt, bei dem wir meist selbstständig einen Oldtimer polstern und die Innenausstattung mit Leder verkleiden durften.

.

Ende des nächsten Monats werde ich meine Gesellenprüfung ablegen. Frühestens am 01.10.2008 könnte ich die Stelle bei Ihnen antreten.

.

Ich freue mich, wenn Sie mich zu einem Vorstellungsgespräch einladen.

.

Mit freundlichen Grüßen
Julia Scheffler

.

Anlagen
Lebenslauf (tabellarisch) mit Lichtbild
Kopie des letzten Schulzeugnisses
Kopie des Gesellenbriefs (wird nachgereicht)

5

a) Entscheiden Sie bei den folgenden Stellenanzeigen (Ausschnitte), welche Empfängeranschrift richtig geschrieben ist.

b) Begründen Sie, warum die beiden anderen Anschriften jeweils fehlerhaft sind.

A

[...] Senden Sie Ihre Bewerbungsunterlagen an

Frau Renate Schlehmel
Schmale Gasse 16
12559 Berlin

Stöwin AG

Berliner Nachrichten vom 22.03.2008

1
Firma/Herrn/Frau
Renate Schlehmel
Schmale Gasse 16
12559 Berlin

2
Frau
Renate Schlehmel
Schmale Gasse 16
12559 Berlin
Stöwin AG

3
Stöwin AG
Frau Renate Schlehmel
Schmale Gasse 16
12559 Berlin

B

[...] Schicken Sie Ihre vollständigen Bewerbungsunterlagen an

O. Stern GmbH
Fritz-Otto-Str. 26, Postfach 33 13 10, 33334 Gütersloh

Faltblatt Jugend und Beruf, Hannover, März 2008

1
O. Stern GmbH
Postfach 33 13 10
33334 Gütersloh

2
Herrn
O. Stern
Fritz-Otto-Str. 26
Postfach 33 13 10
33334 Gütersloh

3
Frau
O. Stern GmbH
Fritz-Otto-Str. 26
33334 Gütersloh

C

[...] Für dieses Projekt suche ich zum sofortigen Arbeitsbeginn eine ausgebildete Damenschneiderin.

Ute Wassmer, An den Drei Eichen 2, 45659 Recklinghausen

Recklinghäuser Wochenblatt vom 13.09.2007

1
Frau
Ute Wassmer
An den Drei Eichen 2
45659 Recklinghausen

2
Damenschneiderei
An den Drei Eichen 2
45659 Recklinghausen

3
Firma
Ute Wassmer
An den Drei Eichen 2
45659 Recklinghausen

D

[...] Ihre Bewerbung erwartet

Raumausstattung
Kurt Krämer, Bad Mergentaler Str. 19, 67227 Frankenthal

Zeitschrift „Raumtex", Nr. 4/2008

1
Raumausstattung
Kurt Krämer
Bad Mergentaler Str. 19
67227 Frankenthal

2
K. Krämer
67227 Frankenthal

3
Herrn
Kurt Krämer
Bad Mergentaler Str. 19
67227 Frankenthal

6

Bilden Sie jeweils aus zwei Wörtern Namen für Straßen, Plätze usw. (siehe Anhang, Regel 13).

hohl, Hunsrück, **Allee**, Harz, Schwerin, eng, **Straße**, **Weg**, Berlin, **Gasse**, Hamburg, Düsseldorf, breit, Augsburg, **Platz**, alt, lang, neu, Leipzig, Mainz

7

Situation:
Sie bewerben sich als

- *Damenschneiderin*
- *Industriemechanikerin*
- *Raumausstatterin*
- *Polsterer*

a) Suchen Sie in Aufgabe 5 nach passenden Anzeigen, und formulieren Sie die Betreffzeilen. Geben Sie unter der Betreffzeile in Kurzform die Quelle mit Datum an. Setzen Sie keine Satzzeichen am Schluss der Zeilen.

BEISPIEL:
Bewerbung um eine Stelle als Koch
Ihre Anzeige in der Rheinpfalz vom 16.06.2010

b) Wählen Sie zu jeder richtig geschriebenen Anschrift (siehe Aufgabe 5) die passende Anrede aus.

A
1 Sehr geehrte Damen und Herren,
2 Sehr geehrte Frau Schlehmel,
3 Sehr geehrte Damen und Herren,
sehr geehrte Frau Schlehmel,

B
1 Sehr geehrte Firma Stern,
2 Sehr geehrte Frau Stern,
3 Sehr geehrte Damen,
sehr geehrte Herren,

C
1 Sehr geehrte Damen und Herren,
2 Sehr geehrte Schneiderin,
3 Sehr geehrte Frau Wassmer,

D
1 Lieber Herr Kurt Krämer,
2 Sehr geehrter Herr Krämer,
3 Sehr geehrte Herren Raumausstatter,

8

a) Ordnen Sie jedem Anlass den passenden Anfang eines Bewerbungsanschreibens zu.

1 Sie bewerben sich aufgrund einer Anzeige.
2 Sie bewerben sich aufgrund eines Tipps von der Arbeitsagentur.
3 Sie bewerben sich ohne einen Hinweis.

A …, hiermit bewerbe ich mich um die oben genannte Stelle.
B …, in Ihrer Anzeige bieten Sie gerade die Stelle an, für die ich mich eigne.
C …, über die Arbeitsagentur habe ich erfahren, dass Sie einen Textilreiniger suchen. Um diese Stelle bewerbe ich mich.

b) Entscheiden und begründen Sie, mit welchem Anfang am meisten Werbung für die eigene Person gemacht wird.

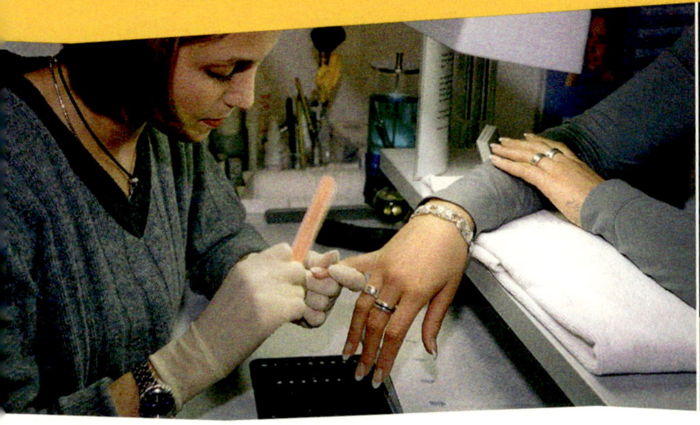

9

Entscheiden Sie bei den folgenden Formulierungen, zu welchen Berufen sie passen.

BEISPIEL:

Ich bin gerne gestalterisch tätig und liebe es, mit Farben umzugehen. Außerdem macht es mir Spaß, handwerklich zu arbeiten.

→ *Maler/in* → *Friseur/in*
→ *Dekorateur/in* → *Konditor/in*
→ *Raumausstatter/in* → *Kosmetiker/in*

A Ich habe keine Probleme, auf fremde Menschen zuzugehen, und genieße es, neue Leute kennenzulernen. Auch in meinem Freundeskreis gelte ich als kontaktfreudig.

B Mit diesem Beruf kann ich meine Freizeitinteressen verbinden. Denn mein Hobby ist es, an Autos herumzubasteln. Zudem lese ich mit Vorliebe Auto- und Motorradzeitschriften.

C Es macht mir sehr großen Spaß, im Freien zu arbeiten.

D In meiner Freizeit bin ich beim Deutschen Roten Kreuz tätig.

E Ich arbeite gerne am Computer. Mit Word und Excel habe ich fast täglich zu tun. Auch habe ich schon an mehreren Internet-Fortbildungskursen teilgenommen.

F Die Arbeit im Haushalt macht mir Spaß, vor allem kochen und backen. Besondere Freude bereitet es mir, neue Rezepte zu erfinden und auszuprobieren.

10

Schreiben Sie die Texte neu. Ergänzen Sie fehlende Buchstaben und setzen Sie die Kommas richtig (siehe Anhang, Regeln 1–4 und 21).

A In meinem je__igen Betr__b haben wir uns auf das B__enlegen ko__entriert. Ich habe aber auch viel Erf__rung im Tap__ieren in der Anbri__ung von Wandbe__annungen und im N__en von Gard__en.

B Zu meinen Täti__eiten gehören Fli__en- Platten- und Mosaikl__earbeiten sowie das Herstellen Aufst__len und der Einbau von Trennw__den.

C Meine Arbeit best__t vor allem im Pl__en Organis__ren und Durchf__ren versch__denster Bürotäti__eiten.

D Zu meinen Auf__ben geh__en die Wa__ung Instan__etzung und Ent__örung von Ger__en.

11

Notieren Sie charakterliche Eigenschaften, die in den folgenden Formulierungen beschrieben werden.

BEISPIEL:

Wenn ich an einer Arbeit dran bin, kann ich sehr lange dabeibleiben, ohne dass mich die Arbeit anödet.

→ *Geduld* → *Ausdauer*

A Verabredungen halte ich ein und erscheine auch zur ausgemachten Zeit. Und Tätigkeiten, die man mir aufträgt, erledige ich termingerecht.

B Normalerweise arbeite ich lieber in der Gruppe als alleine. In der Gruppe ist es lustiger, es werden auch mehr Ideen geboren und Unterhaltung hat man auch.

C Es bereitet mir keine Probleme, wenn nicht alles nach Schema F läuft. Ich kann mich leicht auf neue Umstände einstellen.
D Bisher konnte ich größtenteils selbstständig arbeiten. Dies galt auch, wenn Kundinnen und Kunden Fragen zu meiner Arbeit hatten oder etwas reklamierten.
E Wie Sie aus meinem Lebenslauf ersehen können, habe ich schon an mehreren Fortbildungsprogrammen teilgenommen. Dies würde ich auch weiterhin gerne tun, um stets auf dem neuesten Stand der Entwicklung zu sein.
F Meinen Beruf übe ich sehr gerne aus. Daher habe ich auch noch keine Sekunde meine Berufswahl bereut.

12

a) Notieren Sie, welche charakterlichen Eigenschaften in den folgenden Anzeigen verlangt werden.

Für unsere moderne Apotheke suchen wir eine/n motivierte/n und flexible/n

Pharmazeutisch-Kaufmännische/n Angestellte/n

zur Mitarbeit in unserem Team.

Wir sind ein kleines Unternehmen, in dem die Einsatzbereitschaft und positive Lebenseinstellung eine große Rolle spielen. Zum sofortigen Arbeitsbeginn haben wir eine Stelle als

Gas- und Wasserinstallateur/in

zu besetzen.

Gehen Sie Herausforderungen nicht aus dem Weg? Sind Sie freundlich und aufgeschlossen? Dann bewerben Sie sich bei uns als

Büroinformationselektroniker/in

b) Formulieren Sie Sätze, in denen Sie auf die gewünschten Eigenschaften eingehen.

13

Situation:
Gisela Staiblin, Personalchefin bei der Lohr AG, über die Anforderungen an Bewerber/innen: „Wir erwarten eine positive Grundeinstellung, Flexibilität, Mobilität und Teamfähigkeit. Einzelkämpfer sind bei uns weniger gefragt. Unsere Einstellungskriterien sind einigermaßen gute Noten, persönliches Auftreten und sprachliche Ausdrucksfähigkeit."

Erläutern Sie, was hinter den Anforderungen stecken könnte.

BEISPIEL:
positive Grundeinstellung
→ ***Bewerber/in ist leistungsfähig, lässt sich auch durch Misserfolge nicht so leicht aus der Fassung bringen.***

14

Fügen Sie Passendes zusammen.

A Da ich noch nicht gekündigt habe, …
B Im Juli dieses Jahres werde ich die Abschlussprüfung machen, …
C Es ist für mich kein Problem, …
D Kein Auszubildender wird in unserem Betrieb nach der Abschlussprüfung übernommen, …

1 … deshalb kann ich schon am 01.09.2010 die Stelle antreten.
2 … am 01.10.2010 bei Ihnen mit der Arbeit zu beginnen.
3 … sodass ich am 01.08.2010 die Stelle antreten könnte.
4 … kann ich die Arbeit bei Ihnen frühestens am 01.07.2010 aufnehmen.

15

Vervollständigen Sie die Sätze, mit denen Sie Ihre Freude über ein mögliches Vorstellungsgespräch ausdrücken.

A Ich bin gerne bereit, mich bei Ihnen …
B Über eine Einladung zu einem Vorstellungsgespräch …
C …, wenn wir uns in einem Gespräch kennenlernen können.
D Ich freue mich, wenn ich mich …
E Selbstverständlich stehe ich Ihnen jederzeit zu …

16

Ordnen Sie die Anlagen der jeweils passenden Situation zu.

A Anlagen
Handgeschriebener Lebenslauf
1 Lichtbild
1 Arbeitszeugnis
Gesellenbrief (Kopie)

B Anlagen
Lebenslauf (tabellarisch)
1 Lichtbild
Zertifikat über 2 Fortbildungskurse „Arbeit mit dem Internet"
2 Arbeitszeugnisse (Kopien)

C Anlagen
Lebenslauf mit Lichtbild
Kopie des Zeugnisses des mittleren Bildungsabschlusses
Kopie des Halbjahreszeugnisses
Teilnahmebestätigung: Fortbildungskurs Excel

Situationen

1
Kerstin arbeitete bereits in mehreren Betrieben. Sie ist schon etwas älter und hat die Schulzeit lange hinter sich.

2
Madleen bewirbt sich um eine Stelle, für die normalerweise ein mittlerer Bildungsabschluss verlangt wird.
Sie hat die Ausbildungszeit noch nicht beendet.

3
Alex hat seine Ausbildung abgeschlossen.
Er hat schon einmal den Arbeitgeber gewechselt.
Er muss mit seiner Bewerbung eine Schriftprobe vorlegen.

17

Wählen Sie einen Betrieb aus, bei dem Sie sich nach Abschluss Ihrer Ausbildung bewerben können.
Verfassen Sie das Bewerbungsanschreiben.

KOMPETENZBOX

„Vollständige Bewerbungsunterlagen"

Wenn für eine Bewerbung die „vollständigen Bewerbungsunterlagen" gefordert werden, gehören dazu:

→ Das **Bewerbungsanschreiben**

→ Der **Lebenslauf** mit einem aktuellen **Lichtbild** (mit einem vorteilhaften Gesichtsausdruck)

→ Die Kopie des letzten **Schulzeugnisses**, das die höchste schulische Qualifikation belegt

→ Nachweise (Kopien) über die **beruflichen Qualifikationen** (Lehrgänge, Fortbildungen, evtl. Praktika usw.)

→ Das **Arbeitszeugnis** (Kopie) oder auch mehrere Arbeitszeugnisse, falls Sie schon bei mehreren Arbeitsgeberinnen oder Arbeitgebern beschäftigt waren

→ Nachweise (Kopien) über Erfahrungen oder Qualifikationen, die **für den Beruf bedeutsam** sind (z. B. über soziale Aktivitäten)

Am Ende des Bewerbungsanschreibens werden alle beigefügten Unterlagen aufgelistet (Anlagen).

Eine **ansprechende Form** und Gestaltung der Bewerbungsunterlagen weckt das Interesse am Lesen.

Einen Lebenslauf schreiben

KOMPETENZBOX

Einen Lebenslauf schreiben

VORARBEIT

→ Schul- und Arbeitszeugnisse, Bestätigungen für Fortbildungskurse, Seminare, Schulungen, eventuelle Dokumentation ehrenamtlicher Tätigkeiten zusammenstellen

→ Aktuelles Bild auf der Rückseite mit Namen versehen, mit dem Drucker vervielfältigtes Bild nur bei sehr guter Qualität verwenden

AUFBAU

→ Angaben zur Person machen:
- Name
- Geburtsdatum und -ort
- Anschrift
- Familienstand

→ Erwähnen, wenn für die Bewerbung wichtig:
- Eltern
- Geschwister
- Staatsangehörigkeit
- Konfession

→ Schulische Daten aufführen (zeitliche Abfolge beachten), Abschluss nennen

→ Berufliche Daten angeben

→ Kenntnisse, Interessen auflisten

→ Hobbys nennen, besonders solche, die soziale oder berufsnahe Qualitäten erfordern

→ Datum und Unterschrift

BESONDERHEIT

→ Der Inhalt des Lebenslaufs ändert sich im Laufe des Lebens und auch mit jeder Bewerbungssituation.

Lebenslauf

Zur Person

Name	Konstantin Bork
Geburtsdatum	23. Juli 1990
Geburtsort	Dresden
Anschrift	Burggasse 48 67659 Kaiserslautern
Familienstand	ledig
Eltern	August Bork, Fliesenleger Anna Bork geb. Radek, Gärtnerin
Geschwister	zwei jüngere Brüder

Schulische Daten

1997–2001	Grundschule, Otterbach
2001–2004	Schlossrealschule, Kaiserslautern
2004–2006	Hauptschule (Eichendorffschule), Kaiserslautern Abschluss: Hauptschulabschluss nach Klasse 9

Berufliche Daten

August 2005	3-wöchiges Praktikum als Industriemechaniker bei Kometa AG, Kaiserslautern
Juli 2006	2-wöchiges Praktikum als Textilreiniger bei der Reinigung Tepax, Landstuhl
Seit 1. Sept. 2006	Ausbildung als Raumausstatter bei Raumstudio Mack, Landstuhl Besuch der Gewerblichen Schule in Kaiserslautern Voraussichtlicher Abschluss: Gesellenbrief, Juli 2009

Kenntnisse, Interessen

2007	Fortbildung an der Volkshochschule: Erstellen einer Homepage
2008	Überbetriebliche Fortbildung: Einführung in Excel
Hobbys	Fußball spielen (im Verein), Arbeit am Computer, Inlineskating, Malen

Kaiserslautern, 16. März 2009

Konstantin Bork

1

Entscheiden Sie,

a) auf welchem Bild die Person am sympathischsten wirkt,

b) welches der drei Bilder die eindringlichste Wirkung auf Sie hat.

2

Entscheiden und begründen Sie, welche Angaben nicht in einen Lebenslauf gehören.

A (Vater) arbeitslos
B geschieden
C verheiratet, 1 Kind
D staatenlos
E vier Geschwister
F alleinerziehend
G Adoptivkind
H keine Geschwister
I ledig
J Nichtraucher

Entscheiden Sie, welche Angaben zur Person für ihren Lebenslauf genügen.

Anna Bader • Am Schlurdeich 5 • 27804 Berne

Lebenslauf

Persönliche Daten

Anna Bader
geboren am 30.09.1986
in Delmenhorst
ledig

Schulbildung

Anna Bader • Am Schlurdeich 5 • 27804 Berne

Lebenslauf

Zur Person

Name:	Anna Bader
Geburtstag, -ort:	30.09.1986 in Delmenhorst
Familienstand:	ledig
Staatsangehörigkeit:	deutsch

Schulischer Werdegang

Lebenslauf

Name:	Anna Bader
Geburtsdatum:	30.09.1986
Geburtsort:	Delmenhorst
Anschrift:	Anna Bader Am Schlurdeich 5, 27804 Berne
Familienstand:	ledig
Eltern:	Theodor Bader, Hausmeister Andrea Bader, Drogistin
Geschwister:	eine ältere Schwester
Konfession:	evangelisch
Staatsangehörigkeit:	deutsch
Schulbildung:	

3

Situation:
Anna Bader ist 23 Jahre alt und bewirbt sich um eine Stelle als Einzelhandelskauffrau.

4

Wandeln Sie den folgenden Bericht über eine schulische Laufbahn in Tabellenform (siehe S. 62) um. Erfinden Sie passende Jahreszahlen.

„Ich ging ganz normal auf die Grundschule in Horchheim. Nach der vierten Klasse wechselte ich dann aufs Hegelgymnasium in Lahnstein. Das ging anfangs ganz gut. Dann trennten sich meine Eltern. Mein Vater zog nach Wiesbaden, und meine Mutter war die meiste Zeit bei ihrem neuen Freund in Koblenz. Nach zwei Jahren blieb ich dann sitzen und zog mit meiner Mutter endgültig nach Koblenz. Dort besuchte ich die Realschule. Aber nach eineinhalb Jahren lud meine Klassenlehrerin meine Mutter zu einem Gespräch ein und machte ihr klar, dass es besser sei, wenn ich in die Hauptschule ginge. Das tat ich dann auch. Aber ich hatte keinen Bock mehr auf Schule. So rasselte ich durch die Hauptschulabschlussprüfung, besuchte dann das BVJ in Koblenz und schaffte schließlich einen ganz ordentlichen Hauptschulabschluss. Da der Freund meiner Mutter beruflich in Trier tätig wurde, folgten ihm meine Mutter und ich. Jetzt bin ich gerade im 2. Jahr der Berufsfachschule und fühle mich hier ganz wohl, da ich auch eine sehr nette Freundin gefunden habe. Und den mittleren Bildungsabschluss schaffe ich am Ende des Schuljahres vermutlich problemlos."

5

Hobbys haben meist nichts direkt mit dem Beruf zu tun. Aber sie können über die Eigenschaften und Fähigkeiten eines Menschen Aufschluss geben.

Notieren Sie, welche Eigenschaften und Fähigkeiten sich Ihrer Meinung nach aus den folgenden Hobbys ableiten lassen.

BEISPIEL:
Fußball spielen

→ *Teamfähigkeit*	→ *Unterordnung*
→ *Rücksicht*	→ *Pünktlichkeit*
→ *Beherrschung*	→ *Ordnung*

A

Inliner fahren	Krafttraining machen
Basketball spielen	Tischtennis spielen

B

Am PC arbeiten	Am Computer spielen
Im Internet surfen	

C

Lesen	Mit Freunden ausgehen
Zeichnen	Kochen

6

Schreiben Sie Ihren Lebenslauf in tabellarischer Form.

7

In seltenen Fällen wird ein handgeschriebener, ausführlicher Lebenslauf verlangt.
Schreiben Sie Ihren tabellarischen Lebenslauf aus Aufgabe 6 in diese Form um. Sie können dazu die folgenden kursiv gesetzten Formulierungen zu Beginn und am Schluss des Lebenslaufs verwenden.

(Ihre Anschrift) (Ihr Bild)

Lebenslauf

Am ... (Datum) *wurde ich als Tochter/Sohn des* ... (Beruf + Name) *und der* ... (Beruf + Name) *geborene* ... (Mädchenname) *in* ... (Ort) *geboren.*

Von ... (Jahreszahl) *bis* ... (Jahreszahl) *besuchte ich die* ...

Nach dem Erreichen des mittleren Bildungsabschlusses im ... (Monat und Jahreszahl) *möchte ich eine Ausbildung als* ... (Angabe des Berufs) *beginnen.*

In meiner Freizeit beschäftige ich mich vor allem mit ... (Hobbys, Interessen).

... (Ort), ... (Datum)

... (Unterschrift)

8 **P**

Stellen Sie eine Bewerbungsmappe zusammen, in der Sie folgende Unterlagen einfügen:

1 Ein Deckblatt, ähnlich diesen Beispielen

Bewerbung

als Medizinische Fachangestellte

Anlagen Lebenslauf mit Foto
Zeugniskopie
Kopie des Arbeitszeugnisses

Miriam Welter
Moselstr. 25
65201 Wiesbaden
0611 573127

Bewerbung um eine
Stelle als Raumausstatter

bei Raumprofil Uwe Wiedmer

von

Michael Staller
Geschwister-Scholl-Platz 16
54295 Trier
0651 678349
Fax 0651 632237

2 Ein Bewerbungsanschreiben
3 Ein Lebenslauf (mit Lichtbild)
4 Eine Kopie des Zeugnisses mit dem höchsten oder letzten Schulabschluss

KOMPETENZBOX

8 Tipps zur schriftlichen Bewerbung

1 Schreiben Sie Ihr Bewerbungsanschreiben und Ihren Lebenslauf möglichst auf dem PC. Damit ersparen Sie sich Zeit bei der Korrektur. Verwenden Sie keinen Blocksatz.

2 Benutzen Sie unliniertes weißes DIN-A4-Papier und beschreiben Sie es nur einseitig.

3 Unterschreiben Sie Ihr Bewerbungsanschreiben und Ihren Lebenslauf – am besten mit blauem Füllfederhalter. Mit Ihrer Unterschrift bestätigen Sie die Richtigkeit Ihrer Angaben.

4 Eselsohren und zerknittertes Papier wirken negativ. Verwenden Sie für jede Bewerbung einen neuen Computerausdruck oder eine neue Kopie.

5 Lassen Sie Ihre gesamten Unterlagen von einem kompetenten Menschen kontrollieren, damit Sie Ihre Bewerbungsunterlagen fehlerfrei abgeben können.

6 Fertigen Sie von allen Unterlagen eine Kopie für Ihre Akten an.

7 Bewahren Sie Ihre Bewerbungsunterlagen in einem speziellen Ordner auf.

8 Achten Sie darauf, dass der DIN-A4-Umschlag für die Bewerbungsunterlagen stabil ist, dass Sie ihn korrekt beschriften und ausreichend frankieren.

5 Ihre Praktikumsbescheinigungen oder Ihr Arbeitszeugnis
6 Ihre Bescheinigungen über soziale Aktivitäten (z. B. Streitschlichter an der Schule, Schülercoach, Teilnahme am Schüleraustausch, Mitarbeit im Jugendrotkreuz)

Legen Sie zu einem vereinbarten Zeitpunkt alle Bewerbermappen zusammen und entscheiden Sie, welche Mappen auf Ihr besonderes Interesse stoßen. Begründen Sie Ihre Entscheidungen.

Sich auf ein Vorstellungsgespräch vorbereiten

1

Notieren Sie, was die Unternehmensvertreter/innen von den Bewerberinnen und Bewerbern jeweils erwarten.

A

Stephanie Hauser, Eigentümerin des Gasthauses „Schwanen":
„Großen Wert lege ich auf positive Ausstrahlung und gutes Benehmen. Die Bewerber/innen sollten sich gut ausdrücken können und äußerlich zu unserem Haus passen. In einen Kleinstadtgasthof passt nun mal keine Punkerfrisur oder gepiercte Zunge."

B

Sandra Epfinger, Ausbildungsleiterin in der Verwaltung der Wachter GmbH:
„Das Erscheinungsbild sollte zum Unternehmen passen. Es gibt keine Kleiderordnung, aber gepflegtes Äußeres wird schon erwartet."

C

Thomas Schipper, Kfz-Meister:
„Persönliches Auftreten und erkennbare Motivation spielen eine große Rolle. Wir sind ein Dienstleistungsunternehmen, zu viel Toleranz im Outfit können wir unseren Kundinnen und Kunden nicht zumuten."

D

Jürgen Talheimer, Dachdeckermeister:
„Schräge Klamotten oder eigenartige Frisuren stören mich nicht, wenn der Leistungswille vorhanden ist."

E

Michael Voss, Personalchef eines Krankenhauses:
„Unsere Einstellungskriterien sind ordentliche Noten, persönliches Erscheinungsbild und sprachlicher Ausdruck."

2

a) Schreiben Sie auf, welches Verhalten die Auszubildenden jeweils bei ihren Vorstellungsgesprächen zeigten.

Daniel: „Ich war so nervös. Ich hab geredet wie ein Buch. Die haben mir dann auch gar nicht viele Fragen gestellt."

Katharina: „Ich hab mich in Jeans und T-Shirt vorgestellt, damit die gleich mal sehen, dass ich mich nicht in Röcke pressen lasse."

Christian: „Ich hab Anzug und Krawatte angezogen. Ich wollte ja einen guten Eindruck hinterlassen."

Lisa: „Stellen Sie sich mal vor, ich war ganz ruhig und brav, hab kaum was geredet, nicht wie in der Schule. Ich kann mich schon beherrschen."

Sarah: „Als ich erzählt habe, was ich schon alles gemacht habe in unserem Betrieb, hat sie mir ganz aufmerksam zugehört. Ich hab dann gleich noch ein paar weitere Einzelheiten genannt."

b) Bewerten Sie das Verhalten der Auszubildenden.

3

Wählen Sie jeweils die Ihrer Meinung nach beste Reaktion auf die Frage der Personalchefin (A, B, C) aus.

A „Warum haben Sie eine so schlechte Note in Mathematik?"

1 „In Mathematik habe ich nicht die beste Note; dafür bin ich aber in Deutsch bei der Spitzengruppe."
2 „Das lag am Lehrer. Der mochte mich nicht."

3 „Mathe liegt mir einfach nicht. Das war schon immer so."
4 „Ich weiß, dass ich in Mathe eine schlechte Note habe, aber das wird sich ändern."

B „Weshalb haben Sie Ihre erste Ausbildung abgebrochen?"

1 „Mit dem Ausbilder kam ich einfach nicht zurecht. Seiner Ansicht nach habe ich alles falsch gemacht. Ständig hat er gemeckert."
2 „Ich glaube, in dem Betrieb hat man jemanden gebraucht, der richtig anpacken kann. Das heißt nicht, dass ich nicht gearbeitet habe. Ich habe die Leistung gebracht wie jeder andere. Aber das Ganze war für mich körperlich doch sehr anstrengend. Und die eigentliche Ausbildung kam etwas kurz. Nach einem Gespräch mit meinem Chef habe ich dann beschlossen, die Ausbildung abzubrechen."
3 „Das Betriebsklima war schlecht. Und mit dem Gesellen, mit dem ich immer zusammenarbeiten musste, verstand ich mich auch nicht."
4 „Ich war noch etwas naiv zu der Zeit. Ich habe mich mehr davon leiten lassen, dass ich einen Betrieb ganz in meiner Nähe gefunden habe, als von der Liebe zum Beruf. Heute weiß ich, dass der Beruf das Wichtigste ist."

C „Warum haben Sie den Ausbildungsplatz während der Ausbildung gewechselt?"

1 „Ich war der einzige Auszubildende in dem Betrieb, die anderen Mitarbeiter waren alle viel älter. Das war mir zu öde."
2 „Ich glaube nicht, dass sich meine Meisterin über meine Arbeit beklagen kann. Meine Leistung habe ich immer gebracht. Aber irgendwie stimmte die Chemie zwischen uns nicht. Ich bin eher ein lockerer Typ, und sie ist sehr ernst und korrekt."
3 „Ich wusste schon vor Beginn der Ausbildung, dass in dem Betrieb etwas einseitig ausgebildet wird. Aber in den anderen Betrieben der Umgebung waren alle Stellen besetzt. Dann bekam ich aber die Chance zu wechseln."

4 „In dem Betrieb hat vieles nicht gestimmt. Wenn ich dort vor Ausbildungsbeginn ein Praktikum gemacht hätte, hätte ich dort erst gar nicht angefangen."

4

Machen Sie Vorschläge, wie Sie auf diese Fragen wahrheitsgetreu und positiv antworten könnten.

A „Sind Sie bereit, Überstunden zu machen?"
B „Was wissen Sie über unseren Betrieb?"
C „Sie spielen Fußball. Wie reagieren Sie, wenn Sie verlieren?"
D „Wie kommen Sie mit Ihren Eltern und Geschwistern aus?"
E „Wie oft haben Sie Ihren jetzigen Arbeitgeber schon kritisiert?"

5

Durch Fragen können Sie Interesse am Beruf, am Betrieb und an der speziellen Arbeitsstelle bekunden.

Ordnen Sie die folgenden Fragen so, dass Ihr Interesse am Beruf und am Betrieb vor Ihren persönlichen Interessen zum Ausdruck kommt.

A „Wie würden Sie das Betriebsklima in Ihrem Betrieb beschreiben?"
B „Was würde ich bei Ihnen verdienen?"
C „Könnten Sie mich noch in die Abteilung führen, in der ich später arbeiten soll?"
D „Wann beginnen Sie morgens mit der Arbeit?"
E „Brauche ich eine spezielle Arbeitskleidung?"
F „Erhalte ich den tariflich festgelegten Urlaub?"
G „Bieten Sie auch Fortbildungskurse an?"
H „Wo essen die Mitarbeiterinnen und Mitarbeiter gewöhnlich zu Mittag?"

6

Finden Sie weitere Fragen, die die Vertreter/innen des Unternehmens stellen könnten.

1 „Warum bewerben Sie sich gerade bei uns?"
2 „Wie waren Sie mit Ihrer bisherigen Tätigkeit zufrieden?"
3 „Welche Zukunftspläne haben Sie?"
4 „Arbeiten Sie gerne allein?"
5 „Wie sind Sie mit Ihren Kolleginnen und Kollegen, wie mit Ihrem bisherigen Arbeitgeber ausgekommen?"
6 „Würden Sie notfalls auch samstags arbeiten?"
7 „Wie beurteilen Sie Ihre Leistungen in Ihrem jetzigen Betrieb?"
8 „Wo sehen Sie Ihre Schwächen, wo Ihre Stärken?"
9 „Haben Sie noch Fragen an uns?"
...

7

Wandeln Sie die folgenden unvollständigen Sätze in vollständige Sätze im Imperativ (Befehlsform) um (siehe Anhang, Seite 270).

BEISPIEL:
Pünktlich zum Vorstellungsgespräch kommen
→ *Kommen Sie bitte pünktlich zum Vorstellungsgespräch.*

A Anfahrtsweg und benötigte Fahrzeit vorher klären
B Eine Kopie der Bewerbungsunterlagen mitnehmen
C Laut und deutlich grüßen
D Sich mit Namen vorstellen
E Sich erst setzen, wenn dazu aufgefordert wird
F Aufrecht stehen, aufrecht sitzen, sich nicht anlehnen und sich nicht über den Schreibtisch beugen
G Natürlich bleiben, kein Theater spielen
H Selbstbewusst sein, nicht untertreiben
I Klar und genau in ganzen Sätzen auf Fragen antworten
J Durch Fragen Interesse am Betrieb bekunden
K Die bisherigen beruflichen Erfahrungen herausstellen

8

a) Suchen Sie im Internet mithilfe einer Suchmaschine unter den Stichwörtern „Bewerbung", „Literatur" nach Büchern, die Ihnen noch mehr Tipps zum Thema Bewerben geben können.
b) Diskutieren Sie in der Klasse, welche Bücher Ihnen geeignet erscheinen.
c) Erkundigen Sie sich auch in einer Bibliothek oder Buchhandlung in Ihrer Nähe nach weiterführender Literatur.

9

P

Führen Sie in Rollenspielen Vorstellungsgespräche. Beziehen Sie die Fragen aus den Aufgaben 5 und 6 mit ein.

Nehmen Sie die Spiele nach Möglichkeit mit einer Videokamera auf und werten Sie die Gespräche aus.

Sprachliche Übungen

1

Variieren Sie die Wortwahl so, dass Wiederholungen vermieden werden. Sie können auch Sätze miteinander verknüpfen.

A Ich ging zuerst auf die Grundschule in Worms. Nach unserem Umzug ging ich in Trier zur Schule.

B Ich schaffte den mittleren Schulabschluss mit gutem Erfolg. Die Prüfungen an der Berufsschule werde ich problemlos schaffen.

C Zu meinen Stärken zählen Ausdauer und Zuverlässigkeit. Ich denke, dass ich auch im Beruf ein zuverlässiger Mitarbeiter sein werde.

D Während meiner Schulzeit habe ich in Ihrem Betrieb ein Praktikum absolviert. Darum ist mir Ihr Betrieb schon vertraut.

2

Streichen Sie die überflüssigen Wörter.

A In meinem Praktikum habe ich bereits schon Erfahrungen in der Fahrzeugtechnik gesammelt.

B Ich bin sozusagen sehr an Technik interessiert.

C Auch als Frau kann man ja in einem technischen Beruf sehr gut bestehen.

D Mal abgesehen von den bevorstehenden Prüfungen ist meine Berufsausbildung beendet.

3

Setzen Sie die Sätze mit einer Infinitivgruppe fort und setzen Sie die nötigen Kommas (siehe Anhang, Regel 23).

A Ich genieße es …

B Mir macht es Spaß …

C Ich bin bereit …

D Ich liebe es …

E Ich habe Freude daran …

F Ich bin es gewohnt …

4

Wählen Sie zu dem Wort in der linken jeweils ein Wort in der rechten Spalte und bilden Sie ein zusammengesetztes Wort. Fügen Sie bei Bedarf nach dem ersten Wort ein „s" (Fugen-s) ein.

A Einsatz	Fähigkeit
B Leben	Vermögen
C Arbeit	Tätigkeiten
D Team	Prüfung
E Ausdruck	Einstellung
F Büro	Wille
G Abschluss	Bereitschaft

5

Setzen Sie die richtige Form des Verbs (Tätigkeitswortes) ein und achten Sie auf die Rechtschreibung (siehe Anhang, Regel 6).

Infinitiv (Grundform)	Präsens (Gegenwart)	Präteritum (Vergangenheit)	Futur I (Zukunft)	Perfekt (vollendete Gegenwart)
passen	Du __ in dieses Team.	Er __ nicht zu uns.	Das __ schon __.	Das __ mir sehr __.
äußern	Sie __ sich selten.	Du __ dich abwertend.	Er __ sich dazu noch __.	Wir __ uns bereits __.
beschließen	Heute __ wir das noch.	Sie __ das rasch.	Wir __ das morgen __.	Sie __ das so __.
essen	Sie __ das immer.	Sie __ alles auf.	Sie __ das sicherlich __.	Sie __ schon __.
stimmen	Das __.	Es __ alles.	Das __ schon __.	Das __ immer __.
interessieren	Du __ dich dafür.	Sie __ sich für alles.	Das __ sie bestimmt __.	Ihr __ euch dafür __.

Basislernbaustein **7**

Siehe auch Lernbereiche
8 Argumentieren und erörtern
15 Mit Kundinnen und Kunden kommunizieren

Mit Konflikten umgehen

?

Sprachliche Übungen

Mit Konflikten umgehen

Gespräche führen in Konfliktsituationen
- → DU-Botschaften
- → ICH-Botschaften
- → Wünsche formulieren
- → Aktives Zuhören

Konflikte lösen
- → Mediation
- → Gedächtnisprotokoll

Gelingende Kommunikation
- → Vier Seiten einer Nachricht
- → Missverständnisse vermeiden

!

1

a) Beschreiben Sie Situationen, in denen für Sie ein Konflikt entstand.

b) Berichten Sie, wie Sie den Konflikt gelöst haben.

c) Nennen Sie weitere Möglichkeiten der Konfliktlösung aus Ihrer Erfahrung.

2

Nennen Sie Konflikte, die Ihrer Meinung nach

a) leicht,

b) schwer lösbar sind.

Gespräche führen in Konfliktsituationen

1

Lesen Sie den Text und beschreiben Sie,
a) worin der Konflikt zwischen Mutter und Tochter besteht,
b) wie der Konflikt eskalieren könnte,
c) welche Lösungsmöglichkeiten es gibt.

Das darf doch nicht wahr sein! „Jetzt glänzt es wieder", pflegt meine Mutter zu sagen – nach einer Putzorgie, die sie wohl heute wieder in meinem Zimmer hingelegt hat: Keine Kleidungsstücke mehr auf dem Sofa, keine Papierstapel und keine Bücher mehr auf dem Boden, alle Unterlagen auf dem Schreibtisch aufgeräumt, die Abstände vermutlich abgemessen, kein Stäubchen auf dem Regal. „Zimmerfriedensbruch" werfe ich ihr vor. „Jetzt glänzt es wieder." Ich merke, wie mein Blut in den Kopf steigt, wie sich meine Hände verkrampfen. Einer Vogelscheuche gleich steht sie im Türrahmen, mit ihrem Lächeln zwischen Angst und Macht. „Mama, ich werde bald 18. Und ich stöbere auch nicht in deinen Sachen herum." „Ach Kind, du hast ja so viel zu tun, da kann ich schon verstehen, dass du keine Zeit zum Aufräumen hast." Mir kommen fast die Tränen vor Wut. „Verstehen?"

KOMPETENZBOX

Konflikt

Ein Konflikt entsteht, wenn Auffassungen, Ziele oder Wertvorstellungen von Personen oder gesellschaftlichen Gruppen unvereinbar sind und zusammenstoßen. Wenn jede Konfliktpartei auf ihrer Position beharrt, ohne die Sichtweise der anderen Partei anzuerkennen, spitzt sich der Konflikt zu und es kann zum offenen Streit kommen. Der Konflikt entwickelt dann eine Eigendynamik, sodass die gegenseitige Wahrnehmung stark eingeschränkt und eine konstruktive Konfliktlösung ausgeschlossen ist.

Durch geeignetes Kommunikationsverhalten können Konflikte vermieden oder sogar gelöst werden.

KOMPETENZBOX

DU-Botschaften

In Konfliktsituationen benutzen wir häufig Äußerungen wie diese:

- ***„Wenn du so weitermachst ...",***
- ***„So kann man das nicht machen!",***
- ***„Sie sind ..."/„Du bist ..."***

Sätze mit solchen Aussagen nennen wir DU-Botschaften, denn sie sprechen das *„Du"* (oder *„Sie"*) an. Sie können vom anderen als Herabsetzung oder als Ablehnung empfunden werden. Anstelle der Bereitschaft zur Veränderung fördern sie eher Wut und Widerstand.

Oft werden sie durch Verallgemeinerungen wie *„immer"*, *„nie"* verstärkt. Persönliche Bewertungen werden hinter *„man"*, *„alle"*, *„jeder"*, *„die anderen"* versteckt.

2

Arbeiten Sie paarweise. Lesen Sie die folgenden kurzen Dialoge mit verteilten Rollen. Beschreiben Sie sich gegenseitig, wie Sie sich jeweils fühlen, wenn Sie den Vorwurf des anderen hören.

A

Sie: „Du hörst mir überhaupt nicht richtig zu."
Er: „Doch, aber du erzählst so viele Belanglosigkeiten. Das hat doch mit der Sache gar nichts zu tun."

B

Sie: „Schon wieder Pizza, fällt dir nichts Besseres ein?"
Er: „Du kannst ja für dich alleine kochen, wenn dir das nicht passt."

C

Sie: „Du willst immer nur das machen, was dir Spaß macht. Was ich will, interessiert dich nicht."
Er: „Du kannst immer nur meckern."

3

Wählen Sie einen Dialog aus Aufgabe 2 (S. 71) aus und schreiben Sie ihn so um, dass jeweils ICH-Botschaften verwendet werden.

4

Formulieren Sie die folgenden Aussagen nach den Regeln der ICH-Botschaft um. Das heißt, die sprechende Person

- beschreibt zuerst die Situation,
- benennt dann ihre Gefühle und
- zeigt dann die Konsequenzen auf, die das kritisierte Verhalten für sie hat.

A Tina sagt zu ihrem Freund: „Immer liegen deine Klamotten rum. Ich hab keine Zeit, hinter dir herzuräumen."

B Der Lehrer blickt auf Marks Hausaufgaben: „Mein Gott, bist du schlampig, mach doch mal deine Sachen vernünftig."

C Die Chefin weist die neue Aushilfskraft im Sekretariat zurecht: „Immer machst du alles falsch. Ich hab dir doch gesagt, du sollst den roten Aktenordner mit zur Besprechung bringen. Wie steh ich denn ohne diese Unterlagen beim Kunden da?"

D Die Chefin sagt zu einem ihrer Mitarbeiter: „Meine Güte, Herr Schmidt, was haben Sie sich denn dabei gedacht? Sie haben gegenüber dem Kunden eine Zusage gemacht, die nicht einzuhalten ist. Für so klug hätte ich Sie schon gehalten, dass Sie wissen, dass in dieser Zeit der Auftrag nicht zu erledigen ist."

KOMPETENZBOX

ICH-Botschaften

In Konfliktsituationen ist es besser, ICH-Botschaften zu senden. Mit ICH-Botschaften vermeidet man es, den anderen anzugreifen.

Drei Komponenten machen eine **vollständige** ICH-Botschaft aus:

1. Die exakte Verhaltens- oder **Situationsbeschreibung**

BEISPIEL:

„Mir ist aufgefallen, dass Sie diese Woche bereits zweimal zu spät gekommen sind."

2. Das Benennen der **Gefühle**, die dadurch ausgelöst werden

BEISPIEL:

„Ich ärgere mich darüber, dass das so häufig passiert."

3. Das Aufzeigen der **Konsequenzen**

BEISPIEL:

„Denn wir müssen dann Ihre Arbeit mitmachen."

So kann man nachvollziehen, dass ein vernünftiger Grund für die Beanstandung besteht.

Der Konfliktpartner hat auch die Chance, auf die Kritik sachlich zu reagieren.

E Der Chef ist verärgert über seinen neuen Gesellen: „Kennen Sie unsere Betriebsvereinbarung? Dass Sie in der Privatwohnung eines Kunden rauchen, dulde ich nicht. Und dass Sie bei einem Kunden einen solchen Müll hinterlassen, dulde ich auch nicht."

5

a) Beschreiben Sie das Gefühl, das in Monas Antwort jeweils zum Ausdruck kommt.

b) Formulieren Sie Sebastians Wunsch jeweils als ICH-Aussage (siehe Kompetenzbox S. 73).

KOMPETENZBOX

Wünsche mit ICH-Aussagen formulieren

Oft sind wir von unseren eigenen Wünschen so erfüllt, dass wir erwarten, sie müssten mit den Wünschen unserer Gesprächspartner/innen übereinstimmen.

» BEISPIEL:

Er möchte im Kino den neuen James-Bond-Film sehen und sagt zu seiner Freundin:

„Komm, lass uns ins Kino gehen, der neue James Bond soll echt klasse sein."

Diese Aussage enthält eine Aufforderung („*Komm …*") und die Übertragung des eigenen Wunsches auf sie („*lass uns…*"). Widerspricht sie, sieht er die Gemeinsamkeit in Frage gestellt.

Besser ist es, man geht von sich aus und formuliert eine ICH-Aussage.

» BEISPIEL:

„Ich möchte gerne den neuen James-Bond-Film sehen. Ich habe darüber bisher nur Gutes gehört, der soll echt klasse sein."

A

Sebastian: „Wir melden uns zu dem Tanzkurs an."
Mona: „Hast du mich auch schon mal gefragt?"

B

Sebastian: „In dieser Hose siehst du bescheuert aus. Wir nehmen den Rock."
Mona: „Ich weiß nicht, was du hast. Ich finde die Hose klasse."

C

Sebastian: „Wir gehen am Samstag zu dem Open-Air-Konzert, Maik und Emra gehen auch hin."
Mona: „Ich möchte Verabredungen gerne mit dir vorher besprechen."

6

Situation:

Frank ist zu einem Gespräch bei der Agentur für Arbeit. Die Beraterin sitzt aufrecht hinter ihrem Schreibtisch und hat Unterlagen und einen Stift vor sich liegen.

Nennen Sie Textstellen, an denen deutlich wird, dass die Beraterin aktiv zuhört.

Frank (F): „… also, ich mache in drei Monaten meine Gesellenprüfung zum Tischler und suche für danach einen neuen Arbeitgeber, da mir die Tätigkeit in meinem Ausbildungsbetrieb zu einseitig ist."
Beraterin (B): „Ja, ich verstehe. Was könnten Sie sich denn vorstellen?"
F: „Ich habe Spaß am Entwerfen von Möbeln. Bei der Projektarbeit in der Schule habe ich für meinen Entwurf und auch die handwerkliche Ausführung gute Noten bekommen. Da habe ich auch gemerkt, dass das Fensterbauen auf Dauer nicht mein Ding ist."
B: *(Sieht Frank freundlich an und nickt zustimmend.)* „Hm, ich verstehe."
F: „Also, ich habe da schon so meine konkreten Vorstellungen …"
B: „Wenn ich Sie richtig verstanden habe, möchten Sie gerne etwas kreativer arbeiten und wünschen sich mehr Abwechslung."

F: „Ja, genau. Der Beruf ist sehr vielfältig. Wenn man schöne Aufgaben hat, macht das richtig Spaß, außerdem kann ich viel mehr als nur Fenster bauen."
B: „Mir scheint, dass Ihnen vor allem daran liegt, einen Betrieb zu finden, der ein breiteres Aufgabenspektrum hat, habe ich Sie da richtig verstanden?"
F: „Ja, richtig. Außerdem habe ich in der Berufsschule gute Noten und ich hoffe, dass mein Gesellenstück auch gut wird."
(Beraterin schaut interessiert.)
„Ich befürchte, dass ich alles wieder verlerne, wenn ich in dem Betrieb bleibe. Das wäre kein guter Einstieg in meine berufliche Tätigkeit."

7

Führen Sie das Gespräch in einem Rollenspiel fort. Der jeweils Zuhörende fragt an möglichst vielen Stellen nach oder fasst Gehörtes zusammen.

8

Situation:
Am Nachmittag trifft Frank seine Freundin Maike. Sie fragt ihn nach dem Verlauf des Gesprächs.

a) Lesen Sie das Gespräch.

M: Na, wie ist es heute Vormittag gelaufen?
F: Die Beraterin der Arbeitsagentur war sehr freundlich und hat mir sehr aufmerksam zugehört. Anfangs hat sie mich reden lassen, damit sie hört, welche Vorstellungen ich von meiner neuen Stelle habe.
M: Mh, aha.
F: Ja, es hat richtig gut getan, mal über diesen Betrieb, in dem ich meine Ausbildung mache, zu reden. Ich hatte schon das Gefühl, dass sie versteht, warum ich da nicht weiter bleiben möchte.
M: Ich habe den Eindruck, sie ist in ihrer Beratung sehr kompetent.
F: Ja, ich denke das auch. Sie hat wirklich sehr gut herausgehört, was ich will, und hat mir auch keine Vorwürfe gemacht, dass ich so lange gewartet habe.

KOMPETENZBOX

Aktives Zuhören

Zuhören ist eine Aktivität der Hörerin/des Hörers und diese Aktivität kann sich verbal (durch Sprache), aber häufiger sogar nonverbal (Körperhaltung, Mimik und Gestik) zeigen.

→ **Durch freundliches Lächeln stellt man eine positive Gesprächsatmosphäre her.**

→ **Durch Blickkontakt und das körperliche Zuwenden signalisiert man der Rednerin/dem Redner, dass man ihr/ihm die volle Aufmerksamkeit widmet.**

→ **Durch Kopfnicken, Laute wie „mh …", Aussagen wie „… habe verstanden …" motiviert man die Rednerin/den Redner, sich weiter zu öffnen.**

Durch **Umschreiben**, **Nachfragen** und **Zusammenfassen** kann geklärt werden, was man verstanden hat, um Missverständnisse auszuschließen.

Folgende Formulierungen sind möglich:

- ***„Wenn ich dich richtig verstanden habe, geht es dir um …"***
- ***„Es scheint mir, dass du vor allem …"***
- ***„Was hat dich so verärgert?"***
- ***„Weshalb ist es zu dieser Reaktion gekommen?"***
- ***„Also bis hierher habe ich verstanden, dass …"***

Störungen oder Verhinderungen des aktiven Zuhörens:

→ **Klingeln des Telefons, offene Türen, Lärm,**

→ **andere Aktivitäten nebenher.**

Das war natürlich etwas blöd von mir. Sie hat mich sehr darin bestärkt, einen neuen Betrieb zu suchen, zumal ich gute Noten habe. Da hat sie mir richtig Mut gemacht.
M: Hat sie dir denn konkrete Angebote machen können?

b) Nennen Sie die Textstellen, in denen deutlich wird, dass Maike aktiv zuhört.

Gespräche erfolgreich führen – gelingende Kommunikation

1

Situation:

Der Chef des Bauunternehmens „DACH und WAND" betritt die Baustelle und sagt: „Hier sieht es ja ganz schön chaotisch aus." Darauf reagieren die Mitarbeiter folgendermaßen.

Andreas: „Mein Gott, ist der heute drauf. Der hat wohl heute Morgen wieder mal Stress mit dem Kunden Schwarz gehabt."
Bernd: „Er hat ja recht. Hier ist es im Augenblick tatsächlich nicht gerade ordentlich."
Clemens: „Wir sollten nun wirklich aufräumen, bevor er total explodiert."
David: „Der behandelt uns wie Vollidioten."

Entscheiden Sie, was die vier Mitarbeiter jeweils herausgehört haben. Ordnen Sie jede Äußerung einer der folgenden Botschaften zu.

Botschaft 1
Hier ist es unordentlich. (Sache)

Botschaft 2
Mir ist es peinlich, wenn meine Mitarbeiter bei den Kundinnen und Kunden einen derart schlechten Eindruck hinterlassen. (Selbstoffenbarung)

Botschaft 3
Ihr seid unfähig, eine Baustelle selbstständig zu führen. (Beziehung)

Botschaft 4
Nun räumt schon endlich auf, bevor der Kunde zum Besprechungstermin erscheint. (Appell)

KOMPETENZBOX

Vier Seiten einer Nachricht

Das Kommunikationsmodell von Friedrich Schulz von Thun

Die Nachricht, die der Sender dem Empfänger übermittelt, enthält vier verschiedene Aussagen:

- → einen **Sachinhalt**,
- → eine Aussage über den Sender, wie er sich selbst sieht oder fühlt (**Selbstoffenbarung**),
- → einen Appell an den Empfänger, was dieser tun soll (**Appell**),
- → eine Aussage über die Beziehung, in der Sender und Empfänger miteinander stehen (**Beziehung**).

» **BEISPIEL:**

2

Situation:

Gunnar kommt das dritte Mal in einer Woche zu spät zur Arbeit. Seine Arbeitskollegin Lisa ist darüber verärgert, denn morgens müssen immer die schweren Teppiche auf den Lieferwagen geladen werden.

Entscheiden Sie, welche Botschaft sie ihm jeweils in erster Linie zukommen lassen will.

1 „Pünktlichkeit ist eine Zier."
2 „Ich schleppe mich hier kaputt."
3 „Arbeitsbeginn ist 7:00 Uhr."
4 „Wofür wirst du überhaupt bezahlt?"

3

Benennen Sie nach dem Modell der vier Seiten einer Nachricht in den folgenden Situationen A und B,

a) was die Ärztin beziehungsweise Thomas gemeint hat,

b) was die Helferin beziehungsweise Philipp herausgehört hat.

Situation A

Die Ärztin fragt ihre Helferin: „Ist der Behandlungsplan von Frau Gräbel schon fertig?"
Die Helferin nimmt den Behandlungsplan und gibt ihn ihrer Chefin.
Sie sagt verwundert: „Ich wollte ihn jetzt nicht durchsehen, während der Sprechstunde finde ich dazu ohnehin keine Zeit."

Situation B

Von der Leiter herab fragt der Geselle Thomas den Auszubildenden Philipp: „Wo ist meine Tapezierschere?"
Philipp antwortet: „In deinem Tapezierkoffer."
Thomas: „Statt mir so kluge Antworten zu geben, wäre es sinnvoll, dass du mir das Werkzeug hochreichst, damit ich nicht von der Leiter steigen muss."

4

Formulieren Sie die Mitteilungen, die möglicherweise hinter den Aussagen (A–D) stehen. Berücksichtigen Sie dabei, soweit wie möglich, alle vier Seiten der Nachricht.

» BEISPIEL:

Chef zur Mitarbeiterin: *„Der Auftrag Müller muss heute noch fertig werden."*

→ Sachaussage:
„Der Auftrag ist dringend und hat gegenüber anderen Sachen absoluten Vorrang."

→ Appell:
„Sie müssen den Auftrag heute fertigstellen, eventuell auch mit Überstunden."

→ Selbstoffenbarung:
„Mir ist wichtig, dass wir den Termin einhalten."

→ Beziehung:
„Ich traue Ihnen zu, dass Sie das schaffen."

A Tina zu ihrer Freundin: „Der Bus kommt in fünf Minuten."

B Clara zu ihrem Freund: „Deine Hose ist schmutzig."

C Meisterin zum Auszubildenden: „Wo ist schon wieder der Werkzeugkasten?"

D Friseurin zur Auszubildenden: „Als ich mit der Ausbildung so weit war wie du jetzt, konnte ich das schon."

5

Formulieren Sie für die folgenden Situationen eindeutige Aussagen.
Entscheiden Sie dabei, welche Seite/n der Botschaft Sie in den Vordergrund stellen möchten. Oft ist es sinnvoll, mehrere Botschaften zu senden, da eine Aussage allein nicht die Absicht des Senders trifft. Verwenden Sie dabei auch ICH-Botschaften.

BEISPIEL:
Marie möchte ihrem Freund sagen, dass ihr die Art, wie er sich kleidet, oft nicht gefällt. Sie wünscht sich, dass er mehr Wert auf sein Äußeres legt, weil sie es auch tut.
→ *Sie sagt: „Die Hose, die du trägst, ist schon ganz abgewetzt und am Saum zerrissen* (= Sachaussage). *Das gefällt mir nicht* (= Selbstoffenbarung). *Ich wünsche mir, dass du mehr Wert auf dein Äußeres legst* (= Appell), *mir selbst ist das auch wichtig* (= Selbstoffenbarung)."

A Karim ist im zweiten Jahr der Ausbildung als Maler und arbeitet sehr gründlich, wodurch er bei weitem mehr Zeit für bestimmte Arbeiten braucht als sein Kollege im dritten Ausbildungsjahr, der sich auch viel „Zwischenpausen" gönnt. Klagen der Kundschaft über seine Arbeit gab es noch nie, wohl aber über die seines Kollegen. Die Chefin weiß aber in der Regel nicht, wer welchen Teil bearbeitet hat, weil die Auszubildenden die Aufteilung der Arbeit selbstständig vornehmen. Karim möchte mit seinem Kollegen reden und ihn bitten, gründlicher zu arbeiten.

B Laura arbeitet als Kfz-Mechatronikerin und hat das Gefühl, dass sie im Gegensatz zu ihren männlichen Kollegen meist nur stupide Arbeiten verrichten muss, die keine großen Kenntnisse erfordern. Das empfindet sie als ungerecht. Sie will deshalb mit ihrem Chef reden, um die Situation zu ändern.

Konflikte lösen

1

a) Lesen Sie die Kompetenzbox „Mobbing".
b) Entscheiden Sie, welche der folgenden Äußerungen auf Mobbing hinweisen.

- Ich werde oft mit Kraftausdrücken beschimpft.
- Wir haben dazu verschiedene Meinungen.
- Ich kann wegen des Spotts über mich in SchülerVZ schlecht einschlafen.
- Ich kann anziehen, was ich will – ständig werden mir Vorwürfe wegen meiner Kleidung gemacht.
- Die Kritik an meinem Vortrag stimmt mich nachdenklich.
- Sogar meinen Eltern fallen meine blauen Flecke auf. Doch ich denke mir immer neue Ausreden aus.
- Das geht jetzt schon drei Monate so. Ich halte es bald nicht mehr aus.

KOMPETENZBOX

Mobbing

Aus einem bestehenden Konflikt kann sich Mobbing entwickeln. Von Mobbing spricht man, wenn eine Person ständig von anderen geärgert, schikaniert und seelisch verletzt wird, zum Beispiel von Mitschülern in der Schule oder von Kollegen/Vorgesetzten am Arbeitsplatz. Aus Angst vor weiteren Schikanen oder aus Scham trauen sich Mobbingopfer oft nicht, offen über ihr Leiden zu sprechen, sodass Mobbing meist als schleichender Prozess im Verborgenen abläuft. Dadurch können Mobbingopfer in soziale Isolation geraten und krank werden.

Für Betroffene ist wichtig, dass sie ihr Problem einer vertrauenswürdigen Person, z. B. einem Mitschüler oder Kollegen, mitteilen und mit ihm gemeinsam Hilfe suchen. Auch Mobbing-Beratungsstellen helfen weiter.

2

a) Wählen Sie einen Konflikt aus der Klasse oder Ihrer Erfahrung aus.
b) Bereiten Sie ein Rollenspiel vor, in dem Sie den Konflikt durch Mediation (siehe Kompetenzbox) zu lösen versuchen.
c) Versetzen Sie sich in die gewählten Rollen (Konfliktparteien, Mediatoren) und führen Sie die Mediation durch.
d) Halten Sie die Ergebnisse der Mediation in einem Gedächtnisprotokoll fest.

KOMPETENZBOX

Mediation

Mediation (=Vermittlung) ist ein mögliches Verfahren zur Lösung von Konflikten. Dabei vermittelt ein am Konflikt Unbeteiligter (Mediator) zwischen den Konfliktparteien. Zur Neutralität des Mediators gehört es, nicht zu werten und keine eigenen Entscheidungen zu treffen.

Ablauf der Mediation:

- **Zunächst erhalten die Konfliktparteien die Gelegenheit, ihre Streitpunkte und ihre Sicht auf jeden Punkt darzulegen, sodass Hintergründe, Ziele, Interessen und Emotionen deutlich werden.**
- **In einer nächsten Phase werden – unter Beobachtung und Lenkung des Mediators – Lösungsvorschläge gesammelt, bewertet und ihre Umsetzungstauglichkeit geprüft.**
- **Zum Schluss werden die Ergebnisse in einem Gedächtnisprotokoll festgehalten.**

Gedächtnisprotokoll

Im Kopf des Protokolls werden Name des Verfassers, Beteiligte, Ort, Datum, Zeitpunkt der Handlung/des Ereignisses genannt.

Anschließend wird der Handlungsverlauf aus dem Gedächtnis sachlich, prägnant und kurz niedergeschrieben. Einfließende Einschätzungen oder Meinungen müssen gekennzeichnet sein.

Das Gedächtnisprotokoll endet mit Ort, Datum und Unterschrift.

Sprachliche Übungen

1

Setzen Sie die Konjunktionen (Bindewörter) richtig ein.

seitdem | nachdem | damit | aber | entweder … oder | während | falls | denn | obwohl

A … des Telefonates machte sie sich Notizen.
B … die Situation geklärt war, konnten wir wieder entspannt miteinander arbeiten.
C Sie kann … den Vorschlag annehmen … beleidigt reagieren.
D Sie hatte sich entschieden, … ganz wohl war ihr bei der Sache nicht.
E … es regnete, entschloss er sich zu einem Spaziergang, … er war nach dem Gespräch so aufgewühlt.
F … ich das Problem angesprochen habe, klappt die Zusammenarbeit besser.
G … sich die Situation nicht entspannt, werde ich kündigen.
H Sie hat sich um Sachlichkeit bemüht, … sie in Zukunft wieder miteinander reden können.

2

Notieren Sie die Sätze, indem Sie das Demonstrativpronomen (hinweisende Fürwort) „das" einsetzen und die Sätze durch ein Komma trennen (siehe Anhang, Regel 21).

A Schon das erste Gespräch war sehr entspannt und locker hat mich sehr überrascht.
B Er ist ein sehr offener Typ hat mir gut gefallen.
C Die Veranstaltung war ein voller Erfolg hat uns alle überzeugt.
D Zu manchen Menschen hat man nicht so einen guten Draht hat jeder schon einmal erfahren.
E Manchmal ist er sehr unbeherrscht können wir nicht akzeptieren.
F Sie hat sich sehr verständlich ausgedrückt hat man an der Reaktion des Publikums gesehen.
G Störungen bei einem Gespräch können zu Aggressionen führen hat man in diesem Fall wieder gemerkt.
H Die Folien waren schön gestaltet wirkte sehr ansprechend.
I Die Botschaft kam an spürte man.

3

Erstellen Sie eine Tabelle wie unten und ordnen Sie die Konjunktionen (Bindewörter) richtig zu.

da | bis | ehe | nachdem | solange | während | obgleich | als ob | soweit | obschon | dass | zumal | um zu | bevor | sofern | sobald | wie

	Konjunktionen (Bindewörter)
Zeit (temporal)	als,
Grund (kausal)	weil,
Zweck (final)	damit,
Bedingung (konditional)	falls,
Gegensatz (konzessiv)	obwohl,
Art und Weise (modal)	indem,

8

Siehe auch Lernbereiche
9 Stellung nehmen
11 Geschäftliche Schreiben verfassen
17 Reden und vortragen
23 Sich auf Prüfungen und Tests vorbereiten

Argumentieren und erörtern

?

Argumentieren und erörtern

Sprachliche Übungen

Schriftlich erörtern
- → Linear erörtern
- → Dialektisch erörtern

Überzeugend argumentieren und diskutieren
- → Aufbau einer Argumentation
- → Zielorientiert argumentieren
- → Überzeugungskraft von Argumenten beurteilen
- → Belege passend Argumenten zuordnen
- → In einem Fishbowl diskutieren

!

1

Notieren Sie Situationen, in denen Sie gute Argumente bei der Durchsetzung Ihrer Ziele unterstützt haben.

2

Bilden Sie Gesprächspaare und tauschen Sie Ihre Erfahrungen aus.

3

Erklären Sie, worin für Sie der Unterschied zwischen erörtern und diskutieren besteht.

4

Lesen Sie die Musterseite mit der Kompetenzbox.

Überzeugend argumentieren und diskutieren

Situation 1

Sie unterhalten sich mit Ihrer Freundin/Ihrem Freund über Alkohol im Straßenverkehr und begründen, warum Sie keinen Alkohol trinken, wenn Sie mit dem Auto unterwegs sind.

Situation 2

Sie sind mit Ihrer Clique mit dem Auto unterwegs und bekommen alkoholische Getränke angeboten. Sie lehnen ab und begründen entsprechend.

Situation 3

Sie besitzen kein eigenes Auto und wollen deshalb das Auto Ihrer Eltern ausleihen, um mit Ihrer Clique wegzugehen. Ihr Vater hat Angst, dass Sie dabei Alkohol trinken könnten.

These

Ich trinke nichts Alkoholisches, wenn ich mit dem Auto unterwegs bin, …

Argument 1

… weil mir wichtig ist, dass ich uns wieder gesund nach Hause bringe.

Argument 2

… denn meinen Führerschein auf Probe will ich nicht riskieren.

Argument 3

… das habe ich dir versprochen. Es stört mich ohnehin nicht, wenn ich keine alkoholischen Getränke trinken kann.

Beleg 1

Mein Fahrlehrer hat mit uns einen freiwilligen Versuch gemacht. Wir saßen abends zusammen und tranken für unser Gefühl kaum etwas. Hinterher fuhren wir auf einer Übungsstrecke und sollten auf bestimmte Situationen reagieren. Da bekam ich einen Schreck. Auch wenn du das Gefühl hast, völlig nüchtern zu sein, reagierst du viel zu langsam!

Beleg 2

Ich habe viel Geld für den Führerschein ausgegeben und keine Lust, ihn wegen eines solchen Vergehens wieder abgeben zu müssen.

Beleg 3

Letzte Woche war das ja auch kein Problem, als ich bei Angies Geburtstagsfeier war. Dort habe ich auch keinen Alkohol getrunken.

KOMPETENZBOX

Argumentieren

VORÜBERLEGUNGEN

→ Was weiß ich schon über das Thema?

→ Woher kann ich mir Informationen beschaffen?

→ Welchen Zielpersonen (Adressaten) gegenüber muss ich meine Argumente vorbringen?

AUFBAU

→ **These** (Behauptung) aufstellen

→ Mit einem **Argument** (Begründung) These untermauern. Das Argument wird meistens mit einer Konjunktion (Bindewort) eingeleitet, z. B. weil, da, denn.

→ Argument mit einem **Beleg** (Beispiel, Erklärung, Erläuterung) veranschaulichen

→ Weiteres Argument, weiterer Beleg

→ usw.

BESONDERHEIT

→ Die Argumente und Belege müssen auf die Zielgruppe abgestimmt sein.

→ Für die Zielperson/en müssen die Argumente überzeugend sein.

ZEITFORM

→ Präsens (Gegenwart)

SPRACHE

→ Sachlich

→ Klar

5

Schreiben Sie
a) statt des vorgegebenen Belegs einen anderen Beleg zu Situation 1.
b) statt des vorgegebenen Arguments ein anderes Argument zu Situation 2.

6

a) Lesen Sie die Argumente zu der folgenden These.

These
Der Führerschein sollte schon mit 16 Jahren gemacht werden können.

Argument 1
Dadurch wird das Verantwortungsgefühl der Jugendlichen gestärkt.

Argument 2
Die Eltern werden dadurch entlastet.

Argument 3
Es ist wichtig, Jugendliche frühzeitig mit den Anforderungen des Erwachsenendaseins vertraut zu machen.

Argument 4
Jugendliche müssen in diesem Alter schon häufig große Entfernungen zurücklegen.

Argument 5
Mobilität und Flexibilität sind in der modernen Gesellschaft unbedingt nötig.

Argument 6
Auszubildende können selbstständig Fahrten zu Kundinnen und Kunden übernehmen.

Argument 7
Dadurch können jüngere Geschwister von den älteren Geschwistern transportiert werden.

Argument 8
Im Dienstleistungsgewerbe kann die Arbeit viel leichter organisiert werden.

b) Wählen Sie aus, bei welchen Zielgruppen die Argumente wirkungsvoll sein können. Mehrfachnennungen sind möglich.

- Eltern
- Berufsschüler/innen
- Vertreter/innen der Wirtschaftsverbände

7

Ordnen Sie die Belege passend den Argumenten zu.

These
Dass der Führerschein erst mit 18 Jahren gemacht werden kann, ist richtig, …

Argument 1	**Argument 2**	**Argument 3**	**Argument 4**	**Argument 5**
… da das Interesse der jungen Leute gar nicht vorhanden ist.	… weil man auch erst mit 18 volljährig ist.	… denn Jugendliche in diesem Alter brauchen nicht zur Bequemlichkeit erzogen zu werden.	… zumal Jugendliche in diesem Alter das Risiko des Straßenverkehrs noch nicht abschätzen können.	… denn in diesem Alter sind Jugendliche noch in der Pubertät und neigen eher zum Angeben als zu verantwortlichem Verhalten.

Beleg A	**Beleg B**	**Beleg C**	**Beleg D**	**Beleg E**
In Nordrhein-Westfalen, wo der Führerschein schon mit 16 gemacht werden kann, ist das Unfallaufkommen in dieser Altersgruppe besonders hoch.	Dort, wo 17-Jährige den Führerschein machen können, wenn sie in Begleitung eines Erwachsenen fahren, ist das Interesse an diesem Angebot äußerst gering.	Dies zeigt auch die Neigung, Mofas oder Ähnliches zu frisieren.	Ich selbst bin in meiner Jugend immer mit dem Fahrrad gefahren – egal, bei welchem Wetter. Das hat mir auch nicht geschadet!	Man kann ja auch erst mit 18 Jahren wählen.

8

Situation:
In der Öffentlichkeit wird diskutiert, das Wahlalter auf 16 Jahre zu senken.

Nennen Sie die Argumente, die Sie überzeugen.

A Nicht mal 18-Jährige wissen Bescheid über Politik, warum sollten dann 16-Jährige wählen dürfen?
B Mit 16 interessiert man sich sowieso nicht für Politik. 16-Jährige lesen häufig keine Zeitung und sind deshalb politisch nicht informiert.
C Wenn das Wahlalter gesenkt würde, dann würde auch das Interesse der Jugendlichen an Politik steigen.
D In Jugendgemeinderäten zeigen Jugendliche, dass auch 16-Jährige sich schon für Politik interessieren.
E Viele Jugendliche werden in der Ausbildung behandelt, als wären sie schon volljährig, also sollen sie auch wählen dürfen.
F Jugendliche mit 16 Jahren sind noch nicht reif genug und zu anfällig für oberflächliche politische Parolen.
G Wenn man Jugendliche mit 16 Jahren nicht ernst nimmt, dann benehmen sie sich auch so. Gibt man ihnen die Möglichkeit mitzubestimmen, dann werden sie durch die Verantwortung erwachsener.

9

a) Notieren Sie Belege zu den folgenden Argumenten (These: Das Wahlalter auf 16 Jahre herabzusetzen ist sinnvoll, …).

Argumente

A …, weil dadurch die Politikverdrossenheit in der Bevölkerung abnimmt.

B …, weil man mit 16 Jahren sowieso schon fast erwachsen ist.

C …, weil dadurch die Politiker dazu gezwungen werden, sich um die Belange der Jugendlichen zu kümmern.

D …, weil man gar nicht früh genug damit anfangen kann, auch politische Verantwortung zu übernehmen.

E …, weil politische Entscheidungen gerade auch den Alltag von Jugendlichen beeinflussen und sie so die Möglichkeit erhalten, politisch mitzubestimmen.

b) Schreiben Sie auf, bei welchen Zielgruppen die Argumente wirkungsvoll sein können.

10

Situation:
Im Alter von 24 Jahren leben zurzeit immer noch 47% der männlichen Bevölkerung bei ihren Eltern. Von den jungen Frauen wohnen schon mit 22 Jahren deutlich weniger als die Hälfte (44%) noch bei den Eltern.

a) Bilden Sie in der Klasse zwei Gruppen.
b) Finden Sie in einer Gruppe Argumente, die dafür sprechen, länger zu Hause zu wohnen. Die andere Gruppe findet Argumente, die dafür sprechen, früher von zu Hause auszuziehen.
c) Diskutieren Sie die Thematik in einem Fishbowl.

11

a) Bilden Sie Gesprächspaare.
b) Teilen Sie sich gegenseitig mit, was Sie über das Argumentieren und Diskutieren gelernt haben.

KOMPETENZBOX

In einem Fishbowl diskutieren

→ **Aufbau der Sitzordnung: Es werden ein Innenkreis und ein Außenkreis oder mehrere Außenkreise gebildet.**

Im Innenkreis sitzen jeweils eine Gruppensprecherin/ein Gruppensprecher sowie ein oder zwei Personen, die moderieren; in der Regel bleiben ein bis zwei Stühle frei.

Im Außenkreis/In den Außenkreisen sitzen die restlichen Teilnehmer/innen.

→ **Die Moderatorin/Der Moderator erläutert das Thema und erklärt die Methode:**

- **Ausschließlich im Innenkreis diskutieren die Anwesenden die Thematik.**
- **Die Teilnehmer/innen der Außenkreise können sich an der Diskussion des Innenkreises beteiligen, indem sie sich auf einen freien Stuhl im Innenkreis setzen.**
- **Setzt sich eine Person in den Innenkreis, erhält sie als Nächste das Wort. Nach der Vertretung ihres Standpunktes setzt sie sich wieder in den Außenkreis zurück.**

BEISPIEL:

Fishbowl im Sitzkreis

Fishbowl im Hufeisen

Moderator/in
Freier Stuhl
Sprecher/in
Zuhörer/in

Schriftlich erörtern

1

a) Erläutern Sie den Unterschied in der Fragestellung zwischen dem Erörterungsthema 1 und 2.

1 Was kann ich persönlich für den Erhalt einer intakten Umwelt leisten?

2 Ist unsere Umwelt noch zu retten?

b) Bestimmen Sie, ob Sie linear oder dialektisch erörtern müssen.

KOMPETENZBOX

Erörtern

Sie erörtern, indem Sie ein Problem von mehreren Seiten beleuchten und überzeugende Argumente oder Gesichtspunkte anführen.

Je nach Themenstellung unterscheidet man zwei Erörterungsarten:

→ **Lineare (steigernde) Erörterung**

BEISPIEL:

Welche Chancen habe ich mit einer guten Berufsausbildung?

→ **Dialektische Erörterung (Pro-kontra-Erörterung)**

BEISPIEL:

Sollten Noten abgeschafft werden?

2

Beschreiben Sie genau, was von Ihnen bei den folgenden Themen verlangt wird.

A Wie sollte man Kinder erziehen?

B Sollte Autofahren an bestimmten Tagen im Jahr verboten werden?

C Welche Folgen hat das Billigfliegen?

D Ist das Rauchverbot in öffentlichen Gebäuden sinnvoll?

3

a) Wählen Sie aus den Aufgaben 1 und 2 ein Thema für eine lineare Erörterung aus.

b) Legen Sie eine Stoffsammlung an, indem Sie zunächst den einleitenden Satz zur Beantwortung der Fragestellung des Themas notieren (Beispiel zu Thema 2 A: *So sollten Kinder erzogen werden*) und darunter Ihre Gesichtspunkte schreiben.

c) Ordnen Sie Ihre Gesichtspunkte der Wichtigkeit nach.

d) Schreiben Sie die lineare Erörterung.

KOMPETENZBOX

Linear erörtern

VORARBEIT

- **Einleitenden Satz zur Beantwortung der Frage im Thema notieren**
- **Stoffsammlung anlegen und ordnen**

AUFBAU

A. Einleitung

- **Wecken Sie Interesse und führen Sie anschaulich zum Thema hin.**

B. Hauptteil

- **Gesichtspunkt 1**
  Gesichtspunkt 2 usw.
  (wichtigster Gesichtspunkt am Schluss)
- **Veranschaulichen Sie Ihre Gesichtspunkte mit Beispielen, Erläuterungen und möglichen Belegen.**

C. Schluss

- **Runden Sie das Thema ab, indem Sie einen Appell formulieren oder einen Ausblick geben und Ihre persönliche Schlussfolgerung ziehen.**

4

a) Formulieren Sie die Gegenthese zu der folgenden (Pro-)These zu dem Thema.

Thema: Halten soziale Netzwerke wie schülerVZ oder studiVZ Jugendliche von der Kommunikation von Angesicht zu Angesicht ab?
These: Diese sozialen Netzwerke halten Jugendliche von der Kommunikation von Angesicht zu Angesicht ab.

5

a) Entscheiden Sie, welche Argumente zur Pro- und welche zur Kontra-Seite gehören.

A Manche Jugendliche verbringen so viel freie Zeit mit Chatten in schülerVZ oder studiVZ, dass sie nur noch selten Gelegenheit für eine Begegnung mit anderen Menschen haben.
B Das Chatten ist mehr als Zeitvertreib, dahinter steckt auch der Wunsch, jemanden näher kennenzulernen und zu treffen.
C Jugendliche treffen sich nach wie vor sehr gerne und aus dem Chatten wird bei vielen eine reale Begegnung, zu der es sonst nicht gekommen wäre.
D Es ist bequemer, in Jogginghosen vor dem Rechner zu sitzen, als sich zurechtzumachen und mit Freunden zu treffen.

b) Finden Sie jeweils ein weiteres Pro- und Kontra-Argument.

6

a) Notieren Sie These und Gegenthese zum Thema und machen Sie eine Stoffsammlung.
Thema: Sollten Geschäfte sonntags geöffnet sein?
b) Entscheiden Sie sich für eine Position und ordnen Sie Ihre Stoffsammlung entsprechend.
c) Ergänzen Sie Beispiele und Belege (z. B. Zahlenmaterial), mit denen Sie die Argumente stützen.
d) Schreiben Sie eine dialektische Erörterung zum Thema.

KOMPETENZBOX

Dialektisch erörtern

VORARBEIT

→ **Ja-Antwort (= These oder Pro-These) und Nein-Antwort (= Gegenthese oder Kontra-These) auf die Frage im Thema notieren**

» BEISPIEL:

Thema: Sollten Geschäfte sonntags geöffnet sein?
These: Geschäfte sollten sonntags geöffnet sein.
Gegenthese: Geschäfte sollten sonntags nicht geöffnet sein.

→ Stoffsammlung anlegen

→ Entscheiden Sie, welche Position Sie vertreten – Ihre Position steht am Schluss.

→ Stoffsammlung entsprechend ordnen

AUFBAU

→ **Einleitung**

Wecken Sie Interesse und führen Sie anschaulich zum Thema hin (z. B. mit einem aktuellen Hinweis).

→ **Hauptteil**

Es gibt zwei Möglichkeiten des Aufbaus:

1. Möglichkeit

Pro-These
→ Pro-Argument 1
→ Pro-Argument 2 usw. ...

Kontra-These
→ Kontra-Argument 1
→ Kontra-Argument 2 usw. (wichtigstes Argument zum Schluss)

2. Möglichkeit

Pro-Argument 1 – Kontra-Argument 1
→ Pro-Argument 2 – Kontra-Argument 2 usw.
→ ... (wichtigstes Argument zum Schluss)

Abwägen beider Positionen, Entscheidung für Pro, Kontra oder Kompromiss (Synthese)

→ **Schluss**

- Formulieren Sie einen Appell oder geben Sie einen Ausblick in die Zukunft.

Sprachliche Übungen

1

Setzen Sie die Wortverbindungen mit „zusammen" in der korrekten Getrennt- oder Zusammenschreibung ein. Verwenden Sie die richtige Verbform (Form des Tätigkeitsworts) (siehe Anhang, Regel 15).

BEISPIEL:

Vielen jungen Männern ist es angenehmer, mit ihren Eltern __ (zusammen leben), als einen eigenen Haushalt zu führen.

→ Vielen jungen Männern ist es angenehmer, mit ihren Eltern zusammenzuleben, als einen eigenen Haushalt zu führen.

A Es ist billiger, mit den Eltern __ (zusammen wohnen), als eine eigene Wohnung zu finanzieren.
B Man muss dann nicht mit jemandem __ (zusammen ziehen), mit dem man sich zunächst __ (zusammen raufen) muss.
C Junge Frauen haben eher den Mut, das __ (zusammen leben) mit ihren Eltern zu beenden als junge Männer.
D Wenn man nicht immer __ (zusammen sein), hat das auch Vorteile.
E Man kann __ (zusammen kommen), wann man möchte, und alle freuen sich darauf.
F Manchen Eltern wäre es vielleicht lieber, wenn sie nicht so lange mit ihren Kindern __ (zusammen bleiben) müssten.

2

Setzen Sie die folgenden Sätze ins Passiv (Leideform) (siehe Anhang, Seite 270).

BEISPIEL:

Ich koche das Essen.

→ Das Essen wird von mir gekocht.

A Du wäschst die Wäsche.
B Er bügelt die Hemden.
C Sie kehrt die Straße.
D Ihr putzt die Wohnung.
E Sie spülen das Geschirr.
F Wir bezahlen die Stromrechnung.
G Ich erledige die Einkäufe.

3

Setzen Sie die folgenden Konjunktionen (Bindewörter) passend ein und trennen Sie die Sätze durch Kommas voneinander ab (siehe Anhang, Regel 22).

da | weil (2 x) | denn | dass (2 x) | obwohl (2 x)

BEISPIEL:

Es ist bequem, zu Hause zu wohnen __ man alles serviert bekommt.

→ Es ist bequem, zu Hause zu wohnen, weil man alles serviert bekommt.

A Viele junge Menschen bleiben zu Hause wohnen __ sie schon Geld verdienen.
B Es ist nicht immer so __ das nur aus Bequemlichkeit geschieht.
C Es bleibt oft nichts anderes übrig, als bei den Eltern wohnen zu bleiben __ die Ausbildungsvergütung oder der erste Arbeitslohn meist sehr gering ist.
D Das Wohnen bei den Eltern bringt Vorteile mit sich __ ein Teil des eigenen Einkommens kann für später gespart werden.
E Junge Frauen ziehen früher von zu Hause aus __ es ihnen wichtig ist, selbstständig zu leben, __ sie dann viele Kosten selbst tragen müssen.
F Manchmal kommt es auch vor __ erwachsene Kinder bei ihren Eltern wohnen __ ein Elternteil oder beide Elternteile pflegebedürftig sind.

Lernbaustein 1

9

Siehe auch Lernbereiche
8 Argumentieren und erörtern
11 Geschäftliche Schreiben verfassen
23 Sich auf Prüfungen und Tests vorbereiten

Stellung nehmen

?

Stellung nehmen

Sprachliche Übungen

Leserbrief
→ Aufbau

einfache Form | **ausführliche Form**

→ Aufbau
→ Passende Zuordnung von Argument, Beleg, Schlussfolgerung
→ Themen für die Stellungnahme finden
→ Einleitung schreiben

!

1

Nennen Sie Situationen, in denen Sie um Stellungnahmen gebeten wurden.

2

Erläutern Sie, was Ihrer Erfahrung nach eine gute Stellungnahme ausmacht.

3

Lesen Sie die Stellungnahme auf der Musterseite und die Kompetenzbox.

Stellung nehmen

Situation:
Eine Mitschülerin hat behauptet: „Gruppenarbeit im Unterricht bringt einem nichts. Da arbeitet immer nur einer und die anderen holen sich gute Noten ab."

Stellungnahme
Die Aussage der Mitschülerin halte ich nicht für richtig.
Gruppenarbeit ist nämlich sehr gut für das Klassenverhältnis. Man kommt dadurch miteinander in Kontakt und muss auch mit denen zusammenarbeiten, mit denen man sonst nicht so viel redet. Ausländischen Mitschülerinnen und Mitschülern kann man so zu einem besseren Deutsch verhelfen.
Außerdem verbessert jeder seine mündliche Ausdrucksfähigkeit. Man muss seine Ideen vorstellen, den Gruppenmitgliedern nahebringen und sich durchsetzen. Am Schluss einer Gruppenarbeit steht man vor der Klasse und erläutert allen das Ergebnis, das man erreicht hat. So stärkt man sein Selbstbewusstsein und lernt, vor anderen zu sprechen.
Selbstverständlich gibt es in jeder Klasse, wie in der Aussage der Mitschülerin zum Ausdruck kommt, auch sogenannte Trittbrettfahrer. Es ist dann Aufgabe der Gruppe, diesen Leuten Verantwortung zu übertragen und sie dazu zu bringen, genau so viel zu tun wie die anderen.
Für die Gruppenarbeit spricht auch, dass man lernt, sich sein Wissen aus Büchern und anderen Materialien selbst zu erarbeiten. Dies kann man als direkte Vorbereitung auf ein mögliches Studium oder die weitere berufliche Tätigkeit sehen. Denn im Leben wird einem nicht immer alles „vorgekaut", es gibt auch keine Arbeitsblätter, deren Inhalt man einfach auswendig lernen kann. Sein ganzes Leben lernt man. Wie viel man aber dazulernt, hängt von einem selbst ab. Entsprechend können sich die Chancen im Beruf verbessern oder verschlechtern.

KOMPETENZBOX

Stellung nehmen

einfache Form	ausführliche Form
AUFBAU	**AUFBAU**
	→ Einleitung
→ Eigener Standpunkt zum Thema (These) **BEISPIEL:** *Ich halte Gruppenarbeit für sinnvoll.*	→ Eigener Standpunkt zum Thema
→ Argument (Begründung) **BEISPIEL:** *Denn durch Gruppenarbeit wird das Verhältnis in der Klasse verbessert.* → Beleg **BEISPIEL:** *Man kommt mit Mitschülerinnen und Mitschülern in Kontakt, mit denen man sonst nicht so viel zu tun hat.*	→ Argument 1 → Beleg 1 → Argument 2 → Beleg 2 → Argument 3 → Beleg 3 → usw.
→ Schlussfolgerung **BEISPIEL:** *Es ist also eine gute Sache, wenn man im Unterricht häufig Gruppenarbeit praktiziert.*	→ Schlussfolgerung

Das Wichtigste aber, was man durch Gruppenarbeit lernt, ist, im Team zu arbeiten. Bei Stellenausschreibungen in der Zeitung ist mir aufgefallen, dass viele Betriebe auf Teamfähigkeit Wert legen. Wenn man nun in der Schule gelernt hat, ein Einzelkämpfer zu sein, weiß man gar nicht, wie man sich zu verhalten hat, und benimmt sich vielleicht unbewusst wie ein Egoist. Bei einem Einstellungstest einer großen Firma wurde ich sogar schon einmal auf meine Teamfähigkeit getestet, wobei ich gut abgeschnitten habe. Ich denke, dass es damit zusammenhing, dass wir in der Schule viel Gruppenarbeit gemacht haben.

Man sollte deshalb Gruppenarbeit im Unterricht gezielt üben, Schwierigkeiten in Kauf nehmen, sie besprechen und Lösungswege zur Verbesserung suchen. Das alles ist ein langer Prozess. Darauf muss man sich einstellen.

4

Verknüpfen Sie die Thesen zum Thema „Ist es vernünftig zu fliegen, wenn man auch mit der Bahn fahren kann?" jeweils mit einem passenden Argument, einem passenden Beleg und einer passenden Schlussfolgerung.

These 1 Ich nutze gerne das preiswerte Angebot von Fluggesellschaften,	**These 2** Mit der Bahn zu fahren ist vorteilhaft,	**These 3** Der Zeitgewinn, der durchs Fliegen entsteht, ist nicht so groß, wie man auf den ersten Blick glaubt.	**These 4** Die Umweltbelastung durch die vermehrt angebotenen Kurzstreckenflüge ist sehr hoch,	**These 5** Ich finde die billigen Flüge gut,
Argument A … denn man hat keine langen Transferzeiten in die Stadtzentren,	**Argument B** … weil ich das eingesparte Geld für andere Sachen ausgeben kann,	**Argument C** … da ein Flugzeug beim Start und bei der Landung am meisten Schadstoffe ausstößt.	**Argument D** … weil ich so an Orte komme, die ich andernfalls nicht besuchen würde.	**Argument E** Durch die lange Vorlaufzeit beim Einchecken und die Wartezeit aufs Gepäck schmilzt die Zeitersparnis durch die kürzere Flugdauer meist dahin.
Beleg a … beispielsweise für meine Reitstunden.	**Beleg b** So war ich kürzlich in Dresden, das ich ohne Billigangebot sicher nicht besichtigt hätte.	**Beleg c** … wie zum Beispiel in Hamburg, wo der Flughafen fast 20 km vom Stadtzentrum entfernt ist.	**Beleg d** So ist man für einen einstündigen Flug von Stuttgart nach Berlin leicht sechs Stunden unterwegs.	**Beleg e** Kurz nach dem Start beginnt bei einem Kurzstreckenflug schon wieder der Landeanflug.
Schlussfolgerung I Wenn ich mir Dinge leisten will, die ich mir eigentlich nicht leisten kann, dann muss ich eben auf günstige Angebote zurückgreifen.	**Schlussfolgerung II** Ich finde, dass man bei der Auswahl seines Fortbewegungsmittels den Umweltaspekt besonders bedenken sollte.	**Schlussfolgerung III** Deshalb ist es wichtig, billige Flugangebote genau daraufhin zu prüfen, ob man wirklich Zeit einspart.	**Schlussfolgerung IV** Aus diesem Grund ist für mich die Bahn ein besonders sinnvolles Fortbewegungsmittel.	**Schlussfolgerung V** Deswegen werde ich die preiswerten Flüge weiterhin nutzen.

5

Verbinden Sie die beiden Hauptsätze durch eine passende Konjunktion (Bindewort). Trennen Sie die Sätze durch Komma voneinander ab (siehe Anhang, Regel 22).

denn aber weil doch/jedoch obwohl

A Die Kondensstreifen verstärken das Aufheizen der Atmosphäre. Sie vermindern die Rückstrahlung der Wärme von der Erde in den Weltraum.
B Vier Prozent der globalen Erwärmung werden derzeit vom Flugverkehr verursacht. Bis 2030 wird eine Verdreifachung erwartet.
C Bei einem einzigen Urlaubsflug nach Mallorca wird das Klima genauso stark geschädigt wie durch ein Jahr lang Autofahren. Die Flugzeuge verbrauchen inzwischen weniger Treibstoff als noch vor zehn Jahren.
D In der Politik herrscht auf internationaler Ebene Einigkeit über die Notwendigkeit des Klimaschutzes. Es wird mit dem Flugzeug ausgerechnet eines der umweltschädlichsten Verkehrsmittel am höchsten subventioniert.
E Fast 40 Prozent der Deutschen leiden unter Fluglärm. Das Verkehrsaufkommen im Luftraum steigt stetig.

6

Schreiben Sie die Einleitungen zum Thema „Sollte man auf Billigflugreisen verzichten?" passend fort. Verwenden Sie folgende Anfänge.

A In der Öffentlichkeit wird häufig darüber diskutiert, ob im Zeitalter des Klimawandels …
B Ich selbst bin noch in der Ausbildung …
C Noch vor 150 Jahren war Mobilität nur bestimmten gesellschaftlichen Gruppen vorbehalten.
D „Wenn einer eine Reise tut, dann kann er was erleben!"

7

Finden Sie Themen für eine Stellungnahme. Gehen Sie dabei folgendermaßen vor:

a) Schreiben Sie auf eine Karte eine Entscheidungsfrage, die diskussionswürdig ist.

BEISPIEL:
Sollte man schon mit 18 Jahren von zu Hause ausziehen?

b) Heften Sie die Karten an eine Moderationswand.
c) Stellen Sie Ihr Thema vor und begründen Sie kurz, warum Sie das Thema vorgeschlagen haben.

8

Verfassen Sie eine ausführliche Stellungnahme zu einem der Themen, die Sie in Aufgabe 7 vorgeschlagen haben.

KOMPETENZBOX

Stellung nehmen

EINLEITUNG

Die Einleitung hat die Funktion, zum eigentlichen Thema der Stellungnahme hinzuführen. In der Hinführung kann man

→ ein **aktuelles Ereignis** (z. B. die Veröffentlichung einer Studie, einen Bericht in den Medien, eine öffentlich geführte Diskussion) aufgreifen,

→ von **eigenen Erfahrungen** berichten,

→ auf **historische Hintergründe** oder Vorkommnisse verweisen,

→ ein **passendes Zitat** nennen.

MUSTER

Mit einem Leserbrief Stellung nehmen

1

Lesen Sie den Zeitungsbericht, den Leserbrief und die dazugehörende Kompetenzbox.

Zeitungsbericht

Klimawandel kostet 800 Milliarden

BERLIN (AP). **Ein ungebremster Klimawandel würde auch in Deutschland gigantische Kosten verursachen. Bis 2050 könnten nach Berechnung des Deutschen Instituts für Wirtschaftsforschung (DIW) 800 Milliarden Euro zusammenkommen. Diese düstere Prognose veröffentlichte das DIW [...]**

Das DIW rechnet in seinem Wochenbericht vor, was bei Nichtstun passieren könnte. Dann würde die globale Oberflächentemperatur bis zur Jahrhundertwende um bis zu 4,5 Grad steigen. Schon bis 2050 kämen auf die Bundesbürger Klimaschäden von 330 Milliarden Euro zu. Ihre Energiekosten würden um 300 Milliarden Euro steigen. Für Maßnahmen zur Anpassung an den Klimawandel würden zusätzliche 170 Milliarden Euro fällig.

Stuttgarter Nachrichten, 15.03.2007

Leserbrief

Leserbrief

zum Artikel „Klimawandel kostet 800 Milliarden“ in Ihrer Zeitung vom 15.03.2007

Vor dreißig Jahren schon wurde vor dem Klimawandel gewarnt, allerdings nur von einzelnen Wissenschaftlern und Umweltverbänden, die von der breiten Öffentlichkeit kaum wahrgenommen wurden.

Wenn dagegen heute das Deutsche Institut für Wirtschaftsforschung (DIW) bis zum Jahr 2050 Kosten von 800 Milliarden Euro wegen des Klimawandels voraussagt, dann ist das eine Nachricht, die sich ihrer Aufmerksamkeit sicher sein kann.

Außerdem ist die Beschäftigung des DIW mit diesem Thema auch ein Beleg dafür, dass in der Öffentlichkeit ein Klimawandel stattgefunden hat. Allerdings hätte ich mir gewünscht, dass das DIW nicht nur vorrechnet, sondern auch weiterdenkt. Es ist im Artikel davon die Rede, „was bei Nichtstun passieren könnte“. Von wessen „Nichtstun“ ist die Rede? Vom Nichtstun der Politik? Oder des Bürgers? Oder der Wirtschaft?

Ich bin der Meinung, dass weder Politik noch Bürger noch die Wirtschaft im Nichtstun verharren dürfen – denn es ist sicher an der Zeit, unsere Lebensweise zu überdenken.

Die Politik sollte Fehler eingestehen, die in der Vergangenheit begangen wurden, und sie sollte Konsequenzen ziehen, beispielsweise in der beharrlichen Förderung umweltfreundlicher Technologien.

Und der Bürger? Wir sollten uns überlegen, ob wir tatsächlich im Dezember Erdbeeren essen oder ob unsere Äpfel aus Südamerika stammen müssen. Auch der Weg zum Bä-

cker um die Ecke muss vielleicht nicht mit dem Auto zurückgelegt werden.
Auch die Wirtschaft kann viel tun – wenn man alleine an die Entwicklung schadstoffarmer Autos denkt oder an die umweltverträgliche Produktion von Gütern.
Der Klimawandel scheint unvermeidlich. Aber wir alle sollten das in unserer Macht Stehende tun, ihn wenigstens zu verlangsamen.

Irene Held, Backnang

2

Begründen Sie, ob der Brief auf Sie überzeugend wirkt.

KOMPETENZBOX

Leserbrief

Ein Leserbrief kommentiert im Normalfall Zeitungs- und Zeitschriftenartikel und nimmt Stellung zu den darin veröffentlichten Themen. Er nimmt einen Zeitungs- oder Zeitschriftenartikel zum Anlass, weiterführende Gedanken zu formulieren.

Leserbriefe werden in entsprechenden Rubriken veröffentlicht.

Sie sollten kurz sein und zeitlich nicht zu spät nach dem betreffenden Artikel liegen.

AUFBAU

→ Betreff notieren: *Leserbrief zum Artikel* (Überschrift des Artikels) *vom* (Datum)
→ Bezug zum Thema herstellen
→ Darstellung der eigenen Meinung
→ Begründung
→ Aufforderung

Große Mehrheit: Kein Alkohol bis 18

UMFRAGE DER EU-KOMMISSION ERGIBT ZUSTIMMUNG VON 88 PROZENT

STRASSBURG (AP). **Ein Alkoholverbot für Jugendliche wird von knapp 90 Prozent der Deutschen befürwortet.**

In der [...] von der EU-Kommission veröffentlichten Erhebung erklärten 88 Prozent der Befragten, sie wären mit einem EU-weiten Verbot der Alkohol-Abgabe an Jugendliche unter 18 einverstanden. Im EU-Durchschnitt sind es 87 Prozent. Für die Erhebung wurden 28 584 Personen in den 27 EU-Staaten und in Kroatien befragt, darunter 1551 Deutsche. Eines der Ergebnisse ist, dass 44 Prozent der Jugendlichen weniger Alkohol trinken würden, wenn die Getränke teurer wären. Eine Mehrheit gab dagegen an, sie würde ihr Trinkverhalten auch bei einer Preiserhöhung um 25 Prozent nicht ändern. Unter den Befragten im Alter ab 25 Jahren erklärten nur 33 Prozent, sie würden bei einer solchen Verteuerung weniger Alkohol trinken. 75 Prozent der 15- bis 24-Jährigen gaben an, in den vergangenen zwölf Monaten mindestens einmal Alkohol getrunken zu haben. Unter den jüngeren Umfrageteilnehmern sind aber überproportional viele, die an einem einzigen Tag fünf und mehr alkoholische Getränke zu sich nehmen. 19 Prozent der jungen Leute unter 25 erklärten, wenn sie Alkohol konsumierten, dann in der Regel mehr als vier Drinks. Im Gesamtdurchschnitt bekannten sich dazu nur zehn Prozent der Befragten. Besonders hoch ist diese von der EU-Kommission als „binge drinker", exzessive Gelegenheitstrinker, bezeichnete Gruppe in Irland: 34 Prozent nehmen dort in der Regel mehr als vier Drinks zu sich. In Deutschland ist diese Gruppe mit fünf Prozent relativ klein. [...]

Stuttgarter Nachrichten, 15.03.2007

3

Lesen Sie den oben abgedruckten Zeitungsbericht.

4

Entscheiden Sie, zu welchen Gesichtspunkten des Artikels Sie Stellung beziehen wollen, und notieren Sie diese.

5

Schreiben Sie einen Leserbrief (siehe Kompetenzbox, S. 93) zu dem Zeitungsartikel (siehe Aufgabe 3).

6

Bilden Sie Vierer-Gruppen. Lesen Sie sich gegenseitig die Leserbriefe vor und entscheiden Sie, welcher Leserbrief auf Sie am überzeugendsten wirkt.

Sprachliche Übungen

1

Finden Sie jeweils fünf Wörter mit gleichem Wortstamm.

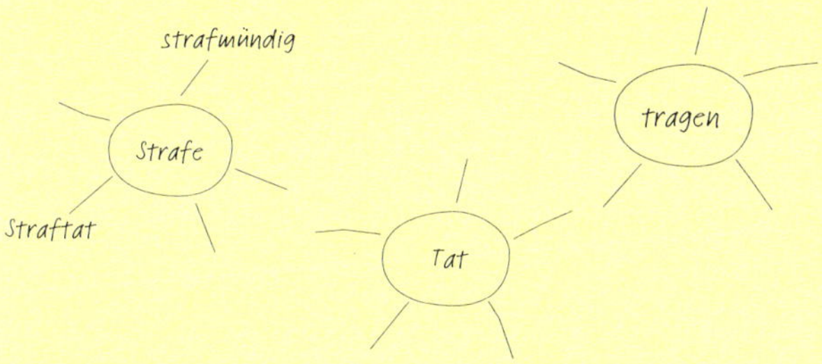

2

Setzen Sie den richtigen Dehnungslaut ein (siehe Anhang, Regeln 2 und 3).

A verme__ren
B anbi__ten
C es entste__t etwas
D fli__gen
E er diskuti__rt vi__l
F ne__men
G obwo__l
H ungefä__r

3

Setzen Sie „tz" oder „z" ein (siehe Anhang, Regel 4).

A herabgese__t
B fortse__en
C genu__t
D kür__lich
E stol__
F je__t
G abwäl__en
H pla__ieren

4

Bilden Sie dass-Sätze. Beachten Sie die Kommasetzung (siehe Anhang, Regel 22).

BEISPIEL:
Es ist anzunehmen sich das Passagieraufkommen alle 14 Jahre verdoppeln wird.
→ Es ist anzunehmen, dass sich das Passagieraufkommen alle 14 Jahre verdoppeln wird.

A Die Organisation für wirtschaftliche Entwicklung und Zusammenarbeit befürchtet bis zum Jahr 2030 der Luftverkehr das Klima noch stärker belasten wird als der Autoverkehr.
B Die Fluggesellschaften entgegnen ihr Energieverbrauch pro Passagier immer geringer wird.
C Doch auch die Fluggesellschaften räumen ein durch den Fortschritt immer mehr geflogen wird.
D Es ist nicht einzusehen der Flugverkehr im Vergleich zu anderen Verkehrsmitteln Privilegien genießt.
E Es wurde berechnet ein Flugticket für einen Inlandsflug 50 Euro mehr kosten würde, wenn Flugbenzin nicht steuerfrei wäre.

5

Fügen Sie das richtige Relativpronomen (bezügliche Fürwort) ein und setzen Sie die Kommas (siehe Anhang, Regeln 22 und 23).

BEISPIEL:
Das Fahrrad __ als Verkehrsmittel benutzt wird ist sehr nützlich.
→ Das Fahrrad, das als Verkehrsmittel benutzt wird, ist sehr nützlich.

A Die Umwelt __ durch fast alle Verkehrsmittel belastet wird freut sich über jeden Fahrradfahrer.
B Auch die Zeit __ in Anspruch genommen wird um Kurzstrecken zurückzulegen ist in den meisten Fällen kürzer als bei der Benutzung des Autos __ als umweltschädlich bekannt ist.
C Ein weiterer Vorteil __ mit dem Fahrradfahren verbunden ist ist der gesundheitliche Gesichtspunkt.
D Ein Radfahrer __ bei jedem Wetter unterwegs ist tut etwas für seine Gesundheit.
E Es ist schön erst die Aussicht __ sich bietet zu genießen und dann die Abfahrt __ nicht lange genug sein kann herunterzubrausen.

Lernbaustein 1 **10**

Siehe auch Lernbereich
7 Mit Konflikten umgehen

Protokollieren

?

Sprachliche Übungen

Protokollieren

Ergebnisprotokoll schreiben
- → Vorarbeiten
- → Aufbau
- → Zeitform
- → Sprache

Ein Verhandlungsprotokoll schreiben (Klassensitzung)

Anträge formulieren

Protokollformen
- → Verlaufsprotokoll
- → Ergebnisprotokoll
- → Versuchsprotokoll

!

1

Halten Sie in einer Mindmap fest, was Sie über das Protokollieren bereits wissen. Sie können mit folgenden Oberbegriffen arbeiten:

AUFBAU ANLASS FORM

AUFGABEN DES PROTOKOLLFÜHRERS

ANTRÄGE ARTEN

SPRACHLICHE BESONDERHEITEN

2

Lesen Sie die Musterseiten (siehe S. 97/98) und vervollständigen bzw. korrigieren Sie die Mindmap (siehe Aufgabe 1).

Ergebnisprotokoll der Mitgliederversammlung des Fußballclubs Blau-Weiß Grünstadt

Ort:	Grünstadt
Datum:	18.05.2010
Beginn:	19:00 Uhr
Teilnehmer/innen:	siehe Anwesenheitsliste
Leiterin:	Anke Meier
Protokollant:	Mark Daimler

Tagesordnung:

1. Begrüßung
2. Genehmigung des Protokolls vom 11.01.2010
3. Jahresbericht des Vorstandes
4. Nachwuchsförderung
5. Verschiedenes

Zu TOP 1 (Tagesordnungspunkt 1)
Frau Meier eröffnete die Sitzung, zu der frist- und formgerecht eingeladen worden war, und begrüßte die anwesenden Mitglieder.

Zu TOP 2
Die Anwesenden genehmigten das Protokoll vom 11.01.2010 einstimmig.

Zu TOP 3
Der Jahresbericht wurde verlesen. Frau Meier wies auf die hervorragenden Leistungen der A-Jugend in der letzten Saison hin.
Die Tombola beim Jahresabschlussball erzielte einen Erlös von 1.789,00 Euro.

Zu TOP 4
Herr Schwarz berichtete über die Situation in den Jugendmannschaften. Seit drei Jahren zeichne sich ab, dass die Jungen im Alter von 13 bis 16 Jahren den Verein verlassen. Man diskutierte die Hintergründe und Maßnahmen zur

KOMPETENZBOX

Protokollieren

VORARBEIT

→ Anwesenheitsliste vorbereiten

AUFBAU

→ Anlass des Protokolls
→ Ort
→ Datum
→ Beginn
→ Teilnehmer/innen
→ Leiter/in
→ Protokollant/in
→ Tagesordnung
→ Ergebnisse und wesentliche Beiträge entsprechend der Tagesordnung zusammenfassen
→ Die verabredeten Beschlüsse und Zeiten notieren
→ Ende mit Uhrzeit und Unterschriften (Leiter/in und Protokollant/in)

ZEITFORM

→ Präteritum

SPRACHE

→ Sachlich, genau
→ Vollständige Sätze
→ Indirekte Rede bei der Wiedergabe von Redebeiträgen (*Es wurde betont, dass es notwendig sei ...*)

BESONDERHEITEN

→ Anträge wörtlich zitieren
→ Bei Diskussionen kurz die verschiedenen Standpunkte wiedergeben
→ Anlagen beifügen

Motivation der Jugendlichen. Es wurde beschlossen, neben dem Training in den Osterferien eine Freizeit (8–10 Tage) anzubieten und eine Fußballgruppe für Mädchen zu gründen. Herr Müller betonte, dass es dringend notwendig sei, den Verein als Freizeitort attraktiver zu machen. Den Jugendlichen müsse eine Orientierung geboten werden, damit sie nicht auf der Straße herumlungern.

Herr Schwarz stellte den Antrag: „Der Erlös der Tombola soll ausschließlich der Jugendarbeit zukommen."
Es stimmten 43 Mitglieder dem Antrag zu, 4 lehnten ihn ab, 2 enthielten sich der Stimme.

Er schlug Frau Meier als Trainerin der Mädchenmannschaft vor. Dieser Vorschlag wurde einstimmig angenommen.

Zu TOP 5
Keine Wortmeldungen.

Ende: 20:35 Uhr

....
(Protokollant) (Leiterin)

Eine Klassensitzung protokollieren

3

Situation:
Die Klasse der Handelsschule Oberstufe, HS06, diskutiert mit ihrem Klassenlehrer, Herrn Heiden, über eine Abschlussfahrt.

Lesen Sie das Gespräch mit verteilten Rollen.

Yassi: „Ich will zum Abschluss der zwei Jahre auf jeden Fall eine Klassenfahrt machen."

Tina: „Ja, genau, das ist genial. Eine Woche Italien. Da können wir mal so richtig in der Sonne liegen und abchillen. Außerdem gibt es da, soviel ich weiß, eine Menge Kulturdenkmäler wie den Schiefen Turm von Pisa, sodass wir auch ein gutes Programm ausarbeiten könnten."

Ahmed: „Italien ist aber weit und durch die lange Fahrt wird das bestimmt teuer, vielleicht könnten wir aber durch die Unterbringung in Bungalows mit Selbstverpflegung Geld sparen."

Ina: „Dann sollten wir doch erst mal vereinbaren, wie viel wir für diese Reise ausgeben wollen. Also, mehr als 250 Euro kann ich nicht finanzieren."

David: „Wir müssen uns bald entscheiden, damit wir noch einige Monate Zeit haben, um für diese Reise zu sparen."

Jussuf: „Also, wenn das 250 Euro kosten soll, dann will ich schon ins Ausland fahren."

Mike: „Mann, wie lange willst du denn da im Bus sitzen? Wir könnten doch auch einen Segeltörn in Holland machen. So zusammen auf dem Boot, das wird bestimmt lustig. Ich hätte auch Lust, einen Segelkurs zu machen."

Conny: „Nein, das ist ja total öde – Holland, da fahr ich mit meinen Eltern immer hin. Das kenn ich in- und auswendig."

Ed: „Um die Woche mit sportlichen Aktivitäten zu füllen, bei denen wir in Gruppen nach Interessen etwas aussuchen könnten, wäre Holland genau das Richtige. Ich finde, das ist eine super Idee."

Susi: „Da gibt es klasse Freizeitparks, die alles anbieten. Das ist doch eine tolle Sache."

Marius: „Ich würde gern in eine europäische Großstadt fahren, um ein bisschen was zu sehen. Nur Strand und Freizeit ist mir für eine Klassenfahrt zu wenig. Da können wir uns im Sommer auch am Unterbacher See treffen, schwimmen gehen und grillen."

Karla: „Ja, Prag soll interessant sein, da gibt's auch gute Diskos, sodass man am Abend noch was unternehmen kann, die Stadt ist geschichtsträchtig, es soll dort preiswert sein."

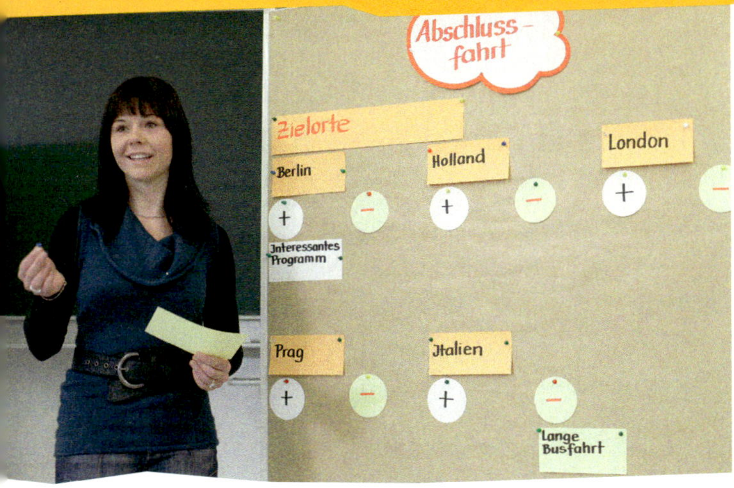

Sergej: „Wie wär's denn mit unserer Hauptstadt? Wer von euch war denn schon mal in Berlin? Also, ich nämlich noch nicht. Da gibt's doch auch viel zu besichtigen und abends ist da auf jeden Fall was los."

Herr Heiden: „Also, ich fände Berlin ganz toll, da könnten wir viele Besichtigungen organisieren und Veranstaltungen besuchen, ins Bundeskanzleramt gehen usw. Es ist noch früh genug, dass wir sicherlich auch noch einen Termin für eine Bundestagssitzung bekommen würden. Wir haben uns in den zwei Jahren im Politik-Unterricht oft über die da in Berlin unterhalten, und so hätten wir mal die Gelegenheit, uns das vor Ort anzuschauen. Ich war auch einige Jahre nicht in Berlin und würde mal gern wieder dahin."

Ingo: „Was soll das denn kosten?"

Herr Heiden: „Das hängt natürlich davon ab, wie lange wir fahren. Bei einer Woche müssten wir schon mit 250 Euro rechnen, wenn wir nur vier Tage fahren, wird es sicherlich billiger. In Berlin gibt es eine Menge guter Jugendhotels, nur die Stadt ist immer voll von Schulklassen, sodass wir wirklich bald eine Entscheidung treffen sollten."

Yussuf: „Wie wär's denn mit London? Das soll auch eine total tolle Stadt sein."

Elena: „Da fährt man aber unheimlich lange. Da bist du total kaputt, wenn du da ankommst, und London ist unglaublich teuer, meine Schwester war im letzten Jahr da. Auch wenn das für unsere Englisch-Kenntnisse nicht schlecht wäre, ich glaub, das ist nichts."

Timo, der Klassensprecher: „Also, ich fasse noch einmal zusammen: Wir haben jetzt die Vorschläge Berlin im Jugendhotel und Programm mit politischem Schwerpunkt, Holland mit Freizeitaktivitäten, wie z. B. einem Segelkurs, Unterbringung im Freizeitpark, Italien mit Sonne und den Städten der Toskana in Bungalows mit Selbstverpflegung und Prag im Jugendhotel, auch mit vornehmlich politischem Programm, London mit Stadtbesichtigung und Sprachförderung. Das Kostenlimit liegt bei 250 Euro. Seid ihr damit einverstanden? Und wir sollten möglichst eine Woche wegfahren."

Herr Heiden: „Ich schlage vor, dass ich bis Montag Reiseführer zu den genannten Zielen unserer Klassenfahrt mitbringe. Ich spreche mit Herrn Schwarzer ab, dass ihr euch am Dienstag im Fach Informationswirtschaft im Internet über die genannten Ziele genauer informieren und genauere Vorschläge für das Programm ausarbeiten könnt, denn ohne konkrete Programmvorschläge können wir keine Entscheidung treffen."

4

Erstellen Sie eine Tabelle und tragen Sie darin die genannten positiven und negativen Aspekte der vorgeschlagenen Zielorte ein.

Zielort	positiv	negativ
Berlin	interessantes Programm	xxx xxx
Holland	xxx	xxx
Italien	xxx xxx	lange Busfahrt xxx
Prag	xxx	xxx
London	xxx	xxx

5

Formulieren Sie die Äußerungen (A–H) aus dem Klassengespräch in indirekter Rede.

BEISPIEL:

Tina sagte: „Es gibt in Italien eine Menge Kulturdenkmäler."

→ *Tina sagte, dass es in Italien eine Menge Kulturdenkmäler gebe.*

A Yassi sagte: „Ich will zum Abschluss der zwei Jahre auf jeden Fall eine Klassenfahrt machen."

B Tina meinte: „Für Italien können wir ein gutes Programm ausarbeiten."

C Ahmed wandte ein: „Italien ist aber weit und durch die lange Fahrt wird das bestimmt teuer."

D Ina erwiderte: „Dann müssen wir doch erst mal vereinbaren, wie viel wir für diese Reise ausgeben wollen."

KOMPETENZBOX GRAMMATIK

Indirekte Rede

Indikativ (Wirklichkeitsform)	Konjunktiv I (Möglichkeitsform)	Indikativ (Wirklichkeitsform)	Konjunktiv I (Möglichkeitsform)
ich bin	ich sei	ich kann	ich könne
du bist	du seiest	du kannst	du könnest
er, sie, es ist	er, sie, es sei	er, sie, es kann	er, sie, es könne
wir sind	wir seien	wir können	wir können
ihr seid	ihr seiet	ihr könnt	ihr könnet
sie sind	sie seien	sie können	sie können
ich soll	ich solle	ich gebe	ich gebe
du sollst	du sollest	du gibst	du gebest
er, sie, es soll	er, sie, es solle	er, sie, es gibt	er, sie, es gebe
wir sollen	wir sollen	wir geben	wir geben
ihr sollt	ihr sollet	ihr gebt	ihr gebet
sie sollen	sie sollen	sie geben	sie geben
ich will	ich wolle	ich habe	ich habe
du willst	du wollest	du hast	du habest
er, sie, es will	er, sie, es wolle	er, sie, es hat	er, sie, es habe
wir wollen	wir wollen	wir haben	wir haben
ihr wollt	ihr wollet	ihr habt	ihr habet
sie wollen	sie wollen	sie haben	sie haben
ich muss	ich müsse	ich mag	ich möge
du musst	du müssest	du magst	du mögest
er, sie, es muss	er, sie, es müsse	er, sie, es mag	er, sie, es möge
wir müssen	wir müssen	wir mögen	wir mögen
ihr müsst	ihr müsset	ihr mögt	ihr möget
sie müssen	sie müssen	sie mögen	sie mögen

E David ergänzte: „Wir müssen uns bald entscheiden, damit wir noch einige Monate Zeit haben, um für diese Reise zu sparen."
F Conny entgegnete: „Holland ist für mich langweilig, weil ich dort so oft mit meinen Eltern war."
G Marius äußerte seinen Wunsch: „Wir wollen gern in eine europäische Großstadt fahren."
H Herr Heiden schlug vor: „In Berlin können wir viele Besichtigungen und Veranstaltungen organisieren."

KOMPETENZBOX GRAMMATIK

Präteritum

Präsens (Gegenwart)	Präteritum (Vergangenheit)
ich beantrage	ich beantragte
du beantragst	du beantragtest
er, sie, es beantragt	er, sie, es beantragte
wir beantragen	wir beantragten
ihr beantragt	ihr beantragtet
sie beantragen	sie beantragten
ich berate	ich beriet
du berätst	du beriet(e)st
er, sie, es berät	er, sie, es beriet
wir beraten	wir berieten
ihr beratet	ihr berietet
sie beraten	sie berieten

6

Setzen Sie die Verben (Tätigkeitswörter) ins Präteritum (Vergangenheit).

BEISPIEL:
sie ermahnt → sie ermahnte

A ich unterbreche
B ich berate
C er äußert sich
D sie diskutieren
E du besprichst
F wir beschließen
G ihr bittet
H er stellt vor
I wir fordern
J sie erwähnen
K sie leitet ein
L er schlägt vor
M sie formuliert den Antrag

7

Wandeln Sie die folgenden Sätze vom Aktiv ins Passiv um.

BEISPIEL:
Timo, der Klassensprecher, eröffnete das Klassengespräch.
→ Das Klassengespräch wurde von Timo, dem Klassensprecher, eröffnet.

A Yassi äußerte den Wunsch nach einer Klassenfahrt.
B Herr Heiden legte das Kostenlimit fest.

C Die Schüler diskutierten über verschiedene Fahrziele.

D Die Schüler stellten Überlegungen bezüglich der Dauer der Klassenfahrt an.

E Timo äußerte den Wunsch nach einer Besichtigung des Bundestages.

F Der Klassensprecher fasste die Vorschläge zusammen.

G Herr Heiden sprach mit dem Informatiklehrer die Ausarbeitung weiterer Vorschläge ab.

H Die Schüler arbeiteten die Vorschläge konkret aus.

8

Formulieren Sie die folgenden Äußerungen jeweils als Antrag.

A Tina meinte: „Ja, genau, das ist genial. Eine Woche Italien."

B Ingo sagte: „Ich kann dafür nicht mehr als 250 Euro ausgeben, deshalb sollten wir nichts planen, was darüber hinausgeht."

C Marius meinte: „Ich schlage eine europäische Hauptstadt als Reiseziel vor."

D Timo schlug vor: „Wir müssen erst konkrete Vorschläge haben, bevor wir uns für ein Ziel entscheiden."

E Yassi äußerte den Wunsch: „Ich will auf jeden Fall einen Nachmittag zur freien Verfügung ohne Programm haben."

9

Erstellen Sie ein Ergebnisprotokoll in der folgenden äußeren Form (siehe S. 104). Ergänzen Sie fehlende Angaben.

KOMPETENZBOX

Anträge stellen

Um in einer Konferenz, einer Versammlung oder einer Sitzung zu Entscheidungen zu gelangen, werden Anträge formuliert. Zu dem Antrag darf es eine Gegenrede geben. Anschließend wird über den Antrag abgestimmt. Der Antrag muss so formuliert sein, dass die Teilnehmer der Sitzung sagen können „Ja, ich stimme zu." oder „Nein, ich stimme nicht zu." oder „Ich enthalte mich."

» **BEISPIEL:**

Yassi formuliert einen Antrag zur Abstimmung: *„Wir machen zum Abschluss unserer Schulzeit eine Klassenfahrt."*

Dann fragt die Leiterin der Sitzung in folgender Reihenfolge: *„Wer stimmt dem Antrag zu?"*, *„Wer stimmt dem Antrag nicht zu?"*, *„Wer enthält sich der Stimme?"*

Danach kann über den nächsten Punkt entschieden werden.

KOMPETENZBOX

Protokollformen

→ **Protokolle** sind Aufzeichnungen, die nach einem festgelegten, in der Regel gleichbleibenden Schema bei Sitzungen, Tagungen, Konferenzen usw. angefertigt werden.

→ Das **Verlaufsprotokoll** gibt den tatsächlichen Ablauf in der zeitlichen Reihenfolge wieder. Es hält die Redebeiträge in geraffter Form fest. Man kann erkennen, wie es zu den Ergebnissen gekommen ist. Anträge werden im Wortlaut wiedergegeben und die Ergebnisse der Abstimmung notiert.

→ Das **Ergebnisprotokoll** gibt die Ergebnisse einer Diskussion, einer Sitzung, einer Konferenz wieder und fasst die noch offenen Fragen zusammen. Die Äußerungen der verschiedenen Personen werden nach inhaltlichen Schwerpunkten sortiert und zusammengefasst. Anträge werden im Wortlaut wiedergegeben und die Ergebnisse der Abstimmung notiert.

→ Das **Versuchsprotokoll** wird bei wissenschaftlichen Experimenten angefertigt. Es trägt den Namen desjenigen, der den Versuch durchgeführt hat, den Zeitpunkt und den Ort. Der Versuchsaufbau wird beschrieben und die Messwerte werden notiert.

Protokoll der Klassensitzung zum Thema Abschlussfahrt

Ort:	Berufskolleg Hans Sachs in Mainz
Datum:	xxx
Beginn:	xxx
Teilnehmer/innen:	26 Schülerinnen und Schüler der Klasse HS06 Klassenlehrer Herr Heiden
Leitung:	xxx
Protokollant/in:	xxx
Besprechungspunkte:	1. 2. 3. 4.
Ergebnisse	Vorschläge: xxx xxx Weiteres Vorgehen: xxx xxx
Ende:	xxx

xxx	xxx	xxx
Datum	Unterschrift: Protokollant/in	Klassenlehrer

Sprachliche Übungen

1

Setzen Sie die Anführungszeichen und die Kommas (siehe Anhang, Regel 26).

A Bitte setzen Sie sich sagte der Schulleiter und bot Rainer einen Kaffee an.
B Das überrascht mich aber sehr sagte Herr Wolters.
C Wie sieht das aus Ihrer Sicht aus fragte der Schulleiter Rainer.
D Einige der Schüler reagieren unsicher und aggressiv erwiderte Rainer.
E Was meinen Sie damit fragte er nach.
F Ich weiß nicht ob ich das tun würde erwiderte Rainer und zuckte mit den Schultern.
G Ich werde mit meinen Kolleginnen und Kollegen das Thema erörtern antwortete Herr Wolters.
H Ich danke Ihnen für das Gespräch entgegnete Rainer und verabschiedete sich.
I Ich danke Ihnen auch sagte der Schulleiter und wünsche Ihnen ein schönes Wochenende.

2

Entscheiden Sie, welche der folgenden Formulierungen richtig ist.

A
1 Herr Wolters fragte, ob das üblich sei.
2 Herr Wolters fragte, ob das üblich ist.

B
1 Der Schulleiter fragte Rainer, ob er sich sicherer fühle, wenn er Tränengas oder Pfefferspray in der Jackentasche trage.
2 Der Schulleiter fragte Rainer, ob er sich sicherer fühlt, wenn er Tränengas oder Pfefferspray in der Jackentasche trägt.

C
1 Herr Wolters sagte, das erschrecke ihn aber sehr.
2 Herr Wolters sagte, das erschreckt ihn aber sehr.

D
1 Herr Wolters ergänzte, es muss überlegt werden, wie das Kollegium mit dem Problem umgeht.
2 Herr Wolters ergänzte, es müsse überlegt werden, wie das Kollegium mit dem Problem umgehe.

E
1 Der Schulleiter sagte, er will das mit seinen Kolleginnen und Kollegen erörtern und Maßnahmen beraten.
2 Der Schulleiter sagte, er wolle das mit seinen Kolleginnen und Kollegen erörtern und Maßnahmen beraten.

F
1 Jan erwiderte, auf dem Schülerparkplatz träfen sich wohl die Kings.
2 Jan erwiderte, auf dem Schülerparkplatz treffen sich wohl die Kings.

G
1 Abdel sagte, dass das doch alles nur Schau sei.
2 Abdel sagte, dass das doch alles nur Schau ist.

H
1 Kim erläuterte, sie weiß von Freundinnen, dass sie Pfefferspray in der Jackentasche haben.
2 Kim erläuterte, sie wisse von Freundinnen, dass sie Pfefferspray in der Jackentasche hätten.

I
1 Rainer bemerkte, dass auf dem Schülerparkplatz zwei Autos beschädigt worden sind.
2 Rainer bemerkte, dass auf dem Schülerparkplatz zwei Autos beschädigt worden seien.

Lernbaustein 1

11 Geschäftliche Schreiben verfassen

Siehe auch Lernbereich
6 Sich bewerben

?

Geschäftliche Schreiben verfassen

Sprachliche Übungen

Adressaten
- → Behörden
- → Unternehmen

Brief
- → Gestaltung nach DIN 5008
- → Aufbau

Fax
- → Situationsgerechte Verwendung
- → Aufbau

E-Mail
- → Anwendung
- → Tipps zum Mailen

Arten
- → Bitte/Vorschlag mit Argumentation
- → Reklamation
- → Beschwerde
- → Mängelrüge
- → Information
- → Bestätigung

Schreibübungen
- → Absender
- → Betreff
- → Anschrift
- → Anrede
- → Gliederung

!

1

Nennen Sie geschäftliche Schreiben, die Sie schon erhalten oder verfasst haben.

2

Erklären Sie, welche Besonderheiten geschäftlicher Schreiben Sie kennen.

3

Erläutern Sie den Zweck geschäftlicher Schreiben aufgrund Ihrer Erfahrungen.

4

Lesen Sie den Brief auf der Musterseite und die Kompetenzbox dazu.

Sebastian Bauer
Elbestraße 23
67650 Kaiserslautern
Tel./Fax: 0631 6004398

23. Mai 2010

.
.
.
.

Jugendamt
Rathausplatz 4
67657 Kaiserslautern

.
.
.

Bitte um Bereitstellung von geeigneten Räumen für Jugendliche

.
.

Sehr geehrte Damen und Herren,

.

wir sind eine Gruppe von Jugendlichen zwischen 14 und 17 Jahren aus dem Stadtteil Lenzdorf. Diese Gruppe hat mich beauftragt, Ihnen zu schreiben. Gerne würden wir ab und zu eine Party feiern oder eine Disko veranstalten. Doch dazu gibt es in diesem Stadtteil keine Räume.

.

In die Lokale dürfen wir nicht, weil wir zu jung sind, und wollen wir nicht, weil das für uns zu teuer ist. So bleibt uns nur die Privatwohnung zum Feiern, und dort gibt es oft Krach mit den Eltern oder den Nachbarn. Erst vor ein paar Tagen rief eine Nachbarin die Polizei, weil sie glaubte, wir würden ihr neues Auto zerkratzen. Dabei liefen wir nur ein paarmal an ihrem Auto vorbei.

.

Wir wären deshalb sehr dankbar, wenn das Jugendamt uns geeignete Räume zur Verfügung stellen oder anmieten könnte. Der alte Bahnhof von Lenzdorf wird zum Beispiel seit einigen Jahren nicht mehr genutzt. Wir haben auch einige leerstehende Häuser entdeckt. Sie sind zwar alle nicht mehr in bestem Zustand, aber vielleicht ließe sich da etwas machen.

.

Wir hoffen, dass Sie unser Anliegen ernst nehmen. Es wäre auch gut, wenn wir uns einmal zu einem Gespräch treffen könnten.

.

Mit freundlichen Grüßen
Sebastian Bauer
Sebastian Bauer (im Auftrag der Gruppe)

.

Anlagen
5 Fotos (altes Bahnhofsgebäude, leerstehende Häuser)

KOMPETENZBOX

Geschäftliche Schreiben verfassen

VORARBEIT

→ Herausfinden, an wen man sich am besten wendet, um sein Ziel zu erreichen

AUFBAU

→ Absenderangabe/Datum

→ Anschrift des Empfängers (rechts: Platz für Eingangsstempel)

Falls Ansprechpartner/in bekannt, nach dem Namen des Unternehmens Frau/Herrn + Name einsetzen

→ Betreff (knapp, aber genau formulieren, worum es geht)

Sich eventuell auf schon vorangegangene Schreiben beziehen (z. B.: Ihr Schreiben vom …)

→ Anrede (Namen einsetzen, falls in der Anschrift genannt)

In Abschnitte gegliedert:

→ Bestehende Situation schildern (dabei möglichst schon im ersten Abschnitt Adressaten persönlich ansprechen)

→ Folgen/Nachteile nennen

→ Mit Beispielen verdeutlichen

→ Forderungen stellen/ Wünsche nennen

→ Eigene Vorschläge machen

→ Hoffnung ausdrücken, dass das Anliegen erfüllt wird

Grußformel

Unterschrift

Anlage(n)

SPRACHE

→ Höflich, ungekünstelt

→ Klare und genaue Ausdrucksweise

Absender, Betreff und Anrede schreiben

1

Entscheiden Sie, welche Absenderangabe zu welchem Schreibanlass passt. Mehrfachnennungen sind möglich.

Absenderangaben:

A
Marc Feser
Kölner Str. 93
56076 Koblenz
0261 537955

C
Marc Feser
Robert-Mayer-Schule
Klasse FP 2 A

B
Marc Feser
Kölner Str. 93
56076 Koblenz
0261 537955

Geschäftlich:
Schuh-Porzner
Bahnhofstr. 15
56068 Koblenz
0261 775668
Fax 0261 775610

D
Marc Feser
im Hause
Tel.-App. 227

Schreibanlässe:

1 Er kündigt das Abonnement der Zeitschrift „Der neueste Trend".

2 Er organisiert eine Klassenfahrt mit Betriebsbesichtigung.

3 Er will zwei Tage vom Berufsschulunterricht freigestellt werden, um an der Hochzeit seines Bruders teilnehmen zu können.

4 Er beschwert sich bei der Stadtverwaltung über die Lärmbelästigung durch den Autoverkehr in seiner Straße.

5 Er verfasst ein Informationsblatt über die geplante Klassenfahrt an seine Mitschüler/innen.

6 Er bestätigt die Anmietung einer Skihütte für die Silvesterparty.

7 Er lädt die Auszubildenden seines Betriebes zu einer Besprechung ein.

8 Er schreibt eine Reklamation an ein Versandhaus.

9 Er verfasst eine Mängelrüge.

2

Finden Sie Städte- oder Landschaftsnamen und hängen Sie -er an. Fügen Sie jeweils das im Kreis stehende Wort hinzu (siehe Anhang, Regel 13).

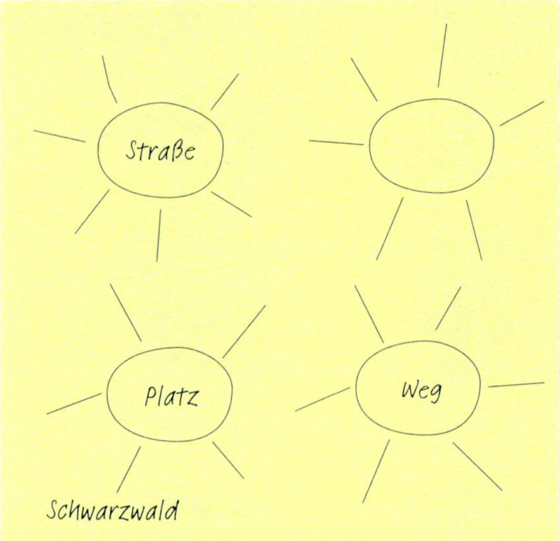

3

Bilden Sie mit dem Namen und einem beliebigen Substantiv (Hauptwort) einen neuen Begriff und beachten Sie die Schreibweise (siehe Anhang, Regel 13).

A Albrecht Dürer
B Robert Mayer
C Rosa Luxemburg
D Sophie Scholl
E Max Eyth
F Anne Frank
G Paul Klee
H Karl Benz
I Bettina von Arnim
J Clara Schumann

Straße · Weg · Platz · Brunnen · Denkmal · Schule · Halle · Stadion · Haus · Allee

4

Wählen Sie die Formulierungen des Betreffs, die am besten zum jeweiligen Schreibanlass passen.

A Sie möchten, dass die Lärmbelästigung in der Mozartstraße gemindert wird.

Formulierungen des Betreffs

1. Beschwerde
2. Lärmbelästigung in der Mozartstraße
3. Bitte um Durchführung verkehrsberuhigender Maßnahmen in der Mozartstraße
4. Forderung nach Lärmschutz
5. Ich kann den Straßenlärm nicht mehr aushalten

B Sie bestätigen, dass Sie die Skihütte vom 28.12.2010 bis 02.01.2011 anmieten.

Formulierungen des Betreffs

1. Ich möchte den Anruf wegen der Skihütte bestätigen
2. Bestätigung
3. Vermietung der Skihütte vom 28.12.2010 bis 02.01.2011
4. Bestätigung der Anmietung der Skihütte vom 28.12.2010 bis 02.01.2011
5. Skihütte

C Sie möchten die Auszubildenden Ihres Betriebes zu einer Besprechung einladen.

Formulierungen des Betreffs

1. Einladung der Auszubildenden zu einer Besprechung
2. Besprechung der Auszubildenden
3. Die Auszubildenden unseres Betriebes einladen
4. Einladung
5. Arbeitsgespräch

D Sie wollen Ihre Klasse über die Klassenfahrt informieren.

Formulierungen des Betreffs

1. Klassenfahrt
2. Informationen
3. Information zur Klassenfahrt
4. Organisatorisches
5. Neuigkeiten über die Klasse mitteilen

5

Formulieren Sie zu den folgenden Schreibanlässen den Betreff knapp, aber eindeutig, damit das Schreiben gleich an die Person gelangt, die es bearbeitet. Falls Sie sich auf ein Schreiben beziehen, geben Sie die Vertrags-, Mitgliedsnummer, Zeitungsausgabe usw. an.

	Schreibanlässe	Worauf Sie sich beziehen	Betreff formulieren
A	Sie bewerben sich bei einem Unternehmen um eine Stelle als Industriemechanikerin zum 1. September dieses Jahres.	Stellenanzeige in der Leipziger Volkszeitung vom 16.02.2010	**BEISPIEL:** *Bewerbung um eine Stelle als Industriemechanikerin* *Ihre Anzeige in der Leipziger Volkszeitung vom 16.02.2010*
B	Sie bestellen die Zeitschrift „Der neueste Trend" zum 30.06.2010 ab.	Bitte in der Antwort angeben. Vertragsnummer Unser Zeichen 26 998 9697 F64 OSK	*xxx* *xxx* *xxx*
C	Sie schreiben auf die Anzeige, in der eine 1-Zimmer-Wohnung angeboten wird.	Anzeige Helle 1-Zi.-Wohnung in ruhiger Wohnlage [...] Schreiben Sie an das Gothaer Wochenblatt, Chiffre 71 589.	*xxx* *xxx* *xxx*
D	Sie möchten 2 CD-ROM, Auffrischungskurs Englisch auf Reisen, bestellen.		*xxx* *xxx* *xxx*
E	Sie erhalten eine Zahlungserinnerung für eine Rechnung, die Sie bereits bezahlt haben.	Chemnitz, den 16. Juli 2010 Referenz: 1632/5124 Bei Zahlungen bitte angeben! Betr.: Maximilian Eder	*xxx* *xxx* *xxx*
F	Ihnen wurde angeboten, dass Sie das gesamte Restdarlehen vorzeitig tilgen können.	Kreditverwaltung ************************* Unser Zeichen 1498900035 **** (bitte stets angeben) **** Frankfurt, den 28.06.2010	*xxx* *xxx* *xxx*

KOMPETENZBOX GRAMMATIK

Satzgefüge

Wird ein Hauptsatz mit einem oder mehreren Nebensätzen verbunden, spricht man von einem Satzgefüge. Die Sätze werden durch Komma getrennt.

BEISPIEL:

***Wenn man jemanden namentlich anreden kann* (Nebensatz), *ist es immer von Vorteil* (Hauptsatz).**

6

Verbinden Sie die Sätze zu einem Satzgefüge, indem Sie aus einem Satz einen Nebensatz mit der einleitenden Konjunktion (Bindewort) „wenn" machen. Beachten Sie die Zeichensetzung.

A Sie kennen den Namen der Sachbearbeiterin/des Sachbearbeiters. Sie schreiben den Namen unter den Namen des Unternehmens oder der Behörde mit dem Zusatz „Frau" oder „Herrn" und wiederholen den Namen auch in der Anrede.

B Sie wollen an eine Bekannte/einen Bekannten in einer Behörde einen Privatbrief schicken. In diesem Fall setzen Sie den Namen über den Behördennamen.

C Es handelt sich um ein Einzelunternehmen. Es ist nicht ratsam, die etwas unpersönlich wirkende Anrede „Sehr geehrte Damen und Herren" zu verwenden.
D Die Ansprechpartnerin/Der Ansprechpartner wird in der Anschrift genannt. Sie müssen sie/ihn auch in der Anrede mit Namen ansprechen.
E Sie kennen die Chefin/den Chef. Dann wählen Sie die Anrede „Sehr geehrte Frau ..." oder „Sehr geehrter Herr ...".

7

Entscheiden Sie, welche Anrede zu welcher Anschrift (A–E) passt und welche Anreden gar nicht passen.

1 Sehr geehrte Damen und Herren,
oder
Sehr geehrte Damen,
sehr geehrte Herren,
2 Sehr geehrte Firma Schirmer,
3 Sehr geehrte Dame,
4 Sehr geehrter Herr Schirmer,
5 Sehr geehrter Herr,
sehr geehrte Dame,
6 Liebe Frau Thews,
7 Sehr geehrter Herr Reiter,
8 Sehr geehrte Damen und Herren,
liebe Frau Thews,
9 Sehr geehrte Frau Thews,

A Marius Bonnet & Co.
Hohlfeldstr. 43 B
26131 Oldenburg

B Raumausstattung
Alfred Schirmer
Lange Straße 16
03046 Cottbus

C Bührer & Korb
Postfach 61 70
04179 Leipzig

D Weitenbach GmbH
Frau Dagmar Thews
Mannheimer Str. 99
67071 Ludwigshafen

E Einschreiben mit Rückschein
Herrn
Stefan Reiter
Unter den Linden 4
76829 Landau

8

Schreiben Sie den Briefkopf jeweils bis zur Anrede auf (siehe S. 107). Ergänzen Sie fehlende Angaben.

A Sie schreiben an den Betrieb, den Sie bei Ihrer Klassenfahrt besichtigen wollen.
B Sie bitten beim Fremdenverkehrsamt Weimar um die Zusendung eines Unterkunftsverzeichnisses und eines Veranstaltungsprogramms für den Monat Mai.
C Sie schreiben einen Brief an den Versandhandel EXTRA, weil er Ihnen Bettwäsche statt des neuesten Trikots „Ihres" Bundesligavereins geschickt hat.
D Sie schreiben auf die folgende Chiffre-Anzeige:

Doppelgarage
zu vermieten, auch als Hobby- oder Musikübungsraum nutzbar.
Neckarblick
70378 Stuttgart
Chiffre 41 64 39

Sinnvoll gliedern und höflich schreiben

1

Bringen Sie die einzelnen Abschnitte des Beschwerdebriefes in die richtige Reihenfolge (siehe Kompetenzbox S. 107).

Sehr geehrte Damen und Herren,

Der Supermarkt auf dem Gelände des Campingplatzes war unverhältnismäßig teuer, schlecht sortiert und zudem wurden viele Waren über dem Verfallsdatum angeboten, sodass man zum Einkaufen mehrere Kilometer fahren musste.

Leider entsprach der Campingplatz weder unseren Vorstellungen noch dem hohen Mietpreis, den wir zu zahlen hatten. Im Prospekt stand etwas von einem „schattigen Campingplatz, der höchsten Ansprüchen genügt …"

Wir hoffen, dass Sie mit dieser Regelung einverstanden sind.

Mit freundlichem Gruß

Die Sanitäranlagen wurden nur jeden zweiten Tag gereinigt. Zwei Waschbecken konnten gar nicht benutzt werden, da sie die ganze Zeit verstopft waren.

Wir bitten Sie deshalb, uns einen Teil des bezahlten Mietpreises zurückzuzahlen, und zwar den Unterschiedsbetrag zwischen einem 3-Sterne- und einem Ein-Stern-Campingplatz. Bitte überweisen Sie die Summe in Höhe von 380 € auf mein Konto bei der Bürgerbank, Offenbach, BLZ 500 709 03, Kto.-Nr. 13 494 733.

vom 12. bis 26. Juni dieses Jahres verbrachten wir unseren Urlaub auf dem 3-Sterne-Campingplatz „Dura" im spanischen Ferienort Torredembarra.

Der größte Teil lag tatsächlich im Schatten, jedoch in dem Teil, in dem wir campierten, waren die Bäume so verdorrt, dass unser Zelt in der prallen Sonne stand.

Hinweis

Rechte der Käuferin/des Käufers bei mangelhafter Lieferung

a) vorrangige Rechte

→ Nacherfüllung

bei Nichteinhaltung der Nacherfüllungspflicht greifen

b) nachrangige Rechte

→ Wandlung (Rücktritt vom Vertrag)
→ Umtausch
→ Minderung
→ Schadenersatz

2

Formulieren Sie sinnvolle ganze Sätze.

A Über das Internet am ... mehrere Bücher bestellt.
B Das Buch „Angemessen kommunizieren“: 4 Seiten in der Mitte unbedruckt.
C Das Buch „Präsentationen vorbereiten und durchführen“: 2 wichtige Seiten unlesbar (Fehldruck).
D Beide Bücher zurückschicken.
E Fehlerfreie Neulieferung, bitte.
F Hoffentlich bald Ersatzlieferung.

3

Entscheiden Sie, welche Formulierungen Sie als höflich gelten lassen.

A

1 Ich will gefälligst eine funktionsfähige Lampe.
2 Bitte liefern Sie mir eine funktionsfähige Lampe.
3 Ich brauche für mein Büro dringend eine funktionsfähige Lampe. Also handeln Sie.

B

1 Sie versprechen in Ihren Prospekten alles, halten aber nichts. Das kann so nicht weitergehen.
2 Es wäre schön, Sie würden in Ihren Prospekten nur das versprechen, was Sie auch halten können.
3 Lügen haben kurze Beine. Und Sie lügen. Das habe ich jetzt bewiesen. Lange werden Sie damit nicht mehr durchkommen.

C

1 Die Adressaufkleber kann ich gleich in den Papierkorb werfen. Da stimmt ja gar nichts. Also wenn sogar die Telefonnummer falsch ist und der Straßenname einen Rechtschreibfehler enthält, dann ist das eine Katastrophe.
2 Zwei Fehler in vier Zeilen, das ist schon der Hammer. Die Adressaufkleber können Sie sich an den Hut stecken.
3 Bitte verbessern Sie die zwei genannten Fehler, und drucken Sie die Aufkleber neu.

KOMPETENZBOX

Höflich schreiben

In geschäftlichen Schreiben wird grundsätzlich ein höflicher Schreibstil gewahrt, selbst wenn das Verhalten des Adressaten zu berechtigter Kritik Anlass gibt.

Man zeigt, dass man die Anstrengungen des anderen wahrnimmt und schätzt.

In Form, Inhalt und Schreibweise kommt die Wertschätzung zum Ausdruck.

→ In der Wahrung der Form beweist man, dass man den anderen ernst nimmt und seine Arbeit nicht unnötig erschweren will.

→ Inhaltlich schreibt man klar, bestimmt und strukturiert, ohne den anderen zu beleidigen, zu erniedrigen oder in die Enge zu treiben.

Bei Bitten und Forderungen wird die Wertschätzung des anderen auch dadurch sichtbar, dass man eine ausführliche Begründung für die Anliegen schreibt und die Erfüllung der Anliegen nicht als selbstverständlich erachtet.

→ In der Rechtschreibung und Zeichensetzung hält man sich an die Normen und bekundet damit, dass einem der andere nicht gleichgültig ist.

Man erweist Respekt, indem man die höflichen Anredepronomen (Anredefürwörter) „Sie“ und „Ihr“ und die flektierten (gebeugten) Formen „Ihnen“, „Ihrem“ usw. großschreibt.

4

Verwenden Sie die passenden Anredepronomen „Sie“, „Ihnen“, „Ihre“ usw. (siehe Anhang, Regel 12).

A Obwohl ich __ gebeten habe, mir kein Prospektmaterial __ Unternehmens mehr zu senden, schicken __ mir wöchentlich Werbezettel. Ich bitte __ noch einmal, dies in Zukunft zu unterlassen.
B Auch __ dürfte bekannt sein, dass __ mit __ Preispolitik das Unternehmen gefährden.

C Eigentlich sollten __ wissen, dass __ die Kunden davonlaufen, wenn __ an __ Öffnungszeiten nichts ändern.

5

Verfassen Sie jeweils eine weitere höfliche Formulierung.

BEISPIEL:
Bitte antworten Sie bald.
→ *Ich freue mich, wenn Sie mir bald antworten.*

A Ein positiver Bescheid wäre mir willkommen.
B Ich hoffe, Sie können die Mängel umgehend beheben.
C Ich wäre froh, wenn Sie sich meinem Vorschlag anschließen könnten.
D Gerne bin ich auch bereit, mein Anliegen in einem persönlichen Gespräch vorzutragen.

6

Schreiben Sie die Sätze um. Ersetzen Sie dabei die Substantive (Hauptwörter) durch Verben (Tätigkeitswörter).

BEISPIEL:
Ich unterbreite Ihnen deshalb den Vorschlag, mir für die Reisetasche eine Preisminderung von 10 % zu gewähren.
→ *Ich schlage Ihnen deshalb vor, …*

A Ich stelle an Sie die Forderung zur Lieferung eines neuen, typengleichen Geräts.
B Man kann doch das Verlangen äußern, dass eine solche Maschine wenigstens vier Wochen funktioniert.
C Ich spreche die Bitte aus, den Discplayer zurückzunehmen und mir den Kaufpreis zu erstatten.

7

Obwohl Sie die theoretische Prüfung bestanden haben, wollen Sie sich über die folgenden Missstände beschweren. Verfassen Sie einen Brief an Ihre Fahrschule. Die Adresse erfinden Sie.

A Prüfung beginnt mit 20-minütiger Verspätung.
B Nicht genügend Prüfungsunterlagen zu Beginn der Prüfung vorhanden.
C Drei Personen erhalten erst nach 10 Minuten ihre Prüfungsunterlagen, müssen aber gleichzeitig mit allen anderen ihre Testbogen abgeben.
D Aufsichtspersonen unterhalten sich fast während der gesamten Prüfung.
E Im Prüfungsraum ist es sehr kalt.

Faxen

1

Entscheiden Sie, in welchen Fällen Sie faxen können, in welchen nicht. Begründen Sie Ihre Entscheidungen.

A Sie machen einen Terminvorschlag.
B Sie verschicken ein Bewerbungsschreiben.
C Sie gratulieren Ihrer Chefin zum Geburtstag.
D Sie reservieren das Nebenzimmer eines Lokals für eine Besprechung.
E Sie bestellen eine Zeitschrift ab.
F Sie verschicken das Protokoll der letzten Mitgliederversammlung Ihres Vereins.
G Sie kündigen Ihren Ausbildungsvertrag.

2

Denken Sie sich je eine Situation aus, in der ein Fax mit dem folgenden Inhalt
a) als unhöflich gelten könnte,
b) durchaus angemessen wäre.

A Leider kann ich an dem Treffen heute nicht teilnehmen, da ich plötzlich erkrankt bin.
B Leider habe ich einen wichtigen Termin übersehen, sodass wir unsere nächste Besprechung um eine Woche verschieben müssen.

3

Verfassen Sie jeweils ein bis zwei einleitende Sätze für Ihr Antwortfax auf die folgenden Anliegen.

BEISPIEL:
Bitte faxen Sie mir die Adresse der Reiseführerin.
→ Vielen Dank für Ihr Fax. Dies ist die Adresse der Reiseführerin: […]

A Bitte faxen Sie mir das Protokoll der letzten Sitzung, und nennen Sie mir die Punkte, die ich besonders beachten muss.
B Faxen Sie mir doch bitte eine kurze Wegbeschreibung.
C Am besten wäre es, Sie faxen mir Ihre Speisekarte und teilen mir mit, welche Menüs Sie für diesen Anlass empfehlen würden.

KOMPETENZBOX

Brief schreiben, faxen, mailen oder telefonieren?

Welche Formen der Kontaktaufnahmen Sie wählen, hängt zum einen von der Sache und der Situation, zum anderen von der Einstellung des Adressaten ab.

Einfache Vorgänge, bei denen es nur um den Austausch von Daten und kurze Informationen geht, lassen sich bequem per Fax oder Mail erledigen.

Anliegen, schwierige Sachverhalte, die auch noch von mehreren Personen bearbeitet werden müssen, sollten eher in Briefform verfasst werden. Dient ein Sachverhalt zur Vorlage bei einer Besprechung, ist ein Brief angemessener als eine Mail oder ein Fax.

Mit dem Telefon kann man Dinge oft schnell erledigen und einen persönlichen Kontakt herstellen. Telefonanrufe können aber auch störend wirken.

Bei allen vier Formen der Kontaktaufnahme bilden 3 Fragen die
Grundlage für die Entscheidung:

1. Erleichtere ich dem Adressaten mit meiner Form der Kontaktaufnahme die Arbeit oder erschwere ich sie?
2. Störe ich Arbeitsabläufe unnötig?
3. Verletze ich das Gefühl des anderen durch geringe Wertschätzung?

4

a) Wählen Sie die Textteile aus, die in ein Antwortschreiben auf das untenstehende Fax passen.

Bundesagentur für Arbeit
Arbeitsagentur Heilbronn

TELEFAX

von Manuela Wenning
Mein Zeichen: bbwm
(Bei jeder Antwort bitte angeben)

401-210 (Durchwahl)
Fax 401-22 77
Datum: 26.02.2010

Herrn
Valentin Riekhardt
Drosselweg 12
74003 Neckarsulm

Sehr geehrter Herr Riekhardt,

den vereinbarten Termin, nächste Woche, 09.03., kann ich leider nicht einhalten.
Ich schlage deshalb zwei weitere Termine vor:
Montag, 15.03.2010, 10:00 Uhr oder Donnerstag, 18.03.2010, 14:00 Uhr.

Bitte geben Sie mir bald Bescheid, welcher Termin Ihnen besser passt, denn ich muss noch weitere Termine festmachen.

Am besten faxen Sie mir, denn ich bin heute telefonisch schlecht erreichbar, da ich fast den ganzen Tag bei einer Besprechung bin.

Mit freundlichen Grüßen
Manuela Wenning
Manuela Wenning

Dienstgebäude
Neckarstr. 26
73133 Heilbronn

07131 401-0
oder obige Durchwahl
Fax 07131 401-3377
oder obige Nummer
www.arbeitsagentur.de

Textteile

A Jawohl, Ihr Fax hat mich rechtzeitig erreicht, vielen Dank dafür.

B Vielen Dank für Ihr Fax.

C Der Termin passt mir sehr gut, denn an diesem Tag arbeite ich nur bis 14:00 Uhr.

D Mit freundlichen Grüßen

E Ich hoffe, ich erhalte keine Absage von Ihnen, denn das Gespräch ist für mich sehr wichtig.

F Wenn ich nichts mehr von Ihnen höre, gehe ich davon aus, dass es mit dem Termin klappt.

G Am liebsten wäre mir der Termin: Donnerstag, 18.03.2010, 14:00 Uhr.

H Bis dann!

b) Schreiben Sie das Antwortfax in der richtigen Reihenfolge.

5

Formulieren Sie aus den Stichworten ganze Sätze. Ergänzen Sie Wörter, wo nötig, sodass sinnvolle Sätze entstehen.

» **BEISPIEL:**
Sende unsere Teilnehmerliste
→ *Hiermit sende ich Ihnen unsere Teilnehmerliste.*

A Unsere Ankunftszeit: verschoben um 15 Minuten (nicht wie im Programm)
B Faxe Lageplan (Firma)
C 7 Minuten vom Bahnhof (zu Fuß)
D Taxi am Bahnhof
E Rundschreiben
F Bis heute Abend zurückfaxen

6

Schreiben Sie je ein Fax und erfinden Sie die Anschriften.
A „Wir können Ihnen ein Zimmer für morgen reservieren. Aber Sie sollten uns Ihre Bestellung in einem Fax bestätigen."
B „Wenn Sie uns ein Fax schicken, können wir Ihnen drei Eintrittskarten bis eine halbe Stunde vor Veranstaltungsbeginn zurücklegen."
C „Bitte faxen Sie uns, welcher der beiden Termine für Sie infrage kommt. Wir werden dann mit der Organisation der Veranstaltung beginnen."

Emailen

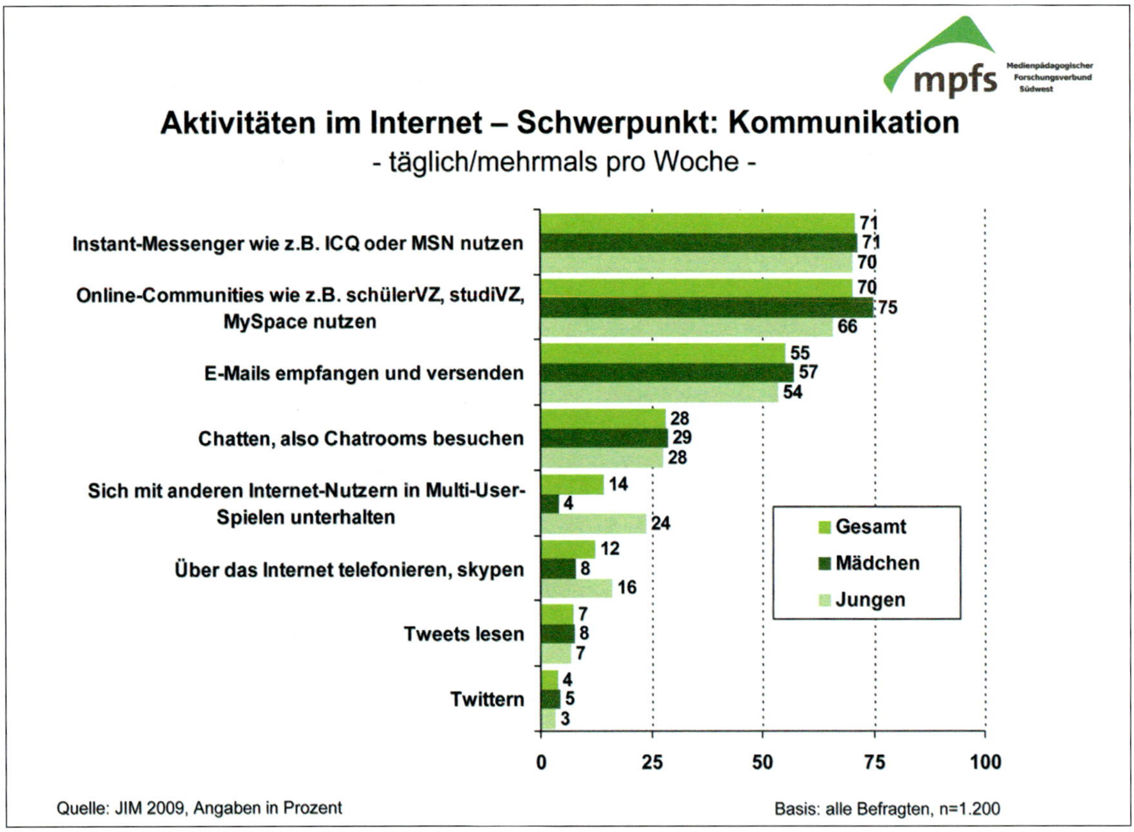

Online-Kommunikation: E-Mail

Neben Instant-Messenger und Online-Communities gehören das Versenden und der Empfang von E-Mails zu den wichtigsten Kommunikationsmitteln der 12- bis 19-Jährigen, um sich mit anderen über das Medium Internet auszutauschen. Etwas über die Hälfte der Jugendlichen nutzt diese Art der Kommunikation täglich oder mehrmals pro Woche, wobei Mädchen einen geringfügig höheren Anteil haben. 14 Prozent der Internet-Nutzer kommunizieren über Online-Spiele, der Anteil der Jungen ist hier sechsmal so hoch wie der der Mädchen. Die Plattform Twitter dagegen wird mit einem Anteil von vier Prozent von den Onlinern nur zu einem geringen Prozentsatz genutzt.

JIM
= Jugend, Information, (Multi-)Media (Studie)

1

a) Lesen Sie den nebenstehenden Text und betrachten Sie das Schaubild oben.

b) Geben Sie die Auffälligkeiten wieder.

2

Berichten Sie über Ihre Kommunikation per E-Mail.

3

Entscheiden Sie, welche Begriffe und Erklärungen zusammengehören und welche Erklärungen unpassend sind.

Begriffe

Emoticons
aus: emotion = Gefühl
+ icon = Bild

Mailbox
aus: mail = Post
+ box = Kasten

E-Mail
aus: electronic = elektronisch
+ mail = Post

Attachments
= Anhänge

Junkmail
Junk = Schrott

Erklärungen

A Elektronisch versandte Bilder, die mit Ton versehen sind
B Extrapost
C Bewegungsablauf, bei dem auch Gefühle und Gedanken zum Ausdruck kommen
D Mail, die zu lang geraten ist
E Dateien, die man an E-Mails anhängen kann. Sie können Sprache, Bilder und Musik enthalten.
F Elektronisch versandte Post
G Mail, die sich an Jugendliche richtet
H Mail, die man verschlüsselt sendet
I Um auszudrücken, wie man sich fühlt, werden beim Verfassen von E-Mails kleine Sprachbilder verwendet. Sie bestehen aus wenigen Zeichen und werden lesbar, wenn man den Kopf nach links neigt.
J Mail, die Werbebotschaften oder Unsinn enthält
K Per Funk versandte Nachrichten
L Elektronischer Briefkasten, der auch das Senden und Empfangen elektronischer Post ermöglicht

4

Bilden Sie aus den Verben (Tätigkeitswörtern) Substantive (Hauptwörter) und setzen Sie diese – gegebenenfalls mit Artikel – korrekt geschrieben in den Text ein (siehe Anhang, Regel 10).

erstellen | verwalten | versenden (2 x) | empfangen (2 x) | ordnen | archivieren

Zum __ und __ von E-Mails benötigt man ein entsprechendes Programm, den E-Mail-Client. Dieses Programm dient nicht nur zum __ und __ von E-Mails, sondern hilft auch beim __ von E-Mail-Adressen, beim __ und __ von Nachrichten sowie __ von Verteilern.

5

Beurteilen Sie, welche der folgenden Betreffe Ihrer Meinung nach klar genug formuliert sind (siehe auch Kompetenzbox S. 107).

A Steuererklärung 2010
B Wau, wau!
C Tun Sie was!
D Die beste Digitalkamera
E Bewerbung als Straßenbauer
F Nachts allein?
G Klassenarbeitsthemen
H Termin verpasst

KOMPETENZBOX

Emailen

Für das Mailen gelten die gleichen **Höflichkeitsregeln** wie für den Brief und das Fax.

→ Der Empfänger wird in angemessener Weise angeredet. Die Anrede wird mit einem Komma abgeschlossen und vom übrigen Text durch eine Leerzeile abgetrennt.

→ Die Grußformeln des Briefes (*Mit freundlichen Grüßen* u.a.) werden auch in der Mail benutzt.

→ Wörter und Sätze schreibt man aus und verwendet keine unüblichen Abkürzungen.

→ Die Verwendung ausschließlich von Großbuchstaben wird häufig als Anbrüllen verstanden.

→ Der Inhalt ist klar strukturiert und von Wertschätzung des anderen geprägt.

Man **erleichtert** dem Adressaten das **Lesen**, indem man

→ sich kurzhält,

→ den Text in Sinnabschnitte mit je einer Leerzeile gliedert,

→ ss statt ß, ae statt ä usw. schreibt, wenn man ins Ausland mailt.

In **geschäftlichen Mails** ist auch darauf zu achten:

→ Der **Betreff** muss so eindeutig formuliert sein, dass die Mail nicht ungelesen gelöscht wird.

→ Die **E-Mail-Adresse** sollte keine negativen Eindrücke auslösen und daher solide (z.B. mit Vor- und Zuname) angelegt sein.

→ Am **Schluss** der E-Mail schreibt man den Firmennamen und den eigenen Namen sowie die Adresse und sonstigen Kommunikationsangaben (Telefon, Fax, E-Mail, Internet).

Vorsicht ist geboten, wenn man eine E-Mail mit unbekanntem Absender erhält. Sie kann Viren enthalten.

Zur **Sicherheit** ist es üblich geworden, das @ in Texten so zu schreiben: [at].

6

Verbinden Sie jeweils die beiden Hauptsätze mit einer Konjunktion (Bindewort), sodass ein Haupt- und ein Nebensatz entstehen (siehe Anhang, Regel 22). Sie können die Wortwahl leicht ändern.

A Wählen Sie Ihre E-Mail-Adresse. Achten Sie auf einfache Buchstabenkombinationen.
B Witzige und ausgefallene E-Mail-Adressen sollten Sie ändern. Sie treten in geschäftlichen Kontakt.
C Buchstaben- und Zahlenkombinationen (z.B. wy73ktr95f) sind schwer zu merken. Eine Verbindung aus Vor- und Zunamen ist zu empfehlen.
D Das Zeichen @ (engl. at = bei) fügen Sie nach Ihrem Namen (oder Ihrer Benutzerkennung) hinzu. Geben Sie den Namen des Mail-Servers (oder Providers) ein.
E Dieses Zeichen können Sie auf der PC-Tastatur herstellen. Drücken Sie gleichzeitig die Alt-Gr-Taste und die Q-Taste.
F Achten Sie darauf. Es dürfen keine Leer- und Sonderzeichen in der Adresse sein.

7

a) Listen Sie auf, welche Gesichtspunkte in der Kompetenzbox Sie für die wichtigsten halten.
b) Stellen Sie Ihre Notizen vor.

8 →A←

a) Notieren Sie in Stichworten, was Sie über geschäftliche Schreiben gelernt haben.
b) Bilden Sie Gesprächspaare.
c) Teilen Sie sich gegenseitig mit, was Sie gelernt haben.

Sprachliche Übungen

1

Schreiben Sie die Namen korrekt (siehe Anhang, Regel 13).

A BLUMENSTRASSE
B AUGUSTBEBEL STRASSE
C WEBERGASSE
D LUISENALLEE
E LEONHARDWEG
F MÖRIKEPLATZ
G SCHWERINERALLEE
H GEBRÜDERGRIMM WEG
I ROSTOCKERSTRASSE
J HOHESTRASSE

2

Kopieren Sie die Sätze und schreiben Sie die Anredepronomen (Anredefürwörter) groß, die übrigen Pronomen klein (siehe Anhang, Regel 12).

A Morgen Vormittag werde __ch __ie anrufen und __hnen den genauen Termin mitteilen.
B Wir bitten __ie, __nser Anliegen auf __hrer nächsten Sitzung zu besprechen und __ns anschließend Bescheid zu geben.
C Sicherlich werden __ie das noch in __hrem Kollegenkreis besprechen.
D Sobald __ie diese Unterlagen durchgesehen haben, senden __ie __ie __ns bitte wieder zurück.
E In __nserem letzten Schreiben haben __ir __ie um Unterstützung __nseres Vorhabens gebeten, von __hnen aber noch keine Antwort erhalten.

3

Schreiben Sie die Zeitangaben korrekt (siehe Anhang, Regel 11).

A Wir trafen uns __estern __bend.
B Wir sehen uns __orgen __rüh.
C Das hat bis __orgen __achmittag Zeit.
D Schon __eute __orgen wollte ich das erledigen, aber vor __orgen __ittag werde ich nicht dazu kommen.
E Nun haben wir für __bermorgen __bend ein Treffen vereinbart.
F Gerne besuche ich Sie am DIENSTAGABEND zu Hause.
G Am MONTAGMORGEN habe ich noch keinen Termin.

4

Setzen Sie Kommas, wo nötig (siehe Anhang, Regel 24).

A Die Tagung beginnt am Montag dem 27. Juli um 9:00 Uhr und endet am Freitag dem 31. Juli gegen 14:00 Uhr.
B Am Dienstag 16.06. reisen wir ab.
C Morgen am 02. April 14:00 – 17:00 Uhr wird die Schulung durchgeführt.
D Mittwoch den 29.12. um 15:30 Uhr ist die Abschlussbesprechung geplant.

5

Formulieren Sie mit den vorgegebenen Satzanfängen und Wörtern sinnvolle Sätze. Ergänzen Sie nötige Wörter.

A Zum einen haben wir __ dichte Besiedlung __ relativ hohes Verkehrsaufkommen.
B Zum anderen nutzen __ aber auch viele Kunden __ Supermärkte auf __ Auwiese __ Straße __ Abkürzung, um __.
C Ferner verläuft __ 50 m __ Eisenbahnstrecke nach Wismar, sodass __ von dort __ Lärm __.
D Des Weiteren __ in den frühen Morgenstunden unzählige LKWs zu __ durch __.

Lernbaustein 1 **12**

Siehe auch Lernbereich
13 Visualisieren

Beschreiben

?

Sprachliche Übungen

Erfahrungen mit Beschreibungen

Beschreiben

Personen in einem Arbeitszeugnis charakterisieren
- → Personen charakterisieren
- → Arbeitszeugnisse verstehen

Vorgänge beschreiben
- → Funktionsabläufe beschreiben (Produktinformation)
- → Bewegungsabläufe im Sport beschreiben
- → Arbeitsabläufe beschreiben

Gegenstände beschreiben
- → Aufbau und Sprache
- → Gebrauchten Gegenstand für den Verkauf beschreiben (z. B. über Ebay)
- → Persönlich wichtigen Gegenstand beschreiben
- → Einen beschreibenden Werbetext verfassen

!

1

Erstellen Sie eine Tabelle und tragen Sie ein, in welchen Situationen Sie anderen Menschen etwas beschreiben mussten und um welche Art von Beschreibung es sich dabei gehandelt hat.

Situation	*Neulich hat mich jemand gefragt, wie er zur U-Bahn-Haltestelle Kampstraße kommt.*
Art der Beschreibung	*Wegbeschreibung*

2

Berichten Sie, worauf man Ihrer Meinung nach beim Beschreiben achten sollte.

3

Lesen Sie den Text auf der Musterseite und die Hinweise in der Kompetenzbox.

Gegenstände beschreiben

Auftrag	Reha-Zentrum „Physicus“
Objekt:	Profi-Sprossenwand
An:	Tischlerwerkstatt Holzmann
Ort:	Bad Dürkheim
Ausführungstermin:	5. Mai 2010
Lieferadresse:	Reha-Zentrum Physicus Pfalzstr. 50 67098 Bad Dürkheim
Bemerkungen:	

Das Reha-Zentrum „Physicus“ in Bad Dürkheim erteilt der Tischlerwerkstatt Holzmann folgenden Auftrag: In den Turnbereich des Reha-Zentrums „Physicus“ sollen vier Sprossenwände eingebaut werden. Dazu beauftragt das Reha-Zentrum die Firma „Holzmann“ mit der Fertigung von vier Profi-Sprossenwänden Standard nach der DIN 7910. Maße, Material und Fertigung entsprechen der folgenden Beschreibung: Die komplett aus Holz bestehende Profi-Sprossenwand Standard ist 250 Zentimeter hoch und 84 Zentimeter breit. Sie setzt sich aus 15 Sprossen und zwei Wangen zusammen. Die Sprossen bestehen aus Eschenholz, sind elliptisch gefräst und lackgetaucht. Sie haben einen Querschnitt von jeweils 43 x 33 Millimetern. Der Abstand zwischen den einzelnen Sprossen beträgt von Oberkante zu Oberkante 14 Zentimeter, nur der Abstand zur obersten Sprosse beträgt 40 Zentimeter. Die Sprossen sind jeweils 30 Millimeter

KOMPETENZBOX

Gegenstände beschreiben

VORARBEIT

→ Gegenstand genau betrachten

→ Überlegen, für wen der Gegenstand beschrieben werden soll (Adressatenbezug)

AUFBAU

→ Gegenstand benennen

→ Erst das Ganze beschreiben, dann Teilaspekte benennen (vom Allgemeinen zum Besonderen)

→ Details beschreiben (Farben, Formen, Materialien, Maße)

→ Funktion des Gegenstands (wenn erforderlich) nennen

ZEITFORM

→ Präsens (Gegenwart)

SPRACHE

→ Sachlich, genau, klar

→ Fachausdrücke, wo nötig, z. B. *gefräst*

→ Passende Adjektive (Eigenschaftswörter)

→ Funktionale Verben (Tätigkeitswörter)

→ Vergleiche

BESONDERHEIT

→ Wie umfangreich und detailliert ein Gegenstand beschrieben werden muss, hängt davon ab, an wen sich die Beschreibung richtet und zu welchem Zweck sie erfolgt.

BEISPIEL:

Möchte ich mein altes Fahrrad bei Ebay versteigern, muss ich auf jeden Fall auch auf Mängel aufmerksam machen und beschreiben, welche Dinge nicht mehr funktionstüchtig sind und wo es Lackschäden, Beulen usw. gibt.

tief in die Wangen eingelassen. Die Wangen (38 x 140 Millimeter) aus finnischer Fichte sind mehrfach seidenmatt lackiert.
Die Sprossenwand ist bis 170 kg belastbar. Die mitgelieferten jeweils vier Befestigungswinkel, Schrauben, Unterlegscheiben sowie die zehn Millimeter starken Dübel dienen der Befestigung der Sprossenwand an der Wand.

4

Entscheiden Sie, welche der drei angegebenen Formen grammatikalisch korrekt ist.

A Die Tischplatte besteht aus gehärtetes/-ten/-tem Glas.
B Bei diesem Schreibtischelement können Sie zwischen klar lackiertem Birkenfurnier und massive/-er/-em Birke wählen.
C Die edle Wirkung des Schreibtisches entsteht durch das schwarzbraun lasierte/-tes/-ten Eschenfurnier.
D Das Bettwäsche-Set besteht zu 100 % aus anschmiegsames/-me/-mer Baumwolle.
E Die versetzbaren Einlegeböden aus unbehandeltes/-ten/-tem Massivholz können geölt, gewachst oder lasiert werden.
F Die leicht laufenden/-de/-dem Schubladen sind in Schwarz und Weiß erhältlich.

Suchen Sie nach originellen Vergleichen und ergänzen Sie die folgenden Sätze.

A Unser Klassenraum sieht heute aus wie …
B Die Fensterscheiben sind so klar wie …
C Der Fußboden ist so keimfrei und hygienisch wie …
D Die Stühle sind so bequem wie …
E Die Oberflächen der Tische sind so glatt wie …
F Die Tafel ist zu Beginn jeder Unterrichtsstunde so sauber wie …
G Im Deutschunterricht arbeiten wir so fleißig wie …
H Er macht die Hausaufgaben so ordentlich wie …

6

Situation:
Es ergibt sich die unglaubliche Situation, dass Sie alle Gegenstände, die sich in Ihrem Klassenraum befinden, bei Ebay versteigern dürfen.

a) Verständigen Sie sich innerhalb Ihrer Klasse darauf, wer für welchen Gegenstand zuständig ist, sodass möglichst alle Gegenstände versteigert werden.
b) Beschreiben Sie den von Ihnen ausgewählten Gegenstand genau. Berücksichtigen Sie dabei Farben, Formen, Materialien, Maße und die Funktion des Gegenstandes und gehen Sie gegebenenfalls auch auf die Mängel ein.
c) Arbeiten Sie paarweise und stellen Sie sich gegenseitig Ihre Beschreibungen vor.

7

Beschreiben Sie einen Gegenstand, an dem Sie persönlich sehr hängen oder der für Ihr Leben wichtig ist.

8

a) Notieren Sie die Produkte und Dienstleistungen, die die Tischlerwerkstatt Holzmann auszeichnen könnten.
b) Beschreiben Sie in einem Werbebrief an das Reha-Zentrum „Physicus" die Vorzüge der Tischlerwerkstatt Holzmann und werben Sie um Aufträge.
c) Stellen Sie die Produkte oder Dienstleistungen werbend dar, die das Unternehmen auszeichnen, in dem Sie arbeiten oder das Sie kennen.

Vorgänge beschreiben

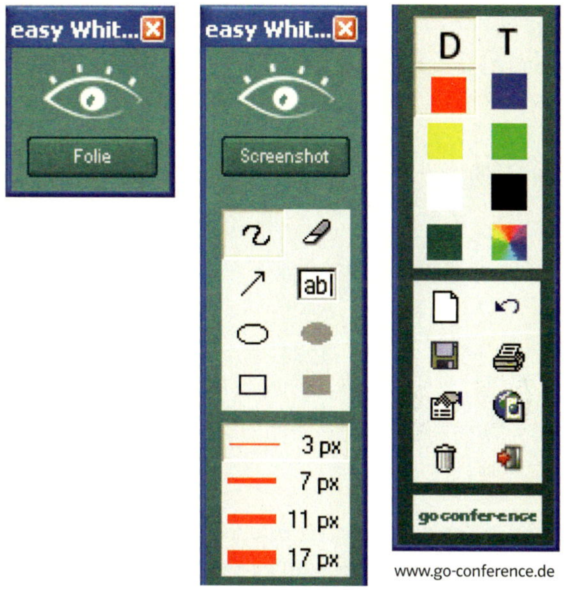

www.go-conference.de

1

Lesen Sie den Mustertext und die Hinweise in der Kompetenzbox.

Easy Whiteboard

Easy Whiteboard können Sie in beliebigen Anwendungen nutzen. Das Programm macht es möglich, am Bildschirm Änderungen im fertigen Dokument, z. B. einer Präsentation, vorzunehmen wie auf einem Blatt Papier. (1) Mithilfe Ihres Mauszeigers oder eines digitalen Zeichenstiftes zeichnen oder schreiben Sie auf der digitalen Zeichenfläche. Easy Whiteboard „friert" den Bildschirminhalt vorübergehend ein. Das ist so, als würde er mit einer klaren Folie überdeckt werden. (2) Nachdem Sie das Programm „Easy Whiteboard" installiert haben, gehen Sie wie folgt vor: Starten Sie das Programm. Es erscheint oben rechts ein kleines grünes Fenster, das minimierte Whiteboard. Dort klicken Sie auf den Button „Folie". Das Easy Whiteboard friert nun den aktuellen Bildschirm ein. Jetzt können Sie auf die Arbeitspalette zugreifen und den gesamten Bildschirm beschriften oder anders bearbeiten, indem Sie zum Beispiel auf die Symbole „Zeichenstift", „Pfeil", „Ellipsenrahmen" oder „Radieren" klicken. Um Kreise, Quadrate, vertikale oder horizontale Pfeile zu zeichnen, klicken Sie das jeweilige Symbol an und halten bei der Mausbewegung die Shift-Taste gedrückt. Des Weiteren können auswählen, ob Sie mit dem „Textmarker" eine Stelle Ihres Dokuments markieren oder mit welcher Farbe Sie etwas hervorheben. Im unteren Bereich des Bildschirms finden Sie weitere Optionen, zum Beispiel „letzte Aktion rückgängig", „Bilder speichern" oder „drucken".
Wenn Sie mit der Bearbeitung Ihres Dokuments fertig sind, gehen Sie auf das Symbol „Bilder speichern" und speichern somit alle Korrekturen und Veränderungen in einer entsprechenden Datei. Zum Verlassen des Easy Whiteboard gehen Sie auf „Beenden".

KOMPETENZBOX

Vorgänge beschreiben

VORARBEIT

→ Überlegen, aus welchen einzelnen Schritten sich der zu beschreibende Vorgang zusammensetzt

→ Überlegen, für wen der Vorgang beschrieben werden muss (Adressatenbezug)

AUFBAU

→ Vorgang benennen (1)

→ Gesamtübersicht über den Vorgang geben (2)

→ Sinnvolle Reihenfolge finden, z. B. vom Ersten zum Letzten

→ Jeden einzelnen Arbeitsschritt genau beschreiben, sodass der Adressat weiß, was er tun muss

ZEITFORM

→ Präsens (Gegenwart)

SPRACHE

→ Treffende und abwechslungsreiche Wortwahl

→ Fachbegriffe, wo nötig

Übung für Schultergürtel und Brustwirbelsäule

2

a) Schauen Sie sich die Übung für den Schultergürtel und die Brustwirbelsäule genau an und führen Sie sie ein paarmal aus.

b) Verfassen Sie eine Beschreibung dieses Bewegungsablaufs. Ihre Beschreibung sollte so präzise sein, dass sie auch ohne Bilder verständlich ist.

3

a) Bilden Sie aus den Verben (Tätigkeitswörtern) Substantive (Hauptwörter). Vermeiden Sie dabei substantivierte (als Hauptwort gebrauchte) Verben (siehe Anhang, Regel 8).

BEISPIEL:
gießen → der Guss

- **A** schleifen
- **B** polieren
- **C** lackieren
- **D** glasieren
- **E** beschichten
- **F** anstreichen
- **G** porträtieren
- **H** skizzieren
- **I** reproduzieren
- **J** zeichnen
- **K** glätten
- **L** feilen

b) Nennen Sie das Partizip Perfekt (Mittelwort der Vergangenheit) der Verben (Tätigkeitswörter).

BEISPIEL:
gießen → gegossen

4

Situation:
Wenn Sie in einem Text ein Wort, eine umfangreichere Textstelle oder eine Literaturangabe gesondert erklären möchten, kennzeichnen Sie die Stelle mit einer Ziffer, die auf eine Fußnote verweist. Diese Fußnote erscheint am Seiten- oder Textende; hier können Sie Ihre Ergänzungen vornehmen.

Informieren Sie sich, wie Sie beim Einfügen einer Fußnote in Ihrem Textverarbeitungsprogramm Schritt für Schritt vorgehen müssen. Beschreiben Sie diesen Vorgang.

5

P

Beschreiben Sie einen Arbeitsvorgang aus Ihrem Beruf oder aus einem Praktikum, das Sie absolviert haben. Schreiben Sie den Text so, dass ihn auch ein Nichtfachmann versteht. Gliedern Sie den Text in sinnvolle Abschnitte und fügen Sie Skizzen oder Bilder hinzu. Erklären Sie gegebenenfalls Fachbegriffe am Ende Ihrer Beschreibung.

Personen in einem Arbeitszeugnis charakterisieren

1

a) Beschreiben Sie, welche Eindrücke Sie von Arbeitszeugnis A haben.
b) Vergleichen Sie die beiden Zeugnisse und nennen Sie Aspekte, die im Arbeitszeugnis A im Gegensatz zum Arbeitszeugnis B fehlen.

Arbeitszeugnis A

Frau Paula Paulsen war eine aufgeschlossene Mitarbeiterin. Sie zeigte gute Leistungen, kam meist pünktlich zur Arbeit und war zu allen freundlich. Zeitweise hatte sie eine Menge Arbeit. Aber sie bemühte sich, alles in den Griff zu bekommen. Aus persönlichen Gründen möchte Frau Paulsen ihr Arbeitsverhältnis mit unserer Firma Ende Februar beenden. Sie besitzt gute Chancen im weiteren beruflichen Leben erfolgreich zu sein.

Bad Dürkheim, 03.04.10
Müller, Catering-Dienst

2

Bringen Sie die Teile eines Arbeitszeugnisses in die richtige Reihenfolge. Orientieren Sie sich an Arbeitszeugnis B.

Firmenprofil – Tätigkeitsbeschreibung – Überschrift – Beurteilung der Leistungen – Einleitung mit Angaben zu Person, Beschäftigungszeitraum, Position und Firma – Beurteilung des Verhaltens zu Vorgesetzten und Mitarbeitern – handschriftliche Unterschrift – Firmenname – Name und Stellung des Unterzeichners – Schluss mit Austrittsgrund sowie Dank, Bedauern und Zukunftswunsch – Ort und Ausstellungsdatum

Arbeitszeugnis B

Herr Mario Muster, geboren am 13. Mai 1988 in Speyer, war vom 1. September 2007 bis 28. Februar 2010 als Mechatroniker in unserem Unternehmen, der Mechamobil GmbH, tätig.
Unser Unternehmen ist spezialisiert auf die Überprüfung und Reparatur von Fahrzeugtechnik.
Herr Muster lernte bereits als Auszubildender in unserer Firma und wurde aufgrund seiner sehr guten Leistungen nach Ausbildungsende als Mitarbeiter übernommen. Er war in den Betriebsbereichen Personenfahrzeug-, Nutzfahrzeug- und Fahrzeugkommunikationstechnik tätig.
Nach einer Einarbeitungsphase übernahm Herr Muster schnell Verantwortung. Mit seinem Wissen und seinen Fähigkeiten, womit Herr Muster bereits in seiner Lehrzeit herausragte, überzeugte er Team und Geschäftsführung. Alle Aufgaben – sowohl der Fehleranalyse als auch bei der Instandsetzung und Wartung der technischen Systeme – erledigte Herr Muster selbstständig und engagiert, sodass er unserer Erwartung stets in jeder Hinsicht und in besonderer Weise entsprach. Sein Verhalten gegenüber Vorgesetzten und Mitarbeitern war freundlich und immer einwandfrei.
Da er ein Studium aufnehmen wird, scheidet Herr Muster – zu unserem Bedauern – aus unserem Unternehmen aus.
Wir danken ihm für seine Mitarbeit und wünschen ihm für seine weitere berufliche sowie private Entwicklung viel Erfolg und alles Gute.

Speyer, den 28. Februar 2010

W. Wolf
Walter Wolf
Geschäftsführer Machamobil GmbH

3

Informieren Sie sich über folgende Arten von Arbeitszeugnissen und erläutern Sie deren Verwendungszweck.

A einfaches Arbeitszeugnis
B qualifiziertes Arbeitszeugnis
C Zwischenzeugnis
D Endzeugnis

4

Notieren Sie die Pronomen (Fürwörter) in den folgenden Sätzen in der korrekten Groß- und Kleinschreibung (siehe Anhang, Regel 12).

A Ich überreiche ihnen ihr Arbeitszeugnis.
B Unsere Erwartungen hat Sie stets erfüllt.
C Zu unserem Bedauern scheidet Sie aus unserer Firma aus.
D Mit Ihrem Arbeitszeugnis ist sie zufrieden.
E Darf ich sie bitten, hier zu unterschreiben?
F Frau Meier kommt etwas später, weil Ihre Bahn ausgefallen ist. Bitte übernehmen sie heute Ihre Aufgaben.
G Da eine Seite des Berichts noch fehlerhaft ist, bitte ich sie, sie zu korrigieren.

5

Entschlüsseln Sie den Code der folgenden Formulierungen und übersetzen Sie die Sätze in „normale" Sprache.

A Die Aufgaben, die wir ihm übertrugen, erledigte er mit Fleiß und zu unserer Zufriedenheit.
B Er war ein freundlicher und aufmerksamer Kollege, gegenüber Vorgesetzten war sein Verhalten stets einwandfrei.
C Zum Jahresende verlässt er uns auf eigenen Wunsch.

KOMPETENZBOX

Zeugniscode

Arbeitszeugnisse sollen der Wahrheit entsprechen, aber das weitere Fortkommen des Arbeitnehmers nicht unnötig erschweren. Sie dürfen deshalb nur positiv formuliert werden und müssen zum genaueren Verständnis entschlüsselt werden. Diese Standardformulierungen sind an den Schulnoten orientiert, klingen aber positiv.

sehr gut: ***hat unseren Erwartungen stets in jeder Hinsicht und in besonderer Weise entsprochen***

gut: ***stets zu unserer vollen Zufriedenheit*** **oder** ***hat unseren Erwartungen in jeder Hinsicht entsprochen***

befriedigend: ***zu unserer vollen Zufriedenheit*** **oder** ***hat unseren Erwartungen voll entsprochen***

ausreichend: ***zu unserer Zufriedenheit*** **oder** ***hat unseren Erwartungen entsprochen***

mangelhaft: ***hat im Großen und Ganzen zu unserer Zufriedenheit gearbeitet*** **oder** ***hat im Großen und Ganzen unseren Erwartungen entsprochen.***

Auch allgemeine Formulierungen können positiver klingen, als sie gemeint sind, z. B.:

„Er bemühte sich, den Anforderungen gerecht zu werden."
Gemeint: „Er hat keine Leistung gebracht."

„Sie zeigte für ihre Arbeit Verständnis."
Gemeint: „Sie war nicht einsatzbereit, sondern bequem."

Sprachliche Übungen

1

Setzen Sie jeweils ein Komma, wo es notwendig ist (siehe Anhang, Regel 21).

A Das Stehpult wird aus Kirschbaum- oder Kiefernholz gefertigt.
B Für die Herstellung des Stehpults brauchen Sie eine 10 mm dicke MDF-Platte Leder ein Alu-Rohr mit 6 mm Durchmesser und ein Alu-Profil.
C Darüber hinaus werden Scharniere Holzleim Dübel schwarze Acrylfarbe Schellack und eventuell Holzbeize in Kirschbaum benötigt.
D Des Weiteren verwendet man sowohl Rollen als auch Schrauben.
E Als Werkzeuge empfehlen wir eine Tischbohrmaschine einen Holzbohrer mit 8,5 mm Durchmesser und einen Forstnerbohrer mit 25 mm Durchmesser sowie eine Tischkreissäge.
F Weder Schwingschleifer noch Schraubzwingen sollten in Ihrer Werkstatt fehlen.
G Außerdem brauchen Sie einen Tacker wie auch einen Pinsel.
H Die Arbeitszeit beträgt 30 bzw. 38 Stunden.
I Das Stehpult ist ein formschönes Möbelstück es entlastet den Rücken es ist ein praktischer Gebrauchsgegenstand.
J Er geht zum Stehpult, um die Post zu öffnen Briefe zu schreiben Bücher zu lesen und Arbeiten zu korrigieren.

2

Setzen Sie die Sätze ins Passiv (siehe Anhang, Seite 270).

BEISPIEL:
Als Erstes fahren Sie den Computer hoch.
→ Als Erstes wird der Computer hochgefahren.

A Danach rufen Sie die Datei auf, die Sie zusätzlich auf dem Speicherstift abspeichern wollen.
B Nun stecken Sie den Speicherstift in den USB-Anschluss.
C Schließen Sie das Fenster, das Ihnen anzeigt, dass Ihr Computer den Stift erkannt hat.
D Dann klicken Sie „Wechseldatenträger L" an.
E Markieren Sie den Ordner, unter dem Sie Ihre Datei auf dem Speicherstift abspeichern möchten.
F Kopieren Sie nun durch Anklicken des Feldes „kopieren" Ihre Datei auf den Speicherstift.
G Bevor Sie den Speicherstift aus dem USB-Anschluss herausziehen, sollten Sie auf der Symbolleiste rechts unten das Symbol „Hardware sicher entfernen" anklicken.
H Durch Anklicken bestätigen Sie den Hinweis „USB-Massenspeichergerät Laufwerk (L:) entfernen".
I Dann informiert Sie Ihr Computer darüber, dass Sie die Hardware jetzt sicher entfernen können.
J Schließlich können Sie den Speicherstift herausziehen.

3

Fügen Sie die Wörter in der linken Spalte mit denen in der rechten Spalte so zusammen, dass ein sinnvoller Vergleich entsteht.

A hart	**1** wie die Nacht
B weich	**2** wie die Bienen
C fleißig	**3** wie die Sonne
D leuchtend	**4** wie Blut
E nass	**5** wie Stahl
F löchrig	**6** wie eine Katze
G schwarz	**7** wie Seide
H rot	**8** wie ein Schweizer Käse

Siehe auch Lernbereiche
4 Inhalt eines Schaubildes wiedergeben
18 Präsentieren
19 Mit literarischen Texten umgehen

Visualisieren

?

Visualisieren

Sprachliche Übungen

Bedeutung der Visualisierung
- → Piktogramme
- → Lernpsychologie (Konfuzius)
- → Schule und Alltag

Medien
- → Moderationskarten
- → Stifte
- → Folie für den Overhead-Projektor
- → Flipchart
- → Pinnwand/ Moderationswand
- → Präsentationsprogramm/Computer
- → Plakatkarton

Textabschnitte und Themen visualisieren
- → Zahlen
  - Säulen- und Balkendiagramm
  - Kurvendiagramm
  - Kreis- und Tortendiagramm
- → Zusammenhänge
  - Mindmap
  - Strukturbild
- → Entwicklungen
  - Landkarte
- → Themen
  - Plakat

Texte visualisieren
- → Unterschiedliche Möglichkeiten der Visualisierung

!

1

Nennen Sie Situationen,

a) in denen Ihnen Visualisierungen (Symbole, bildliche Darstellungen) begegnet sind,

b) wo Sie Visualisierungen eingesetzt haben.

2

Berichten Sie, worauf man beim Visualisieren Ihrer Meinung nach achten sollte.

Bedeutung der Visualisierung

1

a) Formulieren Sie in ganzen Sätzen, was diese Schilder bedeuten.

A

B

C

D

b) Nennen Sie die Vorteile, die Visualisierungen dieser Art haben.

c) Nennen Sie Arbeitsbereiche, in denen die Kommunikation mit Piktogrammen üblich ist.

2

a) Erläutern Sie, welche Vorteile das Visualisieren (= sichtbar machen) im Zitat von Konfuzius (Konfuzius 551–479 v. Chr.) hat.

„Sage es mir,
und ich vergesse es;
zeige es mir,
und ich erinnere mich;
lass' es mich tun,
und ich behalte es."

b) Erläutern Sie bei den folgenden Visualisierungsmitteln, warum diese sinnvoll sind.

BEISPIEL:

Tagesordnung

- *Ich erinnere mich, was behandelt wurde.*
- *Wenn ich mal unkonzentriert bin, weiß ich, wo wir gerade sind.*

A Spickzettel zur Vorbereitung einer Klassenarbeit

B Moderationskarten mit stichwortartig notierten Beiträgen während einer Diskussion

C Demonstration von Gegenständen bei einer Präsentation

D Vorführung eines Versuchs im naturwissenschaftlichen Unterricht

E Demonstration einer Dekotechnik auf einer Musterplatte im fachkundlichen Unterricht der Maler und Lackierer

3

Benennen Sie die Funktion (Aufgabe) der jeweiligen Visualisierung.

A Sie haben eine Vergleichsarbeit geschrieben und der Fachlehrer präsentiert die Ergebnisse der vier Parallelklassen in einem Balkendiagramm.

B Sie stellen die Pro- und Kontra-Argumente aus einem Text in einer Tabelle gegenüber.

C Sie präsentieren Ihre Gliederung des Referates im Fach Politik in einer Mindmap.

D Ihre Eltern planen eine neue Einbauküche und haben die Maße des Raumes und die Lage der Anschlüsse in einer Zeichnung festgehalten.

E Sie haben den Auftrag, in einer Fünfer-Gruppe ein Referat zu einem vorgegebenen Thema auszuarbeiten, und machen zusammen ein Brainstorming und schreiben jeweils einen Gesichtspunkt auf eine Moderationskarte.

F Für eine Computer-Präsentation zum Thema Klimakatastrophe wählen Sie ein Foto mit Eisbergen.

G Sie haben einen brennbaren Stoff in einer leeren Flasche abgefüllt. Sie kennzeichnen diese mit einem Gefahrenzeichen.

Textabschnitte und Themen visualisieren

KOMPETENZBOX

Balkendiagramm

Das Balkendiagramm bietet die Möglichkeit, mehrere Größen (= Höhe der Säulen) im Vergleich darzustellen. Meist werden absolute Zahlen miteinander verglichen. An der senkrechten Achse lassen sich die Zahlenwerte ablesen, hier ist auf eine sinnvolle Aufteilung zu achten. Die Säulen müssen die gleiche Breite haben und eindeutig beschriftet werden.

BEISPIEL:

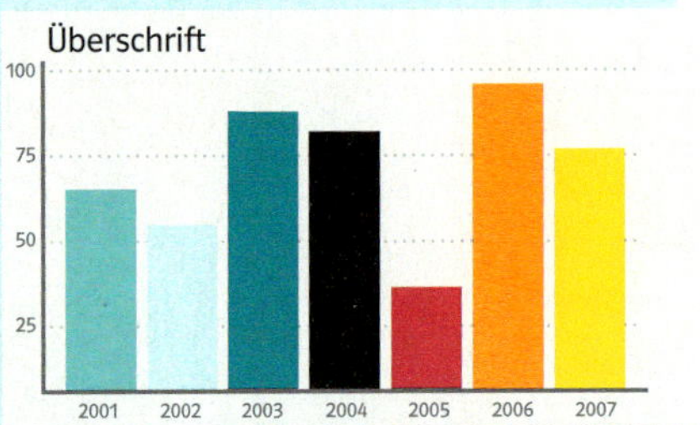

KOMPETENZBOX

Kurvendiagramm

Das Kurvendiagramm zeigt den Verlauf von Entwicklungen über einen bestimmten Zeitraum. Auf der horizontalen Achse ist die Zeit angegeben. Hier sind eine sinnvolle Einheit und ein ausreichender Abstand zu beachten. Auf der vertikalen Achse steht die Menge des jeweiligen Wertes. Es können auch mehrere Entwicklungslinien im Vergleich eingetragen werden. Sie müssen eindeutig bezeichnet und klar voneinander zu unterscheiden sein.

BEISPIEL:

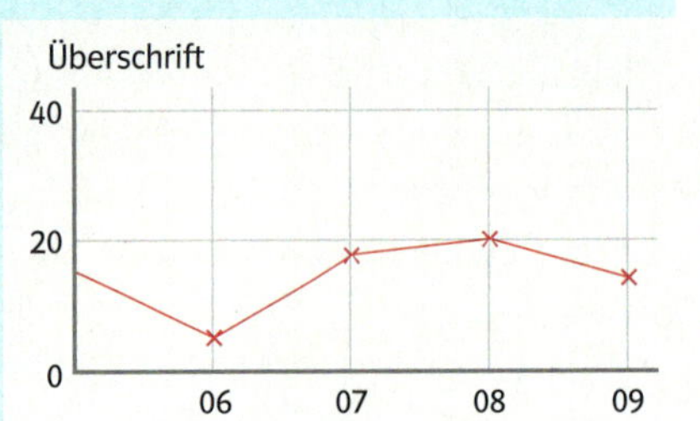

1

Erstellen Sie zu dem Text ein Balkendiagramm und formulieren Sie eine Überschrift dazu.

Die Shell Jugendstudie 2006 zeigt, dass Jugendliche deutlich stärker besorgt sind, ihren Arbeitsplatz verlieren bzw. keine adäquate Beschäftigung finden zu können. Waren es 2002 noch 55 %, die hier besorgt waren, sind es 2006 bereits 69 %. Auch die Angst vor der schlechten wirtschaftlichen Lage und vor steigender Armut nahm in den letzten vier Jahren von 62 % auf 66 % zu.

www.shell.com/home/Jugendstudie/2006.html, abgerufen am 19.02.2007

2

Stellen Sie die Zahlen des Textes in einem Kurvendiagramm dar und formulieren Sie eine passende Überschrift.

Das Interesse an Politik ist trotz eines leichten Anstieges im Vergleich zur letzten Shell Jugendstudie weiterhin niedrig ausgeprägt. Die für Jugendliche im Alter von 15 und 24 Jahren vorliegende Zeitreihe belegt, dass der Anteil der politisch Interessierten von 55 % im Jahre 1984 bzw. 57 % im Jahr 1991 auf inzwischen 39 % gesunken ist. Bei der letzten Shell Jugendstudie hatten wir mit 34 % für das Jahr 2002 sogar einen noch niedrigeren Wert feststellen können. Es wäre jedoch verfrüht, dies bereits als Beleg für eine Trendwende zu interpretieren.

www.shell.com/home/Jugendstudie/2006.html, abgerufen am 19.02.2007

3

Visualisieren Sie die Zahlen in einem Tortendiagramm und formulieren Sie eine Überschrift.

Die gegenwärtige Verteilung des Wohlstandes zwischen den Generationen wird mit 43 % von der Mehrheit der Jugendlichen als gerecht empfunden. Nur 34 % verweisen darauf, dass die Älteren zurückstecken sollten, während mit 12 % eine kleine Minderheit angibt, dass die Jüngeren ihre Ansprüche reduzieren sollten.“ (Anm. d. Hrsg.: 11 % haben hierzu keine Angaben gemacht).

www.shell.com/home/Jugendstudie/2006.html, abgerufen am 19.02.2007

4

Geben Sie den Inhalt des Textes in einer Mindmap wieder, indem Sie die markierten Textstellen besonders berücksichtigen.

Erneuerbare oder auch regenerative Energien heißen alle Primärenergien[1], die – in menschlichen Dimensionen[2] gesehen – unerschöpflich sind. Alle erneuerbaren Energien gehen auf drei grundlegende Quellen zurück: Erstens die auf der Gravitationskraft[3] beruhende Planetenbewegung, durch die Gezeitenkraftwerke möglich sind. Zweitens die Erdwärme, mit der ein geothermisches[4] Kraftwerk oder Heizwerk betrieben werden kann. Alle übrigen erneuerbaren Energien gehen auf die dritte – wichtigste – Quelle zurück, die Strahlungsenergie der Sonne, die letztlich auf Kernfusion im Sonneninneren beruht: Die Strahlungsenergie kann direkt in einer Solarzelle in Strom oder in einem thermischen Kollektor[5] in Wärme umgewandelt werden. Die Strahlung der Sonne ist auch die Grundlage der Fotosynthese und ermöglicht so das Wachstum der Pflanzen und damit die Nutzung von Biomasse (oder besser: von

KOMPETENZBOX

Kreis- oder Tortendiagramm

Das Kreis- oder Tortendiagramm stellt das Ganze und seine Teile dar. Dabei werden die Teile der Gesamtmenge in Prozent umgerechnet. Der volle Kreis (360°) entspricht 100 %. Die einzelnen Teilmengen müssen optisch klar getrennt werden, z. B. durch unterschiedliche Farben oder Schraffuren.

BEISPIEL:

Größe der Haushalte

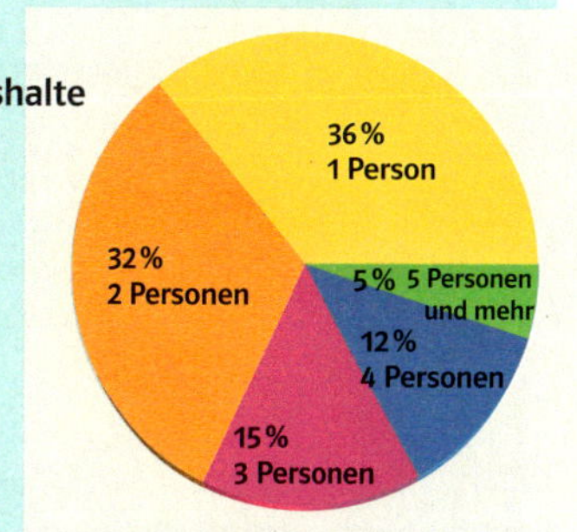

KOMPETENZBOX

Mindmap

Mithilfe einer Mindmap lassen sich Gedanken abbilden. In die Mitte eines großen Papierbogens schreibt man das Thema und kreist es ein. Ausgehend von diesem Stamm zeichnet man Äste, auf denen man die Hauptgedanken notiert. Weitere Gedanken können auf Nebenästen hinzugefügt werden. Begriffe können z. B. durch Symbole und Zeichnungen ergänzt werden.

BEISPIEL:

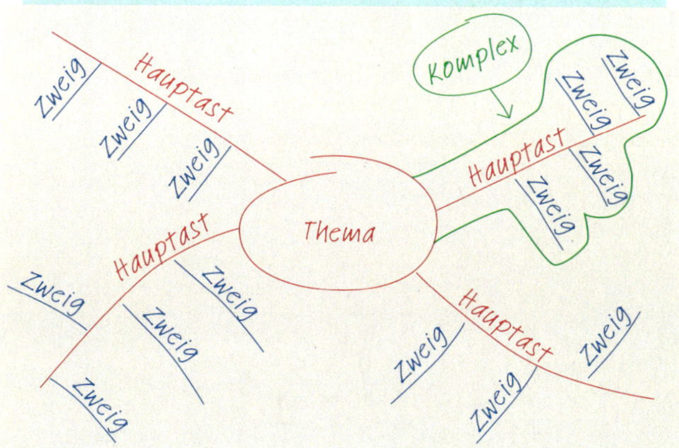

KOMPETENZBOX

Strukturbild

Das Strukturbild stellt Zusammenhänge her, zeigt Folgerungen, Gründe und Ergänzungen auf.

BEISPIEL:

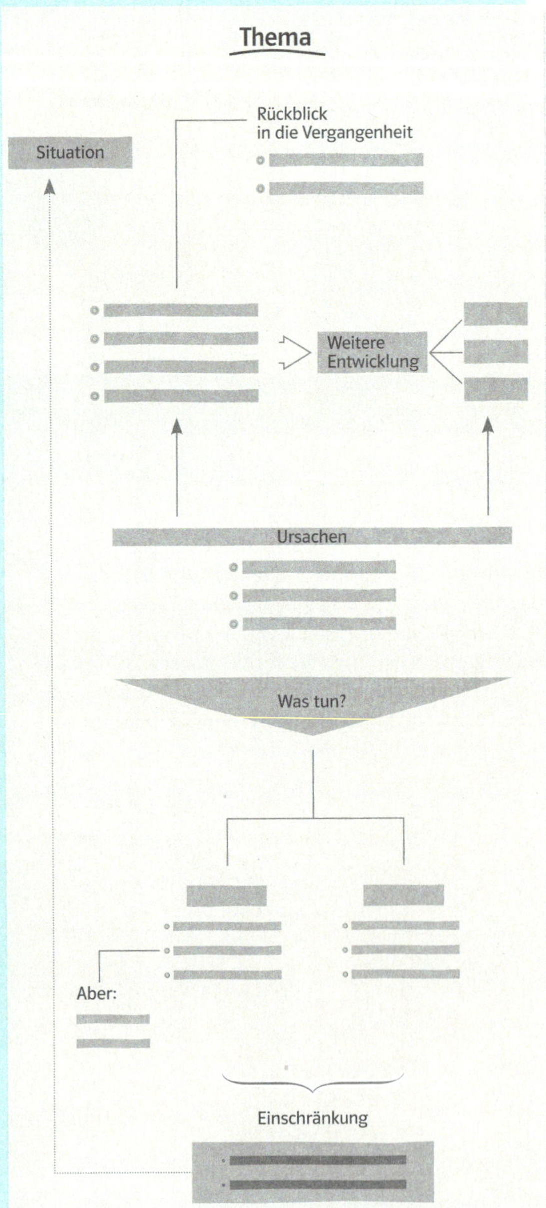

Bioenergieträgern). Außerdem lässt sich die Erwärmung der Atmosphäre und Oberfläche der Erde nutzen, beispielsweise mit einem Meereswärmekraftwerk oder einer Wärmepumpe. Auf dieser Quelle beruhen auch Verdunstung und Niederschlag und damit das Wasserkraftwerk. Die Erwärmung erzeugt außerdem Wind, der direkt in Windkraftanlagen oder indirekt in Wellenkraftwerken genutzt werden kann.

www.wdr.de/tv/quarks/global/pdf/energie.pdf, Autoren: R. Brüning, M. Dreifert, J. Krüger, abgerufen am 25.04.2007

Worterklärungen

1 Primärenergien
= natürliche, nutzbare Rohstoffe, die zur direkten Gewinnung von Energie benötigt werden, wie z.B. Erdgas, Wasserkraft usw.

2 menschliche Dimension
= der Mensch als Bezugsgröße

3 Gravitationskraft
= Anziehungskraft

4 geothermisches Kraftwerk
= Kraftwerk, das mit Erdwärme betrieben wird

5 thermischer Kollektor
= Vorrichtung, die Sonnenenergie sammelt

5

a) Markieren Sie in einer Kopie inhaltliche Ober- und Unterbegriffe im folgenden Text.
b) Erstellen Sie ein Strukturbild des Textes.

Zu viel Fernsehen verschlechtert Schulleistungen

Bereits Grundschüler schneiden im Unterricht deutlich schlechter ab, wenn sie viel und regelmäßig fernsehen. Mathematik, Deutsch und Sachkunde leiden laut einer Studie des Kriminologischen Forschungsinstitutes Niedersachsen besonders. Regelmäßiger Fernsehkonsum im Vor- und Grundschulalter wirkt sich auf die Schulnoten aus. Was zahlreiche Eltern und Pädagogen schon lange vermutet hatten, wurde nun im Rahmen einer Studie mit 6000 Kindern aus sechs verschiedenen deutschen Bundesländern auch wissenschaftlich bestätigt. Demnach gibt es einen eindeutigen Zusammenhang zwischen der Dauer des TV-Konsums und den Schulnoten der Sprösslinge: Je früher und je länger ein Kind vor der Glotze sitze, umso schlechter sei sein späterer Lernerfolg und auch sein Schulabschluss. „Damit sind Schulleistungen stärker vom TV-Konsum abhängig als vom sozialen Hintergrund", erläutert Christian Pfeiffer, der Leiter der Forschungseinrichtung.

www.pm-magazin.de/de/wissensnews/wn_id1491.htm, abgerufen am 04.09.2007

6

Visualisieren Sie das Thema des Textes in einem Plakat.

„Die Shell Jugendstudie 2006 zeigt, dass Jugendliche deutlich stärker besorgt sind, ihren Arbeitsplatz zu verlieren bzw. keine adäquate Beschäftigung finden zu können. Auch die Angst vor der schlechten wirtschaftlichen Lage und vor steigender Armut nahm (...) zu."

7

Erstellen Sie ein Plakat, mit dem Sie auf die

a) Vorteile gesunder Ernährung oder

b) Vorteile des Sports

hinweisen.

8

Stellen Sie die Inhalte der Tabelle „Die wichtigsten Konstrukteure in der Entwicklung des Automobils" in einer Landkarte dar. Ergänzen Sie die Landkarte durch Abbildungen.

KOMPETENZBOX

Plakat

Ein Plakat ist eine Kombination von bildnerischen Darstellungen und Schrift.

Es arbeitet mit Zeichnungen, Fotos oder einer Collage (Zusammenfügen von verschiedenen Darstellungsformen). Farben verstärken die Wirkung. Ungeübte Zeichner können auch Bilder aus Zeitschriften und Piktogramme verwenden.

→ Das Plakat will auffallen und aufmerksam machen, deshalb müssen die Schriftgröße und die Farben entsprechend gewählt werden.

→ Die Aussage des Plakates ist eindeutig und kann mit einem Blick erfasst werden.

→ Das Plakat will zum Handeln auffordern oder auch Einstellungen beeinflussen (z. B. verkaufen, zu Veranstaltungen einladen, auffordern, das Verhalten zu ändern).

» BEISPIEL:

Die Gefahren des Alkohols

KOMPETENZBOX

Landkarte

„Landkarten" eignen sich zur Darstellung von Abläufen, die durch Stationen markiert sind. So lassen sich die Stationen aus dem eigenen Leben, Arbeitsabläufe, Ereignisse, Zukunftspläne und viele literarische Texte in Form von Landkarten darstellen.

BEISPIEL:

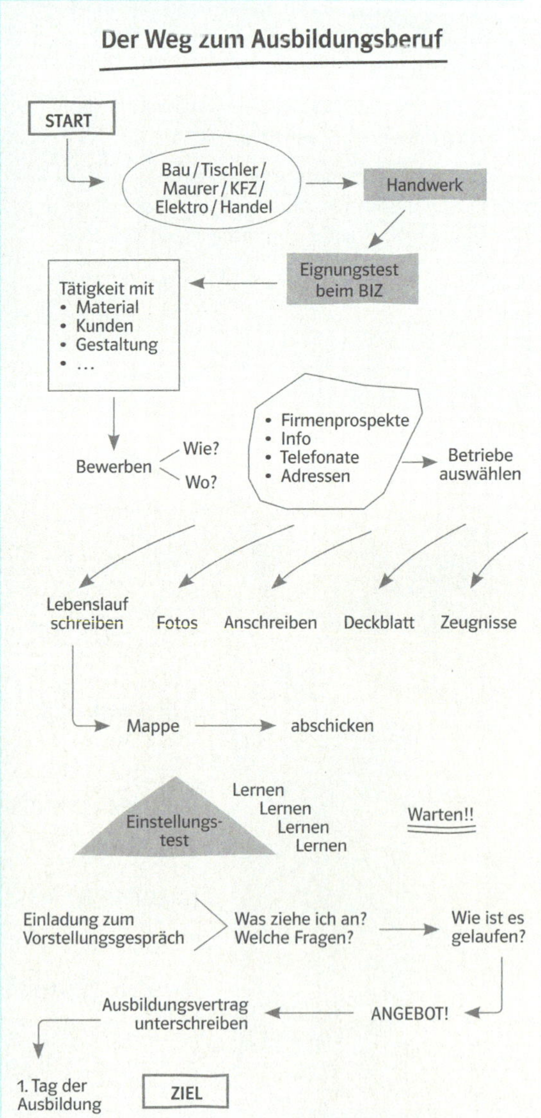

Die wichtigsten Konstrukteure in der Entwicklung des Automobils

Karl Benz (1844–1929), Deutschland:
Baute 1886 das erste als organische Einheit von Motor und Fahrzeug konzipierte Motorfahrzeug.

Gottlieb Daimler (1834–1900), Deutschland:
Baute 1883 den ersten schnelllaufenden Benzinmotor zum Einbau in verschiedene Verkehrsmittel.

Wilhelm Maybach (1846–1929), Deutschland:
Erbauer des ersten Mercedes-Wagens (1901) und Kollege von Daimler.

August Horch (1868–1951), Deutschland:
Baute ab 1900 Horch-Modelle, gründete 1910 die Audi-Werke.

Joseph Vollmer (1875–1955), Deutschland:
Baute den „Orient-Express" für Bergmann (1895), später mit eigenem Konstruktionsbüro für deutsche Hersteller tätig.

Charles Durye (1861–1931),
Frank Duryea (1868–1955), USA:
Konstruierten und bauten das erste Automobil in den USA als Vorläufer einer Serienfertigung.

Henry Ford (1863–1947), USA:
Baute ab 1896 LKWs und Rennfahrzeuge, 1903 Ford-Motor Company, Modell T wurde erfolgreichstes Auto zwischen 1908 und 1927.

Ransom E. Olds (1864–1950), USA:
Erster Großserienhersteller von Automobilen ab 1901.

Herbert Austin (1866–1941), Großbritannien:
Baute 1895 das erste drei- und 1900 das erste vierrädrige Wolseley-Automobil.

Frederik Lanchester (1868–1933), Großbritannien:
Konstruierte (1895) das erste britische Automobil.

Henry Royce (1863–1933), Großbritannien:
Konstruierte und baute Luxuswagen (Rolls-Royce, ab 1904).

Ettore Bugatti (1881–1947), Frankreich/Italien:
Konstrukteur bei verschiedenen Firmen, gründete 1909 eigene Firma, besonders bekannt durch hochwertige Renn- und Sportwagen.

Vincenzo Lancia (1881–1937), Frankreich/Italien:
Rennfahrer und Konstrukteur, gründete 1906 die Nobelmarke Lancia.

Ferdinand Porsche (1857–1951), Österreich:
Schuf 1938 den neuen Volkswagen.

www.learn-line.nrw.de/angebote/automobil/info/die.htm, abgerufen am 25.04.2007

9

Erstellen Sie eine oder mehrere Folien mit den Informationen aus der Kompetenzbox „Foliengestaltung“ und präsentieren Sie diese vor der Klasse.

KOMPETENZBOX

Foliengestaltung für den Overhead-Projektor

Folien unterstützen den Denkprozess, sie hinterlassen Bilder im Kopf.

Folien enthalten wenige Informationen in Stichworten, unterstützt mit Grafiken, Diagrammen und bildlichen Darstellungen.

Die Reihenfolge der Informationen gibt die Gliederung dessen wieder, was vorgetragen wird.

Folgt ein neuer inhaltlicher Punkt, wird eine neue Folie erstellt.

Folien werden im Stehen präsentiert, der Präsentierende darf aber nicht die Sicht zur Präsentationswand verstellen. Die Folien werden aus der Blickrichtung des Publikums von links gezeigt. Während des Folienwechsels wird der Vortrag unterbrochen. Vor dem Weitersprechen muss die Rednerin/der Redner den Blickkontakt zum Publikum neu aufbauen.

KOMPETENZBOX

Schreiben auf Flipcharts

Damit Flipchart-Bögen leserlich beschrieben werden, ist es notwendig, das Schreiben vorher zu üben.

Die Buchstabenhöhe der Kleinbuchstaben beträgt knapp ein Kästchen, die Oberlängen der Großbuchstaben nehmen ca. 2/3 des 2. Kästchens ein.

Am besten geeignet sind Faserschreiber mit schräger Spitze.

Das Flipchart steht nach Möglichkeit für das Publikum gut sichtbar, sodass die Rednerin/der Redner je nach Raumsituation links oder rechts neben dem Flipchart steht und mit der Hand auf die Elemente zeigen kann, die gerade erläutert werden.

Das Flipchart kann eingesetzt werden,

- → **um wichtige Informationen festzuhalten,**
- → **um einen Blickfang darauf abzubilden,**
- → **spontan einen Zusammenhang aufzuzeigen,**
- → **einen Ablauf sichtbar zu machen.**

10

Beschriften Sie einen Flipchart-Bogen mit Inhalten aus dem Themenkreis „Konstrukteure des Automobils“, indem Sie aus jedem Herkunftsland eine Person auswählen und den Namen und die Lebensdaten aufschreiben.
Probieren Sie vorher die richtige Schriftgröße für Ihren Klassenraum und üben Sie eine saubere leserliche Schrift.
Beachten Sie die Flächengestaltung.

11

Führen Sie den Satz fort: „Der Unterricht ist für mich gut, wenn …“

Schreiben Sie drei Aussagen auf je eine Moderationskarte.
Clustern Sie diese nach Gemeinsamkeiten und Oberbegriffen. Lassen Sie Mehrfachnennungen stehen, um eine quantitative Verteilung ablesen zu können.

12

Erstellen Sie mit dem Inhalt der Kompetenzbox „Gestalten von Folien mit einem Präsentationsprogramm“ eine Computer-Präsentation.
Wählen Sie einen der im Programm vorgegebenen Folienhintergründe aus.
Gestalten Sie einen Folienhintergrund selbst.
Probieren Sie unterschiedliche Hintergründe aus und beurteilen Sie die Wirkung.

KOMPETENZBOX

Arbeiten mit der Pinnwand oder Moderationswand

Die Pinnwand oder Moderationswand wird als Fläche zum Sammeln von Einzelkarten (Moderationskarten) eingesetzt.

- → **Aussagen, Meinungen und Fragen der Zuhörerinnen und der Zuhörer werden gesammelt und anschließend nach Oberbegriffen sortiert/geclustert (gebündelt).**
- → **Gliederungen können im Verlauf eines Vortrages mithilfe von vorbereiteten Einzelkarten angeheftet werden.**
- → **Darstellungen sind jederzeit veränderbar, da jeweils nur eine Idee auf jeder Karte steht.**
- → **Die Formulierungen müssen gleichartig sein.**
- → **Statt vollständiger Sätze, die viel Zeit für das Schreiben beanspruchen, sind Stichworte mit Verben sinnvoll.**

KOMPETENZBOX

Gestalten von Folien mit einem Präsentationsprogramm

Gestalten von Folien

Layout

- ✓ Den Inhalt durch **Layout** unterstützen
- ✓ Klaren **Hintergrund** auswählen
- ✓ Zum Hintergrund passend geeignete **Schriftfarbe** wählen
- ✓ **Fläche der Folie** sinnvoll nutzen
- ✓ Auf Dekor-Rahmen verzichten

Gestalten von Folien

Schrift

- ✓ Eine bis maximal zwei **Schriftarten** passend zum Inhalt wählen
- ✓ Hervorhebungen **fett**, *kursiv* oder in Farbe setzen
- ✓ Schriftgröße angemessen zum Abstand der Zuschauer/innen wählen
- ✓ Lesbarkeit vorher kontrollieren

Texte visualisieren

Mögliche Visualisierung (1)

Das Wertesystem der Jugendlichen (2006)

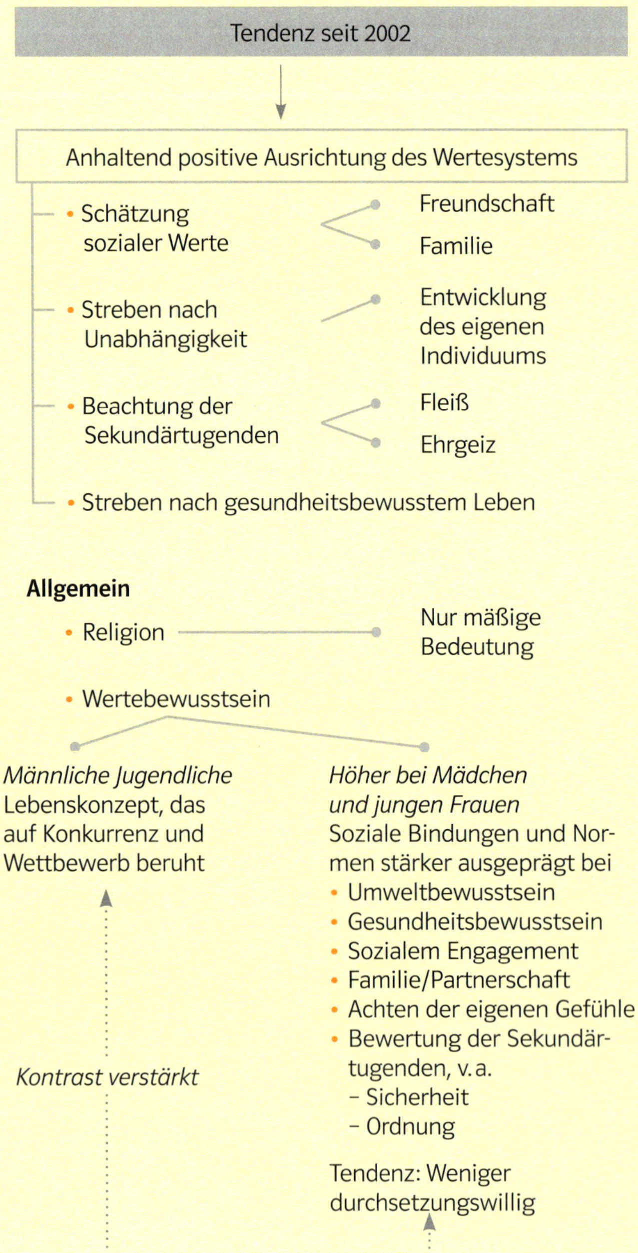

1

Lesen Sie den Text und betrachten Sie die beiden Möglichkeiten der Visualisierung.

Stabile Wertorientierungen

Das Wertesystem der Jugendlichen weist insgesamt eine positive und stabile Ausrichtung auf. Weiter im Trend liegen bei beiden Geschlechtern soziale Nahorientierungen wie Freundschaft und Familie, begleitet von einem erhöhten Streben nach persönlicher Unabhängigkeit. Unabhängigkeit gehört zu einem Komplex von jugendlichen Werten, die auf die Entwicklung eigener Individualität gerichtet sind. Vermehrtes Streben nach Individualität geht seit 2002 aber weniger mit der Betonung eigener Durchsetzungsfähigkeit einher, insbesondere bei Mädchen und jungen Frauen. Weiter im Aufwind der Strebungen der Jugendlichen befinden sich die Sekundärtugenden, insbesondere Fleiß und Ehrgeiz. Auch das Streben nach einem gesundheitsbewussten Leben hat bei Jugendlichen seit 2002 zugenommen. Wie bei Fleiß und Ehrgeiz wird auch dieser Trend bevorzugt durch die weibliche Jugend gesetzt. Religiosität spielt im Wertesystem der Jugend weiterhin nur eine mäßige Rolle, besonders bei männlichen Jugendlichen. An diesem Befund hat sich seit den 80ern und 90ern auch in den 2000er Jahren nichts geändert. Mädchen und junge Frauen sind auch 2006 wie bereits 2002 das wertebewusstere Geschlecht. Übergreifende Lebensorientierungen wie das Umwelt- und das Gesundheitsbewusstsein sowie das soziale Engagement sind für sie wichtiger als für Jungen und junge Männer. Das betrifft auch die Bewertung der sozialen Nahbeziehungen (vor allem bei Familie und Partnerschaft), das Achten auf die eigenen Gefühle sowie die Bewertung von Sekundärtugenden (besonders Ordnung und Sicherheit). Männliche Jugendliche setzen diesem weiblichen Wertebewusstsein, das soziale Bindungen und Normen besonders betont, ein konkurrenz- und wettstreitorientiertes Lebenskonzept entgegen. Dieser Kontrast der Geschlechter hat sich seit 2002 eher verstärkt als abgeschwächt, vor allem, weil das Profil der Mädchen und jungen Frauen etwas „weicher“ geworden ist. Sie geben sich zwar ebenso fleißig und ehrgeizig wie Jungen und junge Männer, aber nicht mehr so durchsetzungswillig wie diese. Männliche und weibliche Jugend gehen somit weiterhin mit verschiedenen Akzentsetzungen an die Lebensgestaltung heran.

Klaus Hurrelmann/Mathias Albert: Jugend 2006. 15. Shell Jugendstudie. Shell Deutschland Holding GmbH, Hamburg, Fischer Taschenbuch Verlag, Frankfurt am Main 2006, S. 24 f.

Mögliche Visualisierung (2)

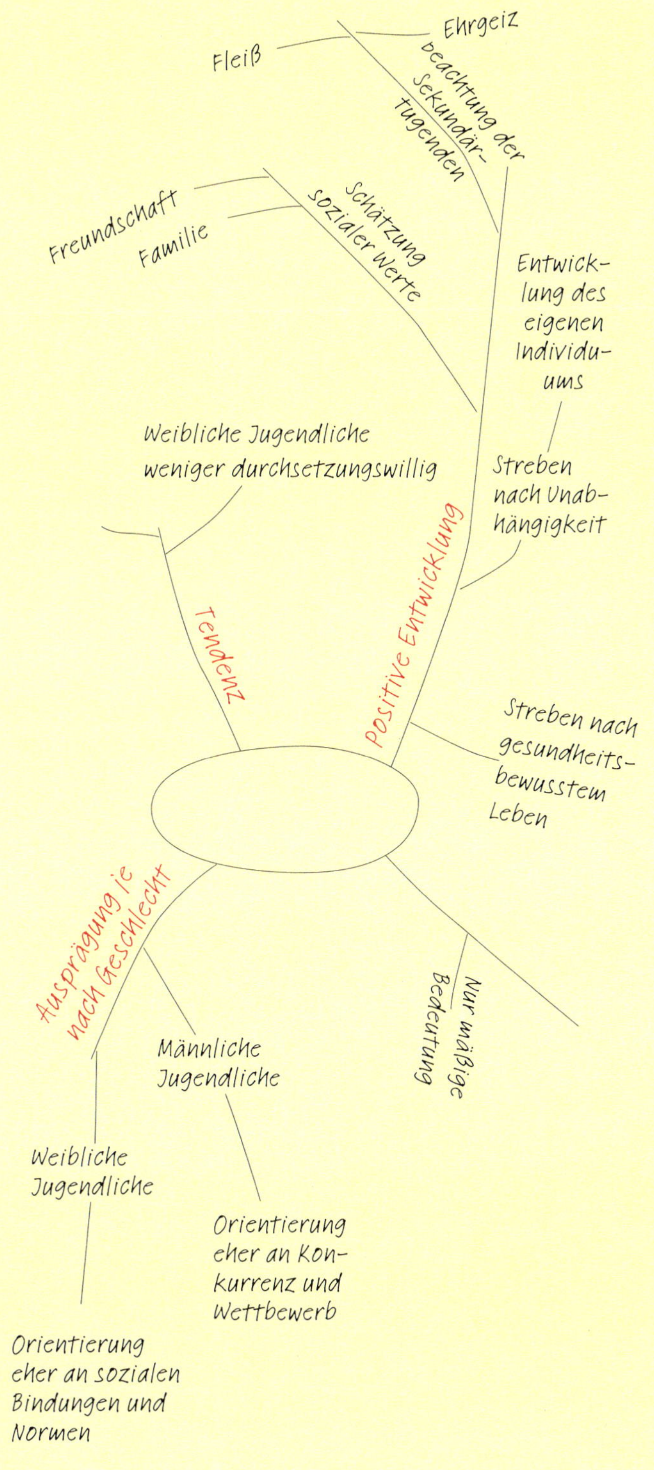

2

Entscheiden Sie, welche Form der Visualisierung Ihnen für den Text angemessener erscheint.

3

Visualisieren Sie den folgenden Text in einer geeigneten Form.

Mein Roboter versteht mich

Das Bedienen von Automaten und Computern erfordert oftmals viel Geduld. Ein virtueller[1] Mensch auf dem Display, der mit dem Nutzer spricht und ihn versteht, soll künftig die Kommunikation zwischen Mensch und Maschine erleichtern. Fahrkartenmaschinen, die das Ticket nicht herausrücken, Geldautomaten, die gerade außer Betrieb sind, Kassenapparate, die die Annahme von Scheckkarten verweigern – der Kontakt zwischen Mensch und Maschine entpuppt sich oft als schwierig – bisher zumindest. Doch die bockigen Automaten werden möglicherweise schon bald durch virtuelle Menschen ersetzt, die auf die Wünsche der Kunden eingehen: Ein solcher Roboter würde beispielsweise den Reisenden aus seinem Bildschirm heraus freundlich anblicken. In umgangssprachlichem Ton könnte der Kunde seinen Fahrkartenwunsch schildern – ganz so, als würde er von einem Bahnbeamten bedient. Der virtuelle Verkäufer auf der anderen Seite des Bildschirms würde auch geduldig auf Fragen eingehen und antworten.
Ein solches virtuelles Wesen entwickeln derzeit Forscher verschiedenster Einrichtungen – beteiligt sind unter anderem die Fraunhofer-Institute für Graphische Datenverarbeitung IGD und Medienkommunikation IMK. „Die Idee hinter dem virtuellen Charakter ist, die Mensch-Computer-Schnittstelle möglichst natürlich zu gestalten“, erklärt Christian Knöpfle, verantwortlich für den Bereich Virtuelle Realität am IGD. Die Ansprüche an den virtuellen Menschen sind enorm: Er muss sozial interagieren[2], verbal[3] und nonverbal[4] – also über Sprache, Gestik und Mimik – kommunizieren, ein menschliches, attraktives Aussehen haben und seine Dialoge müssen glaubwürdig sein. Anders als virtuelle Schauspieler, die in Filmproduktionen eingesetzt werden, soll der virtuelle Mensch in Echtzeit reagieren – unmittelbar und ohne eine lenkende menschliche Hand. Hierzu entwickeln die Forscher verschiedene Module[5] wie Dialogerzeugung, Sprachverstehen sowie Grafikausgabe und verbinden sie über einen webbasierten Ansatz miteinander.
Die Einsatzgebiete für den virtuellen Menschen sind vielfältig: So kann er etwa als Tutor[6] Studenten bei E-Learning[7]-Kursen unterstützen, ihre Fragen beantworten und Hilfestellung bei Problemen geben – und so das Lernen am und mit dem Computer attraktiver gestalten. Auch bei Themen, die das Training von Sozialverhalten beinhalten, bieten sich menschenähnliche Charaktere an: So kann ein Bahnbeamter mithilfe des virtuellen Menschen üben, mit schwierigen Kunden umzugehen. „Der virtuelle Mensch kann etwa einen störrischen Reisenden spielen, auf den der reale Verkäufer reagieren muss“, erklärt Knöpfle. „Darüber hinaus kann der Verkäufer sich auch verschiedene Reaktionen zweier virtueller Menschen – etwa Verkäufer und Kunden – anschauen, um aus ihrem Verhalten zu lernen.“

www.pm-magazin.de/de/wissensnews/wn_id1491.htm,
abgerufen am 04.09.2007

Worterklärungen

1 virtuell
= der Möglichkeit nach vorhanden, aber nicht wirklich
2 interagieren
= zwischen Personen und Gruppen vermitteln
3 verbal
= mündlich, mithilfe der Sprache
4 nonverbal
= über Körpersprache wie Gestik und Mimik und Art des Sprechens
5 Modul
= Bauteil eines elektronischen Gerätes
6 Tutor
= jemand, der Studienanfänger betreut
7 E-Learning
= computergestütztes Lernen

Sprachliche Übungen

1

Bilden Sie aus je zwei Wörtern möglichst viele zusammengesetzte Substantive (Hauptwörter). Beachten Sie, dass manchmal ein Fugen-s eingefügt werden muss.

BEISPIEL:
Moderation – Technik → Moderationstechnik

Tafel – Farbe – Wand – Arbeit – Schrift – Kontrast – Folie – Zugang – Zuwachs – Rahmen – Leben – Jugend – Stil – Studie – Dekor – Weg

2

Bilden Sie aus den Substantiven (Hauptwörtern) Verben (Tätigkeitswörter) auf -ieren (siehe Anhang, Regel 3).

A Moderation
B Information
C Reaktion
D Motivation
E Operation
F Interesse
G Funktion
H Visualisierung

3

a) Ordnen Sie die Fremdwörter nach ihrer Herkunftssprache „englisch" und „französisch" in einer Tabelle zu. Bei Unsicherheit schlagen Sie in einem Fremdwörterbuch nach.

Layout – Pinnwand – Collage – Flipchart – Niveau – Cluster – Mindmap – Powerpoint – Detail

b) Notieren Sie die Bedeutung der Fremdwörter.

A Detail
B Collage
C Niveau
D Layout

4

Ergänzen Sie die Wörter und Ausdrücke jeweils durch ein anderes Verb im Infinitiv (Grundform des Tätigkeitswortes).

A gut lesbar __
B nur eine Idee auf einer Karte __
C Buchstabenhöhe nicht __
D gleichartige Formulierungen __
E auf geringe Unter- und Oberlängen __

5

Formulieren Sie die Sätze zu einem Hauptsatz und einer Infinitivgruppe mit „um zu" um. Beachten Sie die Kommasetzung (siehe Anhang, Regel 23).

BEISPIEL:
In Säulendiagrammen werden Zahlen in absoluten Werten verglichen.
→ Säulendiagramme werden eingesetzt, um Zahlen in absoluten Werten zu vergleichen.

A Das Tortendiagramm stellt Teilmengen im Verhältnis zur Gesamtmenge dar.
B Die Mindmap strukturiert komplexe Themen.
C Farben erzeugen auf Plakaten Aufmerksamkeit.
D Ein neuer Gliederungspunkt wird auf einer neuen Folie erläutert.
E Spontane Darstellungen eines Zusammenhangs können auf einem Flipchart-Bogen gezeigt werden.
F Visualisierungen können eine Diskussion strukturieren.
G Mithilfe von Moderationskarten kann man die Zuordnung von Ideen leichter ändern.
H Mit dem Festhalten von Ideen auf Moderationskarten werden Wiederholungen bei Gesprächen vermieden.

Siehe auch Lernbereiche
2 Texte lesen und verstehen
3 Inhalte von Texten wiedergeben
5 Sich informieren
8 Argumentieren und erörtern
13 Visualisieren

Medien kritisch nutzen

?

Medien kritisch nutzen

Massenmedien als Stilmittel in erzählenden Texten

Sprachliche Übungen

Erfahrungen mit Medien

Mit Medien umgehen
- → Medienarten
- → Nutzung
- → Freizeitgestaltung

Rechtliche Grundlagen kennen
- → Pressefreiheit
- → Recht auf Gegendarstellung

Berichte in Zeitungen
- → Aufbau und Sprache
- → Journalistische Darstellungsformen und Inhalte analysieren
- → Journalistischen Text produzieren

Medien kritisch betrachten
- → Reale und virtuelle Welt
- → Glaubwürdigkeit von Medien
- → Produktion und Entsorgung von Medien

!

1

a) Erstellen Sie eine Tabelle wie diese.

Medien		
vertraute	unbedingt nötige	eventuell verzichtbare

b) Listen Sie die Medien auf,
- die Ihnen vertraut sind,
- die Sie unbedingt benötigen,
- auf die Sie eventuell verzichten können.

2

Beschreiben Sie Situationen, in denen
a) Ihnen die Nutzung von Medien Spaß macht,
b) Sie sich durch Medien gestört fühlen.

Mit Medien umgehen

3

a) Erstellen Sie eine Tabelle wie diese.
b) Ergänzen Sie die Tabelle durch Medien, die Sie außer den genannten verwenden.
c) Kreuzen Sie an, wie häufig Sie die einzelnen Medien nutzen.

Medien	**Nutzung**				
	mindestens einmal pro				
	Tag	Woche	Monat	Jahr	nie
Buch					
Zeitschrift					
Zeitung					
Fernseher					
Radio					
Computer					
Spielkonsolen					
Mobiltelefon					
Festnetztelefon					

4

a) Bilden Sie Gesprächspaare.
b) Betrachten Sie jeweils die Tabelle (siehe Aufgabe 3) Ihrer Partnerin/Ihres Partners und geben Sie ihr/ihm eine Rückmeldung, was Ihnen beim Betrachten der Tabelle auffällt.

KOMPETENZBOX

Medien

Wichtige Begriffe

→ **Medien** (Einzahl: Medium) sind Mittel der Kommunikation.

Umgangssprachlich ist der Begriff meist auf die Massenmedien beschränkt.

→ **Massenmedien**: In der Regel einseitige Kommunikationsmittel zum Erreichen vieler Empfänger

» **BEISPIELE:**

Buch, Zeitung, Zeitschrift, Hörfunk, Internet, Fernsehen, Telefon, Film

→ **Printmedien**: Druckerzeugnisse

» **BEISPIELE:**

Buch, Zeitung, Zeitschrift, Flugblatt, Brief, Plakat, Arbeitsblatt, Fotografie

→ **Auditive Medien**: Inhalte werden nur hörbar übertragen.

→ **Visuelle Medien**: Inhalte werden nur sichtbar übertragen.

→ **Audiovisuelle Medien**: Inhalte werden sicht- und hörbar übertragen.

→ **Interaktive Medien**: Ein Dialog zwischen Medium und Benutzer ist möglich.

→ **Multimedia**: Zusammenwirken von verschiedenen Medientypen wie Texten, Bildern, Grafiken, Ton, bewegten Bildern, Videoclips

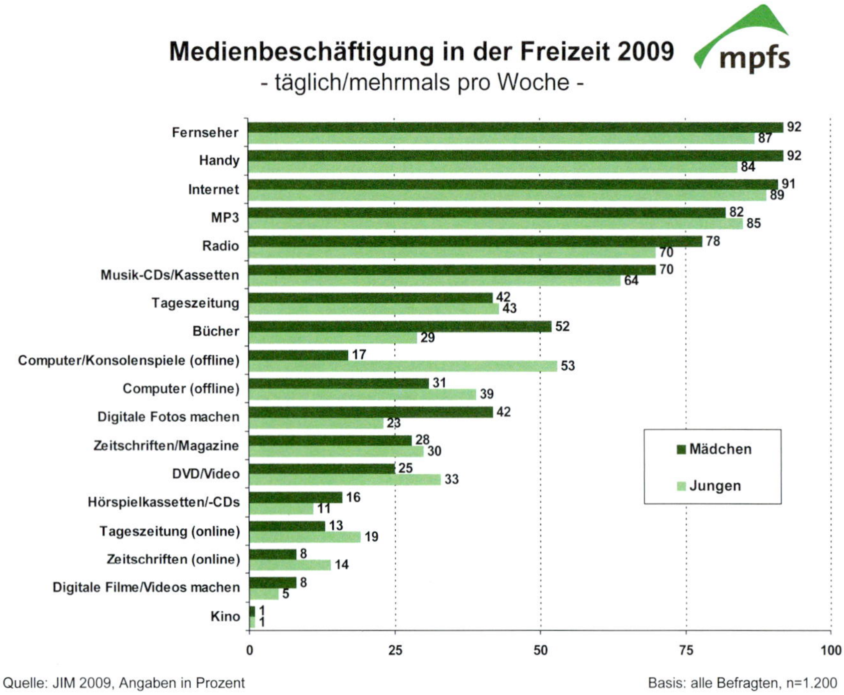

5

a) Formulieren Sie in wenigen Sätzen, worum es in der nebenstehenden Grafik geht.

b) Schreiben Sie die wesentlichen Aussagen auf.

c) Formulieren Sie mindestens drei Fragen zur Mediennutzung, die die Grafik nicht beantwortet.

d) Vergleichen Sie die Ergebnisse dieser Studie mit Ihrer eigenen Mediennutzung (siehe Aufgabe 2).

e) Tragen Sie Ihre Ergebnisse vor.

Rechtliche Grundlagen kennen

1

Erklären Sie den Begriff Pressefreiheit und wo die Grenzen der Pressefreiheit liegen (siehe Kompetenzbox) an einem konkreten Beispiel.

2

a) Geben Sie die Hauptaussagen der folgenden Auszüge aus Zeitungstexten wieder.

Pornos und Hass im Internet

Im vergangenen Jahr hat die bundesweite Kontrollstelle für den Jugendschutz im Internet einen Höchststand an Verstößen gegen den Jugendschutz registriert.

KOMPETENZBOX

Pressefreiheit

Grundgesetz, Artikel 5, Absatz 1: „Jeder hat das Recht, seine Meinung in Wort, Schrift und Bild frei zu äußern und zu verbreiten und sich aus allgemein zugänglichen Quellen ungehindert zu unterrichten [...].“

Eine Einschränkung wird im Absatz 2 desselben Grundgesetzartikels formuliert: „Diese Rechte finden ihre Schranken in den Vorschriften der allgemeinen Gesetze, den gesetzlichen Bestimmungen zum Schutze der Jugend und in dem Recht der persönlichen Ehre.“ *(GG, Art. 5, Abs. 2)*

Filme von Hinrichtungen, frei zugängliche Pornos oder rechtsradikale Beiträge: Die Kontrollstelle jugendschutz.net hat eindringlich einen besseren Schutz für Kinder und Jugendliche im weltweiten Netz angemahnt. [...] Auch in sozialen Netzwerken wie SchülerVZ, StudiVZ oder Facebook mischte sich die Kontrollstelle ein. Hier ging es vor allem um pornografische Beiträge und sexuelle Belästigungen.

ZEIT ONLINE, 28.11.2008

DSDS: RTL zahlt 100 000 Euro Bußgeld

[...] Die KJM[1] hatte am 9. Juli dieses Jahres das Bußgeld gegen RTL verhängt, weil der Sender mit der Ausstrahlung der ersten vier Casting-Folgen [...] der fünften Staffel – in der Musikproduzent Dieter Bohlen wieder als Juror auftrat – nach Auffassung der Kommission gegen die Jugendschutzbestimmungen verstoßen hat.

Allerdings hat RTL bei dem Gericht nun eine neue Klage eingereicht. Der Privatsender will dabei „eine grundsätzliche Klärung der jugendschutzrechtlichen Maßstäbe einer Castingshow in der Abendausstrahlung erreichen".

Tagesspiegel vom 13.09.2008

Worterklärungen

1 KJM:
= Kommission für Jugendmedienschutz

b) Ordnen Sie die folgenden zwei Behauptungen den Aussagen im Text 2 zu.

1 Der Sender hat mit der Ausstrahlung der ersten vier Casting-Folgen gegen Jugendschutzbestimmungen verstoßen.

2 Der Privatsender will eine grundsätzliche Klärung der jugendschutzrechtlichen Maßstäbe einer Casting-Show in der Abendausstrahlung.

3

Berichten Sie über Ihre eigenen Erfahrungen mit der Pressefreiheit und deren Grenzen.

4

Lesen Sie die Kompetenzbox und erklären Sie,
a) was man unter einer Gegendarstellung versteht,
b) in welcher Form eine Gegendarstellung erfolgen muss,
c) aus welchem Grund es das Recht auf eine Gegendarstellung gibt.

5

Berichten Sie von Erfahrungen mit Gegendarstellungen oder recherchieren Sie im Internet Fälle von Gegendarstellungen.

KOMPETENZBOX

Recht auf Gegendarstellung

Eine Gegendarstellung ist das Recht auf eine kostenfreie Gegenäußerung in einem Medium. Sie steht demjenigen zu, über den zuvor in diesem Medium berichtet wurde.

Die Gegendarstellung soll einer Person oder Organisation ermöglichen, etwas richtig zu stellen, und zwar „an vergleichbarer Stelle und in vergleichbarer Aufmachung".

Das Recht zur Gegendarstellung ist in den Pressegesetzen der Länder geregelt. Es leitet sich aus dem Persönlichkeitsrecht ab (Art. 1 und 2 GG).

MUSTER

Berichte in Zeitungen

1

Lesen Sie den Zeitungsbericht.

Bundesinnenminister: Privatcomputer prüfen

POLIZEI SOLL NEUE ÜBERWACHUNGSMÖGLICHKEITEN ERHALTEN – DATENSCHÜTZER WARNEN

Berlin/Stuttgart (AP/StN) – Zur Bekämpfung der Kriminalität will der Bundesinnenminister [...] künftig private Computer über das Internet überwachen lassen.

„In der Sache kann es keinen Zweifel geben, dass wir diese Möglichkeit brauchen", sagte der Bundesinnenminister an Weihnachten. Die Behörden müssten die Möglichkeit haben, die neuen Kommunikationsformen zu erreichen – ebenso wie unter bestimmten Voraussetzungen auf Grund richterlicher Entscheidungen Telefone und Post kontrolliert werden könnten. Das sei „formal dasselbe wie eine Hausdurchsuchung", sagte er. Das Bundesjustizministerium prüfe, ob die Rechtsgrundlage dafür gegeben sei oder ob erst etwas klargestellt werden müsse. Es handle sich um ein Vorgehen in engen Grenzen, versicherte der Minister.

Der Bundesdatenschutzbeauftragte [...] warnte vor einer ausufernden Kontrolle des Internets. Es sei „irreführend zu glauben, dass man allen Gefahren mit verstärkter Überwachung des Netzes vorbeugen könnte. Man wird auch mit einem erheblichen Personal- und Sachaufwand nicht ausschließen, dass ein offenes Netz wie das Internet bestimmte Risiken sowohl für den Benutzer wie auch für die Gesellschaft beinhaltet." Er habe keine Einwände,

KOMPETENZBOX

Berichte in Zeitungen

INHALT

→ Information der Leserin/des Lesers über einen aktuellen Sachverhalt von allgemeinem Interesse

AUFBAU

→ Überschrift (Schlagzeile), knappe Wiedergabe des Inhalts, die zum Weiterlesen motivieren soll

→ Beantwortung der W-Fragen: Was? Wer? Wann? Wo? Wie? Warum? Welche Folgen?

→ Berücksichtigung der Zusammenhänge mit anderen Geschehnissen und der Vorgeschichte des Ereignisses

→ Gliederung des Berichts nach abnehmender Bedeutung: das Wichtigste an erster Stelle, weniger wichtige Einzelheiten am Ende des Berichts

SPRACHE

→ Knapp, aber genau

→ Präteritum (Vergangenheit)

→ Normalerweise wird die wörtliche Rede in indirekte Rede umgewandelt.

→ Wenn wörtliche Rede benutzt wird, muss das Gesagte klar gekennzeichnet und der Sprecherin/dem Sprecher zuzuordnen sein.

BESONDERHEITEN

→ Der Bericht zählt zu den informierenden Darstellungsformen in der Zeitung, ähnlich wie die Nachricht oder die Dokumentation.

→ Neben dieser Darstellungsform gibt es noch meinungsbetonte (z. B. Reportagen) und kommentierende Darstellungsformen (z. B. Kommentar, Leitartikel, Glosse).

→ Die strikte Trennung von Information und persönlicher Wertung ist ein Zeichen von journalistischer Qualität.

wenn im Internet gezielt gegen einzelne Straftäter ermittelt werde. „Aber es kann nicht sein, dass völlig legales Verhalten, weil es eben überwachbar ist, auch überwacht wird."

Mitte Dezember war es bereits im Bundestag zu einer heftigen Kontroverse über sogenannte Online-Durchsuchungen privater Computer durch Ermittlungsbehörden gekommen. Die Grünen hatten dabei erklärt, dies sei verfassungswidrig. Und der FDP-Rechtsexperte [...] hatte eine „einwandfreie rechtliche Grundlage" für Online-Durchsuchungen angemahnt.

Der baden-württembergische Innenminister forderte unterdessen eine Wiedereinführung der Kronzeugenregelung zur Bekämpfung der organisierten Kriminalität. Gerade bei nach außen stark abgeschotteten Gruppen würde dies Ermittlungserfolge ermöglichen. Die organisierte Kriminalität sei eine Bedrohung, die großen wirtschaftlichen Schaden verursache, international agiere und mit Gewalt und Korruption rechtsfreie Räume schaffe.

Stuttgarter Nachrichten, 27.12.2006

2

Entscheiden Sie, welche Aussagen die Information des Textes korrekt wiedergeben.

A Der Innenminister möchte Privatcomputer über das Internet überwachen lassen.
B Die technischen Möglichkeiten für eine Überwachung müssen erst noch geschaffen werden.
C Eine eindeutige gesetzliche Grundlage für eine Überwachung von Computern gibt es noch nicht.
D Der Innenminister äußert Bedenken gegenüber einer lückenlosen Überwachung von Privatcomputern.
E Bürgerrechtsbewegungen warnen vor einer Überwachung der Computer.
F Die organisierte Kriminalität profitiert von einer lückenlosen Kontrolle der Privatcomputer.

3

Beantworten Sie die W-Fragen zum Inhalt des Textes in ganzen Sätzen.

A Was soll durchgesetzt werden?
B Wer äußerte sich?
C Wann verkündigte der Bundesinnenminister seine Pläne?
D Wo äußerte sich der Bundesinnenminister?
E Wie soll das Vorhaben durchgeführt werden?
F Warum wird die Durchsetzung der Pläne für notwendig gehalten?
G Welche Folgen werden befürchtet?

4

Setzen Sie die folgenden Sätze ins Präteritum (Vergangenheit).

» BEISPIEL:
Es wird viel über die Computerüberwachung diskutiert.
→ Es wurde viel über die Computerüberwachung diskutiert.

A Schließlich spricht sich der Bundesinnenminister für eine Überprüfung von Privatcomputern aus.
B Im Zusammenhang mit der Bedrohung durch den Terrorismus werden unterschiedliche Wege zur Terrorismusbekämpfung erwogen.
C Der Bundesdatenschutzbeauftragte äußert sich gegenüber einer Überwachung skeptisch.
D Er warnt vor einer Überwachung von unbescholtenen Privatpersonen.
E Du sprichst häufig über die Nutzungsmöglichkeiten des Computers.
F Der baden-württembergische Innenminister fordert im Zusammenhang mit der organisierten Kriminalität auch die Wiedereinführung der Kronzeugenregelung.
G Ich warne dich, zu leichtfertig mit diesem Problem umzugehen.
H Die organisierte Kriminalität verursacht großen wirtschaftlichen Schaden.

5

Wandeln Sie die direkte Rede in indirekte Rede um.

BEISPIEL:
Der Innenminister sagte: „In der Sache kann es keinen Zweifel geben, dass wir diese Möglichkeit brauchen."
→ Der Innenminister sagte, dass es in der Sache keinen Zweifel geben könne, dass wir diese Möglichkeit brauchen/brauchten.

A Er sagte: „Um Computerkriminalität zu verhindern, ist es wichtig, Computer zu überwachen."
B „Schon Kinder und Jugendliche haben Zugriff auf gefährliche Seiten", meinte er.
C „Wir sollen unseren Kindern beibringen, den Computer kritisch zu nutzen", fordern Experten.
D Mit Nachdruck betonte sie: „Eltern sollen sich mehr Zeit für ihre Kinder nehmen."
E „Man hat nicht mehr die Möglichkeit, das Rad der Zeit zurückzudrehen", warfen Fachleute ein.
F „Die Computerkriminalität entsteht dadurch, dass das Internet anonym ist", erwiderte er.
G Er schloss: „Der Kampf gegen die Kriminalität ist ein wichtiger Kampf."
H „Wir sind an einem entscheidenden Punkt angelangt", meinte er.

6

Situation:
In einer Studie des Bielefelder Soziologie-Professors Elmar Lange zur Verschuldung von Jugendlichen, in der 1000 10- bis 17-Jährige befragt worden waren, wurde herausgefunden, dass das Handy als Ursache für die Verschuldung Jugendlicher eher eine untergeordnete Rolle spielt.

Lesen Sie den Text auf S. 151.

KOMPETENZBOX GRAMMATIK

Indirekte Rede

Die indirekte Rede wird nicht in Anführungszeichen gesetzt. Die Verben stehen nicht, wie bei der direkten Rede, im Indikativ, sondern im Konjunktiv I. Der Konjunktiv bewirkt auch eine Distanzierung vom Gesagten.

Wenn die Form des Konjunktivs I identisch ist mit der Form des Indikativs, weicht man in den Konjunktiv II aus (orange gekennzeichnet).

Indikativ (Wirklichkeitsform)	Konjunktiv I (Möglichkeitsform)
sein	
ich bin	ich sei
du bist	du seiest
er, sie, es ist	er, sie, es sei
wir sind	wir seien
ihr seid	ihr seiet
sie sind	sie seien
haben	
ich habe	ich habe ich hätte
du hast	du habest
er, sie, es hat	er, sie, es habe
wir haben	wir haben wir hätten
ihr habt	ihr habet
sie haben	sie haben sie hätten
sollen	
ich soll	ich solle
du sollst	du sollest
er, sie, es soll	er, sie, es solle
wir sollen	wir sollen wir sollten
ihr sollt	ihr sollet
sie sollen	sie sollen sie sollten
entstehen	
ich entstehe	ich entstehe ich entstünde
du entstehst	du entstehest
er, sie, es entsteht	er, sie, es entstehe
wir entstehen	wir entstehen wir entstünden
ihr entsteht	ihr entstehet
sie entstehen	sie entstehen sie entstünden

Sebastian Jost

Freispruch fürs Handy?

Jugendliche leihen sich eher Geld für Snacks oder Kleider als für die überhöhte Handyrechnung. Verbraucherschützer warnen dennoch vor Nepp mit Klingeltönen und SMS-Chats.

Schauergeschichten gibt es unzählige. Da ist zum Beispiel dieser 16-Jährige aus Ludwigshafen. 3.500 Euro soll er seinem Mobilfunkanbieter überweisen. Für einen einzigen Monat. Sein Vater stürmt in die Beratungsstelle der Verbraucherzentrale Rheinland-Pfalz, schreit von „Betrug" und „Abzocke". Die Verbraucherschützer wollen der Handyfirma mit Klage drohen und basteln an einem geharnischten Brief. Bis der 16-Jährige kleinlaut gesteht, dass er sich in einen Erotik-Chat verirrt hatte, eine schlüpfrige Unterhaltung per SMS, bei der jede Kurznachricht mehrere Euro kostete. „Da kommt man dann nicht mehr raus", sagt Beraterin Tamina Barth von der Verbraucherzentrale. Der Vater musste die 3.500 Euro bezahlen. Dass Chat-Spielchen, Klingeltöne und blinkende Display-Logos viel Geld verschlingen, „das überblicken die Jugendlichen oft nicht", sagt Barth.

Vollkommen übertrieben nennt der Bielefelder Soziologie-Professor Elmar Lange solche Darstellungen. In seinen Augen haben Zeitungen und Fernsehmagazine dem Handy Unrecht getan. Es sei gar nicht die erste Quelle für Schulden von Jugendlichen. In einer Umfrage unter 1.000 10- bis 17-Jährigen hat Lange herausgefunden, dass die Jugendlichen sich eher Geld für Fast Food, Kleidung, Partys oder Computer-Software leihen als für die Handykosten.

In der Umfrage gaben sechs Prozent der Befragten an, sie hätten sich Geld geliehen, das sie nicht gleich zurückzahlen konnten. Im Schnitt beliefen sich die Schulden gegenüber Verwandten und Freunden auf 72 Euro. Allerdings mit großen Unterschieden: Die Hälfte der verschuldeten Jugendlichen hatte sich weniger als zehn Euro geborgt – bei sieben Prozent der jungen Schuldner läpperten sich die Ausstände dagegen auf 100 bis 950 Euro. Doch nur acht Prozent gaben an, sich wegen der Mobilfunkkosten verschuldet zu haben. „Die Kontrolle der Handykosten greift größtenteils", folgerte Lange bei der Vorstellung der Studie in Berlin [...]

Zeit online, 22.02.2006, www.zeit.de/online/2006/08/schulden_jugendliche?page=all, abgerufen am 23.02.2007

7

Markieren Sie in einer Kopie die Antworten auf die W-Fragen.

8

Verfassen Sie einen kurzen Bericht (ca. 6–10 Zeilen) über die Ergebnisse der Untersuchung von Professor Lange.

9 **P**

Sammeln Sie die Tageszeitungen einer Woche. Notieren Sie auf vier großen Bogen Papier die Begriffe „Bericht", „Reportage", „Kommentar", „Leserbrief". Schneiden Sie die Textarten aus den Zeitungen aus und kleben Sie sie zur korrekten Kategorie. Untersuchen Sie, welche Tendenzen Sie in den Artikeln feststellen können und notieren Sie Ihre Ergebnisse jeweils auf dem entsprechenden Bogen.

Medien kritisch betrachten

1

Lesen Sie den Text.

Ein neues Gesicht nach Maß

NEUE IDEEN, NEUE GESCHÄFTSMODELLE, NEUE UNTERNEHMEN: ZWEITGEIST, HAMBURG

Er verpasst seinen Kunden ihr Wunsch-Gesicht. Und das ohne Skalpell oder Medizinstudium. Heiner Wolf ist Software-Spezialist. Gemeinsam mit Christine Stumpf und Jan Andresen erstellt Wolf virtuelle[1] Menschenfiguren, die „Weblins". Mit den Figuren der drei Gründer des Hamburger Start-up-Unternehmens[2] Zweitgeist können sich Surfer im Internet ein Gesicht geben. Ähnlich wie bei Second Life[3] sind die Mini-Menschen für andere sichtbar, können über eine Chat-Funktion[4] kommunizieren. „Der Unterschied zu Second Life ist, dass unsere Kunden nicht in eine eigene Welt abtauchen müssen, sondern sich auf üblichen Seiten wie Ebay treffen", erläutert Gründerin Christine Stumpf. Im Juni vergangenen Jahres startete das dreiköpfige Team. Seitdem hätten Nutzer die kostenlose

Software im fünfstelligen Bereich heruntergeladen, noch in diesem Jahr sollen es mehr als 100 000 sein. Mit den Downloads allein verdient Zweitgeist jedoch kein Geld. Deshalb entwickeln die Programmierer Werbeflächen, die von Unternehmen gebucht werden könnten. „Weblins" könnten beispielsweise andere Nutzer mit bestimmten Inhalten ansprechen oder Markenartikel tragen. Zusätzliche Einnahmen wollen die Unternehmer mit Premium-Angeboten[5] erwirtschaften. Zudem sollen sich Nutzer künftig Extras, wie etwa Kleidungsstücke für ihre Figuren, zum SMS-Preis herunterladen können. […]
Die Welt bewegen wollte Mitgründer Heiner Wolf nicht, als er 1996 erste Konzepte für virtuelle Figuren erarbeitet hatte. Sein Ziel war es, die Zusammenarbeit von Wissenschaftlern im Internet zu fördern. Später wurde eine holländische Firma auf seine Idee aufmerksam, Wolf programmierte für Schüler ein virtuelles Klassenzimmer. Seit 2006 sind die Figuren aus der virtuellen Schule ausgebrochen – und wollen das weltweite Netz erobern.

Handelsblatt, 10.09.2007, S. 22

Worterklärungen

1 virtuell
= erfunden – gibt es in der realen Welt nicht

2 Start-up-Unternehmen
= ein neu gegründetes Unternehmen

3 Second Life
= eine dreidimensionale Internet-Plattform, in der die Benutzer eigene Welten erfinden und gestalten können. Dort spielen die Menschen, betreiben Handel oder kommunizieren miteinander.

4 Chat-Funktion
= eine Möglichkeit, um über das Internet schriftlich und schnell (in Echtzeit) miteinander zu kommunizieren

5 Premium-Angebote
= Angebote, die nur wenigen Menschen gegen einen Aufpreis angeboten werden

2

Entscheiden Sie, welche Aussage (1 oder 2) jeweils dem Inhalt des Textes entspricht.

A

1 Jeder kann mit dem Computer sein Gesicht nach seinen Wünschen verändern lassen.
2 Jeder kann für eine Figur ein Gesicht nach seinen Vorstellungen entwerfen.

B

1 Mit einer speziellen Software kann man einen Menschen schaffen, der einen in der virtuellen Welt vertritt.
2 Wer im Internet surft, kann selbst bestimmen, wie er aussieht.

C

1 Die Kunden nutzen die normalen Medienangebote und sind durch ihren virtuellen Vertreter auf dem Bildschirm sichtbar.
2 Die Kunden können ihre virtuellen Vertreter nur in speziellen Räumen, z. B. einem Klassenzimmer, nutzen.

D

1 Seit dem letzten Jahr hätten Nutzer die Software an fünf Stellen heruntergeladen.
2 Seit dem letzten Jahr hätten Nutzer das Programm zwischen 10.000- und 99.999-mal heruntergeladen.

E

1 Seit 2006 kann man die „Weblins" nicht nur in einem virtuellen Schulzimmer nutzen, sondern auch in anderen Programmen.
2 Seit 2006 kann man das Programm auch in der Schule benutzen.

3

Bilden Sie vier Gruppen zur Vorbereitung einer Diskussion.

- Gruppe 1 listet Gründe auf, die dafür sprechen, dass man statt des eigenen Bildes eine künstliche Figur für sich im Internet oder anderen Medien verwendet.
- Gruppe 2 erklärt, welche Gefahren bestehen, wenn man sich nur mit Menschen unterhält, deren Identität man nicht oder nicht genau kennt.
- Gruppe 3 sammelt Argumente, die für die Idee sprechen, den eigenen Stellvertreter im Internet zu Werbezwecken zu nutzen.
- Gruppe 4 listet Argumente auf, die gegen die Idee sprechen, den eigenen Stellvertreter im Internet zu Werbezwecken zu nutzen.

4

Diskutieren Sie zunächst das Problem, auf das sich die Gruppen 1 und 2 vorbereitet haben, dann das Thema der Gruppen 3 und 4.

5

Lesen Sie den folgenden Text.

Deutsche vertrauen der Lokalzeitung

HÖCHSTE WERTE IN TNS-EMNID-UMFRAGE – SKEPSIS GEGENÜBER INFOS AUS DEM INTERNET

DÜSSELDORF. Die Deutschen vertrauen Lokalzeitungen und dem öffentlich-rechtlichen Rundfunk bei der Informationsvermittlung noch immer am meisten. Das zeigt eine aktuelle Untersuchung der Marktforschungsgruppe TNS[1] Emnid, die im Mai 1048 Bundesbürger über 14 Jahren danach befragte. Wenig Vertrauen haben die Befragten jedoch in Informationen, die über das Internet vermittelt werden.

„Lokale Zeitungen werden bei den Lesern häufig mit Seriosität[2] und Glaubwürdigkeit assoziiert[3]", erläutert Michael Voß, Forscher bei TNS Emnid. Dies sollten die Verlage bei den Kampagnen um die Gunst aller Medienkonsumenten in den Vordergrund stellen, empfiehlt er. 60 Prozent der Befragten gaben an, Lokalzeitungen voll und ganz oder überwiegend zu vertrauen. Auf den weiteren Plätzen folgten der öffentlich-rechtliche Rundfunk mit 53 Prozent und das öffentlich-rechtliche Fernsehen mit 52 Prozent sowie Zeitschriften (35 Prozent). Den privaten Rundfunkanbietern vertrauen 31 Prozent, dem Privatfernsehen 26 Prozent. Am schlechtesten sieht die Vertrauensbilanz für das Internet aus. Lediglich jeder fünfte Bundesbürger vertraut dem weltweiten Netz.

Handelsblatt, 13.09.2007, S. 18

Worterklärungen

1 TNS
= Taylor Nelson Sofres (Firmenname)

2 Seriosität
= Korrektheit, Ernsthaftigkeit, Echtheit

3 assoziieren
= das eine mit etwas anderem in Verbindung bringen

6

a) Notieren Sie, wie es Ihrer Meinung nach zu diesem Ergebnis der Umfrage kommen konnte.
b) Bilden Sie Kleingruppen und diskutieren Sie Ihre Vermutungen.

7

Tragen Sie Ihre Gruppenergebnisse vor.

8

Lesen Sie den folgenden Text.

Hagen Strauss

UNO WARNT VOR KLIMASCHÄDEN DURCH WACHSENDE PRODUKTION VON ELEKTROGERÄTEN

Gefährliche Computer

Ständige Preiskämpfe und immer neue Dumpingangebote: Die Elektro- und Kommunikationsbranche setzt auf den Faktor B wie billig. Die Folgen für das Klima seien negativ, warnt ein Bericht der UNO.

BERLIN. Die Halbwertzeit von Computern, Fernsehern oder Handys wird immer geringer. Der Zyklus des Kaufens und Abstoßens wird schneller. Im Rahmen der aktuellen Klimaschutzdebatte warnen deshalb die Vereinten Nationen jetzt auch vor den gravierenden Umweltschäden der steigenden Wegwerfmentalität bei Elektroprodukten. Ist der Computer deshalb nun ein Klimakiller?

In einem Bericht der deutschen Forschungseinrichtung der UNO in Bonn kommen die Experten zu dem Ergebnis, dass die ständigen Produktneuheiten und das häufige Ersetzen älterer Geräte erhebliche klimaschädliche Folgen haben. Bei der Herstellung eines durchschnittlichen Computers mit Monitor, so der federführende UN-Experte Rüdiger Kühr, werde fünfmal so viel an fossiler[1] Energie verbraucht und Kohlendioxid ausgestoßen wie bei der Produktion eines Autos. „Die Herstellung jeglicher Elektrogeräte ist ein wahrer Energiefresser", warnt Kühr. Nur wisse das kaum jemand.

Inzwischen macht in Deutschland der Handel mit Kommunikations- und Elektrotechnologie schon sieben Prozent des Bruttoinlandsproduktes aus. Beispiel PC: Im Jahr 2004 war erst die Hälfte der deutschen Haushalte mit einem Gerät ausgestattet. 2006 waren es bereits drei Viertel. Mehr als eine Milliarde Computer sind weltweit im Einsatz, jährlich werden 130 Millionen Geräte verkauft – und die alten auf den Müll geworfen. Elektrogeräte insgesamt sind „in", das wissen die UN-Fachleute: „Der Verkauf wird weiterhin ansteigen, denn die Tendenz nimmt zu, mehr als einen Computer oder ein Telefon zu besitzen. Das sei eine Gefahr für die Umwelt."

Denn neben den Auswirkungen auf das Klima bei der Herstellung wächst der weltweit unentsorgte Berg von Elektroschrott. Dreimal so schnell wie jede andere Form von Abfall steigt die Zahl der weggeworfenen PCs, Handys oder Radios. Weltweit kommen laut Experten inzwischen 40 Millionen Tonnen an elektronischem Müll zusammen. […]

ALB-BOTE, 03.03.2007

Worterklärung

1 fossil
= vorweltlich, versteinert (Brennstoffe wie z. B. Kohle, Öl)

9

Bilden Sie Kleingruppen und diskutieren Sie, welches Handeln aus dem Artikel abgeleitet werden kann.

10

Visualisieren Sie die Ergebnisse Ihrer Diskussion und tragen Sie Ihre Ergebnisse vor.

Massenmedien als Stilmittel in erzählenden Texten

1

Lesen Sie den Text.

Maritta Scholz

Chronik eines Liebesdeliriums

„Ich glaube, es geht nicht mehr weiter“, sagte ich zu meiner Freundin. „Aha“, sagte sie. „Doch, wirklich“, sagte ich, „ es geht nicht mehr, ich kann das nicht mehr aushalten, nicht mehr lange jedenfalls.“ „Und wie“, sie lächelte, „soll das aussehen? Das nicht mehr Weitergehen? Wie sieht das aus, wenn es mit einem nicht mehr weitergeht? Das geht doch gar nicht! Es geht immer weiter, ob du willst oder nicht, die Welt hört nicht auf sich zu drehen, nicht wegen dir.“ Susanne schaute mich triumphierend an. Bestimmt hatte das auch mal jemand zu ihr gesagt. „Ist doch egal, wie das aussieht, überall siehst du Leute, bei denen es irgendwann nicht mehr weitergegangen ist. Die brechen zusammen, landen in der Psychiatrie oder auf der Straße“, erwiderte ich. Susanne lächelte spöttisch. „Du weißt aber genau, dass das bei dir nicht passieren wird, oder? Komm schon!“

„Na ja, dann sieht es bei mir halt anders aus.“ Susanne nahm mich nicht ernst. Ich schaute sie trübsinnig an. „Nein“, sagte sie, „ich nehme dich nicht ernst! Na gut, deine Hormone spielen verrückt, du bist Hals über Kopf verliebt wie ein Teenager und das in deinem Alter … aber das wird weiter und irgendwann zu Ende gehen und dann geht es anders weiter. So, und jetzt muss ich Lara aus dem Kindergarten abholen. Ruf mich an, ja?“
Weg war sie. Da saß ich nun mit meinem Kaffee, meinen Gedanken und meiner nicht loszuwerdenden Liebesverwirrtheit. Ich sah dich überall, ich führte Gespräche mit dir, immer, alles, was ich erlebte und dachte, formulierte ich für dich in Sätze, die in eine SMS passten oder in eine Email und die ich so manchmal schrieb, aber nie so abschickte. Ich schickte vieles an dich ab, aber nie DAS. Ich recherchierte im Internet nach dir, nach Artikeln, Bildern, jeder hinterlässt seine Spuren im Netz, auch nach deiner Frau recherchierte ich, bearbeitete die Bilder, indem ich mein Bild einfügte und dich zwischen uns beiden stehend darstellte. Nein, ich machte nichts Widerwärtiges oder Geschmackloses, das nicht, psychopathisch[1] war es, und dass ich mir dessen die ganze Zeit bewusst war, machte es nicht besser. Ich versuchte dich zu vergessen, ich mühte mich, doch darin lag das Dilemma, wie kann man willentlich vergessen. Das Gefühl war groß, überwältigend, ich sprach mit dir in Gedanken, fühlst du es nicht, spür es doch – du kannst es fühlen, oder? War mir sicher, ich wäre in diesem Fall zu Telepathie[2] fähig. War verzweifelt und wieder nicht, weil ich glückselig war, darüber, dass ich überhaupt so etwas fühlen durfte, so eine Liebe, war glücklich und erstaunt über das Leben an sich, das einem solche Empfindungen schenkt, ganz gleich, wie aufgeklärt und gebildet man war

und wie viel man schon über das Thema Liebe gelesen und reflektiert hatte, und merkte, dass ich hoffnungslos verloren war.

Mich gab es gar nicht mehr, da war kein ICH mehr, nur noch eines, das aus Sehnen nach dir und Liebesdemenz[3] bestand. Und immer wieder dieses Wissen, es geht nicht so weiter. Es geht gar nicht mehr weiter. Irgendwann wird es mich nicht mehr geben, nur nichts.

Und dann gelang es mir doch, dich zu vergessen, weil ich mich ganz in die Arbeit stürzte oder unzählige Briefe für amnesty international schrieb oder Unterschriften gegen Tierversuche sammelte, ich war wieder ich selbst, die ich von vor dir, und dann kam ein Kunde, der so ähnlich aussah wie du, oder ich traf jemanden, der den gleichen Vornamen trug, dein Vorname ist recht häufig, oder jemand hatte eine ähnliche Jacke an, den gleichen Beruf, fuhr das gleiche Auto oder konnte auch kein Samt anfassen wie du und ich dachte wieder ‚oh, nein' und nur an dich und war dann wieder normal und bestand aus mir, ohne dich und ohne Verliebtheit, oder nur in normalem Maße [...]

Nachts war ich unfähig zu schlafen, und wenn ich doch schlief, träumte ich nur von dir und wachte gerädert auf. Ich aß nicht mehr, oder ganz viel, trank viel, oder gar nicht, um ganz klar und bei dir zu sein, rauchte nur noch, um dann ganz aufzuhören, um für dich gesund und rein und schön zu sein, machte Sport, viel, dann wieder nicht, weil mich dich-lieben meine ganze Energie kostete, schrieb Liebesbriefe, rief bei dir an und legte auf und merkte, dass ich alles nur noch in Extremen tun konnte, dass ich alles ganz viel oder gar nicht tat, wie an dich denken oder gar nicht mehr denken. Ich traf Freundinnen und redete nur von dir, und diese waren peinlich berührt und gingen oder sagten, dass sie sich sorgten, und ich sagte, ja ich, ich sorge mich noch mehr, und dann gingen sie auch.

Und so saß ich wieder hier oder dort oder anderswo und sorgte mich um mich und dich und uns und wusste, es würde so nicht mehr lange weitergehen können und anders auch nicht, wusste, dass ich es so oder so nicht mehr aushalten konnte, und kannte keine Rettung.

Und dann traf ich dich und wir redeten belangloses Zeug und es gelang mir, ganz normal zu wirken, damit du nichts merkst, und war zittrig und außer mir und außerstande und ich wusste, es durfte nichts zwischen uns passieren, ich würde explodieren, mein Herz würde zerspringen, und danach war mir ganz schlecht vom Normalspielen und ich bereute, dass ich dir nicht endlich meine Liebe gestanden hatte, und Susanne sagte „Gut, dass du ihm nicht deine Liebe gestanden hast", und eines Tages gestand ich dir, dass ich mich in jemanden verliebt hatte, der verheiratet war, und du fragtest „In mich?" und ich sagte "Nein!" und du sagtest „Gut, denn dann würde es so nicht weitergehen" und ich war so beschäftigt mit Normaltun, dass ich vergaß zu fragen, wie du das meintest mit dem nicht mehr so weitergehen können, und ich war auch unglaublich wütend auf dich und dachte, wie eingebildet du doch bist, als ob es keine anderen Männer gäbe, in die ich mich verlieben könnte, und ich wollte dich anrufen und bitten, doch endlich aus meinem Kopf zu verschwinden.

„Geh raus da! Geh weg, da ist kein Platz mehr für dich“, wollte ich sagen und tat es natürlich nicht und dachte, oh, oh, es ist ganz, ganz schlimm und schlimmer, am allerschlimmsten und ich kann es nicht mehr aushalten.

Die Musik hast du mir schon lange geraubt, anfangs war sie ein Trost gewesen, doch dann merkte ich, dass es auch in den Liedern nur um dich ging, um die Unwirklichkeit und Nichterlebbarkeit dieser Liebe, und ich hasste dich, weil du mir die Musik genommen hattest, alle meine Lieblingslieder waren besetzt von dir und ich rief Susanne an und sagte „Du, ich werde an gebrochenem Herzen sterben, es ist ganz kaputt“ […]

Aus: Maritta Scholz: Chronik eines Liebesdeliriums. In: Jetzt musst du springen. Das Kurzgeschichtenbuch. maringo Verlag, Stuttgart 2009, S. 17-22

Worterklärungen

1 psychopathisch
= gestörtes Gefühls- und Gemütsleben und Verhalten

2 Telepathie
= Wahrnehmung von Gedanken usw. über eine weite Entfernung ohne Hilfe der Sinnesorgane

3 Demenz
= Erkrankung des Gehirns

2

Beschreiben Sie die persönliche Situation der Ich-Erzählerin, in der sie sagt:

a) „Ich glaube, es geht nicht mehr weiter.“ (Zeile 1)
b) „Mich gab es gar nicht mehr.“ (Zeile 59)
c) „Ich würde explodieren, mein Herz würde zerspringen.“ (Zeile 106)
d) „Ich werde an gebrochenem Herzen sterben.“ (Zeile 136)

3

Nennen Sie die Situation, in der die Ich-Erzählerin wieder sie selbst ist.

4

Erklären Sie, welche Funktion die Massenmedien (Internet, Telefon) für die Ich-Erzählerin haben.

5

Begründen Sie, ob sich Susanne gegenüber der Ich-Erzählerin Ihrer Meinung nach wie eine Freundin verhält.

6

Machen Sie Vorschläge, wie die Geschichte enden könnte.

7

Schreiben Sie den Absatz „Die Musik hast du mir schon lange geraubt“ um und führen Sie die Geschichte fort, indem Sie das Massenmedium Film einbauen.
Behalten Sie den Schreibstil bei. Gehen Sie dabei auf die Wahrnehmung eines Massenmediums im Zustand des Verliebtseins ein.

Sprachliche Übungen

1

Verbinden Sie die Sätze zu einem Satzgefüge, indem Sie aus einem Satz einen Nebensatz machen und diesen mit einer passenden Konjunktion (Bindewort) einleiten: da, dass, damit, wenn, sodass, weil, obwohl. Beachten Sie die Zeichensetzung (siehe Anhang, Regel 22).

A Sie benötigen die aktuellen Wirtschaftsnachrichten. Sie lassen sich die aktuellen Nachrichten per SMS auf das Mobiltelefon senden.
B Sie haben aus einer Boulevard-Tageszeitung von einer neuen Erfindung erfahren. Sie glauben dies nicht.
C Im Rundfunk haben Sie nur das Ende einer sehr interessanten Reportage gehört. Sie lesen danach den gesamten Text auf der Internetseite des Senders nach.
D Mein Vorgesetzter verpasste die Nachrichtensendung. Er erfuhr nichts von der Leitzinserhöhung.
E Es waren schon weitere wichtige Ereignisse geschehen. Die Leitzinserhöhung stand nicht mehr als Hauptmeldung auf der Internetseite.
F Ich wollte einen schnellen Überblick haben. Ich suchte im Internet.
G Ich wollte schnell sein. Wir konnten aktuelle Preisvergleiche durchführen.

2

Setzen Sie die Adjektive (Eigenschaftswörter) in Klammern in die passende Steigerungsform.

A Die (neu) und zugleich (wichtig) Meldung kommt immer auf die Titelseite einer Zeitung oder Internetseite. Sollte eine Bildaufnahme hilfreich sein, kann das (schnell) Kamerateam bei einer Direktübertragung das (viel) Geld für den Auftrag bekommen. Je (spektakulär) eine Aufnahme ist, umso (viel) müsse man darauf achten, dass die gesprochene Nachricht nicht in den (aufregenden) Bildern untergehe, erklärt ein Nachrichtensprecher.
B Das Internet ist am (schnell), wenn man kurzfristig Informationen benötigt. Man kann sich aber nicht sicher sein, ob die Qualität auch (gut) ist als bei bekannten Tageszeitungen. Andererseits haben die (großen) Tageszeitungen bereits eigene Seiten im Internet, während sich die (klein) Zeitungen manchmal auf einer Plattform zusammenschließen.

3

Schreiben Sie die Sätze in der richtigen Groß- und Kleinschreibung (siehe Anhang, Regeln 8–10).

Kennzeichnen Sie gleichzeitig Verben (Tätigkeitswörter), Adjektive (Eigenschaftswörter), Substantive (Hauptwörter) in jeweils einer anderen Farbe (siehe Anhang, S. 269) und setzen Sie die Satzzeichen korrekt (siehe Anhang, Regeln 22, 23, 25).

A auch ältere menschen kommunizieren mittlerweile über das internet miteinander.
B viele dieser älteren bezeichnen sich selbst als einsam aber sehr kommunikativ.
C die meisten von ihnen nutzen das internet aber nicht nur zur kommunikation mit anderen menschen sondern auch um sich zu informieren.
D über alle altersgruppen hinweg gibt es aber immer mehr menschen die nur noch in der virtuellen welt leben und dadurch vereinsamen.
E sie verbringen so viel zeit im netz dass sie ihr reales leben nicht mehr bewusst wahrnehmen.
F so seltsam es auch klingen mag diese menschen vereinsamen durch nutzung der elektronischen medien.
G dadurch dass sie sich vernetzten haben einige überhaupt wieder kontakt zu einem gleichgesinnten bekommen.

Lernbaustein 2 **15**

Siehe auch Lernbereiche
1 Über Sprache und Kommunikation nachdenken
5 Sich informieren
8 Argumentieren und erörtern

Mit Kundinnen und Kunden kommunizieren

?

Mit Kundinnen und Kunden kommunizieren

Sprachliche Übungen

Gespräche mit Kundinnen und Kunden führen
- → Phasen eines Verkaufsgesprächs
- → Übungen
- → Techniken der Gesprächsführung
- → Sprachebenen

Kundengespräche beurteilen
- → Kundengerecht reagieren
- → Techniken, wie man mit Einwänden umgeht
- → Bewertungsbogen erstellen
- → Rollenspiel
- → Rückmeldung geben

Missverständnisse vermeiden
- → Kontrollierter Dialog
- → Nachfragen

!

1
Berichten Sie über Ihre Erfahrungen mit Kundinnen und Kunden.

2
Nennen Sie Eigenschaften, die eine gute Verkäuferin oder ein guter Verkäufer Ihrer Erfahrung nach haben sollte.

3
Nennen Sie Eigenschaften einer Verkäuferin oder eines Verkäufers, die auch im täglichen Umgang mit anderen Menschen hilfreich sind.

4
Lesen Sie das Verkaufsgespräch auf den Musterseiten 161/162 und die Kompetenzbox.

Gespräche mit Kundinnen und Kunden führen

Ein Verkaufsgespräch

Anja Lowin, 20 Jahre, betritt ein Möbelgeschäft.

Verkäufer (V): „Guten Tag."
Anja (A): „Guten Tag."
V: „Darf ich Sie beraten, oder möchten Sie sich erst einmal umschauen?"
A: „Danke, ich war schon mal hier und habe mich informiert. Also, ich brauche für meine Wohnung eine kleine Küche, und dazu habe ich ein paar Fragen."
V: „Dann lassen Sie uns doch erst mal in die Küchenabteilung gehen. Haben Sie die Maße Ihrer Küche?"
A: „Ja, ich habe die Küche ausgemessen und eine kleine Zeichnung gemacht. Sie haben hinten in Ihrer Ausstellung eine Küche, die mir ganz gut gefällt, ich fürchte nur, sie ist zu teuer."
V: „Was möchten Sie denn maximal ausgeben?"
A: „Also, ich denke höchstens 3.500 Euro mit Elektrogeräten."
V: „Und welche Elektrogeräte hätten Sie gerne?"
A: „Also, Kühlschrank und Herd natürlich. Eine Spülmaschine wäre nicht schlecht, aber ich glaube kaum, dass ich die für das Geld kriege."
V: „Na, da will ich mal sehen, was wir im Augenblick an Paketangeboten haben. Einige Hersteller haben immer mal wieder Komplettküchen in ihrem Programm. Wenn die dann mit Ihren Maßen übereinstimmen, ohne dass wir viel ändern müssen, könnte ich Ihnen vielleicht doch was anbieten, und Sie sagen mir dann, ob das Ihren Vorstellungen entspricht."
A: „Ja, diese Küche hier finde ich schick, das Blau gefällt mir, und da ich nur einen großen Raum mit Kochecke habe, passt das gut zu meinen Möbeln."
V: „Prima. Dann lassen Sie uns doch Ihre Zeichnung anschauen. Die Wasser- und Stromanschlüsse liegen günstig, Sie sollten nur bedenken, wenn Sie eine Spülmaschine in die kleine Küchenzeile einpassen,

KOMPETENZBOX

Mit Kundinnen und Kunden umgehen

KONTAKTPHASE

Die Verkäuferin/Der Verkäufer nimmt die Kundin/den Kunden positiv auf.

→ Freundlich begrüßen
→ Kundenwunsch erfragen
→ Lösung in Aussicht stellen

ANALYSEPHASE

Die Verkäuferin/Der Verkäufer erkundigt sich nach den Bedürfnissen der Kundin/des Kunden.

→ Genaue Vorstellungen ermitteln
→ Kundenwunsch bestätigen lassen

ANGEBOTSPHASE

Die Verkäuferin/Der Verkäufer überzeugt die Kundin/den Kunden durch gute Verkaufsargumente.

→ Bedarfsgerechtes Angebot unterbreiten
→ Persönlichen Nutzen für die Kundin/den Kunden aufzeigen
→ Beispiele zur Veranschaulichung anbieten
→ Evtl. Verkaufshilfen (Prospekte usw.) einsetzen

PRÜFUNGSPHASE

Die Verkäuferin/Der Verkäufer prüft, ob die Kundin/der Kunde mit dem Angebot einverstanden ist.

→ Zustimmung der Kundin/des Kunden einholen
→ Einwände klären
→ Andere Möglichkeiten benennen

haben Sie einen Unterschrank weniger. Kommen Sie damit zurecht?"

A: „Ach, ich denke, das geht schon."

V: „Wenn Sie dieses Grundpaket hier nehmen, kostet das mit Spülmaschine 3.749 Euro und ohne 3.449 Euro. Das wäre genau der Preis, den Sie ausgeben wollten, doch wenn Sie 300 Euro drauflegen, hätten Sie sich Ihren Wunsch erfüllt. Zudem ist diese Küche aus einem Programm, das Sie nachkaufen können. Wenn Sie in den nächsten Jahren in eine größere Wohnung umziehen, können Sie die Küche mitnehmen und ergänzen."

A: „Mh, das ist natürlich ein Argument … Ich nehme sie mit Spülmaschine."

V: „Ich denke, dass Sie eine gute Entscheidung getroffen haben und sich lange über die Küche freuen werden. Dann können wir jetzt den Kaufvertrag ausfüllen. Bitte nehmen Sie doch Platz.

[*Einige Zeit später*]

Vielen Dank für Ihren Auftrag. Auf Wiedersehen. Und einen schönen Tag noch."

A: „Danke, gleichfalls. Auf Wiedersehen."

KOMPETENZBOX

ABSCHLUSSPHASE

Die Verkäuferin/Der Verkäufer bekräftigt die Kaufentscheidung der Kundin/des Kunden.

- → **Kundenentscheidung bestärken**
- → **Dank aussprechen**
- → **Freundlich verabschieden**

SPRACHE

- → **Gut verständlich**
- → **Klar strukturierte Sätze**

5

Beschreiben Sie, welche Stimmungen und Gefühle in den Gesichtern abzulesen sind.

A

B

C

D

E

F

6

Situation:
Ein Kunde betritt ein Geschenkartikelgeschäft, in dem Sie als Verkäufer/in tätig sind. Er macht einen gestressten Eindruck und schaut sich ziellos um. Sie gehen auf ihn zu und sprechen ihn an.

Wählen Sie die Ihrer Meinung nach passenden Fragen aus. Begründen Sie Ihre Wahl.

A „Guten Tag, möchten Sie sich erst einmal in Ruhe umschauen?"
B „Guten Tag, darf ich Ihnen … zeigen?"
C „Guten Tag, für wen suchen Sie ein Geschenk? Für eine Dame oder einen Herrn oder für sich selbst?"
D „Guten Tag, für welchen Anlass suchen Sie etwas?"
E „Guten Tag, kann ich Ihnen behilflich sein?"

Situation:
Sie sind im dritten Ausbildungsjahr als Maler und Lackierer. Sie fahren mit Ihrem Chef, Herrn Grün, zu Frau Schmidt, bei der Sie gestern das Wohnzimmer tapeziert haben. Heute sind noch einige Nacharbeiten zu erledigen, die Sie alleine ausführen sollen. Sie haben sich gegenüber dem vereinbarten Termin um eine halbe Stunde verspätet. Sie betreten mit Ihrem Material unter dem Arm die Wohnung der Kundin.

Entscheiden Sie sich für eine der Möglichkeiten, wie Sie die Kundin begrüßen, um eine positive Wirkung zu erzielen. Begründen Sie Ihre Wahl.

A „Guten Morgen!"
B „Guten Morgen, Frau Schmidt. Entschuldigen Sie bitte, ich komme etwas später als vereinbart, weil Herr Grün noch auf das Material für Sie gewartet hat. Ich werde jetzt sofort mit der Arbeit beginnen."
C „Tag, Frau Schmidt. Entschuldigen Sie die Verspätung, aber es läuft nicht immer alles so, wie man es plant."
D „Hallo, Frau Schmidt. Es gab noch Wichtiges in der Werkstatt zu regeln, und die Arbeit bei Ihnen ist ja schnell erledigt."
E „Morgen, Frau Schmidt. Es ist nicht meine Schuld, dass ich zu spät komme, daran ist mein Chef schuld."

8

Situation:
Sie befinden sich im zweiten Ausbildungsjahr als Friseurin. Für heute hat sich eine neue Kundin angemeldet. Sie wünscht sich für ihr dünnes Haar eine moderne Frisur und erwartet von Ihnen entsprechende Vorschläge.

Wählen Sie die Aussagen, die Sie dieser Kundin gegenüber für passend halten. Begründen Sie Ihre Entscheidung.

A „Ihr Haar ist aber sehr schwierig. Dazu fällt mir auch nichts ein."
B „Auch wenn Ihr Haar sehr dünn ist, finden wir eine praktische Frisur, die zu Ihnen passt."
C „Für Ihr dünnes Haar eine passende Frisur zu finden, das ist nicht einfach."
D „Mit dieser Frisur kommen Sie auch mit Ihrem dünnen Haar gut zurecht, und sie passt hervorragend zu Ihrem Typ."

9

Formulieren Sie die Fragen der Verkäuferin/des Verkäufers so, dass sie mit JA oder NEIN zu beantworten sind.

» **BEISPIEL:**
„Sollen wir die Ware liefern, oder holen Sie sie ab?"
→ ***„Wünschen Sie, dass wir die Ware liefern?"***
oder
„Holen Sie die Ware ab?"

A „Ist Ihnen die Qualität wichtig, oder wünschen Sie eine preiswerte Lösung?"

B „Entscheiden Sie sich jetzt für diese Ausstattung oder doch für die abgespeckte Lösung?"
C „Wünschen Sie eher den hellen oder den dunklen Beizton für die Garderobe?"
D „Wie möchten Sie bezahlen?"

10

Fügen Sie das richtige Relativpronomen (bezügliche Fürwort) ein.

A Der Hersteller, __ diese Möbel anbietet, verwendet hochwertige Beschläge.
B Das Grundpaket dieser Küche, __ 3.749 Euro kostet, ist jederzeit erweiterbar.
C Die Entscheidung, __ Sie getroffen haben, werden Sie nicht bereuen.
D Am besten wenden Sie sich an einen Spezialisten einer anderen Firma, __ mit dieser Technik mehr Erfahrung hat.
E Das Muster der Tapete, __ Sie ausgewählt haben, wirkt sehr fröhlich und doch nicht aufdringlich.
F Die Kombimodelle des Möbelherstellers Proform, __ Ihnen empfohlen wurden, führen wir nicht.
G Das Muster des Dekostoffes, __ Sie im Schaufenster gesehen haben, würde gut zu Ihrem Teppichboden passen.
H Der Schnitt der Hose, __ Sie gewählt haben, passt Ihnen ausgezeichnet.
I Der Farbton Ihres neuen Autos, __ Sie sich ausgesucht haben, würde auch mir gut gefallen.

11

a) Lesen Sie jeweils, was die Verkäuferin/der Verkäufer beabsichtigt.
b) Entscheiden Sie danach, ob sich Verkäufer/in 1 oder 2 richtig verhält.

A Die Verkäuferin/Der Verkäufer will **Auskünfte** über den Wunsch der Kundin/des Kunden **erhalten**.
1 „Welcher Artikel gefällt Ihnen besser?"
2 „Dieser Artikel gefällt Ihnen bestimmt nicht!"

B Die Verkäuferin/Der Verkäufer **setzt sich** mit möglichen Überlegungen der Kundin/des Kunden **auseinander**.
1 „Ich denke, Sie möchten das sicherlich noch einmal mit Ihrer Frau besprechen."
2 „Ihre Frau wird schon mit dem Vorschlag einverstanden sein."

C Die Verkäuferin/Der Verkäufer lenkt auf das Verkaufsargument und **beeinflusst** somit die Kundin/den Kunden.
1 „Sie können sich für das preiswertere oder das teurere, aber dafür das leistungsfähigere Gerät entscheiden."
2 „Sie wollen doch keine billige Ware?"

D Die Verkäuferin/Der Verkäufer will eine harmonische Atmosphäre schaffen und die **Kundenentscheidung bestärken**.
1 „Entspricht das Ihren Vorstellungen?"
2 „Da haben Sie eine gute Entscheidung getroffen. Die helle Jacke wirkt freundlich und durch das Material ist sie in der Maschine waschbar."

12

Formulieren Sie bei den folgenden Situationen jeweils Fragen/Äußerungen der Verkäuferin/des Verkäufers. Beachten Sie die Hinweise in Klammern.

A *Eine Kundin betritt ein Modegeschäft.*
„Guten Tag. Ich möchte mir gerne das Kleid aus dem Schaufenster anschauen."
(**Kontaktphase:** freundlich begrüßen, Lösung für Kundenwunsch in Aussicht stellen)

B *Ein Kunde im Gespräch mit dem Installateur.*
„Unser neues Bad soll großzügig wirken."
(**Analysephase:** genaue Vorstellungen ermitteln, Kundenwunsch bestätigen lassen)

KOMPETENZBOX

Techniken der Gesprächsführung

Die Verkäuferin/Der Verkäufer

→ schafft eine **angenehme Atmosphäre**, indem sie/er die Kundin/den Kunden freundlich begrüßt und den Kundenwunsch erfragt.

→ drückt sich **klar und verständlich** aus, indem sie/er in angemessener Lautstärke spricht, sodass Umstehende nicht mithören können. Sie/er formuliert in klar strukturierten Sätzen und erläutert die Fachbegriffe.

→ **hört aufmerksam zu**, indem sie/er durch Kopfnicken Verständnis signalisiert. Sie/er beantwortet die Fragen der Kundin/des Kunden präzise und fachgerecht.

→ wirkt in der **Körpersprache überzeugend**, wenn sie/er locker, aber sicher auftritt und sich im Gespräch der Kundin/dem Kunden zuwendet, ohne sie/ihn anzustarren.

→ hat ein **klares Verkaufskonzept**, das heißt sie/er nennt alle Verkaufsargumente, verliert sich nicht in Nebensächlichkeiten und wiederholt die wichtigen Verkaufsargumente.

KOMPETENZBOX

Sprachebenen

Als **Standardsprache** bezeichnet man die Sprachebene, die über regionale Grenzen hinweg in ganz Deutschland, in der Schule und im offiziellen Gebrauch gesprochen wird.

Beispiel: *Ich möchte in Ihrem Restaurant gern für heute Abend Plätze reservieren lassen.*

Die **Umgangs- und Alltagssprache** wird im täglichen Umgang verwendet, sie ist geprägt von regionalen und sozialen Gegebenheiten.

Beispiel: *In diese Kneipe geh ich nie.*

Die **Jugendsprache** dient der Abgrenzung Jugendlicher von Erwachsenen und ist Ausdruck ihres Lebensgefühls.

Beispiel: *Lass heute ne voll krasse Party steigen.*

Der Verkäufer/die Verkäuferin muss in der Lage sein, auf die Sprache des Kunden/der Kundin angemessen zu reagieren.

C *Ein leicht ergrauter Herr beim Friseur.*
„Mein graues Haar stört mich doch zunehmend. Kann man da nicht was machen?"
(**Angebotsphase:** bedarfsgerechtes Angebot unterbreiten, persönlichen Nutzen für den Kunden aufzeigen, Beispiele zur Veranschaulichung anbieten)

D *Kundin bestellt beim Floristen ein Trauergesteck.*
„In dem Gesteck sollte die Farbe Gelb vorherrschen. Aber es darf nicht zu fröhlich wirken."
(**Prüfungsphase:** Zustimmung der Kundin einholen, Einwände klären, Alternativen nennen)

E *Der Kunde ist mit der Wahl seines Bürostuhls zufrieden.*
„Ich glaube, dass ich mich auf diesem Stuhl so richtig wohlfühlen werde."
(**Abschlussphase:** Kundenentscheidung bestärken, danken, freundlich verabschieden)

Missverständnisse vermeiden

1

Situation:
Der Raumausstatter, Herr Heiderich, ist zu einem Beratungsgespräch bei dem Ehepaar Müller. Frau und Herr Müller wünschen sich passend zu ihrer neuen Schrankwand einen anderen Bezug für ihre Polstergarnitur.

a) Lesen Sie das folgende Kundengespräch.

Herr Müller: „Wie ich Ihnen am Telefon schon sagte, möchten wir etwas Passendes zu unserer neuen Schrankwand aus Kirschbaum. Der Raum ist sehr dunkel, da die Bäume vor dem Fenster viel Licht wegnehmen." ✘

Herr Heiderich: „Ich habe Ihnen hier einen Musterstoff mitgebracht."

Frau Müller: „Der gefällt mir aber nicht. Der ist mir zu dunkel."

Herr Heiderich: „Sie haben mir aber vorher nicht gesagt ... Ja, dann zeige ich Ihnen etwas aus einer anderen Stoffkollektion."

Herr Müller: „Das ist mir aber alles zu blumig und duftig."

Herr Heiderich: „Na dann ... würde ich Ihnen Grün empfehlen."

Frau Müller: „Aber mit Grün ist man doch bei den sonstigen Dekorationen so gebunden."

Herr Müller: „Und mir ist Grün zu aufdringlich."

Herr Heiderich: „Na, wie wäre es dann mit einem bläulichen Farbton?"

Frau Müller: „Also Herr Heiderich, Ihre Vorschläge gefallen mir alle nicht. Ich glaube, das hat heute keinen Sinn mehr."

b) Fügen Sie an der markierten Stelle (✘) eine Formulierung ein, mit der sich Herr Heiderich vergewissern könnte, ob er Herrn Müller richtig verstanden hat.

c) Formulieren Sie den möglichen weiteren Verlauf des Gesprächs nach der Rückfrage von Herrn Heiderich.

KOMPETENZBOX

Missverständnisse vermeiden – kontrollierter Dialog

Missverständnis heißt, dass die Hörerin oder der Hörer nicht das verstanden hat, was die Sprecherin oder der Sprecher sagen wollte.

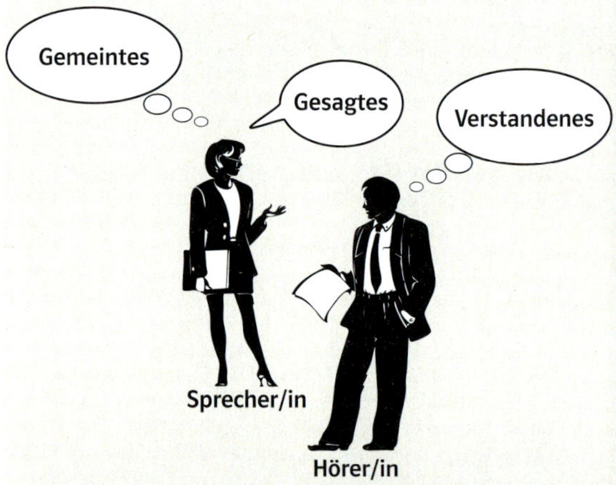

Missverständnisse können vermieden werden, wenn man sich während des Gesprächs vergewissert, dass man seine Gesprächspartnerin oder seinen Gesprächspartner richtig verstanden hat. Diese Vorgehensweise bezeichnet man als „kontrollierten Dialog".

Sie können dazu folgende Formulierungen benutzen:

→ „Habe ich Sie richtig verstanden, dass ..."

→ „Ich wiederhole noch einmal ..."

→ „Wenn ich das jetzt richtig verstanden habe, meinen Sie ..."

(siehe auch Kompetenzbox „Vier Seiten einer Nachricht" auf S. 75)

2

Lesen Sie den Text mit verteilten Rollen.

Ulrich Lang

Im Reisebüro

Personen: Reisebüroangestellte (R), Ehepaar Karl (K) und Frieda (F) Hinterwald

(Die Reisebüroangestellte sitzt hinter einem Tisch und blättert in einem Katalog; das Ehepaar tritt ein.)

K: Grüß Gott, Fräulein.

R: Guten Tag. Kann ich Ihnen behilflich sein?

K: Ja, wir würden im Sommer gerne verreisen.

R: Ah ja. Dann nehmen Sie doch bitte Platz.

(Das Ehepaar setzt sich vor den Tisch.)

R: Wohin soll denn die Reise gehen, Herr …

K: Hinterwald, Karl Hinterwald. Das *(er deutet auf seine Frau)* ist meine Frau.

R: Angenehm. Also, wohin soll denn die Reise gehen?

K: Bis jetzt haben wir noch keine genaue Vorstellung.

F: Wissen Sie, wir sind die letzten zehn Jahre nicht aus unserem Dorf herausgekommen. Dauernd lief etwas schief. Einmal waren die Säue krank …

K: Mein Gott, Frieda, das interessiert doch das Fräulein nicht!

R: Wollen Sie lieber fliegen oder lieber mit dem Zug verreisen? Soll Ihr Urlaubsziel in Europa sein, oder möchten Sie lieber in die Karibik? Auch auf den Malediven haben wir einige ansprechende Anlagen.

K: Auf den Male-was? Wo ist denn das?

R: Das sind kleine Inseln im Indischen Ozean. Dort haben Sie den ganzen Tag Sonne, Strand und Palmen. Hier, bitte sehr. Da ist ein Katalog.

(Sie reicht dem Ehepaar einen Katalog.)

F: Au, das sieht aber toll aus! Schau mal den vielen Sand!

K: Der knirscht bestimmt zwischen den Zähnen.

F: Du sollst den Sand ja auch nicht essen!

R: Nein, das brauchen Sie auch nicht. Dort ist All-inclusive-Verpflegung. Da können Sie sich am Büfett vollstopfen, bis es Ihnen zu den Ohren herauskommt.

K: Das klingt nicht übel. Was gibt es denn da zum Essen?

R: Internationale Küche, auch Exotisches: Muscheln, Krabben, Kokosnüsse und Mango zum Beispiel.

F: Und Rostbraten mit Spätzle haben die nicht?

R: Doch, irgendetwas mit Nudeln gibt es natürlich auch.

K: Was kosten denn diese Malediven?

R: Pro Person 1500 Euro für 13 Tage.

K: Du liebe Zeit, das sind ja 3000 Euro für zwei! Das ist mir zu teuer, Fräulein.

R: Ja, wie wäre es denn dann mit der Dominikanischen Republik? Dort bekommt man all inclusive zwei Wochen schon für 650 Euro. Das ist spottbillig!

K: Ja, und wo liegt diese Republik nun genau?

R: Das ist in der Karibik. Südlich von Florida, Herr Hinterwald.

K: Das ist in Amerika, gell?

R: Genau. Das sind etwa elf Stunden Flug von hier.

F: Elf Stunden fliege ich nicht, Karle. Da muss ich mich übergeben.

K: Wir wollen eigentlich nicht ganz so weit weg.

R: Kanarische Inseln? Nur vier Stunden Flug!

F: Kommen da nicht die Kanarienvögel her? Da will ich nicht hin. Die Viecher sind mir zu laut.

R: Wir haben auch noch Türkei, Griechenland, Portugal, Italien. Sagen Sie mir doch einfach, wo Sie hin möchten.

F: Bei meiner Nichte im Betrieb arbeitet ein Italiener. Der singt den ganzen Tag und ist unerträglich vergnügt. Zu solchen Menschen kann ich nicht in den Urlaub, Karl.

K: Haben Sie nicht irgendetwas Bodenständiges?

R: Wie wäre es mit Österreich? Dort haben wir schöne Häuser.

F: Österreicher kann ich nicht leiden. Die reden so teigig.

R: Und eine Ferienwohnung an der Nordsee?

K: Also von den Fischköpfen sind wir auch nicht gerade begeistert, Fräulein.

F: Mein Karl mag keinen Fisch. Da sind ihm zu viele Gräten drin.

R: Ich glaube, ich habe jetzt das Richtige für Sie. Eine ruhige Pension im Schwarzwald. Keine Fliegerei, keine Ausländer, keine Gräten. Das müsste doch für Sie beide passen.

F: Schwarzwald, das klingt nicht schlecht.

K: Aber der Schwarzwald gehört doch nicht mehr zu Württemberg, oder?

R: Nein, der Großteil liegt in Baden.

K: Zu den Badenern gehen wir als Schwaben nicht. Da könnten wir ja gleich zu den Preußen! Dann noch eher zu den Kanarienvögeln!

R: Sie machen es mir aber wirklich nicht einfach. Ihnen passt ja überhaupt nichts!

K: Es kommt eben immer darauf an, wie es einem schmackhaft gemacht wird, Fräulein.

F: Sie werden doch von uns nicht verlangen, dass wir bei unserer ersten Reise gleich zu den Amerikanern oder Italienern fliegen?

R: Wenn Sie aber auch keine Österreicher, Norddeutsche oder Badener mögen, wo soll ich Sie denn um Himmels willen dann noch hinschicken? Auf die Schwäbische Alb vielleicht?

K: Danke, Fräulein, das ist nicht nötig, denn da kommen wir schließlich her.

R: Dann ist es für Sie, glaube ich, das Beste, Sie bleiben daheim.

K: Genau das wollte ich von Ihnen hören, Fräulein. Siehst du, Frieda, das habe ich dir doch gleich gesagt.

F: Also gut. Wenn das Fräulein das sagt, dann bleiben wir eben zu Hause. Die muss das schließlich wissen.

(Das Ehepaar steht auf und geht.)

3

a) Nennen Sie die Stellen im Text, in denen Sie den kontrollierten Dialog einsetzen können.

b) Notieren Sie Formulierungen, mit denen Sie die Kundin und den Kunden zur konkreten Beschreibung der Wünsche veranlassen.

4

Lesen Sie das Gespräch erneut mit dem eingebauten kontrollierten Dialog.

Kundengespräche beurteilen

1

a) Entscheiden Sie, welche Reaktion in den folgenden Situationen richtig ist.

Situation 1

Sie sind Verkäuferin in einer Nobelboutique. Eine junge, vollschlanke Kundin betritt das Geschäft und interessiert sich für die topaktuelle körperbetonte Mode. Sie sind jedoch der Meinung, dass die Kundin ihre Figurprobleme eher mit modischen, aber weiter geschnittenen Kleidungsstücken überspielen sollte.

A Sie bestätigen den Wunsch der Kundin nach modischer Kleidung, suchen aus Ihrem Sortiment aber zu einer Caprihose eine weiter geschnittene Bluse mit passendem Top aus.

B Sie geben Ihrer Kundin unmissverständlich zu verstehen, dass sie im falschen Laden ist und besser in ein Spezialgeschäft für große Größen gehen sollte.

Situation 2

Frau Wiese hat sich bei Ihnen einen großgemusterten Dekostoff ausgesucht. Beim Ausmessen des Wohnzimmerfensters stellen Sie fest, dass der Raum sehr klein ist und ein dezenter Farbton und ein kleines Muster den Raum optisch größer erscheinen lassen würden.

A Sie holen den Dekostoff aus dem Auto und hängen ihn über die vorhandene helle Übergardine. Sie hoffen, dass die Kundin so selbst erkennt, dass der Stoff den Raum verkleinert und dunkler macht.

B Sie bestätigen die Wahl der Kundin, weil der Stoff teuer ist und Sie deshalb an dem Auftrag mehr verdienen.

b) Formulieren Sie zu der gewählten Reaktion jeweils eine Aussage in wörtlicher Rede.

2

Situation:

Anja möchte sich eine Küche kaufen. Das Angebot des Verkäufers lehnt sie mit den Worten „Das ist mir zu teuer" ab.

Entscheiden Sie, welche Technik jeweils angewandt wird, um dem Einwand Anjas zu begegnen (siehe Kompetenzbox S. 170).

A

„Bevor Sie über den Preis erschrecken, zeige ich Ihnen die verschiedenen Ausstattungsmöglichkeiten."

B

„Die Küche ist jetzt, wenn Sie gerade Ihre erste Wohnung beziehen, sicherlich teuer. Dafür können Sie aber auch Jahre später die Möbel noch nachkaufen."

C

„Welche Preisvorstellung haben Sie?"

D

„Die Küche ist zwar nicht ganz billig, dafür bietet aber der Hersteller eine längere Garantie und einen besseren Service vor Ort."

E

„Sie werden sicherlich einwenden, dass diese Lösung auch nicht preiswerter ist, aber dafür bekommen Sie auch eine Spülmaschine und erleichtern sich so die tägliche Arbeit."

KOMPETENZBOX

Techniken, wie man mit Einwänden umgeht

JA-ABER-TECHNIK

Die Verkäuferin/Der Verkäufer bestätigt den Einwand der Kundin/des Kunden und ergänzt ein positives Verkaufsargument.

BEISPIEL:

„Ja, die Küche ist teuer, sie hat aber auch eine Nachkaufgarantie von 15 Jahren."

VORGREIFTECHNIK

Die Verkäuferin/Der Verkäufer ahnt den Einwand der Kundin/des Kunden und nimmt diesen vorweg.

BEISPIEL:

„Sie werden einwenden, dass die Küche teuer ist, dafür hat sie eine Nachkaufgarantie von 15 Jahren."

PLUS-MINUS-TECHNIK

Die Verkäuferin/Der Verkäufer nennt ein positives und das negative Verkaufsargument:

BEISPIEL:

„Die Küche ist zwar teuer, sie hat aber eine Nachkaufgarantie von 15 Jahren."

INTERVIEW-TECHNIK

Die Verkäuferin/Der Verkäufer fragt die Kundin/den Kunden konkret nach ihren/seinen Vorstellungen.

BEISPIEL:

„Welches Preislimit haben Sie?"

VERTAGUNGSTECHNIK

Die Verkäuferin/Der Verkäufer berichtet über die Vorzüge der Ware und nennt erst zum Schluss das Negative.

BEISPIEL:

„Sie werden sicherlich einwenden, dass die Küche im Vergleich zu dem anderen Modell teurer ist, aber schauen Sie sich zunächst die Vielzahl der Gestaltungsmöglichkeiten in aller Ruhe an."

3

a) Notieren Sie Situationen, in denen Sie in Ihrem Beruf mit Kundinnen und Kunden zusammentreffen. Beschreiben Sie eine schwierige Gesprächssituation.
b) Entscheiden Sie, welche Technik (siehe Kompetenzbox) für die Situation geeignet ist.
c) Formulieren Sie eine geeignete Reaktion.

4

Erstellen Sie einen Bewertungsbogen für Verkaufsgespräche mit Inhalten aus den Kompetenzboxen. Sie können so beginnen:
Die Verkäuferin/Der Verkäufer schafft eine angenehme Atmosphäre.

Sie/er begrüßt die Kundin/den Kunden jeweils.	++	+	o	–	––
Sie/er erfragt den Kundenwunsch.	++	+	o	–	––

…

5 **P**

a) Wählen Sie eine Situation aus Ihrem Beruf oder ein Produkt, über das Sie detaillierte Informationen haben, und schreiben Sie ein Verkaufsgespräch, indem Sie
1 die Phasen eines Verkaufsgesprächs (siehe S. 161/162) beachten und
2 den kontrollierten Dialog an einer Stelle einbauen und
3 eine Technik anwenden, wie man mit Einwänden der Kundin oder des Kunden umgeht.

b) Führen Sie in Vierer-Gruppen ein Gespräch als Rollenspiel, indem eine Person die Rolle der Verkäuferin/des Verkäufers, eine Person die Rolle der Käuferin/des Käufers und zwei Personen die Beobachtungsrollen übernehmen.
c) Geben Sie als Beobachter den anderen nach dem Spiel eine Rückmeldung, indem Sie sich auf Ihren Bewertungsbogen stützen.

Sprachliche Übungen

1

Fügen Sie das richtige Relativpronomen (bezügliche Fürwort) ein und setzen Sie die Kommas (siehe Anhang, Regel 22).

A Die Küche __ Sie gewählt haben hat eine Nachkaufgarantie von 15 Jahren.
B Die Oberfläche der Küche für __ Sie sich entschieden haben ist sehr pflegeleicht.
C Die Elektrogeräte __ dieser Hersteller anbietet sind Markenprodukte.
D Die Küche __ Sie in der Ausstellung sehen ist nicht mehr im Programm.
E Die Ausstattung der Küche __ wir zu dem Sonderpreis anbieten ist sehr umfangreich.
F Der Hersteller __ diese Küche liefert arbeitet meistens termingerecht.
G Das Personal des Kundendienstes __ Sie betreuen wird ist zuverlässig und fachkompetent.

2

Verwandeln Sie den Hauptsatz in Klammern in einen Nebensatz mit „dass". Beachten Sie die Kommasetzung (siehe Anhang, Regel 22).

A Sie werden feststellen (der Preis entspricht der Qualität).
B Sie werden einwenden (das Produkt liegt im oberen Preissegment).
C Wenn Sie in den Spiegel schauen sehen Sie (die Rückenfalte sitzt perfekt).
D Die Preisnachlässe zeigen (ein Kollektionswechsel steht bevor).
E Die Verkaufszahlen zeigen (das Produkt kommt gut am Markt an).
F Ehrlicherweise muss ich Ihnen sagen (dieses Modell unterstreicht nicht Ihren Typ).

3

Bilden Sie zusammengesetzte Adjektive (Eigenschaftswörter) mit den folgenden Vorsilben erz-, extra-, hyper-, super-, tod-, über-, ur-.

A modern	**D** konservativ	**G** komisch
B klug	**E** ernst	**H** sicher
C glücklich	**F** sensibel	**I** lang

4

Ordnen Sie die Adjektive (Eigenschaftswörter) den fremdsprachlichen Vorsilben zu, sodass neue Adjektive entstehen.

A anti- (gegen)	**1** kontinental
B inter- (zwischen)	**2** westlich
C post- (nach)	**3** autoritär
D prä- (vor)	**4** modern
E pro- (für)	**5** historisch
F trans- (durch/hindurch)	**6** kulturell

5

Setzen Sie die Adjektive (Eigenschaftswörter) in der richtigen Form ein. Beachten Sie dabei die Bedeutungen in Klammern.

A original – originell
1 Das ist eine __ Schweizer Uhr (echt, ursprünglich).
2 Das ist ein __ Kopf (einfallsreich, witzig).

B rational – rationell
1 __ sehe ich das ein (vom Verstand her).
2 Der Betrieb arbeitet nicht __ (wirtschaftlich).

C real – reell
1 Das gibt es doch __ gar nicht (in Wirklichkeit).
2 Das ist ein __ Angebot (ehrlich, fair).

Lernbaustein 2 **16**

Siehe auch Lernbereiche
1 Über Sprache und Kommunikation nachdenken
10 Protokollieren

Telefonieren

?

Sprachliche Übungen

Telefonieren

Höflich und freundlich telefonieren

- → Ein Telefongespräch vorbereiten
- → Stichwortzettel schreiben
- → Gesprächsablauf
- → Gesprächsverhalten
- → Ein Telefongespräch nachbereiten
- → Eine Telefonnotiz schreiben

Ein fehlerhaftes Gespräch verbessern

!

1

Beschreiben Sie Situationen, in denen Sie eher
a) dem Telefon den Vorzug vor anderen Mitteln des Informationsaustausches geben,
b) andere Möglichkeiten zur Kommunikation wählen.
c) Begründen Sie Ihre Wahl.

2

Berichten Sie, worauf Ihrer Erfahrung nach beim Telefonieren zu achten ist.

3

Lesen Sie zunächst still das Telefongespräch auf den Musterseiten 173/174 und die Kompetenzbox.

Höflich und freundlich telefonieren

Ein Telefongespräch

Situation:
Karim Bobel organisiert eine Betriebsfeier und möchte noch eine zusätzliche Bestellung bei einem Getränkehandel aufgeben.

Diemel: „Vilsana Mineralbrunnen GmbH Pirmasens. Guten Tag, mein Name ist Stefanie Diemel."

Bobel: „Guten Tag, Frau Diemel. Mein Name ist Karim Bobel. Ich rufe im Auftrag der Deimling OHG an. Störe ich Sie gerade?"

D: „Nein, Herr Bobel, … *(Frau Diemel lacht)* … hier ging nur gerade ein Kollege durch das Büro. --- Ich erinnere mich gut an Ihre Bestellung. Sie feiern doch am Wochenende Ihr 50-jähriges Betriebsjubiläum, richtig?"

B: „Ja, stimmt, Frau Diemel. Und die Feier wird nun doch etwas größer, da jetzt auch einige der Kinder der Betriebsangehörigen teilnehmen werden. Und für die möchte ich noch weitere Getränke bestellen. Ist das so kurzfristig noch möglich?"

D: „Ja, sicherlich, Herr Bobel, wir werden das sehr gerne umsetzen. Außerdem haben Sie noch ausreichend Zeit."

B: „Wunderbar. Haben Sie etwas zum Schreiben zur Hand?"

D: „Ja, einen Moment bitte, Herr Bobel --- so, jetzt können Sie mir gerne Ihre ergänzenden Bestellungen durchgeben."

B: „Danke. Also, dann möchten wir bitte zwei Kisten Zitronenlimonade in den kleinen 0,33-Liter-Flaschen. Vier Kisten stilles Mineralwasser Ihres Hauses und … ist das zu schnell, Frau Diemel?"

D: „Nein, nein, das ist schon in Ordnung so. Danke der Nachfrage."

B: „Gut; und dann noch vier Kisten Orangensaft ‚Sankiss' ohne Fruchtfleisch – in Literflaschen, bitte."

KOMPETENZBOX

Telefonieren

VORAUSSETZUNGEN FÜR EINE GUTE GESPRÄCHSATMOSPHÄRE

→ Ausreichend Zeit einplanen

→ Einen ruhigen Ort wählen, mögliche Lärmquellen (z. B. Mobiltelefon) abstellen

→ Papier und Schreibunterlagen für Notizen griffbereit halten

→ Sich inhaltlich auf das Gespräch vorbereiten:
- Wichtige Fragen in Stichworten aufschreiben
- Wichtige Information für die Gesprächspartnerin/den Gesprächspartner stichwortartig notieren

ABLAUF DES GESPRÄCHS

→ Begrüßen (als Angerufene/r):
- Begrüßungsformel („Guten Tag, …", „Guten Morgen, …")
- Namen der Firma nennen
- Eigenen Namen nennen

→ Begrüßen (als Anrufende/r):
- Begrüßungsformel („Guten Tag, …", „Guten Morgen, …")
- Gesprächspartner/in mit Namen anreden
- Eigenen Vor- und Zunamen nennen

→ Das Anliegen klar formulieren

→ Sich für das Gespräch bedanken, verabschieden

KOMPETENZBOX

GESPRÄCHSVERHALTEN

- → Lächeln (ist in der Stimme hörbar)
- → Langsam und deutlich sprechen
- → Höflich sein: bitten und danken
- → Aufmerksam zuhören
- → Die Gesprächspartnerin/Den Gesprächspartner ausreden lassen
- → Rück- oder Verständnisfragen stellen
- → Wichtige Punkte wiederholen oder zusammenfassen
- → Pausen machen und langsam reden
- → Notizen zu den wichtigsten Informationen anfertigen

NACHBEREITUNG DES GESPRÄCHS

- → Umgehend eine Gesprächsnotiz über das Telefonat anfertigen
- → Einen Termin für sich festlegen, an dem man sich um das Anliegen kümmert
- → Gesprächsnotiz zum Vorgang bzw. zur jeweiligen Akte legen

Stichwortzettel

zur Vorbereitung eines Telefongesprächs

Firma ....

Frau/Herr ....

Telefon ....

Anliegen ....

....

....

....

Möglicher Termin ....

D: „Dankeschön. Damit wir Ihnen auch das Richtige liefern, wiederhole ich: Am Samstag, 05.07.20.., liefern wir Ihnen zusätzlich zwei Kisten Zitronenlimonade 0,33-Liter, vier Kisten Stilles und vier Kisten ‚Sankiss' 1-Liter. Richtig?"

B: „Ja, genau."

D: „Wünschen Sie auch noch weitere Gläser oder Becher für die Kinder?"

B: „Nein, danke, Frau Diemel. Damit sind wir bestens ausgestattet. Wären Sie bitte so nett und schicken mir dann noch eine Bestätigung per Fax an die folgende Nummer: *(Pause)* 0 63 31 *(Pause)* 1 37 *(Pause)* 22 69."

D: „Gut. Ich wiederhole noch einmal die Nummer 0 63 31 – 1 37 22 69. Herr Bobel, vielen Dank für die Bestellung. Und dann wünsche ich Ihnen allen gutes Wetter für Ihr Sommerfest."

B: „Vielen Dank, Frau Diemel. Auf Wiederhören."

D: „Auf Wiederhören, und herzliche Grüße an Herrn Deimling."

4

Lesen Sie das Telefongespräch mit verteilten Rollen laut vor und beachten Sie dabei die Vorgaben in der Kompetenzbox.

5

Verfassen Sie einen Stichwortzettel für Karim Bobel nach dem Muster am Rand.

6

a) Notieren Sie mit Zeilenangabe die Formulierungen, Sprachsignale aus dem Telefongespräch, die Beispiele für Freundlichkeit und Höflichkeit am Telefon sind.
b) Begründen Sie Ihre Auswahl.

7

a) Bilden Sie Gesprächspaare. Sprechen Sie sich gegenseitig folgende Begrüßungen eines Angerufenen laut vor.
b) Wählen Sie anschließend diejenige aus, die Ihnen am besten gefällt, und begründen Sie Ihre Wahl.

A „Guten Tag. Mein Name ist Sarah Semmeling und ich arbeite für die Fitnessquelle GmbH in Münster."
B „Fitnessquelle, Münster. Semmeling. Hallo!"
C „Semmeling. Fitnessquelle. Was kann ich für Sie tun?"
D „Sarah Semmeling. Guten Tag."
E „Fitnessquelle Münster. Guten Tag, mein Name ist Sarah Semmeling."
F „Fitnessquelle Semm'ling. Guten Tag. Was kann ich für Sie tun?"
G „Guten Tag. Fitnessquelle Münster. Sarah Semmeling am Apparat."

8

Begründen Sie, welche der folgenden Rückfragen, Versicherungen und Bitten Sie für geeignet halten.

A „Moment mal, das habe ich überhaupt nicht richtig verstehen können ..."
B „Entschuldigen Sie bitte, wären Sie so nett und ..."
C „Also, nun noch einmal ganz langsam zum Mitschreiben, bitte ..."
D „Damit es nicht zu Missverständnissen kommt: Könnten Sie mal wiederholen, was ..."
E „So, vielleicht sollte ich erneut mit Ihnen überprüfen, ob wir alle Daten richtig notiert haben ..."
F „Das ist aber ein lustiger Name, könnten Sie den bitte einmal buchstabieren?"
G „Das müssen Sie noch einmal wiederholen, da es hier gerade so laut war."
H „Falls ich unser Gespräch noch einmal zusammenfassen dürfte: ..."

9

Situation:
Karim Bobels Auftrag muss noch an den Mitarbeiter des Lieferservice, Marcel Hagenow, weitergegeben werden.

Verfassen Sie eine Telefonnotiz für Herrn Hagenow nach diesem Muster.

<table>
<tr><td>Telefonnotiz</td><td colspan="3">für Frau/Herrn</td></tr>
<tr><td>Verfasser/in der Notiz</td><td colspan="2">Datum</td><td>Uhrzeit</td></tr>
<tr><td>Name der Anruferin/
des Anrufers</td><td colspan="2">Firma/Anschrift</td><td>Telefonnummer

Telefax</td></tr>
<tr><td colspan="4">Anlass des Gesprächs</td></tr>
<tr><td colspan="4">Aufgaben/Was ist zu veranlassen?</td></tr>
<tr><td>Rückruf erbeten?
❑ ja ❑ nein</td><td>❑ Ruft wieder an
Uhrzeit ....</td><td>❑ Zur Kenntnis</td><td>❑ Mit der Bitte um Erledigung</td></tr>
</table>

10

Situation:
Stefan ist noch auf der Suche nach einem passenden Praktikum. Nach der Schule muss er auf seinen Bus warten. Um die Zeit zu nutzen, ruft er mit seinem Mobiltelefon in einem Betrieb an, der ihm empfohlen wurde. Er ist etwas abgelenkt von all dem Verkehr. Beim Telefonieren beobachtet er andere Menschen, die auch auf den Bus warten. Er spricht immer leiser. Frau Peters ist und bleibt während des Gesprächs sehr freundlich und gelassen.

a) Lesen Sie das Gespräch zunächst leise.
b) Versetzen Sie sich in die Situation der beiden Personen und lesen Sie das Gespräch laut mit verteilten Rollen. Alle, die nur zuhören, schließen die Augen.

Angela Peters: „Sarkowiak GmbH, Angela Peters am Apparat. Guten Tag, wie kann ich Ihnen helfen?"
Stefan: „Ja, ähm, hallo? Kann ich mit Frau Sarkowiak sprechen?"
P: „Mit wem spreche ich denn, bitte?"
S: „Also, hier ist Stefan Bartsch. Ich rufe wegen des Praktikums an."
P: „Aha, ein Praktikum. Herr Bartsch, davon weiß ich leider gar nichts. Und Frau Sarkowiak ist im Moment nicht im Hause. Was möchten Sie denn genau wissen?"
S: „Oh, das ist schade. Also, ich wollte nur wegen des Praktikums mit ihr reden."
P: „Wie bitte, ich verstehe Sie ganz schlecht. Da ist so ein Rauschen in der Leitung."
S: „Ich versteh' Sie ganz gut. Hier ist manchmal nur ein schlechter Empfang. Ist es jetzt besser?"
P: „Ja, nur …"
S: „Einen Moment, da kommt gerade ein Lkw."
P: „Herr Bartsch, wie wäre es, wenn Sie einfach später noch einmal anrufen? So gegen 15:00 Uhr – dann ist Frau Sarkowiak wieder da. Oder Sie probieren es bei Herrn Kehrmann."
S: „Ja, das ist gut. Herr Hehrmann?"
P: „Nein: Jan Kehrmann. Möchten Sie die Durchwahl für einen von beiden haben?"
S: „Ja … einen Moment, da muss ich eben aus meiner Tasche 'was zum Schreiben holen."
P: „Sie können am Ende der Nummer, die Sie jetzt gewählt haben, einfach nur die 57 statt der Null wählen, dann sind Sie direkt bei Frau Sarkowiak."
S: „Ja, ich glaube, das kann ich mir auch so merken. Und die von Herrn Kehrmann?"
P: „… wissen Sie was, Herr Bartsch, Sie rufen vielleicht einfach später noch einmal bei mir an und ich verbinde Sie dann mit Herrn Kehrmann oder Frau Sarkowiak, ja? Vielleicht weiß ich dann auch schon mehr über das Praktikum und kann Ihnen weiterhelfen."
S: „Ja, … tschüss. Dann melde ich mich dann noch mal. Das, … das ist dann bestimmt besser."
P: „Ja, Herr Bartsch, vielen Dank für Ihren Anruf und bis später."

11

Beschreiben Sie die Atmosphäre während des Telefonats.

12

a) Arbeiten Sie paarweise und schreiben Sie das Gespräch so um, dass es erfolgreich geführt werden kann.
b) Tragen Sie das Gespräch anschließend in der Klasse vor.
c) Beurteilen Sie das Gespräch nach den Kriterien in der Kompetenzbox (S. 173 f.).

13

A

a) Bilden Sie Gesprächspaare.
b) Teilen Sie sich gegenseitig mit, was Sie in diesem Lernbereich gelernt haben.

Sprachliche Übungen

1

Schreiben Sie die Tageszeiten in der richtigen Form (siehe Anhang, Regel 11).

A Soll ich die Ware bereits übermorgen vormittag/Vormittag ins Hauslager bringen?
B Wo treffe ich Herrn Bobel Samstag vormittag/Samstagvormittag/Samstag Vormittag?
C Soll ich ab Mittag/mittag in Rufbereitschaft bleiben, falls die Deimlings noch Nachbestellungen haben?
D Haben die Auftraggeber – falls es wieder heißer wird – nachmittags/Nachmittags ausreichend Kühlanlagen?
E Stimmt die Lieferadresse noch mit der alten überein, als die Deimlings einmal samstags/Samstags gefeiert haben?
F Wann genau soll ich das Leergut morgens/Morgens wieder abholen?
G Könnte ich Sie morgen Mittag/morgen mittag/Morgenmittag/Morgen mittag erreichen, falls ich noch Fragen habe?

2

Notieren Sie die Sätze und entscheiden Sie, wie richtig zu schreiben ist (siehe Anhang, Regel 19).

BEISPIEL:
Mehtap(')(s) Hausaufgaben sind sehr gut und daher sehr beliebt bei ihren Mitschülern.
→ ***Mehtaps Hausaufgaben sind sehr gut und daher sehr beliebt bei ihren Mitschülern.***

A Anna kann sich mit ihrem Handy in(s) Internet einwählen.
B Mit Eva(')(s) Handy funktioniert(')(s) nicht.
C Jens(')(s) Telefonnotizen sind gut, da er die wesentlichen Fragen vorab in Stichworten aufgeschrieben hat.
D „In unserem Betrieb dürfen nicht nur die Ausbilder an(')(s) Telefon, sondern auch die Azubi(')(s)“, sagt Tolga.
E Stefan(')(s) erster Anruf wäre besser verlaufen, wenn er an einem ruhigen Ort telefoniert hätte.
F Frau Sarkowiak(')(s) erster Satz nach dem Gespräch lautete: „Heut(') geh(') ich nicht mehr an(')(s) Telefon!“

3

Setzen Sie die Verben (Tätigkeitswörter) ins Präteritum (Vergangenheitsform).

A Ich bringe Ihre Lieferung Mineralwasser aus meinem kühlen Keller in den Garten.
B Dann stapele ich sie übereinander in den Schatten unseres Zelts.
C Ich warte eine Stunde, bis meine ersten Gäste kommen.
D Weil es sehr heiß ist, wollen alle nur Wasser trinken.
E Ich öffne eine Flasche nach der anderen.
F Dabei stelle ich fest, dass in keiner Flasche Kohlensäure ist.
G Da sich das Wasser mittlerweile aufwärmt, mag es kaum einer ohne das Prickeln.
H Meine Gäste bekommen zunehmend schlechte Laune.
I Ich bin inzwischen auch schlecht gelaunt.
J Es gibt schon Tage, an denen alles besser läuft.
K Trotz guter Vorbereitung lassen sich viele Dinge nicht planen.
L Es geschieht eben viel, was man nicht vorhersieht.

Lernbaustein 2 **17**

Siehe auch Lernbereiche

5 Sich informieren
13 Visualisieren
18 Präsentieren

Reden und vortragen

?

Reden und vortragen

Sprachliche Übungen

Erfahrungen mit Referaten und Reden

Methoden zur Bearbeitung eines Textes für den Vortrag
- → Regieanweisungen für das betonte Vorlesen
- → Stichwortzettel
- → Mindmap
- → Strukturbild
- → Doppelkarte

Meinungsrede
- → Aufbau
- → Formulierungen für eine Rede

Ein Referat ausarbeiten und vortragen

Material
- → sammeln
- → auswerten
- → gliedern und Überschriften formulieren
- → für eine bestimmte Zielgruppe ausarbeiten

!

1

Erstellen Sie eine Tabelle und tragen Sie ein,

a) zu welchen Themen Sie bereits ein Referat geschrieben haben, welche Informationsquellen Sie benutzt haben (soweit Sie das noch wissen) und für welche Zielgruppe Sie dieses Referat ausgearbeitet haben,
b) bei welcher Gelegenheit Sie schon eine kleine Rede gehalten haben.

2

Beschreiben Sie, welche besonderen Schwierigkeiten Sie
a) bei der Vorbereitung,
b) beim Vortrag hatten.

3

Lesen Sie den Text für ein Referat auf den Musterseiten 179–181 und die Kompetenzbox.

a) Referatthema	Informationsquellen	Zielgruppe	b) Rede	Gelegenheit/Anlass	

Ein Referat ausarbeiten und vortragen

A

Die Olympischen Spiele sind das herausragendste Sportereignis der Gegenwart. Wenn sich die Spitzensportler der Welt treffen, herrscht zumindest im medienversorgten Teil unseres Planeten Festlaune. Superlative sind nie weit, wenn es um die Spiele der Jugend geht. Keine Olympischen Spiele ohne das berühmte Lob des IOC-Präsidenten, es seien die besten, herzlichsten, friedlichsten, harmonischsten Spiele aller Zeiten gewesen. Aber das gehört zum Handwerk. Olympische Spiele sind Kultveranstaltungen in der Gegenwart und waren dies schon in der Antike.

B

Vor über 3000 Jahren, im antiken Griechenland, waren sportliche Wettkämpfe „heilig". Sie waren Teil größerer religiöser Feiern für Teilnehmer aus der ganzen griechischen Welt. Austragungsorte waren Olympia, Delphi, Korinth oder Nemea. Frauen durften an den Wettkämpfen weder als Zuschauerinnen noch als Athletinnen teilnehmen, lediglich Mädchen vor dem Heiratsalter war der Gang auf die Zuschauerränge gestattet. Auch Ausländer waren ausgeschlossen. Damit war ein beträchtlicher Teil der damaligen Bewohner Griechenlands von den Spielen ausgegrenzt, ein für heutige Verhältnisse unvorstellbarer Vorgang. Der sportliche Wettstreit in den genannten Orten sollte in Verbindung mit religiösen Feiern die Götter gnädig stimmen. Aber die Spiele in Olympia waren für die Griechen das bedeutendste religiöse Fest.
Wie und aus welchem Anlass die Wettkämpfe einmal begonnen haben, ist bis heute nicht eindeutig geklärt. Erste schriftliche Zeugnisse datieren den Beginn der Spiele auf 776 v. Chr. Archäologen meinen aber, dass bereits 1500 v. Chr. in Mykenischer Zeit die Spiele stattfanden. Sicher ist, dass sie zunächst nur einen Tag dauerten, sich dann aber von ihrer religiösen Bindung mehr und mehr lösten, mehrere

KOMPETENZBOX

Ein Referat ausarbeiten

PLANEN

→ Was wird von mir erwartet?
→ Was wissen die Zuhörer/innen?
→ Woher bekomme ich Material zum Thema?

MATERIAL SAMMELN

→ In Bibliotheken, Buchhandlungen
→ Bei Verbänden, Organisationen und Ämtern
→ Im Internet über eine Suchmaschine
→ Bei Fachleuten
→ Aus Zeitungen und Zeitschriften

AUSARBEITEN

→ Material nach Brauchbarkeit bewerten
→ Gliederung erstellen
→ Manuskript abfassen

AUFBAU

→ Einleitung
- Einführung in das Thema
- Darstellen der Verfahrensweise
- Ablaufplan/Gliederung

→ Hauptteil
- Inhaltliche Gliederung des Themas

→ Schluss
- Kurze Zusammenfassung und Ausblick

ZEITFORM

→ In der Regel Präsens (Gegenwart)

SPRACHE

→ Sachlich, genau
→ Kurze Sätze
→ Genaue Wortwahl

Tage gefeiert wurden und immer mehr Spannung und Unterhaltung boten.

C

Bis in die Gegenwart haben sich Rituale wie die feierliche Eröffnung mit dem olympischen Eid gehalten. Damals wie heute schwören Athleten und Schiedsrichter, dass sie die Regeln des Kampfes einhalten. Stiere für Zeus, den höchsten aller griechischen Götter, müssen bei den modernen Spielen nicht mehr geopfert werden. Solche religiöse Symbolik wurde in der Moderne durch das Hissen der Flaggen und das Entzünden des olympischen Feuers ersetzt. Aber besondere Bedeutung haben Eröffnungs- und Schlussfeier nach wie vor. Sie symbolisieren in einmaliger Weise die Zusammengehörigkeit der Welt, wenn kleine und große Mannschaften nahezu aller Nationen unserer Erde in alphabetischer Reihenfolge ins Stadion einmarschieren.
Forderungen während der Spiele 1996 in Atlanta, man möge doch die Eröffnungs- und Schlussfeiern kürzen oder ganz aufgeben, da sie für das Fernsehpublikum langweilig seien und sich negativ auf die Werbeeinnahmen der Fernsehveranstalter auswirkten, wurden vom IOC entrüstet zurückgewiesen. Aber sonst hat sich vieles verändert in den 108 Jahren seit 1896, als auf Coubertins Initiative hin die ersten Spiele der Neuzeit in Athen stattfanden. Vieles davon rief Kritiker auf den Plan. Dauerbrenner in der Kritik war und ist die Neigung zur Kommerzialisierung.

D

Da das weltweite Spektakel inzwischen eine perfekte Logistik und Infrastruktur erfordert, geht es nicht ohne viel Geld. Wo aber enorme Summen bewegt werden, liegen selbstloses Mäzenatentum und eigennützige Einflussnahme oft dicht beieinander. Korruption, Verletzung des Amateurstatus, seit den Spielen von 1984 in Los Angeles sogar Zulassung von Profis, der Streit zwischen Sport und Kommerz, das sind Themen olympischer Diskussionen. Dabei fand schon der Start der modernen Olympischen Spiele 1896 keineswegs kommerzfrei statt. Von Anfang an war die Finanzierung solcher Spiele an wechselnden Orten das zentrale Problem. Vor dem Wirbel um heutige Olympische Spiele ist es schwer zu verstehen, dass die frühen Spiele bis zum Ersten Weltkrieg unter chronischem Besuchermangel litten, trotz so populärer Wettkampfarten wie Sackhüpfen und Tauziehen. So waren die sportlichen Wettkämpfe der ersten Jahre Teil der gerade stattfindenden Weltausstellungen. In Paris zum Beispiel finanzierte die Weltausstellung von 1900 mit ihrer Präsentation industrieller Fähigkeiten die Olympischen Spiele. Sport als Teil modernen Marketings ist also keineswegs eine Erfindung unserer Jahre. Es ist kein Zufall, dass ausgerechnet bei den Spielen 1908 in London Motorbootrennen zum ersten und einzigen Mal olympische Wettkampfdisziplin wurden, in einer Zeit, in der die mobilen Verbrennungsmotoren ihren weltweiten Siegeszug antreten sollten. Bei den nachfolgenden Spielen bemächtigten sich dann die Nationalstaaten der Spiele. Die austragenden Staaten nutzten die wachsende Popularität der Spiele, um ihre Sicht der Welt zu verbreiten, nicht zuletzt 1936 in Berlin, als die Nazis das Treffen der Sportler der Welt zur propagandistischen Selbstinszenierung missbrauchten und erstmals das Großereignis zur Fernseh-Liveveranstaltung machten.

E

Wertfrei und neutral waren die Spiele nie, und auch mit dem viel gerühmten Amateurstatus war das immer so eine Sache. Bürgerliche Sportler des 19. Jahrhunderts waren stolz, Amateure zu sein, weil sie es sich leisten konnten und so unter sich blieben. Ruderer beispielsweise beharrten nachhaltig auf dem Amateurstatus. Der Streit um den Amateurstatus, um Einfluss, Macht und Geld war also schon in der Frühphase der modernen Olympischen Spiele angelegt, und das Ideal des Amateurs war nicht uneigennützig.
Mit der Zulassung von Profis zu den Olympischen Spielen 1984 in Los Angeles reagierte das IOC im Grunde nur noch auf die sportliche Realität. Denn wer heutzutage in der internationalen Spitze dabei sein

will, kann seinen Sport nicht als Hobby betreiben. Dabei verdienen die meisten Athleten auch heute noch als Sportler gerade mal so viel, dass es zur Finanzierung des immer aufwendigeren Trainings reicht.

F

Eine besondere Rolle spielten immer wieder politische Einflussnahmen, etwa 1980 bei den Olympischen Spielen in Moskau. Damals versuchte die westliche Welt durch Boykott, die keineswegs mehr friedvollen Spiele in der damals gastgebenden Sowjetunion, die in Afghanistan Krieg führte, zu Fall zu bringen. Ohne Erfolg. Der größere Teil der Sportnationen sah in der parallel laufenden Kriegshandlung des Gastgebers keinen Grund zum Abbruch. Als dann während der Olympischen Winterspiele 2002 in Salt Lake City der Gastgeber USA militärisch in Afghanistan aktiv war, sah die Welt diesen Konflikt zwischen Krieg und Sport ebenso gelassen wie Jahrzehnte zuvor anlässlich der Kriege in Vietnam und Korea. Bei aller Uneinigkeit, bei allen Intrigen im olympischen Einflusspoker bleibt die moralische Messlatte an Teilnehmer und deren Staaten hoch. Immer gilt der Ausschluss von der Olympiateilnahme nicht nur für Sportler, sondern auch für die meisten Staaten der Welt als großer Makel. Über Jahre galt der Ausschluss Südafrikas wegen seiner Apartheid-Politik als wichtiges Mittel der Erinnerung an die Unterdrückung der Menschenrechte dort.

www.planet-wissen.de/pw/Artikel von Wolfgang Neumann-Bechstein vom 23.04.2004, abgerufen am 17.02.2007

4

Ordnen Sie die folgenden Überschriften den Abschnitten A bis F (siehe Aufgabe 3) zu.

1 Von der Antike zur Neuzeit
2 Olympische Spiele und die Politik
3 Die Spiele der Antike
4 Amateure oder Profis
5 Neuzeit und Kommerzialisierung
6 Einleitung

5

a) Notieren Sie die Großbuchstaben der Abschnitte, die Sie für ein Referat vor
A dem Nationalen Olympischen Komitee,
B fußballbegeisterten Jugendlichen,
C einer politisch aktiven Jugendgruppe,
D Ihrer Klasse im Fach Politik
auswählen.

b) Entscheiden Sie, durch welche Inhalte das Referat für den jeweiligen Adressatenkreis (siehe Aufgabe 5a) ergänzt werden könnte.
A Die Sportarten der Sommerspiele
B Die Sportarten der Winterspiele
C Die Austragungsorte der Sommer- und der Winterspiele
D Die Doping-Skandale der letzten Olympischen Spiele
E Die Medaillengewinner der Spiele von 1896
F Der Medaillenspiegel der letzten Olympischen Spiele
G Die ersten Sommerspiele der Neuzeit
H Die Teilnahme der Frauen
I Trendsportarten bei den Olympischen Spielen
J Spektakuläre Ausschlüsse
K Die Finanzierung heute
L Die Preisgelder heute

KOMPETENZBOX

Methoden zur Bearbeitung eines Textes zum Vortragen

METHODE 1

Wenn der gesamte Referattext für den Vortrag schriftlich festgehalten wird, sollte er mit 1,5-fachem Zeilenabstand und einer Schriftgröße von 14 pt geschrieben werden und folgende Kennzeichnungen enthalten:

neue Zeile mit einer Leerzeile davor	→ *Pause*
unterstrichen	→ *Betonung*
markiert	→ *Strukturwörter (Wörter, die Bezüge zwischen verschiedenen Aussagen herstellen)*
Pfeil nach unten ↓	→ *Stimmsenkung*
(eingeklammert)	→ *Worterläuterung*

Wird nicht der gesamte Referattext aufgeschrieben, eignen sich folgende Methoden:

METHODE 2

Stichwortzettel mit den wichtigsten Punkten

Beispiel zu Textabschnitt E (siehe Aufgabe 3):

Olympische Spiele: Amateure oder Profis?

Spiele nie wertfrei

Amateure
- Bürgerliche Sportler des 19. Jahrhunderts
- Streit um Einfluss, Macht und Geld

Profis
- erste Zulassung 1984, Los Angeles
- Der Realität Rechnung getragen
- Verdienst der meisten Athleten

KOMPETENZBOX

METHODE 3

Mindmap mit inhaltlich zusammenhängender Struktur

Beispiel zu Textabschnitt E (siehe Aufgabe 3):

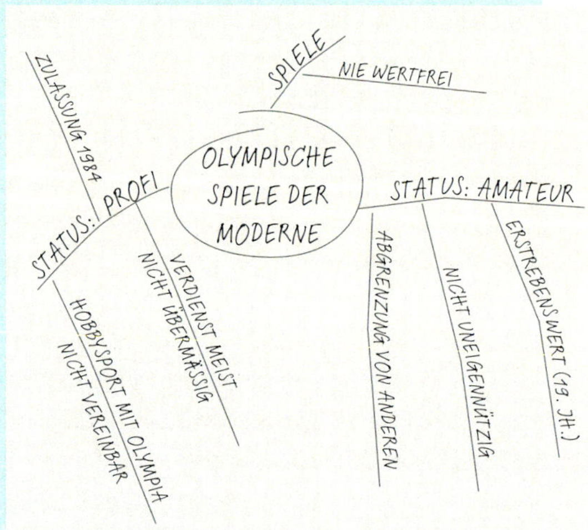

c) Nennen Sie die weiteren Informationsquellen, die für das Ausarbeiten der zusätzlichen Gliederungspunkte hilfreich sein könnten.

A Informationen von Freunden und Bekannten
B Informationen aus der Tagespresse
C Recherche im Internet über eine Suchmaschine
D Fachbücher aus der Stadtbibliothek
E Jahresschrift des örtlichen Fußballvereins
F Leichtathletikverband
G Sportamt Ihrer Gemeinde

6

Wählen Sie eine Adressatengruppe aus und formulieren Sie einen passenden Titel für Ihr Referat.

7

Bereiten Sie den Textabschnitt A in Aufgabe 3 nach der Methode 1 (siehe Kompetenzbox) vor.

8

Bereiten Sie die übrigen Textabschnitte unter Aufgabe 3 für einen Vortrag vor. Erstellen Sie hierfür
a) zu Textabschnitt B in Aufgabe 3 einen Stichwortzettel (siehe Kompetenzbox S. 182),
b) zu Textabschnitt C in Aufgabe 3 eine Mindmap (siehe Kompetenzbox S. 182),
c) zu Textabschnitt D in Aufgabe 3 ein Strukturbild (siehe Kompetenzbox).

9

a) Bilden Sie Kleingruppen.
b) Tragen Sie die Abschnitte A bis D in der von Ihnen bearbeiteten Form in der Kleingruppe vor.
c) Entscheiden Sie, welche Methode Ihnen am besten liegt.

10

a) Bereiten Sie den gesamten Text in Aufgabe 3 (Abschnitte A–D) nach der für Sie besten Methode vor.
b) Tragen Sie den Text vor der Klasse vor.

KOMPETENZBOX

METHODE 4

Strukturbild mit eindeutigen Zuordnungen des Inhalts und Aufzeigen von Strukturen, die grafisch unterstützt werden.

Beispiel zu Textabschnitt E (siehe Aufgabe 3):

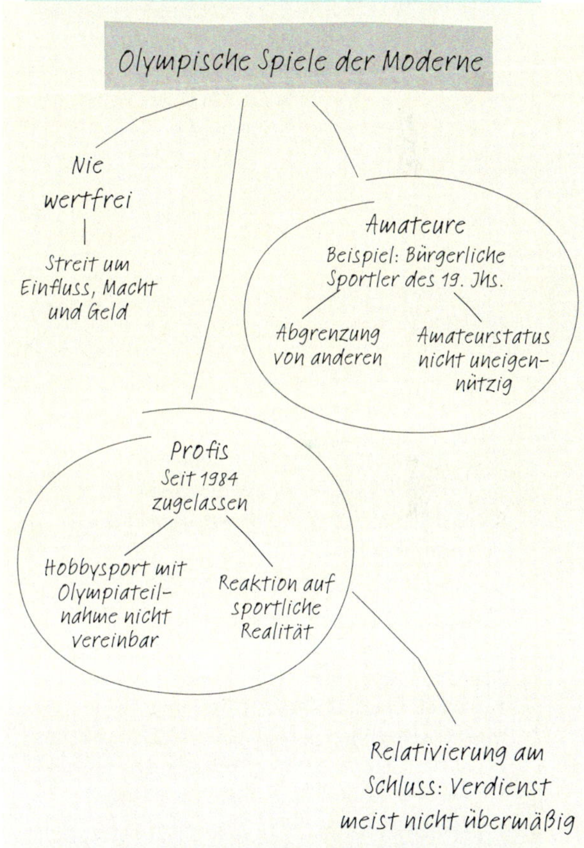

METHODE 5

Doppelkarte mit gesamtem Text auf der Rückseite (siehe Methode 1) und Stichwortzettel auf der Vorderseite (siehe Methode 2).

Zusätzliche Erläuterungen, die nicht zum Sprechtext gehören, aber als Erläuterung des Gesagten dienen, werden in Klammern in den Text eingefügt, damit sie bei Bedarf (z. B. Nachfrage des Publikums nach unbekannten Begriffen) ergänzt werden können.

KOMPETENZBOX

Rhetorik

„Rhetorik" kommt aus dem Griechischen und bedeutet „Redekunst".

Während einer Rede besteht zwischen Redner/Rednerin, Publikum und dem Thema eine wechselseitige Beziehung, die sich bildlich als Dreieck darstellen lässt. Das Verbindende zwischen den Eckpunkten des Dreiecks ist der Text der Rede/des Referates, der das „Dreiecksverhältnis" mit Inhalt füllt.

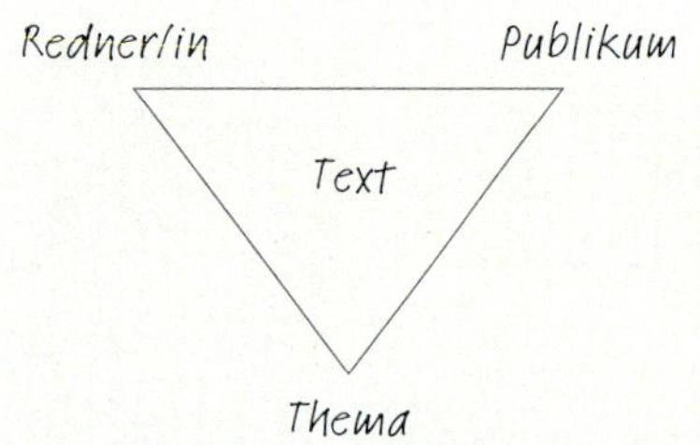

Um Ihr Referat abwechslungsreich, lebendig und anschaulich vorzutragen, können Sie rhetorische Mittel verwenden.

Beispiele:
Metapher: bildhafter Ausdruck eines Sachverhalts, z. B. *Himmelszelt*
Bildhafter Vergleich: z. B. *flink wie ein Wiesel*
Hyperbel: Übertreibung, z. B. *bis in alle Ewigkeit*
Rhetorische Frage: zum Schein gestellte Frage, auf die die Rednerin/der Redner keine Antwort erwartet, aber mit der er Aufmerksamkeit weckt, z. B.: *Wer ist schon perfekt?*

a) Finden Sie eine Metapher aus dem Bereich Sport.
b) Ergänzen Sie den Vergleich: Nach einem 3000-Meter-Lauf fühle ich mich wie ...
c) Übertreiben Sie die folgenden Aussagen mit einer Hyperbel.
A Ich bin müde.
B Das Spiel war gut.
C Unsere Leistung war schlecht.
d) Wandeln Sie die Aussagen in rhetorische Fragen um.
A Das sind die Folgen der starken Leistungsorientierung.

KOMPETENZBOX

Ein Referat vortragen

- → **Die Gliederung bekannt machen**
- → **Wichtige Teile visualisieren**
- → **Blickkontakt zum Publikum halten**
- → **Bei freiem Vortrag nur gelegentlich auf das Manuskript schauen**
- → **Aufrechte, selbstbewusste Körperhaltung einnehmen**
- → **Abwechslungsreich und lebendig vortragen**
- → **Strukturierte Zusammenfassung des Referats austeilen**

Das sind die Konsequenzen, die aus dem Gesagten gezogen werden können.
C Der Ehrgeiz mancher Sportler ist übertrieben.

12 **P**

Erstellen Sie in einer Kleingruppe ein Referat zum Thema „Sport ohne Doping", das Sie vor etwa Gleichaltrigen halten sollen. Ziel des Referats ist es, eine Diskussion über sportliches Verhalten anzuregen. Überlegen Sie zunächst gemeinsam, wo Sie Material zum Thema finden können.
Sammeln Sie dann arbeitsteilig Material zu folgenden Unterthemen:
- Was ist Doping?
- Passen Doping und Fair Play zusammen?
- Sind gedopte Sportler/innen Täter/innen oder

Berichtigung

Auf der Seite 184 sind beim Drucken leider die Zeilen verrutscht. Bitte entschuldigen Sie diesen Fehler, wir legen Ihnen hiermit die korrekte und vollständige Seite bei.

KOMPETENZBOX

Rhetorik

„Rhetorik" kommt aus dem Griechischen und bedeutet „Redekunst".

Während einer Rede besteht zwischen Redner/Rednerin, Publikum und dem Thema eine wechselseitige Beziehung, die sich bildlich als Dreieck darstellen lässt. Das Verbindende zwischen den Eckpunkten des Dreiecks ist der Text der Rede/des Referates, der das „Dreiecksverhältnis" mit Inhalt füllt.

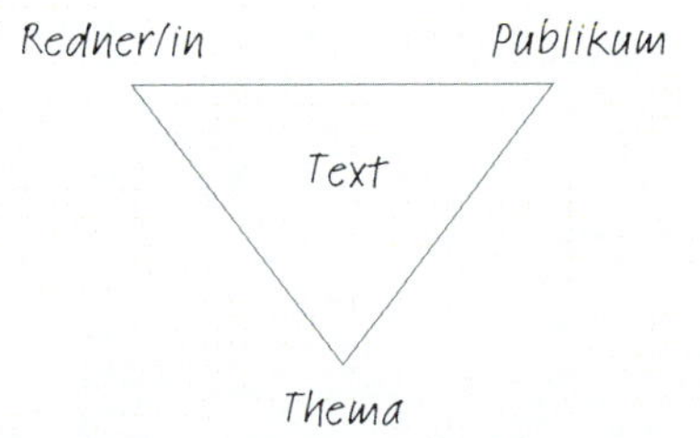

Um Ihr Referat abwechslungsreich, lebendig und anschaulich vorzutragen, können Sie rhetorische Mittel verwenden.

Beispiele:
Metapher: bildhafter Ausdruck eines Sachverhalts, z. B. *Himmelszelt*
Bildhafter Vergleich: z. B. *flink wie ein Wiesel*
Hyperbel: Übertreibung, z. B. *bis in alle Ewigkeit*
Rhetorische Frage: zum Schein gestellte Frage, auf die die Rednerin/der Redner keine Antwort erwartet, aber mit der er Aufmerksamkeit weckt, z. B.: *Wer ist schon perfekt?*

11

a) Finden Sie eine Metapher aus dem Bereich Sport.
b) Ergänzen Sie den Vergleich: Nach einem 3000-Meter-Lauf fühle ich mich wie ...
c) Übertreiben Sie die folgenden Aussagen mit einer Hyperbel.
A Ich bin müde.
B Das Spiel war gut.
C Unsere Leistung war schlecht.
d) Wandeln Sie die Aussagen in rhetorische Fragen um.
A Das sind die Folgen der starken Leistungsorientierung.
B Das sind die Konsequenzen, die aus dem Gesagten gezogen werden können.
C Der Ehrgeiz mancher Sportler ist übertrieben.

KOMPETENZBOX

Ein Referat vortragen

→ Die Gliederung bekannt machen
→ Wichtige Teile visualisieren
→ Blickkontakt zum Publikum halten
→ Bei freiem Vortrag nur gelegentlich auf das Manuskript schauen
→ Aufrechte, selbstbewusste Körperhaltung einnehmen
→ Abwechslungsreich und lebendig vortragen
→ Strukturierte Zusammenfassung des Referats austeilen

12 P

Erstellen Sie in einer Kleingruppe ein Referat zum Thema „Sport ohne Doping", das Sie vor etwa Gleichaltrigen halten sollen. Ziel des Referats ist es, eine Diskussion über sportliches Verhalten anzuregen.
Überlegen Sie zunächst gemeinsam, wo Sie Material zum Thema finden können.
Sammeln Sie dann arbeitsteilig Material zu folgenden Unterthemen:
- Was ist Doping?
- Passen Doping und Fair Play zusammen?
- Sind gedopte Sportler/innen Täter/innen oder Opfer?
- Muss der Staat eingreifen, wenn Sportlerinnen und Sportler gedopt sind?

Werten Sie Ihr Material aus und gliedern Sie es.
Planen Sie in der Gruppe, wie Sie das Referat insgesamt aufbauen und vortragen.

Eine Meinungsrede formulieren

1

Lesen Sie den Text und die Kompetenzbox.

Anlass
Auf der SV-Sitzung will die Schulsprecherin Ines H. den Schulleiter, Herrn Schröder, dazu bewegen, der Einführung von Porzellanbechern für die Heißgetränke zuzustimmen.
Ziel
Bereitstellen des Geldes aus dem Schuletat durch den Schulleiter
Publikum
Klassensprecher/innen aller Klassen, SV-Lehrer/innen, Schulleiter
Erwartungen
Ende der Diskussion und Umsetzung der Vorschläge
Anknüpfung
Jahrelange Diskussion und die Gegenargumente des Schulleiters, Porzellanbecher und eine Spülmaschine seien zu teuer

„Ich bin seit einem halben Jahr Schulsprecherin in dieser Schule, das Thema, über das ich heute sprechen möchte, ist aber schon drei Jahre alt. Mir geht es wie vielen an dieser Schule: In jedem Klassenraum, auf fast jeder Fensterbank im Flur, auf den Tischen in der Cafeteria … überall stehen sie herum – unsere braunen Kaffeebecher – als gehörten sie zu uns, zum Inventar. Wenn sie wenigstens im Müll landen würden, dann wären sie nicht so sehr ein Stein des Anstoßes. Aber auch das ist nicht die richtige Lösung!
Die meisten Schülerinnen und Schüler unserer Schule werden im Sozialbereich oder in der Erziehung und Hauswirtschaft ausgebildet. Wir diskutieren im Unterricht über Umweltschutz, soziale Verantwortung – und was weiß ich, welche neuen pädagogischen Schlagwörter noch so von den Lehrerinnen und Lehrern kommen. Kurz: Wir sollen für uns und unsere Umwelt verantwortungsbewusst handeln. Und in der Pause trinken wir Kaffee aus Pappbechern, die im Müll landen. Nur weil es zusätzlich Geld kostet, eine Spülmaschine und Porzellanbecher anzuschaffen. Der Preis für den Pappbecher ist doch auch im Kaffeepreis enthalten. Warum können wir mit dem Geld nicht eine Spülmaschine finanzieren? Wir haben mit den Klassensprecherinnen und Klassensprechern einen Plan ausgearbeitet, wie wir über einen zusätzlichen Kuchenverkauf ein symbolisches Startgeld von 50 € verdienen könnten.
Das ist unser Angebot an Sie, Herr Schröder."

KOMPETENZBOX

Eine Meinungsrede vorbereiten und halten

VORÜBERLEGUNGEN

- → Zu welchem **Anlass** spreche ich?
- → Welche **Ziele** möchte ich erreichen?
- → Vor welchem **Publikum** spreche ich?
- → Welche **Erwartungen** hat das Publikum?
- → Woran kann ich **anknüpfen**?

AUFBAU

- → Ist-Zustand
- → Soll-Zustand mit Begründungen
- → Lösungsweg: mein Vorschlag

SPRACHE

- → Persönlicher Stil
- → Sachlich
- → Dem Publikum gemäß
- → Engagiert, aber nicht verletzend

2

Situation:
Sie bereiten als Klassensprecher/in mit Ihrer Vertretung ein Gespräch mit der Schulleiterin vor. Sie möchten erreichen, dass sie sich dafür einsetzt, dass Geld für eine Renovierung und Ausgestaltung des Klassenraums bereitgestellt wird.

a) Wählen Sie aus den folgenden Einleitungen diejenigen aus, die am genauesten den Ist-Zustand beschreiben.

A Unser Klassenzimmer ist total versaut und öde.
B Die Raumecken sind stark verschmutzt, und der Raum sieht insgesamt abgenutzt aus. Die Farbe an der Heizung blättert teilweise ab. Diese Stellen sehen hässlich aus.
C Die Farbgestaltung in unserem Klassenzimmer gefällt uns nicht.
D Die Farben des Raumes sind zu dunkel, und die Wände sind völlig kahl.

b) Begründen Sie, warum es bei der Meinungsrede wichtig ist, den Sachverhalt, den Sie verändern möchten, zu Beginn genau zu beschreiben.

3

Situation:
In Ihrem Klassenzimmer ist die Farbe an der Heizung abgeblättert, die Wände sind verschmutzt, es gibt keine Anschlagflächen und keine Bilder.

Formulieren Sie aufgrund dieser Mängel, wie Sie Ihr Klassenzimmer verändern möchten (Soll-Zustand).

4

Situation:
Ihre Schulleiterin ist der Meinung, dass Ihr Klassenraum noch völlig in Ordnung und eine Renovierung nur Geldverschwendung sei.

Wählen Sie die Begründung aus, mit der Sie Ihre Schulleiterin überzeugen könnten.

A Wir haben für Sie einen Gestaltungsentwurf angefertigt. Dieser zeigt, dass der Raum in einer hellen und freundlichen Farbe eine angenehmere Raumatmosphäre hat und uns und den Lehrerinnen und Lehrern dadurch das Arbeiten mehr Spaß macht. Um die Kosten niedrig zu halten, wären wir bereit, die Renovierung in unserer Freizeit zu erledigen.
B Nach dem Ausbessern der Putzstellen ist der Raum wieder o.k. Wir sind aber der Meinung, dass ein Streichen des Raumes das Erscheinungsbild erheblich verbessern würde. Gleichzeitig würden dabei die Verschmutzungen in den Ecken beseitigt.

5

Schreiben Sie eine Meinungsrede, mit der Sie Ihre Mitschüler/innen davon überzeugen, dass sie den Klassenraum in Eigenarbeit renovieren.

6 →A←

a) Notieren Sie, was Sie in diesem Lernbereich gelernt haben.
Strukturieren Sie Ihre Aufzeichnungen.
b) Bilden Sie Gesprächspaare und stellen Sie sich gegenseitig Ihre Aufzeichnungen vor.

Sprachliche Übungen

1

Bilden Sie aus den Substantiven (Hauptwörtern) Verben (Tätigkeitswörter) mit gleichem Wortstamm.

A der Vortrag
B der Zuhörer
C die Ausarbeitung
D die Einleitung
E der Redner
F das Verfahren
G der Ablauf
H die Gliederung
I der Schluss
J das Referat

2

Wandeln Sie die Sätze vom Passiv (Leideform) in das Aktiv (Tatform) um (siehe Anhang, S. 270).

A Der Vortrag wird von Marc vorbereitet.
B Der Zuhörer wird von Anne auf das Thema eingestimmt.
C Die Ausarbeitung wird von Michael sorgfältig korrigiert.
D Der Ablauf wird von Karim präsentiert.
E Die Gliederung wird von Abdel auf das Flipchart geschrieben.
F Die Diskussion wird von Elena geleitet.
G Das Referat wird von dem Fachlehrer für Politik bewertet.

3

Bilden Sie je drei sinnvoll gliedernde Sätze, in denen Sie die folgenden Wörter verwenden. Setzen Sie die nötigen Kommas (siehe Anhang, Regel 21).

A Zuerst … dann … schließlich …
B Im ersten Teil … im zweiten Teil … im dritten Teil …
C Wir beginnen … wir fahren dann fort … und schließlich werden wir …
D Zunächst … anschließend … und am Schluss …

4

Fügen Sie im zweiten Satz die Adverbien (Umstandswörter) „dadurch“, „somit“, „deshalb“ ein, um einen Bezug zum ersten Satz herzustellen.

A Die Gliederung während des Vortrages sichtbar zu machen war sinnvoll. Ich hatte immer eine Orientierung.
B Mir hat dein offener Blickkontakt gut gefallen. Ich fühlte mich direkt angesprochen.
C Du hast locker und frei gesprochen. Du hast ganz natürlich gewirkt.
D Die Bilder zur Illustration waren gut ausgewählt. Ich konnte den Inhalt gut nachvollziehen.
E Die Bilder waren sehr hilfreich für das Verständnis. Das Gesagte bleibt besser im Gedächtnis.
F Die Zusammenfassung am Ende hat mir gut gefallen. Die wichtigsten Punkte wurden noch einmal in Erinnerung gerufen.

5

Formulieren Sie die Sätze so um, dass Sie mögliche Zuhörer/innen direkt ansprechen.

» **BEISPIEL:**
Es ist allgemein bekannt, dass solche Entscheidungen erst nach Monaten fallen.
→ Sie wissen, dass solche Entscheidungen erst nach Monaten fallen.

A Jedem ist vermutlich klar, dass wir Geduld haben müssen.
B Die Ergebnisse können eingesehen werden, wenn man will.
C Die Umfrage zeigt deutlich, dass die hier Versammelten in ihren Anliegen von der Mehrheit der Bevölkerung unterstützt werden.

Lernbaustein 2 **18**

Siehe auch Lernbereiche

1 Über Sprache und Kommunikation nachdenken

6 Sich bewerben

13 Visualisieren

Präsentieren

?

Sprachliche Übungen

Präsentieren

Präsentieren
- → Themen finden
- → Adressaten und Ziel (vorher) festlegen
- → Eine Präsentation vorbereiten und durchführen
- → Eine Präsentation beurteilen

Ein Projekt durchführen und präsentieren

!

1

Berichten Sie, welche großen Präsentationen Sie kennen.

2

Erläutern Sie, welche Erfahrungen Sie mit Präsentationen in der Schule gemacht haben.

3

Lesen Sie den Text auf der Musterseite und die Kompetenzbox.

Präsentation

Ziel der Präsentation:
Bei Schülerinnen und Schülern, die noch keinen Ausbildungsberuf haben (= Adressaten), Interesse für den vorgestellten Beruf wecken.

Rolle der Vortragenden:
Auszubildende im zweiten Ausbildungsjahr, die mit Freude ihren Beruf ausüben.

Situation:
Marion und Eddy halten ihre Präsentation vor 16 Schülerinnen und Schülern. Die beiden Lehrerinnen wollen nur Beobachterinnen sein. Zuvor haben Marion und Eddy auf einem Flipchartbogen den Ablauf ihrer Präsentation aufgehängt, die fünf Aufgabenfelder ihres Berufes und die Aufstiegsmöglichkeiten je auf einer Moderationswand visualisiert, den Overheadprojektor überprüft, da sie eine Tabelle mit der Ausbildungsvergütung auf Folie zeigen wollen, und einige ausgewählte Materialien und Werkzeuge bereitgelegt, mit denen sie in ihrem Beruf arbeiten. Den Raum haben sie so hergerichtet, dass alle Beteiligten eine gute Sicht auf die Medien und die Visualisierungen haben.

Ausschnitte aus der vorgetragenen Präsentation
(Marion und Eddy stehen aufrecht vor dem Publikum, schauen lächelnd in die Runde, warten, bis alle ruhig sind.)
Eddy: „Guten Tag, liebe Leute, ich bin der Eddy, ich bin wie Marion, die neben mir steht *(zeigt auf sie)*, im zweiten Ausbildungsjahr als Raumausstatter."
Marion: „Hallo, liebe Schülerinnen und Schüler, ihr habt *(dreht sich mit dem Kopf kurz zu Eddy)* ja schon gehört, ich heiße Marion. Wir möchten euch heute einen Einblick in unseren Beruf geben und euer Interesse wecken, weil wir selbst von diesem Beruf so begeistert sind. Der eine oder andere von euch wird

KOMPETENZBOX

Präsentieren

VORÜBERLEGUNGEN

→ Welches **Ziel** verfolge ich mit meiner Präsentation?

→ Welche **Erwartungen**, welches **Wissen** hat mein Publikum?

→ Welche Möglichkeiten habe ich, die **Einstellungen des Publikums zu verändern**?

PRÄSENTATION VORBEREITEN

→ Material sammeln und auswerten

→ Gliederung erstellen

→ Einleitung formulieren

→ Hauptteil strukturieren

→ Stichwortkarten oder evtl. kurze Texte schreiben

→ Visualisierungen planen, vorbereiten und fertigstellen

→ Ablaufplan mit Themen der Präsentation visualisieren

→ Räumlichkeiten und technische Möglichkeiten überprüfen

→ Passende Kleidung zum Typ und zum Anlass auswählen

PRÄSENTATION MÖGLICHST (VOR FREUNDEN) ÜBEN

PRÄSENTATION DURCHFÜHREN

→ Blickkontakt zum Publikum herstellen und während der Präsentation halten

→ Abwarten, bis alle Zuhörer/innen bereit sind

→ Sich (und die Arbeitsgruppe) vorstellen

→ Den Ablaufplan knapp erläutern *(Zuerst werden wir ..., dann ... und schließlich...)* und auf die einzelnen Punkte hindeuten sich dann hoffentlich um einen Ausbildungsplatz in diesem abwechslungsreichen Beruf bewerben."

Eddy: „Zunächst zeigen wir euch, worüber wir überhaupt sprechen werden *(geht zum Flipchart und zeigt mit der Hand – die Brust zum Publikum gewendet – auf den ersten Punkt im Ablaufplan).* Den ersten Punkt haben wir schon hinter uns, wir befinden uns gerade beim zweiten.

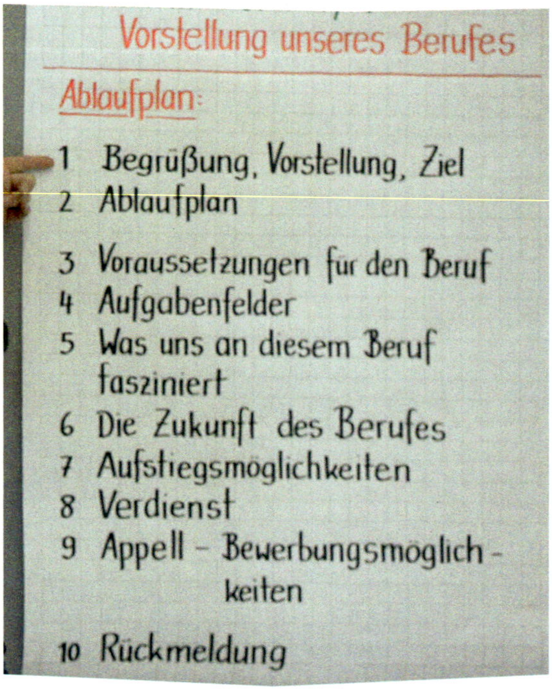

Danach gehen wir auf die Voraussetzungen in diesem Beruf ein.

Die Aufgabenfelder haben wir für euch *(deutet auf die erste Moderationswand)* auf dieser Moderationswand dargestellt. *(Marion steht neben dieser Moderationswand und zeigt ebenfalls darauf, eine kleine Sprechpause folgt, damit sich die Leser/innen einen groben Überblick verschaffen können.)* Dann wird Marion erläutern, was uns eigentlich an diesem Beruf so fasziniert.

Schließlich werden wir auf die Zukunft des Berufes eingehen, ein paar Worte zu den Aufstiegsmöglichkeiten und zum Verdienst sagen und ganz zum Schluss noch einige Hinweise zur Bewerbung geben. Zur Rückmeldung sagen wir später etwas."

KOMPETENZBOX (FORTS.)

- → **Langsam und deutlich sprechen**
- → **Dem Publikum ausreichend Zeit lassen, die Visualisierungen (Fotos, Schaubilder, Plakate, Folien, Modelle, Gegenstände usw.) aufzunehmen**
- → **Auf Fragen freundlich reagieren**
- → **Gestik, Mimik und Körperhaltung entsprechend dem Ziel der Präsentation anpassen**

NACHBEREITEN

- → **Rückmeldung einholen, evtl. nur Stimmungsbarometer einsetzen**

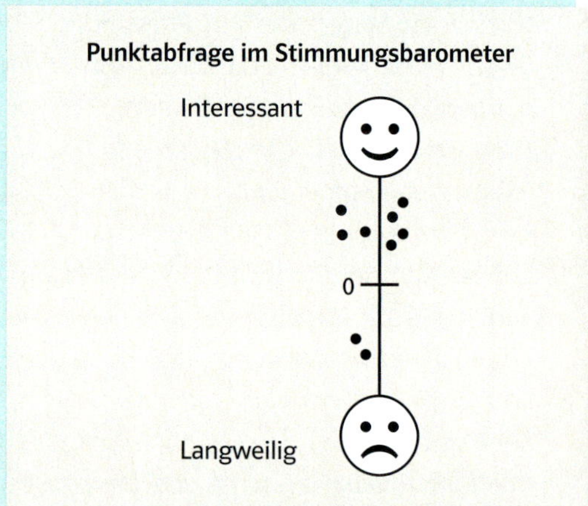

Marion: „Was sind die Voraussetzungen für diesen Beruf?

Nun, jeder von euch […]"

Eddy *(läuft gerade zur ersten Moderationswand und zeigt auf das erste Aufgabenfeld: Boden)*: „Ein Aufgabenfeld unseres Berufes ist der Boden. Nun schaut mal alle auf den Boden, auf dem eure Füße stehen. Das ist ein Linoleumbelag. Den verlegen wir. Zuvor muss der Boden natürlich hergerichtet werden. Aber wir verlegen auch andere Böden *(schaut zu Marion und nickt)*."

Marion: „Wir haben hier *(Sie nimmt ein Stück Teppichboden in die Hand und zeigt es.)* ein Stück Teppichboden *(Sie streicht mit der Hand über den*

Flor und lässt einen Schüler vor ihr auch das Teppichstück anfassen, eine kurze Sprechpause folgt.), dann haben wir hier […]"

Frage aus dem Publikum: „Ihr habt uns jetzt die genähten Gardinen gezeigt. Ich kann gar nicht nähen. Kann ich dann diesen Beruf überhaupt ausüben?"

Eddy *(schmunzelt)*: „Vor eineinhalb Jahren ging es mir wie dir. Ich hatte keine Ahnung vom Nähen, musste auch noch nie etwas nähen. Aber das lernst du sehr schnell. Eigentlich lernst du eher das Bedienen einer Maschine. Denn die heutigen Nähmaschinen sind so gut, dass sie - ohne Übertreibung - fast von alleine nähen. […]"

Marion: „Wir kommen jetzt zu dem Punkt, der euch vielleicht etwas befremdet. *(Sie zeigt auf Punkt 5 des Ablaufplans, lächelt freundlich, Sprechpause.)* Was soll einen an einem Beruf faszinieren? Arbeit und Faszination verbinden wir selten miteinander. Stellt euch mal vor: Ihr macht den ganzen Tag etwas, betrachtet das, was ihr gemacht habt, und stellt fest: Es ist schön, neu, farbig, ordentlich, frisch. Was ist das für ein Gefühl? Und das im Beruf zu erleben - ist das nicht faszinierend? […]"

Eddy: *(deutet auf Punkt 6 des Ablaufplans)* „Die Zukunft des Berufes. Schaut auf den Boden, schaut an die Wände, schaut zum Fenster: innen die Gardinen, außen der Sonnenschutz. Und schaut dann auf den gepolsterten Sessel, den wir euch mitgebracht haben. *(Pause)* Diese Umgebung werden wir immer brauchen. Kein Roboter kann uns die Arbeit wegnehmen.

Und das kommt noch hinzu: Ihr seid immer gefragte Leute - bei euren Freundinnen und euren Freunden. Denn jeder muss mal renovieren und braucht euch dann. […]"

Marion *(geht zur zweiten Moderationswand, dreht sich zum Publikum)*: „Diese Aufstiegsmöglichkeiten kann ich euch wieder an der Moderationswand zeigen *(Sprechpause, zeigt auf die Darstellung)*. […]"

Eddy *(zeigt mit der Hand auf das Stichwort „Verdienst" auf dem Ablaufplan)*: „Wie beim vorherigen Punkt sind wir auch mit diesem Punkt schnell fertig. *(Läuft zum OH-Projektor, auf dem schon die Folie liegt, schaltet ihn ein, kontrolliert, ob die Folie gerade liegt und die Schärfe richtig eingestellt ist. Er schaut ins Publikum und fragt erst dann.)* Könnt ihr die Zahlen alle lesen? Nun *(kleine Sprechpause, legt Spitze eines Stiftes vor die erste Zahl auf der Folie)*, im ersten Ausbildungsjahr […]
(schaut fragend in die Runde) Wenn wir euer Interesse an diesem Beruf geweckt haben, sagen wir gern auch noch etwas über die Bewerbungsmöglichkeiten. […]"

Marion: „[…] Nun erhält jede und jeder einen Klebepunkt. *(Eddy verteilt sie.)* Wir bitten euch, diesen Punkt auf den Rückmeldungsbogen zu kleben. Denn wir wollen wissen, ob durch unsere Präsentation euer Interesse für unseren Beruf eher gesteigert oder eher geringer wurde." *(Nachdem alle einen Klebepunkt erhalten haben, gehen sie gleichzeitig zum Rückmeldebogen, um ihren Punkt zu kleben.)*

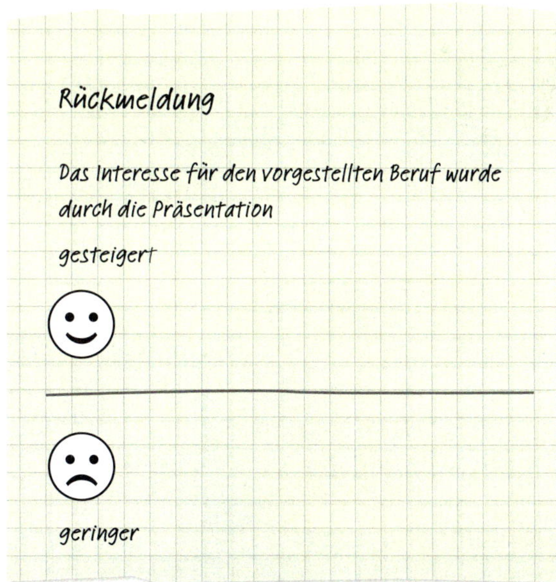

Eddy: „Wir hoffen, dass wir euch mit dieser Präsentation einen guten Einblick in den Beruf gegeben haben und euch dadurch bei eurer wichtigen Entscheidung ein wenig weiterhelfen können. Wenn ihr noch Fragen habt, sind wir gern noch eine Viertelstunde für euch da.
Vielen Dank für eure Aufmerksamkeit."

P

4

a) Machen Sie in der Klasse ein Brainstorming, um Themen für eine Präsentation zu finden.

BEISPIELE:
Sie sind Mitglied im „Roten Kreuz" und werben für die Arbeit im Jugendrotkreuz oder für das Blutspenden ab 18 Jahren.
Sie werben in der Klasse für die Teilnahme an einer Kanutour als eintägigem Wandertag.

b) Legen Sie für die gesammelten Themen jeweils die Adressatengruppe und das Ziel fest. Beantworten Sie dabei folgende Fragen:
- In welcher Funktion trete ich bei der Präsentation auf?
- Welches Publikum will ich ansprechen?
- Was will ich mit meiner Präsentation erreichen?

c) Bereiten Sie die Präsentation vor (siehe Hinweise in der Kompetenzbox S. 189).
d) Führen Sie die Präsentation durch (siehe Hinweise in der Kompetenzbox S. 189–190).

Thema
der Präsentation: ....

Rolle der Vortragenden

....

Adressaten (Publikum, kann erdacht sein)

....

Ziel der Präsentation (Was soll bewirkt werden?)

....
....
....
....

KOMPETENZBOX

Brainstorming

Zu einem Thema werden Ideen gesammelt und unsortiert festgehalten. Erfolgt das Brainstorming in der Gruppe, werden die Ideen weder kommentiert noch bewertet. Diese Regel muss eingehalten werden, damit aus der Ideensammlung keine Diskussionsrunde wird.

Ein Projekt durchführen und präsentieren

1

Situation:
Sie haben den Auftrag, die Entwicklung moderner Medien in den letzten 20 Jahren vorzustellen. Sie können selbst bestimmen, welche Schwerpunkte Sie dabei setzen. Zum Abschluss sollen Sie Ihre Projektergebnisse präsentieren.

a) Sammeln Sie Ideen/Vorschläge für das Projekt.
b) Strukturieren Sie die Ideen in einer Mindmap.

2

Bestimmen Sie den Zweck und Adressatenkreis des Projekts.

3

a) Fassen Sie Ihre Vorschläge für das Projekt in Arbeitspaketen zusammen.
b) Bilden Sie entsprechend der Arbeitspakete Arbeitsgruppen.
c) Erstellen Sie einen Projektstrukturplan (siehe Kompetenzbox, S. 194).

4

a) Planen Sie den zeitlichen Ablauf Ihres Projekts.
b) Legen Sie fest, welche Gruppenmitglieder für welche Aufgabe verantwortlich sind.
c) Erstellen Sie einen Projektablaufplan (siehe Kompetenzbox, S. 194).

5

a) Entscheiden Sie, welche Möglichkeiten der Recherche Sie nutzen, um Material für Ihr Projekt zu sammeln:

- Fachbücher aus der Bibliothek
- Fachzeitschriften
- Internet
- Museum für Technik/Kommunikation
- Befragung von Eltern, Lehrern, Berufskollegen

b) Verteilen Sie die Rechercheaufgaben in der Gruppe.

KOMPETENZBOX

Projektarbeit

1. **Vorarbeit**
   → Ideen für ein Projekt sammeln
   → Ideen strukturieren und auswählen
   → Ein Projektthema formulieren
   → Mitarbeiter/innen finden und deren Rolle in der Projektgruppe festlegen
2. **Planung**
   → Zweck des Projekts und Adressatenkreis bestimmen
   → Einen Projektantrag stellen (wenn nötig)
   → Ideen/Vorschläge zum Projekt sammeln
   → Ideen/Vorschläge strukturieren (Mindmap)
   → Ideen/Vorschläge zu Arbeitspaketen zusammenfassen
   → Arbeitsgruppen bilden und ihnen die Arbeitspakete zuordnen (→ Projektstrukturplan)
   → Zeitlichen Ablauf planen (→ Projektablaufplan)
3. **Durchführung**
   → Recherchieren, Material sammeln und strukturieren
   → Zwischenziele festlegen und „abrechnen" (→ Meilensteine)
   → Zwischenergebnisse dokumentieren
4. **Abschluss**
   → Ergebnisse kontrollieren
   → Geeignete Präsentationsformen wählen
   → Projektergebnisse präsentieren
   → Verlauf und Ergebnisse des Projekts dokumentieren und bewerten (Evaluation)

6

Strukturieren Sie Ihr gesammeltes Material und ordnen Sie es den Arbeitspaketen zu.

7

a) Halten Sie Ihre Meilensteine (Zwischenziele) fest.
b) Dokumentieren Sie die Meilensteine in einem Zwischenbericht.
c) Entscheiden Sie, wie Sie Ihre Arbeit fortsetzen.

KOMPETENZBOX

Meilensteine

Meilensteine sind Zwischenziele in einem Projekt. Sie schließen meist eine Projektphase ab. Das Projektteam kann so entscheiden, ob an dieser Stelle das Zwischenziel erreicht ist und das Projekt wie geplant fortgesetzt werden kann oder ob eine Korrektur notwendig ist.

8

Stellen Sie die Ergebnisse Ihres Projekts zusammen.

9

a) Entscheiden Sie, welche Präsentationsform für Ihr Projekt geeignet ist:
- Referat
- Broschüre
- Präsentationsprogramme
- Plakat/Wandzeitung
- Fotoausstellung

b) Nennen Sie weitere geeignete Präsentationsformen.
c) Entscheiden Sie sich für eine Präsentationsform.
d) Präsentieren Sie Ihr Projekt.

10

Schreiben Sie einen Abschlussbericht über den Verlauf Ihres Projektes von der Vorbereitung bis zur Präsentation. Bewerten Sie dabei auch Ihr Projekt.

KOMPETENZBOX

Projektstrukturplan

Der Projektstrukturplan macht den strukturellen Aufbau des Projekts in Phasen und Arbeitspaketen deutlich.

Projektstrukturplan

Vorbereitung	**Durchführung**	**Präsentation**
Arbeitspaket 1 Arbeitspaket 2 …	Arbeitspaket … Arbeitspaket …	Arbeitspaket …

Projektablaufplan

Im Projektablaufplan werden der zeitliche Ablauf des Projekts und der Aufgabenbereich (Arbeitspakete/Verantwortlichkeiten) festgehalten.

Projektablaufplan

Termin/ erledigt ✔	**Arbeits- paket 1**	**verant- wortlich**	**Arbeits- paket 2**	**verant- wortlich**
1. 3. / ✔	Moderne Medien	xxx	xxx	xxx
xxx	xxx	xxx	xxx	

11

Bilden Sie Gesprächspaare und teilen Sie sich gegenseitig mit, was Sie in diesem Lernbereich gelernt haben.

Sprachliche Übungen

1

a) Bilden Sie zusammengesetzte Verben (Tätigkeitswörter) mit je einem Wort aus der linken und der rechten Spalte.

bereit	arbeiten
bloß	sagen
frei	halten
schwarz	stellen
wahr	schreiben
gut	setzen

b) Formulieren Sie jeweils einen Satz.

2

Finden Sie zu den Wortgruppen Oberbegriffe.

BEISPIEL:
Bananen, Äpfel, Orangen, Kirschen
→ Oberbegriff: Obst

A
Auto
Straßenbahn
Bus
Eisenbahn

B
Maurer
Tischler
Zimmermann
Fliesenleger

C
Krankenpfleger
Arzt
Krankengymnastin
Diätassistentin

D
niederländisch
schwedisch
englisch
russisch

E
Flipchart
Moderationskarten
Overheadfolien
Pinnnadeln

F
Schreibtisch
Regalwand
Faxgerät
Besprechungstisch

3

a) Ordnen Sie die Definitionen den Fremdwörtern zu.

Standard, Branche, Design, Chiffre, Chance, Marketingkonzept, Engagement, Homebanking, Risiko, Franchisenehmer

Definitionen:

A Maßnahmenkatalog zur Steigerung des Umsatzes eines Unternehmens
B Unternehmer mit Lizenzvertrag eines Großunternehmens
C Gefahr für einen Unternehmer, Verluste zu machen
D Erscheinungsbild oder Aussehen
E Tätigen von Bankgeschäften über das Internet von zu Hause aus
F Tätigkeitsbereich
G Möglichkeiten oder Gelegenheiten
H Persönlicher Einsatz
I Maßstab, Norm, Qualitätsniveau

b) Setzen Sie die Fremdwörter in der richtigen Form ein:

A In der Bau-__ scheint die Wirtschaftskrise überwunden zu sein.
B Für ältere Arbeitnehmer gibt es oft keine __ auf einen neuen Arbeitsplatz.
C Trotz seines großen __ bei der Lehrstellensuche, hat er bisher noch nichts Passendes gefunden.
D Nach wie vor hat sie Vorbehalte gegenüber dem __ .
E Wir können die Anzeige unter einer __ aufgeben.
F Der Geschäftsbrief nach DIN 5008 ist seit Langem __ .
G Ein wichtiger Bestandteil des neuen __ ist die Veränderung des __ der Inneneinrichtung.
H Als __ einer großen Ladenkette trägt er als Unternehmer nicht das volle __ .

Lernbaustein 2 **19**

Siehe auch Lernbereiche
2 Texte lesen und verstehen
3 Inhalte von Texten wiedergeben
13 Visualisieren
20 Literarische Gattungen unterscheiden

Mit literarischen Texten umgehen

?

Mit literarischen Texten umgehen

Sprachliche Übungen

Gedichte entdecken und interpretieren
- → Elfchen
- → Fachbegriffe
- → Aufbau einer Gedichtinterpretation
- → Sprachliche Bilder
- → Sprechgesang

Kurzgeschichten verstehen
- → Den Inhalt erfassen
- → Die Atmosphäre eines Textes beschreiben
- → Symbole erkennen
- → Literarische Texte verstehen
- → Gefühle zum Ausdruck bringen
- → Einen Tagebucheintrag verfassen
- → Kreativität entwickeln
- → Kurzgeschichte schriftlich analysieren

Gedichtinterpretation schreiben

Liedtext und Gedicht vergleichen
- → Ideen entwickeln durch Cluster-Bildung
- → Gemeinsamkeiten und Unterschiede entdecken

!

1

Berichten Sie, welche Erfahrungen Sie mit literarischen Texten gemacht haben.

2

Listen Sie auf, was Sie
a) gerne,
b) nicht gerne
lesen.

Gedichte entdecken und interpretieren

1

Schreiben Sie zu einer der folgenden Überschriften ein Elfchen:

- Schüler sein
- Einsamkeit
- Sommer
- Morgens
- Alltag
- Sonntag

2

a) Hängen Sie Ihr Elfchen an einer Moderationswand auf.
b) Lesen Sie es vor.

3

a) Lesen Sie den folgenden Text.

Wichtig

Zartbitterschokolade
Ingwer
Toskanisches Weißbrot
Rosé (kalifornischen)
Oliven (schwarz, ohne Kerne)
Nutella
Eier (Bio)
Nüsse o.Ä. (irgendwas zum Knabbern für Freitag)
Lasagne (TK)
Ingos Briefkasten leeren
Marina die Zeitung vorbeibringen
O.K.

b) Entscheiden Sie, welche Textsorte (Gedicht, Einkaufszettel, Songtext eines noch recht unbekannten Rap-Sängers …) hier Ihrer Meinung nach vorliegen könnte.
c) Notieren Sie Gründe für Ihre Vermutungen.
d) Diskutieren Sie Ihre Ergebnisse aus Aufgabe c) in Kleingruppen.
e) Tragen Sie die Ergebnisse Ihrer Gruppenarbeit vor.

KOMPETENZBOX

Elfchen

Ein Elfchen ist ein kurzes, fünfzeiliges Gedicht, das aus elf Wörtern besteht. Die Wortanzahl für jede Zeile ist festgelegt.

BEISPIEL:

Renate Golpon

Freude

Jubeln!	**Ein Wort**
Vor Begeisterung	**Zwei Wörter**
lauter Luftsprünge machen.	**Drei Wörter**
Die ganze Welt anlachen.	**Vier Wörter**
Sprudeln!	**Ein Wort**

www.zumgedicht.de, abgerufen am 12.06.2007

4

Lesen Sie das Gedicht.

Nie mehr

Das hab ich nie mehr gewollt
um das Telefon streichen am Fenster stehn
keinen Schritt aus dem Haus gehn Gespenster sehn
Das hab ich nie mehr gewollt

Das hab ich nie mehr gewollt
Briefe die triefen schreiben zerreißen
mich linksseitig quälen bis zu den Nägeln
Das hab ich nie mehr gewollt

Das hab ich nie mehr gewollt
Soll dich der Teufel holen
Herbringen. Schnell.
Mehr hab ich das nie gewollt.

Ulla Hahn: Nie mehr. In: Ulla Hahn: Liebesgedichte. Deutsche Verlags-Anstalt, Stuttgart 1993, S. 78

5

Notieren Sie, was Ihnen am Gedicht auffällt.

6

Nennen Sie die Themen, um die es in diesem Gedicht geht.

- Langeweile
- Gleichgültigkeit
- Einsamkeit
- Liebe
- Hass
- Sehnsucht
- Verliebt sein
- Verheiratet sein
- Abschied
- Eifersucht
- Angst
- Verzweiflung

KOMPETENZBOX

Lyrisches Ich, Sprecher

Wir können uns den **Sprecher** als eine vom Dichter erfundene Person vorstellen, die er die Worte des Gedichts sprechen lässt.

Das **lyrische Ich** ist eine Bezeichnung für einen Sprecher im Gedicht, der sich in der Ich-Form äußert.

KOMPETENZBOX

Vers, Strophe, Reim

Die Zeile eines Gedichtes bezeichnet man als **Vers.**

Eine **Strophe** ist eine zusammenhängende Einheit in einem Gedicht, die aus mehreren Zeilen besteht.

Bei gleichlautenden Wörtern (Wagen, sagen) spricht man von einem **Reim.**

7

Listen Sie die Dinge auf, die das lyrische Ich des Gedichts (siehe Kompetenzbox) eigentlich nie mehr tun wollte.

8

Notieren Sie zu jeder einzelnen Tätigkeit, die im Gedicht erwähnt wird, einen ganzen Satz, in dem Sie den Grund für dieses Verhalten beschreiben.

BEISPIEL:
Das lyrische Ich des Gedichts streicht um das Telefon, weil es hofft, dass es von der Person, in die es sich verliebt hat, angerufen wird.

9

a) Erläutern Sie, was der Ausspruch „Soll dich der Teufel holen“ (zweiter Vers in der dritten Strophe) im Alltagsleben bedeutet.
b) Beschreiben Sie, welche weitere Bedeutung der Ausspruch erlaubt, wenn das Verb „herbringen“ und das Adjektiv „schnell“ damit verbunden werden.

10

Entscheiden Sie, welche Aussagen korrekt sind, und notieren Sie diese.

A Das Gedicht „Nie mehr“ von Ulla Hahn besteht aus drei (Zeilen) (Strophen) (Versen), die alle gleich aufgebaut sind.
B Jede Strophe hat vier (Zeilen) (Verse) (Verben).
C Das Gedicht beginnt mit der Aussage „Das hab ich nie mehr gewollt“. Diese Aussage wird insgesamt (vier) (sechs) (acht) Mal wiederholt.
D Sie befindet sich jeweils am Anfang und am Ende der ersten und zweiten (Zeile) (Strophe).
E In der dritten Strophe wird sie zu Beginn noch einmal wiederholt, aber am Ende der Strophe erscheint sie in einer (abgewandelten) (unkenntlichen) (unlesbaren) Form.

F In der ersten Strophe (gebraucht) (verbraucht) (vermisst) die Dichterin noch Reime.
G Dort reimen sich „Gespenster" und „sehn" (Z. 3) (für) (zu) (auf) „Fenster" und „stehn" (Z. 2).
H Die zweite Strophe (trägt) (besagt) (enthält) keine Reime, aber ähnlich klingende Wörter. „Briefe" und „triefen" (Z. 6) haben einen ähnlichen (Gesang) (Klang) (Rang).
I Auch „schreiben" und „zerreißen" (Z. 6) (enthalten) (behalten) (verwalten) ähnliche Laute. Dies gilt auch für „quälen" und „Nägeln".
J In der dritten Strophe gibt es solche (Unterschiede) (Ähnlichkeiten) (Vielfalt) nicht. Hier gebraucht die Dichterin zum ersten Mal (ein Semikolon) (ein Komma) (Punkte).

11

Lesen Sie die Gedichtinterpretation und die Kompetenzbox.

Interpretation des Gedichtes „Nie mehr" von Ulla Hahn

Das Gedicht „Nie mehr" findet sich in dem Sammelband *Liebesgedichte* von Ulla Hahn, der 1993 in der Deutschen Verlags-Anstalt in Stuttgart erschienen ist. Das lyrische Ich beschreibt in dem Gedicht „Nie mehr", dass ihm etwas passiert ist, was es eigentlich gar nicht mehr wollte, weil es damit offensichtlich zu einem früheren Zeitpunkt eher unangenehme Erfahrungen gemacht hat: Es hat sich verliebt. Dieser Gefühlszustand wird sehr heftig erlebt.
Der Leser gewinnt in der ersten Strophe den Eindruck, dass dieser neue Gefühlszustand des Verliebtseins für das lyrische Ich die reinste Qual darstellt. Es streicht um das Telefon, wartet auf einen Anruf, steht am Fenster und hält Ausschau. Es wagt gar nicht mehr, aus dem Haus zu gehen, und sieht Gespenster. Zum wiederholten Mal betont das lyrische Ich, dass es das „nie mehr gewollt [hat]" (Z. 4). Es scheint sich über diesen Zustand zu beklagen.

KOMPETENZBOX

Aufbau einer Gedichtinterpretation

Gehen Sie nach folgendem Schreibplan vor:

1. Einleitung: allgemeine Daten nennen und das Thema des Gedichts formulieren

→ Titel, Autor, eventuell Erscheinungsort und -jahr nennen
→ Mit dem Formulieren des Themas (z. B. Freundschaft, Liebe, Natur) zum Hauptteil überleiten

2. Hauptteil: Inhalt und Form des Gedichts untersuchen

→ Kurz den Inhalt wiedergeben: Was bringt das lyrische Ich/der Sprecher zum Ausdruck? Wie fühlt sich das lyrische Ich/der Sprecher?
→ Den Aufbau des Gedichts beschreiben: Strophen, Verse
→ Die sprachliche Gestaltung des Gedichts beschreiben: Reime, z. B. Kreuzreim, Paarreim, Binnenreim; Wortwahl, z. B. Metaphern, Vergleiche, Wiederholungen; Satzbau, z. B. verkürzte Sätze (Ellipsen), Auflösung von grammatischen Strukturen, Ausrufe; klangliche Besonderheiten, z. B. ähnlich klingende Wörter
→ Die sprachliche Gestaltung mit dem Inhalt in Verbindung bringen
→ Die Aussage des Gedichts formulieren

3. Schlussteil: die Gedichtinterpretation abrunden, z. B.:

→ Zur Einleitung oder zur Überschrift Bezug nehmen
→ Die eigene Meinung äußern
→ Auf Aktualität eingehen

Auch die zweite Strophe beginnt und endet mit der Klage: „Das hab ich nie mehr gewollt" (Z. 5 und 8). Auch hier erfährt der Leser, dass dieser Zustand von dem lyrischen Ich anscheinend als ganz schrecklich empfunden wird, denn es schreibt Briefe, die es dann wieder zerreißt, und es quält sich „bis zu den Nägeln" (Z. 7).
Dieses Gefühl der Qual schlägt in der dritten Strophe in Wut um. Das lyrische Ich spricht die Person, in die es sich verliebt hat, in Gedanken zum ersten Mal direkt an und verflucht sie: „Soll dich der Teufel holen" (Z. 10). Es bittet diese Person in aller Schärfe darum, wegzugehen, zu verschwinden, sich nicht mehr blicken zu lassen.
Diese rasende Wut wandelt sich in der nächsten Zeile in große Sehnsucht, diese Person wiederzusehen. Der Satz „Soll dich der Teufel holen" wird korrigiert und umformuliert in „Herbringen". Dass dies ein ganz dringendes Bedürfnis des lyrischen Ichs ist, wird auch dadurch deutlich, dass es keine ganzen Sätze mehr formuliert, sondern in Ein-Wort-Sätzen zum Ausdruck bringt, dass es sich nichts sehnlicher wünscht, als dass diese Person so schnell wie möglich kommt.
Um zu unterstreichen, dass das lyrische Ich dies kaum erwarten kann und voller Sehnsucht und Vorfreude ist, wird der viermal wiederholte Vers „Das hab ich nie mehr gewollt" am Ende der letzten Strophe umformuliert. Aus der viermal wiederholten Aussage „Das hab ich nie mehr gewollt" wird nun „Mehr hab ich das nie gewollt".
Durch diese Umstellung (Inversion) entsteht eine völlig neue Bedeutung der Aussage. Bisher waren mit der Aussage „Das hab ich nie mehr gewollt" sehr negative Erfahrungen des lyrischen Ichs verknüpft. Nun beinhaltet die Aussage „Mehr hab ich das nie gewollt" eine Fülle an positiven Gefühlen, die durch das Verb „herbringen" und das Adjektiv „schnell" zum Ausdruck gebracht werden. Mehr hat das lyrische Ich nie gewollt, als dass diese Person so schnell wie möglich zu ihm kommt. Bedeutete der Befehl in der Zeile 10 noch: „Hau ab!", so spricht aus der Zeile 11 der Wunsch: „Komm schnell!"
Das Gedicht zeigt die widersprüchlichen Gefühle, die wir häufig haben, wenn wir verliebt sind. Es beschreibt, dass das Verliebtsein nicht nur ein schöner Zustand ist, sondern auch sehr viel Qual, Traurigkeit und Angst mit sich bringen kann. Wer verliebt ist, ist nicht pausenlos glücklich, sondern denkt sich vielleicht auch manches Mal: „Wie konnte mir das denn jetzt passieren? Das hab ich doch gar nicht gewollt!" Gleichzeitig ist es aber auch ein unbeschreiblicher Glückszustand, in der Erwartung zu leben, den anderen bald wiederzusehen. Dass grenzenlose Freude und abgrundtiefe Qual beide zum Verliebtsein dazugehören, wird in diesem Gedicht sehr anschaulich zum Ausdruck gebracht.

KOMPETENZBOX

Sprechgesang

Der Sprechgesang ist eine Form des rhythmischen Sprechens. Die Vortragsweise ist dabei nicht an eine bestimmte Melodie oder Tonhöhe gebunden. Vielmehr steht die rhythmische Wiedergabe eines Textes im Vordergrund.

12

Arbeiten Sie paarweise. Sprechen Sie sich das Gedicht gegenseitig vor, sodass eine Art Sprechgesang entsteht. Klopfen Sie dabei auch rhythmisch auf den Tisch.

Liedtext und Gedicht vergleichen

1

Lesen Sie den Liedtext.

erwischt

ich weiß, dass dich der himmel schickt
holdes gesicht
ich glaub', ich werd' total verrückt
hoffentlich

ich starr' dich stundenlang nur an
stur, unbeirrt
hab' nicht mehr alle beisammen
schwer verwirrt

weck mich nicht auf
es ist so traumhaft mit dir
es hat mich wieder erwischt
wieder erwischt
endlich wieder erwischt
ich sage nie mehr nie wieder

du hast mich restlos aufgetaut
ich schmelz' dahin
machst mir ständig eine gänsehaut
völlig von sinnen

sternschnuppen sausen um mich rum
alles vibriert
du treibst mich ins delirium
narkotisiert

weck mich nicht auf
es ist so traumhaft mit dir
es hat mich wieder erwischt
wieder erwischt
endlich wieder erwischt
ich sage nie mehr nie wieder

Aus dem Album *4630 Bochum* von Herbert Grönemeyer, erschienen 1984

Worterklärungen

Z. 2: hold
= anmutig, lieblich, von zarter Schönheit
Z. 20: vibrieren
= in leise schwingender Bewegung sein
Z. 21: Delirium
= Bewusstseinstrübung, Verwirrtheit, verbunden mit Erregung, Sinnestäuschungen und Wahnideen
Z. 22: narkotisiert
= betäubt, unter Narkose gesetzt

KOMPETENZBOX

Cluster

Der Kern eines Clusters entsteht, indem man ein Wort, einen Begriff oder auch einen Aussagesatz in die Mitte eines Blattes schreibt und einen Kreis darum malt. Die Gedanken, die einem spontan zu diesem Begriff einfallen, werden aufgeschrieben, eingekreist und durch eine Linie mit dem Kern verbunden.

BEISPIEL:

2

Erläutern Sie, was der Sprecher des Gedichts meint, wenn er sagt „es hat mich wieder erwischt".

3

Erstellen Sie zu folgenden Begriffen jeweils ein Cluster, indem Sie notieren, welche Wörter und Begriffe Sie jeweils mit diesen Wörtern verbinden:

A Sternschnuppe
B Gänsehaut
C Himmel
D traumhaft
E narkotisiert
F Delirium

4

Bringen Sie die folgenden Textabschnitte in die richtige Reihenfolge.

Aus dem ersten Teil des Refrains geht hervor, dass der Sprecher des Gedichts aus diesem traumhaften Zustand nicht aufwachen möchte: „weck mich nicht auf" (Z. 9 und Z. 23), „es ist so traumhaft mit dir" (Z. 10 und Z. 24). Im zweiten Teil des Refrains erscheint dreimal die Wendung „wieder erwischt" (Z. 11–13 und 26–28). Durch diese Wiederholungen und durch das Wort „endlich" (Z. 13 und Z. 27) wird betont, wie heftig diese Empfindung ist.

In der vierten Strophe beschreibt er, dass er überglücklich ist und sein Glück kaum fassen kann. Dazu gebraucht er das Bild der Sternschnuppe, die man eigentlich im Alltagsleben nicht besonders häufig sieht. Jemand, der eine Sternschnuppe sieht, kann sich bekanntlich etwas wünschen. Aus dem Gedicht geht hervor, dass er von ganz vielen Sternschnuppen umgeben ist. Das bedeutet, dass er ganz viel Glück hat.

Die erste Strophe sowie der Refrain enthalten keine Reime, aber in der ersten Strophe gibt es zwei ähnlich klingende Wörter: „gesicht" (Z. 2) und „hoffentlich" (Z. 4). Die darauf folgenden Strophen enthalten jedoch echte Reime. So reimt sich in der zweiten Strophe „verwirrt" (Z. 8) auf „unbeirrt" (Z. 6), in der dritten Strophe „gänsehaut" (Z. 17) auf „aufgetaut" (Z. 15) und in der vierten Strophe „narkotisiert" (Z. 22) auf „vibriert" (Z. 20).

In der dritten Strophe beschreibt er, dass ihn die Person, in die er sich verliebt hat, verändert hat, dass er jetzt nicht mehr derselbe ist, der er vorher war: „du hast mich restlos aufgetaut" (Z. 15), „ich schmelz' dahin" (Z. 16). Hier vergleicht der Sprecher seinen Zustand mit chemischen Aggregatzuständen, die sich verändern: Vorher war er wie tiefgefroren, jetzt ist er „aufgetaut" (Z. 15). Doch auch dieser Zustand verändert sich wieder und wird noch weiter gesteigert: Er schmilzt dahin (vgl. Z. 16). Durch diese sprachlichen Bilder wird deutlich, wie verliebt er ist.

Bei dem vorliegenden Gedicht handelt es sich um einen Liedtext von Herbert Grönemeyer aus dem Album 4630 Bochum, das im Jahr 1984 erschienen ist.

In den ersten beiden Strophen des vorliegenden Gedichts bringt der Sprecher zum Ausdruck, wie er sich fühlt. Er ist heftig verliebt und erlebt diesen Zustand des Verliebtseins als eine Art Geisteskrankheit, von der er aber nicht geheilt werden möchte. Er beschreibt sich selbst als „total verrückt" (Z. 3), „stur" (Z. 6), „unbeirrt" (Z. 6) und „schwer verwirrt" und glaubt, dass er „nicht mehr alle beisammen" (Z. 7) hat.

Das Gedicht hat vier vierzeilige Strophen und einen sechszeiligen Refrain, der nach den ersten beiden Strophen zum ersten Mal erscheint und dann nach der vierten Strophe noch einmal wiederholt wird.

5

Entscheiden Sie jeweils, welche der beiden Aussagen korrekt ist, und notieren Sie diese.

A

1 Der Liedtext „erwischt" von Herbert Grönemeyer behandelt ebenso das Thema des Verliebtseins wie das Gedicht „Nie mehr" von Ulla Hahn; in der äußeren Form unterscheiden sich die beiden Texte jedoch voneinander.

2 Der Liedtext „erwischt" von Herbert Grönemeyer behandelt ebenso das Thema des Verliebtseins wie das Gedicht „Nie mehr" von Ulla Hahn. Auch in der äußeren Form gibt es keinerlei Unterschiede: Beide Texte bestehen aus drei vierzeiligen Strophen.

B

1 Beide Texte enthalten Hinweise darauf, dass das lyrische Ich zwar verliebt ist, aber auch Angst hat.

2 Lediglich das Gedicht von Ulla Hahn enthält Hinweise darauf, dass das lyrische Ich auch Angst hat.

C

1 In dem Gedicht von Ulla Hahn ist das Verliebtsein ein schönes Gefühl, während es im Liedtext von Herbert Grönemeyer ein eher unangenehmes Gefühl ist.

2 In dem Gedicht von Ulla Hahn kommen vor allem unangenehme Gefühle zur Sprache, während in dem Liedtext von Herbert Grönemeyer das Gefühl des Verliebtseins positiv beschrieben wird.

D

1 In beiden Texten empfindet das lyrische Ich den Zustand des Verliebtseins als so angenehm, dass es darin verharren will.

2 In dem Text von Herbert Grönemeyer empfindet das lyrische Ich den Zustand des Verliebtseins als so angenehm, dass es darin verharren will.

E

1 In beiden Texten wird der Zustand des Verliebtseins als Geisteskrankheit dargestellt, die das lyrische Ich plötzlich befällt.

2 Es ist ausschließlich der Text von Herbert Grönemeyer, in dem der Zustand des Verliebtseins als Geisteskrankheit dargestellt wird.

F

1 Das Bild der chemischen Aggregatzustände wird in dem Liedtext „erwischt" aufgegriffen.

2 In keinem der beiden Texte wird der Zustand des Verliebtseins mithilfe der chemischen Aggregatzustände (fest, flüssig, gasförmig) beschrieben.

G

1 In dem Gedicht von Ulla Hahn sieht das lyrische Ich Wesen, die es gar nicht gibt.

2 Das lyrische Ich begegnet in beiden Texten Wesen, die es gar nicht gibt.

H

1 Das Bild des Traums spielt in beiden Texten eine große Rolle.

2 Das lyrische Ich erlebt in dem Text von Herbert Grönemeyer den Zustand des Verliebtseins als Traum.

I

1 Das Gedicht von Ulla Hahn enthält zerstörerische Elemente.

2 Beide Texte enthalten Bilder der Zerstörung.

J

1 Das Bild der Betäubung von Schmerzen spielt in beiden Texten eine große Rolle.

2 In dem Gedicht von Ulla Hahn empfindet das lyrische Ich Schmerzen, in dem Text von Herbert Grönemeyer hingegen scheint das lyrische Ich wie betäubt zu sein.

6

Schreiben Sie zu einem der folgenden Gedichte eine Gedichtinterpretation.

gänseblümchen

seinetwegen hat sie die ganze
nacht mit dem regen um die wette
geheult sich in die dunkelste
ecke ihres zimmers verkrochen
die turnschuhe ausgezogen &
alle aschenbecher & untertassen
im haus zusammengesucht &
gewartet bis eine zigarette
nach der anderen erlosch &
sie mit der letzten die sie aus
der schachtel nahm ihr spiel
zug um zug weitertrieb er
liebt mich er liebt mich nicht
als könnte sie ihn am ende
wie einen pickel ausdrücken
am morgen stand der rauch
noch im zimmer &
ihre weißen turnschuhe
in der ecke

Albert Ostermaier: gänseblümchen. In: Albert Ostermaier: Heartcore. Gedichte. Suhrkamp Verlag, Frankfurt am Main 1999, S. 20

Das Schönste

Ich flüchte
in dein Zauberzelt
Liebe

im atmenden Wald
wo Grasspitzen
sich verneigen

weil
es nichts Schöneres gibt

Rose Ausländer: Das Schönste. In: Rose Ausländer: Ich höre das Herz des Oleanders. Gedichte 1977–1979 S. Fischer Verlag GmbH, Frankfurt am Main 1984.

In den Regen …

Stehst du jetzt auch und trauerst in den Herbst
Vor nebelüberwölkten Fensterscheiben?
Gehst du jetzt auch verlassen durch den Park
Und lässt wie welkes Laub vom Wind dich treiben …

Hockst du jetzt auch bei müdem Lampenlicht
Und schreibst an den Papierkorb lange Briefe?
Horchst du wie ich, wenn draußen jemand spricht,
Und hoffst noch immer, dass dich einer riefe –

Kein Laut. Nur Regen tropft von Fensterbänken.
Was mich betrifft: ich fühl mich so allein.
Ich möchte meine Sumpfschildkröte sein
Und mich in tiefen Winterschlaf versenken.

Mascha Kaléko: In den Regen …. In: Mascha Kaléko: Das lyrische Stenogrammheft. Rowohlt Verlag, Reinbek © 1975 Gisela Zoch-Westphal

Liebesgedicht

Mag sein, dieser Flug hört niemals auf.
Mir recht: ich wollte dich kriegen,
ich bin auf Risiko eingestiegen,
von Aussteigen stand auf dem Ticket nichts drauf.
Jetzt heißt es: fliegen fliegen.

Hans-Ulrich Klose: Liebesgedicht. In: Hans-Ulrich Klose: Charade. Gedichte. Bouvier Verlag, Bonn 1996, S. 34.

Im Tor schon

Im Tor schon
hobst du den Blick.
Wir sahen uns an.

Eine große Blüte stieg
leuchtend blass
aus meinem Herzen.

Hilde Domin: Im Tor schon. In: Hilde Domin: Gesammelte Gedichte. Fischer Verlag, Frankfurt am Main 1987

Kurzgeschichten verstehen

1

Lesen Sie den Text.

Der Befund

Die drei Stufen kommen Andreas wie die letzten von dreihundert vor.

Andreas atmet schwer. Vor der Tür aus Stahl und Glas bleibt er stehen. Da kommt ein Mann heraus: grüner Kittel, Karton unterm Arm. Der Mann hält die Tür mit dem Ellbogen, in dem der Karton eingewinkelt ist, einladend offen. Andreas muss eintreten.

Den Korridor kennt Andreas. Vor drei Wochen war er zum ersten Mal hier.

Das vierte Zimmer rechts.

Ich bin Andreas Korbelt. – Ja, und?

Ich soll heute – den Befund – meinen Befund.

Wie heißen Sie?

Sagte ich schon: Andreas. Andreas Korbelt.

Haben Sie Ihren Ausweis dabei? Sie verstehen. Wir können solche Sachen nicht jedem …

Ja, ich verstehe, sagt Andreas.

Die Schwester flüstert Namen und Geburtsdatum vom Ausweis ab und gibt ihn zurück. Mit einem Rollgriff geht sie durch die Umschläge im herausgezogenen Fach des Aktenschranks, fingert sich unter K fest und zieht ein graues Kuvert hervor.

Hier. Bitte. Wenn Sie mir das eben quittieren, Herr – Blick auf den Umschlag – Herr Korbelt.

Andreas unterschreibt ein Formular. Während der Unterschrift schaut er in die Augen der Schwester. Aber die blicken von ihm weg.

Wollen Sie gleich – ich meine hier? fragt die Schwester mit dem Blick zur Tür, an der es klopft und die sich öffnet.

Ein Kopf erscheint. Warten! ruft die Schwester.

Andreas zögert. Nein – nicht hier – zu Hause.

Wie Sie wollen, sagt die Schwester. Als Andreas geht, bemerkt er, dass die Schwester von ihrem Sitz aus alles in Reichweite hat: die Fläche auf ihrem kleinen Schreibtisch, den Schrank mit den Schubfächern, eine Kaffeemaschine, das Telefon, und dabei den Blick in den schmalen Raum hinein bis zur Tür.

Andreas geht die drei Stufen herunter. Wie hat die Schwester mit ihm gesprochen? Streng? Mitleidig? Gleichgültig? Oder neugierig? Wieso neugierig? Sie weiß doch, was in dem Umschlag ist. Ob sie sehen wollte, wie ich mich verhalte, wenn ich den Befund …?

Andreas setzt sich auf die unterste Stufe. Er will nicht mehr weitergehen, kann auch nicht mehr. Er reißt den Umschlag auf. Fühlt mit zwei Fingern den schmalen Papierstreifen darin. Er fühlt so heftig, als könne er mit den Fingern den Befund ertasten. Aber er zieht den Befund nicht heraus.

Erwin umarmt Andreas. Drückt seine Stirn an Andreas' Stirn. Lange. Er verstärkt seinen Druck, während er mit geschlossenen Augen fragt: Was hat es – wie sieht es aus – ich meine …?

Andreas sagt nichts. Seine Lippen werden schmal. Er nimmt seinen Kopf zurück und schaut Erwin an. Erwin macht die Augen auf, schaut auf die Fransen des Teppichs in seinem Zimmer. Lange und angestrengt.

Dann löst Erwin die Umarmung. Er setzt sich auf die Kante seines Bettes, das ungemacht ist.

Also doch, sagt Erwin fast tonlos. Er wartet auf einige Worte von Andreas. Der sagt nichts.

Gib mir Zeit, sagt Erwin.

Wie lange Zeit, fragt Andreas, der noch immer auf derselben Stelle steht.

Was weiß ich? sagt Erwin. Tage, Wochen, Monate.

Jahre? fragt Andreas. Jahre?

Erwin spürt die Bitterkeit in der Frage. Er hält Andreas die offenen Handflächen hin. Eine bittende Stellung.

Andreas' Mutter sitzt in der dunklen Ecke des Zimmers, wo sie sich immer dann aufhält, wenn sie etwas verarbeiten muss. Manchmal spricht sie dann in der Ecke des Wohnzimmers mit sich selbst. Die Kinder kennen das: wenn es ihnen schlecht geht oder wenn Vater seinen Zorn herausschreit, weil er seine Arbeit verloren hat.
Sag sie mir, Junge, fordert die Mutter. Sie fordert es sanft.
Was soll ich dir sagen? fragt Andreas.
Die Wahrheit, sagt die Mutter.
Andreas, unsicher: Ich kann sie dir nicht sagen.
Und heftiger, fast trotzig: Noch nicht!
Bleib jetzt hier, Andreas, sagt die Mutter. Geh jetzt nicht mehr woanders hin. Bleib bei mir.

Es ist selten, dass Andreas Felicitas anders als Fee nennt. Aber jetzt sagt er: Felicitas.
Ja?
Ich war bei dem – dem Amt.
Felicitas sagt nichts. Wartet.

Andreas greift in die Brusttasche seines Anoraks. Der Umschlag knistert.
Lass, sagt Felicitas. Können wir noch weiter zusammen sein? Ich meine – wie – abends – an der stillgelegten Zeche?
Das hängt von dir ab, Fee, sagt Andreas.
Doch wohl auch von deinem – Papier – da in deiner Hand, sagt Felicitas. Ich muss mich doch nach deinem Papier richten …
Ja, sagt Andreas. Du musst dich nach meinem Papier richten. Du musst *mich* nach meinem Papier richten.

In der Imbisshalle werden vom Kebab-Kegel hauchdünne Scheiben geschnitten. Die Hände des Mannes mit dem Backenbart sind flink. Sein Messer ist scharf.
Andreas sieht dem behänden Mann zu. Der Mann spürt, dass Andreas ihn beobachtet, und lächelt. Andreas bestellt Mineralwasser. Er nimmt die Flasche und das Glas und setzt sich an einen leeren Tisch. Nebenan sprechen einige Gäste miteinander, lebhaft und laut. Die fremden Sprachfetzen tun Andreas wohl. Er ist dankbar, dass die Männer mit sich selbst zu tun haben, dass sich niemand um ihn kümmert.
Andreas nimmt den Umschlag jetzt wieder in die Hand. Er ist so entschlossen wie seit Wochen nicht mehr. Er nimmt das Blatt heraus, liest sich im unteren Teil des gedruckten Textes an einer handgeschriebenen Zeile fest: HIV steht da in Großbuchstaben. Dann, klein dahinter, negativ.
Andreas trinkt das Mineralwasser aus der Flasche. Beim ersten Schluck merkt er, wie trocken sein Hals ist. Andreas trinkt hastig weiter. Er trinkt die kleine Flasche leer. Er merkt, wie die Kohlensäure in den Nasenlöchern kribbelt.
Jetzt weiß ich, woran ich bin, sagt Andreas, als er die Flasche absetzt. Er sagt es erst ein paarmal hörbar, dann leise, dann immer lauter. Die Männer am Nachbartisch halten einige Augenblicke inne. Dann reden sie weiter.

Josef Reding: Der Befund. In: Josef Reding: Lesebuch. Georg Bitter Verlag, Recklinghausen 1994, S. 169–173

2

Entscheiden Sie, welche Erklärung des Begriffs „Befund" am besten zum Text passt:

A „Befund" hat etwas mit „finden" zu tun.
B „Befund" ist ein Zustand, in dem man sich gerade befindet.
C „Befund" ist das festgestellte Ergebnis nach einer ärztlichen Untersuchung.

KOMPETENZBOX

Literarische Texte verstehen

Literarische Texte enthalten eine Fülle an Bedeutungen, die nicht immer auf den ersten Blick zu erkennen sind. Gerade Beschreibungen des Wetters und der Umgebung sind häufig weit mehr als Erläuterungen darüber, welche Außentemperatur gerade herrscht, wie das Wetter ist oder wie ein Gebäude aussieht, denn der Leserin/dem Leser wird durch diese Beschreibungen indirekt vermittelt, wie es den Personen geht, wie sie sich fühlen oder welche Atmosphäre vorherrscht.

Zu Beginn der Kurzgeschichte „Der Befund" von Josef Reding ist beispielsweise die Rede von einer „Tür aus Stahl und Glas" (Z. 3 f.). Die Leserin/Der Leser bekommt durch diese Beschreibung einerseits die Information, aus welchem Material diese Tür gefertigt wurde. Andererseits, und dies dürfte für die geschulte Leserin/den geschulten Leser viel interessanter sein, verbirgt sich hinter der Materialbeschreibung auch ein Hinweis darauf, wie es Andreas geht, als er vor dieser Tür stehen bleibt. Stahl ist hart und kalt und steht von daher für die Kälte und Härte, die Andreas aushalten muss. Glas hingegen ist zerbrechlich, und von daher ist es hier ein Symbol für die Zerbrechlichkeit und Verletzlichkeit von Andreas. Außerdem ist Glas durchsichtig. Deshalb deutet es auch darauf hin, dass Andreas durchsichtig für die Blicke anderer ist, da andere Menschen nun Einblick in ganz intime Bereiche seines Lebens haben.

3

Schreiben Sie die inhaltlichen Aussagen in der Reihenfolge auf, wie sie im Text vorkommen.

A Er geht zu seinem Freund Erwin, der ihn nach dem Testergebnis fragt.
B Dort öffnet er den Umschlag und erfährt, dass er nicht HIV-positiv ist.
C Andreas Korbelt geht zum Gesundheitsamt und bekommt dort einen Umschlag mit dem Ergebnis eines Aids-Tests, den er vor drei Wochen gemacht hat.
D Felicitas, eine Freundin von Andreas, macht das Zusammensein mit ihm von dem Befund abhängig.
E Im Treppenhaus öffnet er zwar den Umschlag, aber er liest den ärztlichen Befund nicht.
F Da Andreas sehr wortkarg ist, geht Erwin von einem krankhaften Befund aus und zieht sich von Andreas zurück.
G Schließlich geht Andreas allein in eine Döner-Bude, wo er sich ein Mineralwasser bestellt.
H Als Andreas zu Hause ist, möchte seine Mutter die Wahrheit erfahren, doch Andreas will jetzt nicht mit ihr sprechen.

4

a) Gestalten Sie ein Plakat (siehe S. 208, linke Spalte) mit einer imaginären Landkarte, auf der Sie die einzelnen Orte, an denen sich Andreas im Verlauf der Kurzgeschichte aufhält, als Stationen darstellen. Glie-

BEISPIEL:

Erster Teil, Z. 1–51: Andreas beim Gesundheitsamt

Ort: Gesundheitsamt

Zeit: wird nicht genannt, vermutlich vormittags

Personen:
- Andreas
- ein Mann (Z. 4)
- eine Schwester (Z. 18)

Atmosphäre:
- „Tür aus Stahl und Glas" (Z. 3 f.)
  - Tür → Trennung, Barriere
  - Stahl → Kälte, Härte, Unerbittlichkeit
  - Glas → Zerbrechlichkeit, Verletzlichkeit
- „grüner Kittel" (Z. 5) → sterile Umgebung, klinisch, wie im Krankenhaus
- „Aktenschrank" (Z. 21), „Formular" (Z. 25) → unpersönliche Atmosphäre, Bürokratie

Wie fühlt sich Andreas?
- „Die drei Stufen kommen Andreas wie die letzten von dreihundert vor" (Z. 1 f.). → Müdigkeit, Erschöpfung, Schwere, Angst
- „Er will nicht mehr weitergehen, kann auch nicht mehr" (Z. 46 f.). → Müdigkeit, Erschöpfung, Kraftlosigkeit
- „Während der Unterschrift schaut er in die Augen der Schwester. Aber die blicken von ihm weg" (Z. 25 ff.). → kein Blickkontakt, keine Kommunikation, keine Nähe, Distanz, unpersönlich

dern Sie dazu den Text in fünf inhaltliche Teile und notieren Sie zu jedem Teil die Zeilen, eine Überschrift in Stichworten, die Zeit und die Personen, die in diesem Textabschnitt genannt werden.

b) Ergänzen Sie diese Landkarte, indem Sie Begriffe finden, die stichwortartig beschreiben, welche Atmosphäre dort herrscht und wie Andreas sich fühlt.

5

a) Erläutern Sie die verschiedenen Bedeutungen des Wortes „richten" in den Zeilen 102 und 104.

b) Erklären Sie die beiden Bedeutungen des Satzes „Jetzt weiß ich, woran ich bin" (Z. 129), den Andreas gegen Ende der Geschichte ausspricht.

6

Situation:

Auf dem Weg in das Zimmer, in dem ihm der Umschlag mit dem Befund ausgehändigt wird, muss Andreas noch eine kleine Treppe nach oben steigen. Der erste Satz der Geschichte lautet: „Die drei Stufen kommen Andreas wie die letzten von dreihundert vor."

Versetzen Sie sich in Andreas' Situation hinein. Schreiben Sie in der Ich-Form, was in seinem Kopf vorgeht und welche Gedanken und Gefühle er an dieser Stelle hat. Sie können diese Satzanfänge verwenden:

- Ich bin …
- Ich fühle mich …
- Wenn ich doch nur …
- Wie schön es jetzt wäre, wenn …
- Was ich überhaupt nicht aushalte, ist …
- Warum …

7

Situation:
Als die Schwester Andreas fragt, ob er den Umschlag gleich öffnen möchte, antwortet er: „Nein – nicht hier – zu Hause" (Z. 32).

Versetzen Sie sich in Andreas' Situation hinein. Schreiben Sie in der Ich-Form, was in seinem Kopf vorgeht und welche Gedanken und Gefühle er an dieser Stelle hat. Sie können diese Satzanfänge verwenden:

- Ich habe Angst davor, dass …
- Wenn ich doch nur …
- Wenn ich ganz viel Glück habe …
- Mal angenommen …
- Ich würde auf jeden Fall …
- Ich wünsche mir so …
- Ich fühle mich …
- Ich bin …

8

Situation:
Als Andreas abends nach Hause kommt, geht er in sein Zimmer, setzt sich an seinen Schreibtisch und denkt über den vergangenen Tag nach. Seine Gedanken und Gefühle schreibt er in sein Tagebuch.

Verfassen Sie einen Tagebucheintrag aus Andreas' Perspektive.

KOMPETENZBOX

Einen Tagebucheintrag verfassen

AUFBAU

→ **Keine festgelegte Struktur**

INHALT

→ **Gedanken, Gefühle, Ängste, Sorgen**

→ **Besondere Ereignisse**

→ **Alltägliche Erlebnisse**

→ **Fragen, die man sich stellt**

ZEITFORM

→ **Präsens oder Präteritum**

SPRACHE

→ **Erzählstil**

→ **Eventuell Umgangssprache**

GESTALTUNG

→ **Persönliche Gestaltung (z. B. durch das Einkleben von Kinokarten, Aufklebern, Eintrittskarten, Quittungen)**

→ **Dekorative Gestaltung (z. B. durch das Schreiben mit verschiedenfarbigen Stiften, durch Verzierungen, durch Skizzen)**

9

Analysieren Sie die Kurzgeschichte „Marita" (gekürzte Fassung).

Marita

Andreas hat mir einen kleinen Fernseher vorbeigebracht, damit ich ein wenig Ablenkung habe. Ich habe ihn auf einen Stuhl gestellt und schalte ihn auch wirklich ein. Doch er lenkt mich nicht ab, ich sehe nicht mal hin. Ich schalte ihn ein und stelle den Ton laut, damit die Nachbarn nicht hören, wie ich weine.
Ich komme von der Arbeit, setze mich auf den Boden und starre an die Wand. Manchmal klingelt

das Telefon, und ich zucke zusammen. Doch ich gehe selten dran, ich warte, bis der Anrufbeantworter anspringt, ich habe ihn auf dreimal Klingeln gestellt, weniger geht nicht. Ich sitze auf dem Boden, bis ich merke, wie die Tränen kommen, das dauert manchmal Stunden. Dann schalte ich den Fernseher ein und bleibe vor dem Stuhl auf den Holzdielen liegen.

Es ist nicht so, dass ich niemanden hätte. Andreas wohnt zwei Stockwerke unter mir, und wenn es an die Tür klopft, gehe ich ins Bad, und danach mache ich auf. Wir sitzen zusammen in der Küche, und wenn ich lange genug nichts sage, geht Andreas wieder. Wenn ich ihn nicht so gut kennen würde, würde ich glauben, dass es ihn langsam nervt. Ich weiß nicht mehr, wie lange es jetzt her ist. Vier Wochen, fünf, sechs?

Ich kann keine Musik mehr hören. Es geht einfach nicht. Tagelang habe ich darüber nachgedacht, warum das so ist. Musik sei eine Art, mit Gott zu reden, habe ich mal gehört, vielleicht liegt es ja daran. Ich will mich nicht unterhalten, mit niemandem.

Eigentlich will ich auch nicht leiden, ich will nicht sauer sein, verletzt, ich will nicht aufbegehren gegen das Schicksal, klagen und jammern und mich allein fühlen. Meistens gelingt es mir sogar.

Ich sitze einfach da, und das ist schon ziemlich viel, finde ich. Obwohl alle sagen, ich solle doch lieber etwas unternehmen. Doch ich sitze nicht nur da.

Seit du weg bist, habe ich versucht, alles genauso wie sonst immer zu machen. Ich putze mir die Zähne, ich frühstücke, ich kaufe samstags eine Zeitung und Brötchen. Ich gehe in den Supermarkt und packe den Wagen voll, aber ich kann die Kassiererin nicht anlächeln. Ich trinke selten, wie wir es immer getan haben, alle paar Wochen waren wir beschwipst, und wenn wir allein waren, sind wir albern geworden. Freitags sauge ich Staub, aber ich mag mich nicht mit anderen Menschen treffen. Ich tue die Dinge, die wir getan haben, ich mache jeden Tag Tee und zünde die Kerzen an, wenn es dunkel wird. Außerdem sitze ich jeden Tag auf dem Boden und starre die Wand an.

Manchmal stelle ich mir vor, du seist tot. Ich weiß nicht, ob das einfacher wäre. Wenn du die ganze Welt verlassen hättest. Wenn da kein Glück mehr wäre für dich, wäre es dann einfacher für mich? Ich glaube nicht. […]

Selim Özdogan: Marita. In: Selim Özdogan: Trinkgeld vom Schicksal. Geschichten. Aufbau Taschenbuch Verlag, Berlin 2003, S. 214–217.

Sprachliche Übungen

1

Entscheiden Sie, welches der drei angegebenen Wörter jeweils in den Satzzusammenhang passt.

A Sie macht diese Arbeit nur
1 widerwärtig. **2** widerwillig. **3** widersinnig.

B Die Arbeitsabläufe in ihrer Abteilung
1 wiederholen **2** wiederkäuen **3** wiederkehren
sich täglich.

C Die
1 Eigenheit **2** Eigenschaft **3** Eintönigkeit
ihrer Arbeit macht ihr sehr zu schaffen.

D Am schlimmsten ist es nach der Mittagspause, da sie dann so
1 erschüttert **2** erschwindelt **3** ermattet
ist.

E Sie hat schon häufig darüber nachgedacht, sich
1 umsetzen **2** umschulen **3** umschwenken
zu lassen, weiß aber gar nicht, welche andere Tätigkeit für sie in Frage käme.

2

Bilden Sie Substantive (siehe Anhang, Regel 10).

A trotzig
B schwer
C mitleidig
D gleichgültig
E neugierig
F offen
G verzweifelt
H behutsam
I kalt
J steril
K bürokratisch
L verletzlich
M zuversichtlich
N müde
O kraftlos
P distanziert
Q hilflos
R arm

3

Entscheiden Sie, welche Ausdrücke nicht richtig geschrieben sind (siehe Anhang, Regel 17).

A in der Ich Form geschrieben
B der Ich Erzähler
C das lyrische Ich
D der Rap Sänger
E viele Ein Wort Sätze
F Sätze mit nur zwei Wörtern
G HIV negativ
H an der Döner Bude

4

Finden Sie jeweils ein Fremdwort für die Begriffe und Erklärungen. Eine Silbe des Lösungsworts ist jeweils vorgegeben.

A	Taktmäßige Gliederung	__ mus
B	Kehrreim	Re __
C	Etwas Ähnliches; Gerade, die an allen Punkten in gleichem Abstand zu einer anderen Geraden verläuft	Pa __
D	Zusammenhängende Einheit in einem Gedicht	Stro __
E	Dichtung in Versen	__ rik
F	Folge von zusammenhängenden Tönen	Me __
G	Nur in der Vorstellung existierend	__ när
H	Sinnbild	__ bol
I	Zukunftsaussicht, individueller Blickwinkel	Per __
J	Eintönigkeit	Mo __
K	Umstellung	In __
L	Literarische Textform	__ man
M	Gestaltung, Aufbau	__ tur
N	Schöpferische Neugestaltung	Kre __
O	Stimmung	At __
P	Untersuchen	__ ren

Lernbaustein 2 **20**

Siehe auch Lernbereiche
2 Texte lesen und verstehen
3 Inhalte von Texten wiedergeben
19 Mit literarischen Texten umgehen
21 Epochentypische Dichtungsformen

Literarische Gattungen unterscheiden

?

Literarische Gattungen unterscheiden

Sprachliche Übungen

Epische Textformen lesen und interpretieren
→ Einen Romanausschnitt lesen
→ Merkmale epischer Texte herausarbeiten
→ Eine Rezension schreiben
→ Literarische Texte in Verfilmungen erleben

Lyrische Texte lesen und interpretieren
→ Ein Gedicht erschließen
→ Merkmale lyrischer Texte herausarbeiten
→ Sprachliche Bilder deuten

Dramatische Texte lesen und interpretieren
→ Einen Ausschnitt aus einem Drama lesen
→ Merkmale dramatischer Texte erkennen
→ Figurenkonstellation untersuchen
→ Eine Szene nachspielen
→ Unterschiedliche Theateraufführungen vergleichen

!

1

Berichten Sie von Ihren Erfahrungen mit
a) der Lektüre von Romanen,
b) dem Besuch des Theaters,
c) dem Lesen von Gedichten,
d) dem Lesen von Fachliteratur für Ihren Beruf.

2

a) Nennen Sie Möglichkeiten, wie Sie jemandem den Begriff „Literatur“ erklären.
b) Vergleichen Sie Ihr Ergebnis mit der Kompetenzbox auf der folgenden Seite.

Epische Textformen lesen und interpretieren

3

Lesen Sie den Text.

> **KOMPETENZBOX**
>
> **Was ist Literatur?**
>
> → Literatur (von literatura, lateinisch „Buchstabenschrift", „Sprachkunst") stand im Mittelalter für die weltlichen Schriften im Gegensatz zu den geistlichen. Der Begriff gilt seit ca. 1770 als Oberbegriff für die Gesamtheit von Texten.
>
> → Man unterscheidet grob zwischen Dichtung, also dem sprachlichen Kunstwerk, und Gebrauchsliteratur, wie etwa der Fach- oder journalistischen Literatur.
>
> → Die Dichtung wird formal in epische Texte (Epik), dramatische Texte (Drama) und lyrische Texte (Lyrik) unterteilt.

Bernhard Schlink

Der Vorleser

Im Februar 1959 hilft die 36-jährige Hanna Schmitz dem 15-jährigen Schüler Michael Berg, der sich in ihrem Hauseingang übergeben muss. Kurze Zeit später beginnen die beiden eine Affäre. Zwischen ihnen entwickelt sich ein Ritual: Immer nachdem sie miteinander geschlafen haben, lässt sich Hanna von Michael vorlesen. Die Beziehung der beiden nimmt jedoch im Sommer des gleichen Jahres ein jähes Ende, als Hanna plötzlich und ohne Ankündigung unbekannt verzogen ist.

Im Jahr 1966, während seines Jurastudiums, besucht Michael einen Prozess gegen Verbrecher aus der Nazi-Zeit. Eine der Angeklagten ist Hanna, die KZ-Wärterin gewesen war und der vorgeworfen wird, u. a. am Tod von Häftlingen schuld zu sein. Obwohl Hanna die ihr zur Last gelegten Verbrechen in vollem Umfang gesteht und zu lebenslanger Haft verurteilt wird, glaubt Michael nicht an ihre alleinige Schuld. Er hat inzwischen erkannt, dass Hanna Analphabetin ist. Aus Angst vor einer Bloßstellung nimmt sie lieber eine lebenslange Haftstrafe auf sich, als ihre Schwäche preiszugeben, was sie im Prozess entlasten würde. Während Hannas Haft, etwa im achten Jahr, beginnt Michael, Kassetten, auf denen er ihr vorliest, ins Gefängnis zu schicken. Hanna bringt sich daraufhin das Lesen und das Schreiben bei. Sie schickt Michael kurze Grüße, die er unbeantwortet lässt. Dennoch behält er über Jahre hinweg das Vorlesen bei und schickt Hanna regelmäßig Kassetten ins Gefängnis.

Kapitel 7

Ich habe mir damals keine Gedanken darüber gemacht, dass Hanna eines Tages entlassen würde. Der Austausch von Grüßen und Kassetten war so normal und vertraut und Hanna mir auf so freie Weise sowohl nah als auch fern, dass ich den

Zustand hätte fort- und fortdauern lassen können. Das war bequem und egoistisch, ich weiß. Dann kam der Brief der Leiterin des Gefängnisses.

„Seit Jahren stehen Frau Schmitz und Sie in brieflichem Austausch. Es ist der einzige Kontakt, den Frau Schmitz nach draußen hat, und so wende ich mich an Sie, obwohl ich nicht weiß, wie eng Sie verbunden und ob Sie Verwandter oder Freund sind.
Nächstes Jahr wird Frau Schmitz wieder ein Gnadengesuch stellen, und ich gehe davon aus, dass der Gnadenausschuss ihm stattgeben wird. Sie wird dann bald entlassen werden – nach achtzehn Jahren Haft. Natürlich können wir ihr Wohnung und Arbeit besorgen bzw. zu besorgen versuchen; mit Arbeit wird es in ihrem Alter schwierig werden, auch wenn sie noch völlig gesund ist und in unserer Näherei großes Geschick zeigt. Aber besser, als wenn wir uns darum kümmern, ist es, wenn Verwandte oder Freunde es tun und die Entlassene in ihrer Nähe haben und begleiten und stützen. Sie können sich nicht vorstellen, wie einsam und hilflos man nach achtzehn Jahren Haft draußen sein kann.
Frau Schmitz kann sich ziemlich gut selbst helfen und kommt auch allein zurecht. Es wäre ausreichend, wenn Sie ihr eine kleine Wohnung und Arbeit fänden, sie in den ersten Wochen und Monaten gelegentlich besuchen und einladen könnten und sich darum kümmerten, dass sie von den Angeboten der Kirchengemeinde, Volkshochschule, Familienbildungsstätte usw. erfährt. Außerdem ist es nicht leicht, nach achtzehn Jahren erstmals in die Stadt zu gehen, einzukaufen, bei Behörden vorzusprechen, ein Restaurant aufzusuchen. Es macht sich in Begleitung leichter.
Ich habe bemerkt, dass Sie Frau Schmitz nicht besuchen. Täten Sie es, dann würde ich Ihnen nicht schreiben, sondern Sie anlässlich eines Besuchs zu einem Gespräch bitten. Nun geht es nicht anders, als dass Sie sie vor ihrer Entlassung besuchen. Bitte schauen Sie bei dieser Gelegenheit doch bei mir vorbei.“

Der Brief schloss mit herzlichen Grüßen, die ich nicht auf mich, sondern darauf bezog, dass der Leiterin das Anliegen ein Herzensanliegen war. Ich hatte schon von ihr gehört; ihre Anstalt galt als außergewöhnlich, und ihre Stimme hatte in Fragen der Reform des Strafvollzugs Gewicht. Mir gefiel ihr Brief.
Aber mir gefiel nicht, was auf mich zukam. Natürlich musste ich mich um Arbeit und Wohnung kümmern und habe es auch getan. Freunde, die die Einliegerwohnung in ihrem Haus weder benutzten noch vermieteten, waren bereit, sie für eine geringe Miete Hanna zu überlassen. Der griechische Schneider, bei dem ich gelegentlich Kleider ändern ließ, wollte Hanna beschäftigen; seine Schwester, die die Schneiderei mit ihm zusammen betrieb, zog es zurück nach Griechenland. Ich habe mich auch schon lange, bevor Hanna etwas damit anfangen konnte, um die sozialen und Bildungsangebote kirchlicher und weltlicher Einrichtungen gekümmert. Aber den Besuch bei Hanna schob ich vor mir her.

„Der Vorleser“, Regie: Stephen Daldry, BRD/USA 2008

Gerade weil sie mir auf so freie Weise sowohl nah als auch fern war, wollte ich sie nicht besuchen. Ich hatte das Gefühl, sie könne, was sie mir war, nur in der realen Distanz sein. Ich hatte Angst, die kleine, leichte, geborgene Welt der Grüße und Kassetten sei zu künstlich und zu verletzlich, als dass sie die reale Nähe aushalten könnte. Wie sollten wir uns von Angesicht zu Angesicht begegnen, ohne dass alles hochkam, was zwischen uns geschehen war.

So ging das Jahr dahin, ohne dass ich im Gefängnis gewesen wäre. Von der Leiterin des Gefängnisses habe ich lange nichts gehört; ein Brief, in dem ich von der Wohnungs- und Arbeitssituation berichtete, die Hanna erwartete, blieb unbeantwortet. Sie rechnete wohl damit, mich anlässlich meines Besuchs bei Hanna zu sprechen. Sie konnte nicht wissen, dass ich diesen Besuch nicht nur hinausschob, sondern mich vor ihm drückte. Aber schließlich fiel die Entscheidung, dass Hanna begnadigt und entlassen werden sollte, und die Leiterin rief mich an. Ob ich jetzt kommen könne? In einer Woche komme Hanna raus.

Kapitel 8

Am nächsten Sonntag war ich bei ihr. Es war mein erster Besuch in einem Gefängnis. Ich wurde am Eingang kontrolliert, und auf dem Weg wurden mehrere Türen auf- und zugeschlossen. Aber der Bau war neu und hell, und im inneren Bereich standen die Türen auf und bewegten die Frauen sich frei. Am Ende des Gangs ging eine Tür ins Freie, auf eine belebte kleine Wiese mit Bäumen und Bänken. Ich sah mich suchend um. Die Wärterin, die mich geführt hatte, zeigte auf eine nahe Bank im Schatten einer Kastanie.

Hanna? Die Frau auf der Bank war Hanna? Graue Haare, ein Gesicht mit tiefen senkrechten Furchen in der Stirn, in den Backen, um den Mund und ein schwerer Leib. Sie trug ein zu enges, an Brust, Bauch und Schenkeln spannendes hellblaues Kleid. Ihre Hände lagen im Schoß und hielten ein Buch. Sie las nicht darin. Über den Rand ihrer Lese-Halbbrille schaute sie einer Frau zu, die ein paar Spatzen Brotkrume um Brotkrume vorwarf. Dann merkte sie, dass sie beobachtet wurde, und wandte mir ihr Gesicht zu. […]

Bernhard Schlink: Der Vorleser. Diogenes Verlag, Zürich 1997, S. 181–184

KOMPETENZBOX

Merkmale epischer Texte

→ **Epik stammt vom griech. Wort „epos" (Wort, Erzählung) ab. Die Epik wird auch „erzählende Dichtung" genannt.**

→ **Epische Textformen können z. B. Romane, Kurzgeschichten, Novellen, Fabeln und Märchen sein.**

4

Schildern Sie, mit welchen Gefühlen Sie diesen Romanauszug gelesen haben.

5

a) Lesen Sie noch einmal die in den Roman einführenden Worte.
b) Verfassen Sie in Partnerarbeit einen Dialog, den der 15-jährige Michael und die 36-jährige Hanna bei ihrer ersten Begegnung geführt haben könnten.

KOMPETENZBOX

Erzähler

→ **In epischen Texten vermittelt ein Erzähler einem Leser ein Geschehen. Dieses Geschehen (wahr oder erfunden) kann je nach Textform unterschiedlich ausführlich dargestellt werden.**

→ **Der Erzähler ist selten mit dem Autor identisch, er wirkt als Vermittler zwischen Autor und Leser und steht einer meist vergangenen Handlung gegenüber.**

(Zu Erzählverhalten und Erzählform siehe Kompetenzbox, S. 216)

KOMPETENZBOX

Erzählverhalten und Erzählformen

Wenn etwas erzählt wird, wird dem Leser ein Geschehen durch einen Erzähler vermittelt. Der Erzähler kann sich in drei Arten dem Geschehen gegenüber verhalten:

→ **Auktoriales Erzählverhalten**

Der Erzähler befindet sich außerhalb der von ihm dargestellten Welt. Er weiß, wie das Geschehen verlaufen wird und warum die Personen so handeln (= allwissender Erzähler). Er kann kommentierend und wertend in das Geschehen eingreifen.

→ **Personales Erzählverhalten**

Der Erzähler tritt hinter das zu vermittelnde Geschehen zurück. Er wählt die Sehweise einer oder mehrerer Figuren; der Leser nimmt das Geschehen aus der Perspektive einer Figur auf. Die Figurenrede (Dialog) ist ein Kennzeichen dieser Erzählweise.

→ **Neutrales Erzählverhalten**

Der Erzähler verzichtet auf jede individuelle Sichtweise und enthält sich der Wertung; die Handlung wird streng sachlich wiedergegeben.

Dabei kann der Erzähler in folgenden **Erzählformen** sprechen:

→ **Ich-Erzählform**

Der fiktive Erzähler ist hier selbst Teil der dargestellten Wirklichkeit; er erlebt das Geschehen mit, ist Teil dieses Geschehens.

→ **Er-/Sie-Erzählform**

Im Gegensatz zum Ich-Erzähler spielt die Sie-Erzählerin oder der Er-Erzähler nicht in der Geschichte mit, sondern er steht neben/über der Handlung. Die Figuren in der Geschichte kennen den Erzähler nicht, dafür weiß er alles über sie und kennt den Gang der Handlung.

6

Diskutieren Sie, welche Probleme sich aus dem Altersunterschied zwischen Michael und Hanna ergeben könnten.

7

a) Lesen Sie die Zeilen 98–108.
b) Nennen Sie die Stellen des Textausschnitts, an denen der Altersunterschied besonders deutlich wird.

8

Finden Sie Textstellen, die
a) den Charakter Hannas beschreiben,
b) die Charakterzüge des Ich-Erzählers (Michael Berg) zeigen.

9

a) Finden Sie Stellen, an denen deutlich wird, dass der Ich-Erzähler sich Hanna Schmitz gegenüber schuldig fühlt.
b) Diskutieren Sie, ob seine Schuldgefühle berechtigt sind.

10

Diskutieren Sie, ob es sich bei dem Roman *Der Vorleser* um eine wahre oder erfundene Begebenheit handeln könnte. Begründen Sie Ihre Entscheidung.

11

Skizzieren Sie, wie der Roman enden könnte. Beschränken Sie sich dabei auf maximal zehn Zeilen.

KOMPETENZBOX

Handlung

→ Haupthandlung → Nebenhandlung

Können parallel nebeneinander herlaufen, können aber auch unterschiedliches Gewicht haben

→ äußere Handlung (Darstellung sichtbarer Vorgänge und Geschehnisse)

→ innere Handlung (Darstellung der geistigen, seelischen und moralischen Entwicklung einer Figur)

Können sich ergänzen, gegenseitig erhellen oder im Kontrast zueinander stehen

KOMPETENZBOX

Figurenkonstellation in epischen Texten

→ Das Verständnis eines literarischen Textes wird erleichtert, wenn man weiß, wie die Figuren zueinander stehen und wie sich diese Beziehung entwickelt. Man spricht in diesem Zusammenhang von der **Figurenkonstellation**.

→ Beziehung der Figuren zueinander und untereinander

→ Anzahl der Figuren, deren Position und Funktion im Beziehungsgeflecht (z. B. soziale Herkunft, Freunde/Gegner, Generationszugehörigkeit)

→ Beziehungsentwicklung

→ Figurencharakterisierung (z. B. durch den Erzähler, durch andere Personen, durch Selbstäußerungen)

→ Die Figurenkonstellation kann oft grafisch dargestellt werden.

(Siehe auch Kompetenzbox „Figurenkonstellation im Drama", S. 223)

12

a) Vervollständigen Sie mithilfe der im Text angegebenen Zeitangaben die Zeitleiste.

Februar 1959 erste Begegnung … — *Sommer 1966* →

b) Suchen Sie Textstellen, die die Zeitgestaltung darstellen. Orientieren Sie sich dabei an der Kompetenzbox zur Zeitgestaltung.

BEISPIEL:
„So ging das Jahr dahin …" (Z. 73) = Zeitraffung

c) Erläutern Sie, wie Hannas 18-jährige Haftzeit im Textausschnitt zeitlich dargestellt wird.

KOMPETENZBOX

Zeitgestaltung

→ Man unterscheidet

- die **Erzählzeit** = Dauer des (Vor-)Lesens einer Geschichte und
- die **erzählte Zeit** = Dauer des Geschehens einer Geschichte.

Erzählzeit und erzählte Zeit können in folgendem Verhältnis zueinander stehen:

- **Zeitdeckung**: Die Erzählzeit entspricht der erzählten Zeit.
- **Zeitraffung**: Die Erzählzeit ist kürzer als die erzählte Zeit.
- **Zeitdehnung**: Die Erzählzeit ist länger als die erzählte Zeit.

→ Veränderungen des Zeitablaufs:

- Rückblick (z. B. *„Im Juni letzten Jahres …"*)
- Zeiträume können übersprungen werden (z. B. *„20 Jahre später …"*)
- Vorausdeutung – Blick in die Zukunft

→ Um einen besseren Überblick über den Inhalt eines epischen Textes zu erhalten, kann man eine **Zeitleiste** erstellen, auf der man die einzelnen Zeitangaben einträgt.

„Der Vorleser", Regie: Stephen Daldry, BRD/USA 2008

d) Suchen Sie zeitliche Anhaltspunkte im Text, die Michaels Leben skizzieren.

KOMPETENZBOX

Raum

→ **Der Raum eines epischen Textes bildet den Rahmen für die Handlungen der Figuren, z. B. eine bestimmte Stadt oder ein fiktiver (nicht wirklicher) Ort.**

13

a) Ordnen Sie den angeführten Textstellen das entsprechende sprachliche Mittel zu. (Sprachliche Mittel mit Beispielen finden Sie im Anhang, S. 260 ff.)
b) Erläutern Sie die Wirkung der verwendeten sprachlichen Mittel.

BEISPIEL:
„Die Frau auf der Bank war Hanna?" (Z. 98)
= rhetorische Frage
Wirkung: Der Ich-Erzähler erwartet keine Antwort, vielmehr stellt und beantwortet er sich diese Frage selbst und vermittelt so dem Leser seine Gedanken, nämlich dass er Hannas Erscheinung völlig anders in Erinnerung hat.

A „Ich habe mich auch schon lange, bevor Hanna etwas damit anfangen konnte, um die sozialen und Bildungsangebote kirchlicher und weltlicher Einrichtungen gekümmert." (Z. 58–61)
B „Ich wurde am Eingang kontrolliert, und auf dem Weg wurden mehrere Türen auf- und zugeschlossen." (Z. 88–90)
C „eine belebte kleine Wiese mit Bäumen und Bänken" (Z. 94–95)

KOMPETENZBOX

Rezension

In einer Rezension äußert man sich kritisch zu einem Medium, z. B. einem Buch oder Film. Die Rezensentin/Der Rezensent bringt in der Rezension ihre/seine persönliche Haltung gegenüber einem Buch oder Film in begründeter Form zum Ausdruck. Dabei werden die positiven oder negativen Seiten eines Buches/Filmes diskutiert.

SCHREIBPLAN

→ **Einleitung**: Inhaltlicher Überblick

Kurze Zusammenfassung des Inhalts mit formalen Angaben zum Text/Film:

- Wo, wann erschienen/verfilmt?
- Welche Textgattung?/Welches Filmgenre?
- Autor?/Regisseur?

→ **Hauptteil**: Bedeutung

- Fragen, die das Buch/der Film aufwirft (z. B. Aktualität der Thematik, Umsetzung einer Idee, Bedeutung für die Zielgruppe)
- Begründung für die Bedeutung des Buches/Filmes

→ **Schluss**: Persönliche Stellungnahme

Mögliche Leitfragen:

- Gibt es Schwachpunkte im Buch/Film?
- Welche Fragen bleiben offen?
- Gibt es Widersprüche?
- Ist das Buch/der Film empfehlenswert für die Zielgruppe?

→ Die Stellungnahme bezieht sich nur auf den Sachverhalt, nicht auf persönliche Vorlieben.

14 P

a) Recherchieren Sie im Internet nach Rezensionen zum Roman „Der Vorleser". Werten Sie diese in Gruppenarbeit aus und stellen Sie Ihre Ergebnisse der Klasse vor.
b) Besorgen Sie sich den Kinofilm „Der Vorleser" (2008) und schauen Sie ihn an.
c) Vergleichen Sie die Textpassagen aus Kapitel 7–8 mit ihrer Umsetzung im Film. Notieren Sie Unterschiede und Ähnlichkeiten in Stichworten.
d) Zeigen Sie auf, wie die Schuldgefühle des Ich-Erzählers und Hannas bearbeitet werden.

15

a) Diskutieren Sie, ob der Titel „Der Vorleser" auf den Film zutrifft.

b) Verfassen Sie eine Rezension zum Film. Orientieren Sie sich dabei an der Kompetenzbox.

Dramatische Texte lesen und interpretieren

1

a) Nennen Sie Situationen, in denen Sie das Wort „Drama" benutzen.
b) Beschreiben Sie, welche Bedeutung das Wort in diesen Zusammenhängen hat.

2

Lesen Sie den Text still.

Friedrich Dürrenmatt

Der Besuch der alten Dame

Die 62-jährige Claire Zachanassian, eine frühere Bewohnerin der Kleinstadt Güllen, jetzt Millionärin, besucht ihre Heimatstadt.

Erster Akt

Der Bürgermeister: [...] Gnädige Frau, liebe Güllener, die zarten Keime so erfreulicher Anlagen haben sich denn nun kräftig entwickelt, aus dem rotgelockten Wildfang wurde eine Dame, die die Welt mit ihrer Wohltätigkeit überschüttet, man denke nur an ihre Sozialwerke, an ihre Müttersanatorien und Suppenanstalten, an ihre Künstlerhilfe und Kinderkrippen, und so möchte ich der nun Heimgefundenen zurufen: Sie lebe hoch, hoch, hoch!

Beifall. Claire Zachanassian erhebt sich.

Claire Zachanassian: Bürgermeister, Güllener. Eure selbstlose Freude über meinen Besuch rührt mich. Ich war zwar ein etwas anderes Kind, als ich nun in der Rede des Bürgermeisters vorkomme, in der Schule wurde ich geprügelt, und die Kartoffeln für die Witwe Boll habe ich gestohlen, gemeinsam mit Ill, nicht um die alte Kupplerin vor dem Hungertode zu bewahren, sondern um mit Ill einmal in einem Bett zu liegen, wo es bequemer war als im Konradsweilerwald oder in der Peterschen Scheune. Um jedoch meinen Beitrag an eure Freude zu leisten, will ich gleich erklären, daß ich bereit bin, Güllen eine Milliarde zu schenken. Fünfhundert Millionen der Stadt und fünfhundert Millionen verteilt auf alle Familien.

Totenstille

Der Bürgermeister: *stotternd* Eine Milliarde.

Alle immer noch in Erstarrung.

Claire Zachanassian: Unter einer Bedingung.

Alle brechen in unbeschreiblichen Jubel aus. Tanzen herum, stehen auf die Stühle, der Turner turnt usw. Ill trommelt sich begeistert auf die Brust.

Ill: Die Klara! Goldig! Wunderbar! Zum Kugeln! Voll und ganz mein Zauberhexchen! *Er küßt sie.*
Der Bürgermeister: Unter einer Bedingung, haben gnädige Frau gesagt. Darf ich diese Bedingung wissen?
Claire Zachanassian: Ich will die Bedingung nennen. Ich gebe auch eine Milliarde und kaufe mir dafür die Gerechtigkeit.

Totenstille

Der Bürgermeister: Wie ist das zu verstehen, gnädige Frau?
Claire Zachanassian: Wie ich es sagte.
Der Bürgermeister: Die Gerechtigkeit kann man doch nicht kaufen!
Claire Zachanassian: Man kann alles kaufen.
Der Bürgermeister: Ich verstehe immer noch nicht.
Claire Zachanassian: Tritt vor, Boby.

Der Butler tritt von rechts in die Mitte zwischen die drei Tische, zieht die dunkle Brille ab.

„Der Besuch der alten Dame", Theaterfestspiele in Chichester/Großbritannien 1995

Der Butler: Ich weiß nicht, ob mich noch jemand von euch kennt.
Der Lehrer: Der Oberrichter Hofer.
Der Butler: Richtig. Der Oberrichter Hofer. Ich war vor fünfundvierzig Jahren Oberrichter in Güllen und kam dann ins Kaffiger Appellationsgericht, bis mir vor nun fünfundzwanzig Jahren Frau Zachanassian das Angebot machte, als Butler in ihre Dienste zu treten. Ich habe angenommen. Eine für einen Akademiker vielleicht etwas seltsame Karriere, doch die angebotene Besoldung war derart phantastisch –
Claire Zachanassian: Komm zum Fall, Boby.
Der Butler: Wie ihr vernommen habt, bietet Frau Claire Zachanassian eine Milliarde und will dafür Gerechtigkeit. Mit anderen Worten: Frau Claire Zachanassian bietet eine Milliarde, wenn ihr das Unrecht wiedergutmacht, das Frau Zachanassian in Güllen angetan wurde. Herr Ill, darf ich bitten.

Ill steht auf, bleich, gleichzeitig erschrocken und verwundert.

Ill: Was wollen Sie von mir?
Der Butler: Treten Sie vor, Herr Ill.
Ill: Bitte. *Er tritt vor den Tisch rechts. Lacht verlegen. Zuckt mit den Achseln.*

Der Butler: Es war im Jahre 1910. Ich war Oberrichter in Güllen und hatte eine Vaterschaftsklage zu behandeln. Claire Zachanassian, damals Klara Wäscher, klagte Sie, Herr Ill, an, der Vater ihres Kindes zu sein.

Ill schweigt.

Der Butler: Sie bestritten damals die Vaterschaft, Herr Ill. Sie hatten zwei Zeugen mitgebracht.
Ill: Alte Geschichten. Ich war jung und unbesonnen. [...]

(Die beiden Zeugen des damaligen Vaterschaftsprozesses, Jakob Hühnlein und Ludwig Sparr, treten auf)

Der Butler: 1910 war ich der Richter und ihr die Zeugen. Was habt ihr geschworen, Ludwig Sparr und Jakob Hühnlein, vor dem Gericht zu Güllen?
Die beiden: Wir hätten mit Klara geschlafen, wir hätten mit Klara geschlafen.
Der Butler: So habt ihr geschworen. Vor dem Gericht, vor Gott. War dies die Wahrheit?
Die beiden: Wir haben falsch geschworen, wir haben falsch geschworen.
Der Butler: Warum, Ludwig Sparr und Jakob Hühnlein?
Die beiden: Ill hat uns bestochen, Ill hat uns bestochen.
Der Butler: Womit?
Die beiden: Mit einem Liter Schnaps, mit einem Liter Schnaps.
[...]
Der Butler: Dies ist die Geschichte: Ein Richter, ein Angeklagter, zwei falsche Zeugen, ein Fehlurteil im Jahre 1910. Ist es nicht so Klägerin?
Claire Zachanassian steht auf.

Ill: *stampft auf den Boden* Verjährt, alles verjährt! Eine alte, verrückte Geschichte.
Der Butler: Was geschah mit dem Kind, Klägerin?
Claire Zachanassian: *leise* Es lebte ein Jahr.
Der Butler: Was geschah mit Ihnen?
Claire Zachanassian: Ich wurde eine Dirne.
Der Butler: Weshalb?
Claire Zachanassian: Das Urteil des Gerichts machte mich dazu.
Der Butler: Und nun wollen Sie Gerechtigkeit, Claire Zachanassian?
Claire Zachanassian: Ich kann sie mir leisten. Eine Milliarde für Güllen, wenn jemand Alfred Ill tötet.

Totenstille.

Frau Ill: *stürzt auf Ill zu, umklammert ihn* Fredi!
Ill: Zauberhexchen! Das kannst du doch nicht fordern! Das Leben ging doch längst weiter!
Claire Zachanassian: Das Leben ging weiter, aber ich habe nichts vergessen, Ill. Weder den Konradsweilerwald noch die Petersche Scheune, weder die Schlafkammer der Witwe Boll noch deinen Verrat. Nun sind wir alt geworden, beide, du verkommen und ich von den Messern der Chirurgen zerfleischt, und jetzt will ich, daß wir abrechnen, beide: Du hast dein Leben gewählt und mich in das meine gezwungen. Du wolltest, daß die Zeit aufgehoben würde, eben, im Wald unserer Jugend, voll von Vergänglichkeit. Nun habe ich sie aufgehoben, und nun will ich Gerechtigkeit, Gerechtigkeit für eine Milliarde.

Der Bürgermeister steht auf, bleich, würdig.

Der Bürgermeister: Frau Zachanassian: Noch sind wir in Europa, noch sind wir keine Heiden. Ich lehne im Namen der Stadt Güllen das Angebot ab. Im Namen der Menschlichkeit. Lieber bleiben wir arm denn blutbefleckt.
Riesiger Beifall.

Claire Zachanassian: Ich warte.

Friedrich Dürrenmatt: Der Besuch der alten Dame. Eine tragische Komödie. Neufassung 1980. Diogenes Verlag AG, Zürich 1986, S. 44–50 (gekürzt).
Der Text ist in der alten Rechtschreibung abgedruckt.

3

a) Beschreiben Sie Ihre ersten Leseeindrücke.
b) Lesen Sie nun den Text mit verteilten Rollen. Orientieren Sie sich dabei an der Kompetenzbox. Beachten Sie beim Vorlesen, dass auch die kursiv gedruckten Regieanweisungen von einem Sprecher übernommen werden.

KOMPETENZBOX

Vorlesen

→ **Langsam lesen**
→ **Wörter deutlich aussprechen**
→ **Monotonie vermeiden**
→ **Lautstärke wechseln: spannende Inhalte leiser sprechen, fröhliche am besten laut und heiter**
→ **Stimme dem Charakter der Figuren angleichen**
→ **Mimik und Gestik dem Inhalt anpassen**
→ **An passenden Stellen kurze Pausen einlegen**
→ **Blickkontakt mit dem Publikum halten**

4

a) Beschreiben Sie den Hauptkonflikt, der in dem Textausschnitt bereits angedeutet wird, mit eigenen Worten.
b) Belegen Sie Ihre Aussagen mit den entsprechenden Textstellen.

KOMPETENZBOX

Merkmale dramatischer Texte

→ **Ein Drama (griechisch „Handlung") ist vor allem dafür geschrieben, dass es im Theater aufgeführt wird.**
→ **Die Handlung eines Dramas ist in Akte/ Aufzüge und Szenen unterteilt.**
→ **Die Handlung wird in Rede und Gegenrede (Dialog) oder Einzelrede (Monolog) dargestellt.**
→ **Eine Szene lebt von ihren Rollenträgern (= Schauspielern) und deren Sprache, Mimik und Gestik.**

5

a) Erläutern Sie, wie der Eindruck entstanden sein könnte, dass die Figur der Claire Zachanassian (früher Klara Wäscher) der Güllener Öffentlichkeit als „leichtes Mädchen" erschien.
b) Erklären Sie, welche Erniedrigung und Enttäuschung der Verlauf der Vaterschaftsklage für die junge Klara Wäscher bedeutet haben muss.
c) Interpretieren Sie in diesem Zusammenhang Klaras Aussage „Du (gemeint ist Ill) hast dein Leben gewählt und mich in das meine gezwungen." (Z. 132 ff.)

6

a) Stellen Sie die Beziehung zwischen Alfred Ill und Klara Wäscher vor und nach der Gerichtsverhandlung von 1910 dar.
b) Erklären Sie, warum Alfred Ill sich der Verantwortung an Klaras Schwangerschaft entzogen hat.
c) Beschreiben Sie, wie sich Ills Gefühle im Dramenausschnitt wandeln.
d) Nennen Sie Gründe dafür, dass sich Alfred Ill vom anerkannten Bürger der Stadt zum Außenseiter entwickelt.

„Der Besuch der alten Dame", Theaterfestspiele in Chichester/Großbritannien 1995

KOMPETENZBOX

Figurenkonstellation im Drama

→ Man unterscheidet zwischen Haupt- und Nebenfiguren.

Hauptfiguren

- agieren aktiv und selbstständig,
- begründen Intrige und Konflikt, sind an der Lösung beteiligt,
- besitzen große Redeanteile.

Der Gegenspieler des **Protagonisten** (= zentrale Figur des Dramas) ist der **Antagonist**.

Nebenfiguren

- werden den Hauptfiguren zur Seite gestellt,
- sind in den zentralen Konflikt gar nicht oder nur wenig verstrickt,
- besitzen geringe Redeanteile.

(Siehe auch Kompetenzbox „Figurenkonstellation in epischen Texten", S. 217)

7

a) Entscheiden Sie, bei welchen Figuren es sich im vorliegenden Dramenausschnitt um Haupt- und bei welchen es sich um Nebenfiguren handelt (siehe Kompetenzbox zur Figurenkonstellation im Drama).
b) Entwerfen Sie eine Skizze zur Figurenkonstellation.
c) Ordnen Sie den einzelnen Figuren (Figurengruppen) auffällige Charaktermerkmale zu.

8

a) Bewerten Sie die Rolle des Butlers Boby im Hinblick auf seine ehemalige Tätigkeit als Oberrichter Hofer.
b) Erläutern Sie die Aussage des Bürgermeisters: „Lieber bleiben wir arm denn blutbefleckt." (Z. 142 f.)

9

a) Nennen Sie die moralischen Werte, die im Dramenausschnitt angesprochen werden.
b) Erklären Sie, wie Sie selbst zu diesen Werten stehen.
c) Beurteilen Sie die Aktualität des Stückes. Gehen Sie dabei auch auf folgende Aussage ein: „… dass auch zu Ihnen einmal eine alte Dame kommen wird".

10

Stellen Sie einen Zusammenhang zwischen der Beschreibung der Kleinstadt Güllen, die im Auftakt des ersten Aktes als „ruiniert, zerfallen" und „verwahrlost" dargestellt wird, und dem Inhalt des Dramenauszugs her.
Beleuchten Sie dabei auch den Namen der Stadt.

„Der Besuch der alten Dame", Theaterfestspiele in Chichester/Großbritannien 1995

11

a) Erklären Sie die Bedeutung von „grotesk". Schlagen Sie gegebenenfalls im Wörterbuch nach.
b) Nennen Sie die Elemente, die man im Dramenausschnitt als „grotesk" bezeichnen könnte.

12

a) Bewerten Sie anhand der Zeilen 52–125 Alfred Ills Reaktion auf die Anklage: „Er hat sich an Klara schuldig gemacht."
b) Verfassen Sie in der Rolle von Ill einen Brief an Claire Zachanassian, worin Sie ihre Schuld eingestehen und sie um Verzeihung bitten.

13

Situation:
Rekonstruieren Sie die Gerichtsverhandlung von 1910 in Güllen.

a) Benennen Sie die Beteiligten, überlegen Sie, wie die Verhandlung abgelaufen sein könnte und schreiben Sie einen Dialog.
b) Spielen Sie die Szene vor.
c) Formulieren Sie Claires Gedanken und Gefühle nach der Gerichtsverhandlung in Form eines Tagebucheintrags.

14

P

a) Recherchieren Sie im Internet nach Theateraufführungen des Dramas „Der Besuch der alten Dame".
b) Stellen Sie Ihre Ergebnisse der Klasse vor und machen Sie Unterschiede in den einzelnen Inszenierungen deutlich.
c) Recherchieren Sie auch eine Theateraufführung, die Sie besuchen wollen.
d) Diskutieren Sie im Anschluss an den Theaterbesuch die erlebte Inszenierung.

Lyrische Texte lesen und interpretieren

1

Lesen Sie das Gedicht.

Kurt Tucholsky

Aus! (1930)

Einmal müssen zwei auseinandergehn;
einmal will einer den andern nicht mehr verstehn –
einmal gabelt sich jeder Weg – und jeder geht allein –
wer ist daran schuld?

Es gibt keine Schuld. Es gibt nur den Ablauf der Zeit.
Solche Straßen schneiden sich in der Unendlichkeit.
Jeder trägt den andern mit sich herum –
etwas bleibt immer zurück.

Einmal hat es euch zusammengespült,
ihr habt euch erhitzt, seid zusammengeschmolzen, und dann erkühlt –
Ihr wart euer Kind. Jede Hälfte sinkt nun herab –:
ein neuer Mensch.

Jeder geht seinem Schicksal zu.
Leben ist Wandlung. Jedes Ich sucht ein Du.
Jeder sucht seine Zukunft. Und geht mit stockendem Fuß,
vorwärtsgerissen vom Willen, ohne Erklärung und Gruß
in ein fernes Land.

Kurt Tucholsky (1890–1935)

Kurt Tucholsky: Gesammelte Werke 8 1930. Hg. v. Mary Gerold-Tucholsky u. Fritz J. Raddatz. Rowohlt, Reinbek 1993, S. 35.
Der Text ist in der alten Rechtschreibung abgedruckt.

2

a) Benennen Sie die Verse, die sich reimen.
b) Beschreiben Sie die Wirkung dieser Reime.

3

Ordnen Sie jeder Strophe eine Überschrift zu.

A Die Erinnerung bleibt
B Identitätssuche
C Getrennte Wege gehen
D Gefunden

4

a) Erklären Sie die sprachlichen Bilder in der zweiten Strophe. Orientieren Sie sich dabei an der Kompetenzbox.
b) Zeichnen Sie diese Bilder.

KOMPETENZBOX

Metapher

(von metaphora, griechisch „Übertragung")

→ Eine Metapher ist ein sprachliches Bild, das zwischen zwei unterschiedlichen Bereichen eine Analogie (Gleichartigkeit) herstellt. Etwas Unbekanntes, Abstraktes, wird durch diese Analogie anschaulich und begreifbar.

→ Wirkung: Das in Sprache gefasste Bild ruft beim Leser bestimmte Emotionen hervor.

→ Im Zusammenhang mit Metaphern spricht man von einer Beziehung zwischen „Bildspender" und „Bildempfänger". Die Deutung des metaphorischen Elements entsteht durch den Bildempfänger.

» **BEISPIEL:**
Feuer der Liebe: Das konkrete Wort Feuer fungiert als Bildspender. Das Wort Liebe, das einen abstrakten Begriff bezeichnet, dient als Bildempfänger. Die Eigenschaften der Bedeutung des Wortes Feuer sollen die Eigenschaften der Bedeutung des Wortes Liebe annähernd charakterisieren und die Liebe anschaulicher machen.

→ Kurz: Die Metapher ist ein Vergleich ohne Vergleichswörter wie „als" oder „wie".

5

Beschreiben Sie die Gefühle und Gedanken des lyrischen Ichs (siehe Kompetenzbox, S. 198) mit eigenen Worten.

KOMPETENZBOX

Merkmale lyrischer Texte/ von Gedichten

Ein Gedicht

- ist eine dichterische Aussage in knapper, kunstvoll gebauter Form,
- ist gekennzeichnet durch rhythmisierte Sprache (Versfuß/Metrum),
- ist meistens untergliedert in Verse und Strophen (siehe Kompetenzbox, S. 198),
- arbeitet oft mit klanglichen Wirkungen (z. B. Reime),
- enthält bildhafte und sinnbildhafte Darstellungen (Metaphern und Symbole),
- vermittelt Gefühle und Erlebnisse/Gedanken und Reflexionen.

6

Erläutern Sie die Bedeutung des Titels des Gedichts.

7

Beurteilen Sie, ob das von Kurt Tucholsky im Jahr 1930 verfasste Gedicht heute noch zeitgemäß ist.

8

Informieren Sie sich im Internet oder in einer Bibliothek über Kurt Tucholsky und bestimmen Sie, welcher Phase seines Lebens Sie dieses Gedicht zuordnen.

9

Erstellen Sie eine tabellarische Biografie über Kurt Tucholskys Leben und literarisches Wirken (ca. eine DIN-A4-Seite).

Sprachliche Übungen

1

a) Notieren Sie den Text in korrekter Groß- und Kleinschreibung, indem Sie die Substantive (Hauptwörter) großschreiben.

A Michael traf Hanna an einem montagnachmittag.
B Manchmal besuchte er sie schon vormittags zu hause.
C Am ersten tag der ferien stand Michael um vier uhr auf, um zu Hannas frühschicht zu fahren.
D Einmal gingen sie am abend zusammen ins theater.
E Eines tages war Hanna weg.
F Viele jahre später traf er sie bei einer gerichtsverhandlung wieder.
G Es war donnerstag.

2

„Übersetzen" Sie das Gedicht in Alltagssprache. Verwenden Sie dabei das Präteritum (Vergangenheit).

Im letzten Frühling ein glänzender Blick
Im Sommer verschmelzend zu unendlichem Glück
Im Herbst die Zweisamkeit genussvoll geerntet
Im Winter niemals zu Eis erhärtet
Im Frühjahr den Blütenpollen folgend
Im Sommer einander nur grollend
Im Herbst – Angst vor dem Winter.

3

Schreiben Sie drei Sätze aus Aufgabe 1 so um, dass die Zeit gedehnt wird.

4

Gestalten Sie aus dieser kleinen Szene einen Dialog an den Stellen, wo sich diese Gesprächsform anbietet. Verwenden Sie dafür die direkte Rede.

Michael erwartete sie vor ihrer Wohnung. Er war traurig. Als Hanna kam, beschlich ihn auch Angst. Sie warf ihm vor, dass er die Schule schwänze. Michael begann gleich, sich zu rechtfertigen, denn es seien schließlich Ferien. Dann wollte er wissen, warum Hanna heute Morgen in der Straßenbahn so getan habe, als ob sie ihn nicht kenne. Doch Hanna behauptete, dass Michael absichtlich in den zweiten Wagen gegangen sei, obwohl sie im ersten war.

5

a) Finden Sie zum Wort Dramatik jeweils ein verwandtes Substantiv (Hauptwort), Adjektiv (Eigenschaftswort) und Verb (Tätigkeitswort).
b) Verwenden Sie jedes Wort in einem Satz.
c) Ersetzen Sie jedes dieser drei Wörter durch ein Wort mit ähnlicher Bedeutung (Synonym).
d) Vergleichen Sie die Wirkung/Aussage.

6

1 Vergleich
2 Personifizierung
3 Metapher
4 Ellipse (grammatisch unvollständiger Satz)
5 Hyperbel (Übertreibung)
6 Rhetorische Frage

Ordnen Sie die Stilfiguren zu.

A Sie singt wie eine Lerche beim ersten Morgenstrahl.
B Er schwor ihr Unschuld vieltausendmal.
C War das Spiel für uns nicht schon verloren?
D Es regnete Blütenkonfetti.
E Alles klar?
F Das Meer leckte träge am Strand.

Siehe auch Lernbereiche
2 Texte lesen und verstehen
3 Inhalte von Texten wiedergeben
13 Visualisieren
19 Mit literarischen Texten umgehen

Epochentypische Dichtungsformen

?

Epochentypische Dichtungsformen

Quellen richtig angeben

Sprachliche Übungen

Epische Textformen interpretieren und historisch einordnen
→ Romanausschnitte interpretieren
→ Romanausschnitte vergleichen
→ Epochenbezüge herstellen
→ Aspekte des historischen Hintergrunds erarbeiten

Lesen
→ Romane kennenlernen
→ Ein Buch vorstellen

Einen autobiografischen Roman interpretieren
→ Den Epochenbezug herstellen
→ Den Einfluss autobiografischer Elemente und historischer Situationen auf Literatur herausarbeiten

!

1

a) Listen Sie auf, welche literarischen Epochen Sie kennen.
b) Vergleichen Sie Ihre Ergebnisse mit denen Ihres Banknachbarn.
c) Notieren Sie, welche Kriterien man anwenden könnte, um ein literarisches Werk einer bestimmten Epoche zuzuordnen.

2

Erklären Sie, von welchen Faktoren Sie beeinflusst wären, wenn Sie heute ein Buch schreiben würden.

Epische Textformen interpretieren und historisch einordnen

3

Lesen Sie den Text.

Johann Wolfgang Goethe

Die Leiden des jungen Werthers

Goethes Werther schreibt seinem besten Freund Wilhelm Briefe aus der Fremde, die die unglückliche Liebe zur verheirateten Charlotte und Gedanken an den Freitod beschreiben. Nach seinem Tod berichtet ein fiktiver Herausgeber von den Geschehnissen und den Gesprächen mit allen Beteiligten.

am 21. Nov.

Sie sieht nicht, sie fühlt nicht, dass sie ein Gift bereitet, das mich und sie zugrunde richten wird. Und ich mit voller Wollust schlurfe den Becher aus, den sie mir zu meinem Verderben reicht. Was soll der gütige Blick, mit dem sie mich oft – oft? – nein nicht oft, aber doch manchmal ansieht, die Gefälligkeit, womit sie einen unwillkürlichen Ausdrucks meines Gefühls aufnimmt, das Mitleiden mit meiner Duldung, das sich auf ihrer Stirne zeichnet?

Gestern als ich wegging, reichte sie mir die Hand und sagte: Adieu, lieber Werther! Lieber Werther! Es war das erste Mal, dass sie mich Lieber hieß, und mir ging's durch Mark und Bein. Ich hab mir's hundertmal wiederholt, und gestern Nacht, da ich zu Bette gehen wollte, und mit mir selbst allerlei schwatzte, sag ich so auf einmal: Gute Nacht, lieber Werther! Und musste hernach selbst über mich lachen.

am 8. Dez.

Lieber Wilhelm, ich bin in einem Zustande, in dem jene Unglücklichen müssen gewesen sein, von denen man glaubte, sie würden von einem bösen Geiste umhergetrieben. Manchmal ergreift mich's, es ist nicht Angst, nicht Begier! es ist ein inneres unbekanntes Toben, das meine Brust zu zerreißen droht, das mir die Gurgel zupresst! Wehe! Wehe! Und dann schweif ich umher in den furchtbaren nächtlichen Szenen dieser menschenfeindlichen Jahreszeit. Gestern Nacht musst ich hinaus. Ich hatte noch Abends gehört, der Fluss sei übergetreten und […] überschwemmt. Nachts nach elf rannte ich hinaus. Ein fürchterliches Schauspiel. […] Mit offenen Armen stand ich gegen den Abgrund, und atmete hinab! hinab, und verlor mich in der Wonne, all meine Qualen all mein Leiden da hinab zu stürmen, dahin zu brausen wie die Wellen. […] O Wilhelm, wie gern hätt ich all mein Menschsein drum gegeben, mit jenem Sturmwinde die Wolken zu zerreißen, die Fluten zu fassen. […]

am 17. Dez.

Was ist das, mein Lieber? Ich erschrecke vor mir selbst! Ist nicht meine Liebe zu ihr die heiligste, reinste, brüderlichste Liebe? Hab ich jemals einen strafbaren Wunsch in meiner Seele gefühlt – ich will nicht beteuern – und nun – Träume! O wie wahr fühlten die Menschen, die so widersprechende Wirkungen fremden Mächten zuschrieben. Diese Nacht! Ich zittere, es zu sagen, hielt ich sie in meinen Armen, fest an meinen Busen gedrückt und deckte ihren lieben lispelnden Mund mit unendlichen Küssen. Mein Auge schwamm in der Trunkenheit des ihrigen. Gott! bin ich strafbar, dass ich auch jetzt noch eine Seligkeit fühle, mir diese glühenden Freuden mit voller Innigkeit zurückzurufen, Lotte! Lotte! – Und mit mir ist's aus! Meine Sinnen verwirren sich. Schon acht Tage hab ich keine Besinnungskraft, meine Augen sind voll Tränen. Ich bin nirgends wohl, und überall wohl.

Ich wünsche nichts, verlange nichts. Mir wär's besser, ich ginge.

Der Herausgeber an den Leser

Die ausführliche Geschichte der letzten merkwürdigen Tage unseres Freundes zu liefern, seh ich mich genötigt, seine Briefe durch Erzählung zu unterbrechen, wozu ich den Stoff aus dem Munde Lottes, Alberts, seines Bedienten, und anderer Zeugen gesammelt habe. Werthers Leidenschaft hatte den Frieden zwischen Albert und seiner Frau allmählich untergraben, dieser liebte sie mit der ruhigen Treue eines rechtschaffnen Manns, […] doch fühlte er innerlich einen gewissen Widerwillen gegen Werthers Aufmerksamkeiten für Lotte, die ihm zugleich ein Eingriff in seine Rechte und ein stiller Vorwurf zu sein scheinen mussten. […] Albert mied das Zimmer seiner Frau, wenn Werther bei ihr war, und dieser, der es merkte, ergriff nach einigen fruchtlosen Versuchen ganz von ihr zu lassen, die Gelegenheit, sie in solchen Stunden zu sehen, da ihr Mann von seinen Geschäften gehalten wurde. Daraus entstand neue Unzufriedenheit, die Gemüter verhetzten sich immer mehr gegeneinander, bis zuletzt Albert seiner Frau mit ziemlich trocknen Worten sagte: Sie möchte, wenigstens um der Leute willen, dem Umgang mit Werther eine andere Wendung geben, und seine allzu öfteren Besuche abschneiden.
Ungefähr um diese Zeit hatte sich der Entschluss, diese Welt zu verlassen, in der Seele des armen Jungen näher bestimmt. Es war von je her seine Lieblingsidee gewesen, mit der er sich […] immer getragen. Seine Zweifel, sein Streit mit sich selbst, blicken aus einem Zettelchen hervor, das wahrscheinlich ein angefangener Brief an Wilhelmen ist, und ohne Datum, unter seinen Papieren gefunden worden.

*

Ihre Gegenwart, ihr Schicksal, ihr Teilnehmen an dem meinigen, presst noch die letzten Tränen aus meinem versengten Gehirn.
Den Vorhang aufzuheben und dahinter zu treten, das ist's all! Und warum das Zaudern und Zagen? – Weil man nicht weiß, wie's dahinter aussieht? – und man nicht zurückkehrt? – Und dass das nun die Eigenschaft unseres Geistes ist, da Verwirrung und Finsternis zu ahnden, wovon wir nichts Bestimmtes wissen.

*

nach elf.

Alles ist so still um mich her, und so ruhig meine Seele, ich danke dir, Gott, der du diesen letzten Augenblicken diese Wärme, diese Kraft schenkest.

[…] Liebes Schattenbild! Ich vermache dir's zurück, Lotte, und bitte dich, es zu ehren. Tausend, tausend Küsse hab ich drauf gedrückt, tausend Grüße ihm zugewinkt, wenn ich ausging oder nach Hause kam.
Ich habe deinen Vater in einem Zettelchen gebeten, meine Leiche zu schützen. Auf dem Friedhof sind zwei Lindenbäume, hinten im Eck nach dem Felde zu, dort wünsch ich zu ruhen. Er kann, er wird das für seinen Freund tun. Bitte ihn auch.
Ich will frommen Christen nicht zumuten, ihren Körper neben einem armen Unglücklichen niederzulegen. […]

Hier Lotte! Ich schaudere nicht, den kalten schrecklichen Kelch zu fassen, aus dem ich den Taumel des Todes trinken soll! Du reichtest mir ihn, und ich zage nicht. All! All! so sind all die Wünsche und Hoffnungen meines Lebens erfüllt! So kalt, so starr an der eheren Pforte des Todes anzuklopfen. […]

Johann Wolfgang Goethe: Die Leiden des jungen Werthers. Leipzig 1774.
München: Deutscher Taschenbuch Verlag 1997. S. 109–149 (gekürzt)

4

Beschreiben Sie Ihre ersten Eindrücke vom Textausschnitt.

5

Ordnen Sie den Briefroman einer Epoche zu (siehe Kompetenzbox).

KOMPETENZBOX

Epochenübersicht

G. E. Lessing

Aufklärung (1700–1800)
„Ich denke, also bin ich."
(Descartes, französischer Philosoph)

- **Themen**: Rationalismus, Vernunft und Tugend
- **Stil**: klar, nüchtern, belehrend
- **Gattungen**: Fabel, Drama, Roman
- **Vertreter**: Gotthold Ephraim Lessing, Immanuel Kant (Philosoph)

J. W. Goethe

Sturm und Drang (1765–1789)

- **Themen**: Individualität
- **Stil**: frei, schwärmerisch, Regeln durchbrechend
- **Gattungen**: Drama, Erlebnislyrik, Briefroman
- **Vertreter**: Johann Wolfgang Goethe, Friedrich Schiller

F. Schiller

Weimarer Klassik (1786–1832)

- **Themen**: Humanität, maßvolles Handeln, Bildung
- **Stil**: ausgeglichen, edel, ausgewogen
- **Gattungen**: Drama, Lied, Ballade
- **Vertreter**: Johann Wolfgang Goethe, Friedrich Schiller

Gebrüder Grimm

Romantik (1795–1833)

- **Themen**: alle gesellschaftlichen Bereiche (z. B. Wissenschaft, Kunst, Kultur)
- **Stil**: subjektiv und universal, symbolbehaftet, märchenhaft
- **Gattungen**: Volkspoesie, Novelle
- **Vertreter**: Novalis, E. T. A. Hoffmann, Gebrüder Grimm

Th. Fontane

Poetischer Realismus (1848–1890)

- **Themen**: Industrialisierung, soziale Probleme
- **Stil**: die Realität mit literarischen Mitteln abbilden
- **Gattungen**: Roman, Novelle, Heimat- und Naturlyrik
- **Vertreter**: Theodor Fontane, Gottfried Keller, Theodor Storm

G. Hauptmann

Naturalismus (1880–1900)

- **Themen**: Millieu der Fabriken, Kneipen und Menschen
- **Stil**: detailliert, Dialekt, Sekundenstil
- **Gattungen**: Drama, Prosa
- **Vertreter**: Gerhart Hauptmann, Arno Holz

F. Dürrenmatt

Literatur der Bundesrepublik, Österreichs und der Schweiz (1950–1990)

- **Themen**: Wirtschaftswunder, Politik, Innerlichkeit
- **Stil**: distanziert, skeptisch, experimentell
- **Vertreter**: Heinrich Böll, Max Frisch, Günter Grass, Friedrich Dürrenmatt, Erich Fried

U. Plenzdorf

Literatur der DDR (1950–1990)

- **Themen**: Sozialismus – Gefahr der Zensur
- **Stil**: kritisch-konsequent oder den Vorgaben des Systems folgend
- **Vertreter**: Christa Wolf, Stefan Heym, Ulrich Plenzdorf

Gegenwartsliteratur (ab 1990) (Siehe S. 237)

6

Bearbeiten Sie die folgenden Aufgaben zum Textauszug. Beachten Sie dabei auch die Kompetenzbox.

a) Handlung: Fassen Sie den Inhalt der abgedruckten Romanabschnitte kurz zusammen.

b) Stoff: Erklären Sie, warum die Beziehung zwischen Werther und Charlotte als „unmögliche Liebe" bezeichnet wird.

c) Zeitlicher Hintergrund: Benennen Sie in den Zeilen 63–88 die Stellen, in denen die Haltungen einer starren und konservativen Gesellschaft zum Ausdruck kommen.

d) Schauplatz: Veranschaulichen Sie den Zusammenhang zwischen der beschriebenen Naturszene und Werthers Gefühlen in den Zeilen 21–41.

e) Sprache: Beschreiben Sie Werthers Stimmung und seine Gefühle, die in den Zeilen 1–20 zum Ausdruck kommen.

7

Erläutern Sie folgende Textstellen. Berücksichtigen Sie dabei, dass Werther in seiner Situation keinen anderen Ausweg als den Freitod sieht.

A „Den Vorhang aufzuheben und dahinter zu treten, das ist's all!" (Z. 101 f.)

B „Ich will frommen Christen nicht zumuten, ihren Körper neben einem armen Unglücklichen niederzulegen." (Z. 122 f.)

8 **P**

a) Recherchieren Sie im Internet Informationen zu folgenden Themen:

A Ehe im 18. Jahrhundert

B Freitod im 18. Jahrhundert

C Gesellschaftsstruktur im 18. Jahrhundert

b) Präsentieren Sie Ihre Ergebnisse der Klasse.

KOMPETENZBOX

„Die Leiden des jungen Werthers"

→ **Handlung**: Der Briefroman skizziert die dramatische Lebensgeschichte des jungen Werthers, dessen Gefühle, die Entwicklung seiner Persönlichkeit und sein Außenseiterdasein.

→ **Stoff**: Die Basis bildet die unmögliche Liebe zwischen Werther und der verheirateten Charlotte, die ein tragisches Ende nimmt. Werthers unerbittliche Leidenschaft bricht Tabus der Gesellschaft und lässt ihn zum Einzelgänger werden.

→ **Zeitlicher Hintergrund**: Die Geschichte spielt im 18. Jahrhundert. Goethe beschreibt u. a. eine bürgerliche, kleinkarierte, stark gegliederte Gesellschaft. Personen wie Werther, die ein freiheitlicheres Leben suchten, gerieten in Widerspruch zu ihren Mitmenschen.

→ **Schauplatz/Personen**: Goethe nennt keine Ortsnamen und auch keine Namen von realen Personen. Dennoch lassen sich gewisse autobiografische Fakten und Hinweise auf Ereignisse der Zeit ausmachen.

→ **Sprache**: Werthers Ausdrucksweise ist gefühlsbetont und zeugt von Verletzlichkeit. Seine Briefe werden teilweise zu inneren Monologen. Werther legt seine Gedanken und Gefühle offen dar. Die Aufzeichnungen vermitteln dem Leser den Eindruck der spontanen Art Werthers.

Werther am Schreibpult, Aquarell eines unbekannten Zeitgenossen

9

Lesen Sie den Text.

Ulrich Plenzdorf

Die neuen Leiden des jungen W.

Edgar Wibeau schickt seinem Freund Willi Lindner „Werther"-Zitate auf Tonbändern, die Edgars Beziehung zu Charlie beschreiben. Edgars Vater versucht nach dem Tod seines Sohnes, mehr über seinen Sohn herauszufinden, und besucht deshalb alle, die Edgar besser kannten. Die einzelnen Dialoge werden zwar wiedergegeben, aber der Leser erfährt die Vorgeschichte überwiegend durch Edgar, der das Geschehen aus dem Jenseits kommentiert.

„Die neuen Leiden des jungen W.", Münchner Kammerspiele 1973

Edgar Wibeau hat die Lehre geschmissen und ist von zu Hause weg, *weil er das schon lange vorhatte*. Er hat sich in Berlin als Anstreicher durchgeschlagen, hat seinen Spaß gehabt, hat Charlotte gehabt und hat beinah eine große Erfindung gemacht, *weil er das so wollte!*

Dass ich dabei über den Jordan ging, ist echter Mist. Aber wenn das einen tröstet: Ich hab nicht viel gemerkt. 380 Volt sind kein Scherz, Leute. Es ging ganz schnell. Ansonsten ist Bedauern jenseits des Jordan nicht üblich. Wir alle hier wissen, was uns blüht. Dass wir aufhören zu existieren, wenn ihr aufhört, an uns zu denken. Meine Chancen sind da wohl mau. Bin zu jung gewesen.

„Mein Name ist Wibeau."
„Angenehm. – Lindner, Willi."

Salute, Willi! Du warst zeitlebens mein bester Kumpel, tu mir jetzt einen Gefallen. Fang nicht auch an, in deiner Seele oder wo nach Schuld zu wühlen und so. Reiß dich zusammen.

„Es soll Tonbänder von Edgar geben, die er besprochen hat? Sind die greifbar? Ich meine, kann ich sie hören? Gelegentlich?"
„Ja. Das geht."

Die Tonbänder:
kurz und gut / wilhelm / ich habe eine bekanntschaft gemacht / die mein herz näher angeht – einen engel – und doch bin ich nicht imstande / dir zu sagen / wie sie vollkommen ist / warum sie vollkommen ist / genug / sie hat allen meinen sinn gefangen genommen – ende

nein / ich betrüge mich nicht – ich lese in ihren schwarzen augen wahre teilnehmung an mir und meinem schicksal – sie ist mir heilig – alle begier schweigt in ihrer gegenwart – ende

genug / wilhelm / der bräutigam ist da – glücklicherweise war ich nicht beim empfange – das hätte mir das herz zerrissen – ende

er will mir wohl / und ich vermute / das ist lottens. werk / denn darin sind die weiber fein und haben recht / wenn sie zwei verehrer in gutem vernehmen miteinander erhalten können / ist der vorteil immer ihr / so selten es auch angeht – ende

das war eine nacht – wilhelm / nun überstehe ich alles – ich werde sie nicht wiedersehn – hier sitz ich und schnappe nach luft / suche mich zu beruhigen / erwarte den morgen / […]

„Verstehen Sie's?"
„Nein. Nichts ..."

Könnt ihr auch nicht. Kann keiner, nehme ich an. Ich hatte das aus dieser alten Schwarte oder Heft. Reclamheft. Ich kann nicht mal sagen, wie es hieß. Das olle Titelblatt ging flöten auf dem ollen Klo von Willis Laube. Das ganze Ding war in diesem unmöglichen Stil geschrieben. [...]

Der Kerl in dem Buch, dieser Werther, wie er hieß, macht am Schluss Selbstmord. Gibt einfach den Löffel ab. Schießt sich ein Loch in seine olle Birne, weil er die Frau nicht kriegen kann, die er haben will, und tut sich ungeheuer leid dabei. Wenn er nicht völlig verblödet war, musste er doch sehen, dass sie nur darauf wartete, dass er was *machte*, diese Charlotte. Ich meine, wenn ich mit einer Frau allein im Zimmer bin und wenn ich weiß, vor einer halben Stunde oder so kommt keiner da rein, Leute, dann versuch ich doch alles. [...] Und dieser Werther war ...zigmal mit ihr allein. Schon in diesem Park. Und was macht er? Er sieht ruhig zu, wie sie heiratet. Und dann murkst er sich ab. Dem war nicht zu helfen. [...]

„Wohnt hier im Haus eine Familie Schmidt?"
„Zu wem wollen Sie da?"
„Zu Frau Schmidt."
„Das bin ich. Da haben Sie Glück."
„Ja. Meine Name ist Wibeau. Der Vater von Edgar."
„Wie haben Sie mich gefunden?"
„Das war nicht ganz einfach."
„Ich meine: Woher wussten Sie von mir?"
„Durch die Tonbänder. Edgar hat Tonbänder nach Mittenberg geschickt, wie Briefe."
„Davon wusste ich nichts. Und da ist was von mir drauf?"
„Wenig. Dass sie Charlotte heißen und verheiratet sind. Und dass sie schwarze Augen haben."

Bleib ruhig, Charlie. Ich hab nichts gesagt. Kein Wort.

„Wieso Charlotte? Ich heiß doch nicht Charlotte!"
„Ich weiß nicht. Warum weinen Sie? Weinen Sie doch nicht."

Heul doch nicht, Charlie. Lass den Quatsch. Das ist doch kein Grund zum Heulen. Ich hatte den Namen aus dem blöden Buch.

„Entschuldigen Sie! Edgar war ein Idiot. Edgar war ein verbohrter, vernagelter Idiot. Ihm war nicht zu helfen. Entschuldigen Sie."

Das stimmt. Ich war ein Idiot. Mann, war ich ein Idiot. Aber hör auf zu heulen. Ich glaube, keiner kann sich vorstellen, was ich für ein Idiot war. [...] Charlie war die erste ernsthafte Frau, mit der ich zu tun hatte. Ich hatte nicht gedacht, dass ich gleich *so* bei ihr losgehen würde. Ich wurde fast nicht wieder, Leute. Ich denke, das kam, weil ich immer an ihr drangeblieben war. Ich spurtete in meine Laube, das heißt, ich wollte. Vorher sah ich noch Dieter. Er war Charlie entgegengekommen. Er war in Schlips und Kragen, hatte einen Koffer, eine von diesen blöden Kollegmappen, ein Luftgewehr in der Hülle und einen Strauß Blumen. Ich schätzte ihn auf fünfundzwanzig, ich meine diesen Dieter. Demnach musste er länger gedient haben. Wahrscheinlich hatte er es bis zum General gebracht oder so. Ich wartete, ob sie sich küssten. Ich konnte aber nichts davon sehen.
In der Laube griff ich sofort zum Mikro. Das musste Old Willi mitkriegen. Eine Sekunde, und ich hatte den passenden Text:
Genug, Wilhelm, der Bräutigam ist da! ... Glücklicherweise war ich nicht beim Empfange! Das hätte mir das Herz zerrissen. Ende.

Ulrich Plenzdorf: Die neuen Leiden des jungen W. Suhrkamp Taschenbuchverlag, Frankfurt/M. 1976, S. 16–72 (gekürzt).

10

Beschreiben Sie Ihren ersten Eindruck vom Textausschnitt.

11

Ordnen Sie den Roman einer Epoche zu (siehe Kompetenzbox, S. 231).

12

Bearbeiten Sie die folgenden Aufgaben zum Textauszug. Beachten Sie dabei auch die Kompetenzbox.

a) Handlung: Suchen Sie in Edgars Kommentaren (Z. 1–14, 17–20, 51–71, 101–124) Stellen, an denen sein Aussteiger-Dasein deutlich wird.

b) Stoff: Benennen Sie in Edgars Kommentaren Stellen, die zeigen, dass er als Individuum gehandelt hat.

c) Zeitlicher Hintergrund: Erläutern Sie anhand der Zeilen 51–71, welche Meinung Edgar von Goethes „Werther" hat.

d) Gestaltung: Formulieren Sie Zeile 7–14 in der Er-Erzählform und beschreiben Sie die Wirkung gegenüber der Ich-Erzählform.

e) Sprache: Wählen Sie einen Kommentar Edgars aus und formulieren Sie den Jugendjargon in Hochsprache um. Beschreiben Sie, wie sich Ihr Bild von Edgar verändert.

13

Situation:

Edgars Beziehung zu Charlie ist von Anfang an von einem latenten Spannungszustand beherrscht. Edgar spürt, dass Charlie aus ihm einen ‚ordentlichen' Menschen machen will und lehnt dies ab. Rückblickend offenbaren seine Kommentare jedoch eine andere Sicht.

Interpretieren Sie dazu folgende Zitate aus dem Text.

A „Ich glaube, keiner kann sich vorstellen, was ich für ein Idiot war." (Z. 102 f.)

B „Charlie war die erste ernsthafte Frau, mit der ich zu tun hatte." (Z. 104 f.)

C „Das hätte mir das Herz zerrissen." (Z. 123 f.)

14

P

a) Recherchieren Sie im Internet Informationen zur Jugendkultur in der ehemaligen DDR.

b) Präsentieren Sie Ihre Ergebnisse der Klasse.

KOMPETENZBOX

„Die neuen Leiden des jungen W."

→ **Handlung**: Der Roman skizziert Edgar Wibeaus Leben. Aus der Provinz stammend entwickelt er sich in Berlin zum Aussteiger, der fern der Gesellschaft in einer Laube wohnt.

→ **Stoff**: Edgar erträgt die Ansprüche der Gesellschaft nicht und sucht seine Selbstverwirklichung in der unerfüllten Liebe zu Charlie und in der Arbeit. Er fühlt sich vom sozialistischen Staat bevormundet.

→ **Zeitlicher Hintergrund**: Plenzdorf kritisiert mit dem Roman die Zustände in der DDR. Es herrscht dort eine Hierarchie, in der der Einzelne sich der Gemeinschaft unterordnen muss.

→ **Gattung**: Roman

→ **Gestaltung**: Retrospektive, d. h., wichtige Ereignisse werden rückblickend erzählt

→ **Montagetechnik**: Ausschnitte von Tonbandaufnahmen, Interview des Vaters, Edgars Kommentare

→ **Sprache**: Edgars Ausdrucksweise spiegelt die Sprache der Jugendlichen in der Entstehungszeit des Romans wider. Sie ist Ausdruck für die Ablehnung von Normen, Werten und Verhaltensweisen und zeigt das Bedürfnis der Jugend nach einer eigenen Sprache.

Einen autobiografischen Roman interpretieren

1

Lesen Sie den Text.

Katja Hildebrand

Zwischen uns die Mauer

Im Rückblick erzählt die Autorin Katja Hildebrand von einer Fahrt nach West-Berlin 1984, bei der es im Rahmen eines deutsch-deutschen Jugendtreffens auch zu einem Aufenthalt in Ost-Berlin kommt. Dort lernt die damals 16-jährige Katja den 17-jährigen Markus kennen. Die beiden verlieben sich ineinander. Es gibt kaum schwierigere Bedingungen für eine beginnende Liebe, denn die beiden leben nicht nur in zwei verschiedenen, weit voneinander entfernten Städten, sondern auch in zwei gänzlich unterschiedlichen Staatssystemen.

Die Welt ist rosa – durch die rosa Brille

Unsere Rückkehr fiel mit dem Ende der Herbstferien zusammen. Als die Schule früh am nächsten Morgen begann, brach der Alltag wie eine Atlantikwelle über mir zusammen. Klausuren standen vor der Tür und Berlin schien plötzlich Lichtjahre entfernt. Es besserte meine Stimmung nicht, nach dem Unterricht Jonas am Fahrradschuppen auf mich warten zu sehen.

„Na, wie war Berlin?“

Ich spürte seinen Blick in meinem Rücken, während ich am Schloss meines Fahrrads herumfummelte.

„Toll! Du hättest mitkommen sollen!“

Gut, dass du nicht mitgekommen bist, dachte ich.

„Bist du noch weggefahren?“

Unsere Blicke streiften sich, als ich mich auf mein Rad schwang und an ihm vorbeirollte.

„Ich? Nee, wieso?“ Im langsamen Zickzackkurs folgte er mir durch die Schülermenge, die aus der miefigen Lernfabrik auf die Straße herausschwappte.

„Wieso nicht?“, rief ich über meine Schulter nach hinten und trat in die Pedale. Jonas ignorierte meine Frage. Schweigend strampelte er hinter mir her, seine langen, zotteligen braunen Haare flatterten im Fahrtwind. Nie fuhr er irgendwo hin. Mit achtzehn war er erste ein Mal in seinem Leben im Ausland gewesen, auf einer Klassenfahrt, und reiste auch nicht in Deutschland umher. Ich konnte beim besten Willen nicht verstehen, dass er keine Lust hatte, mal hier rauszukommen und sich die Welt anzuschauen.

„Und wie waren die Leute so?“

„Nett.“ Ich sprang vom Fahrrad, als wir den Berg halb hochgekeucht waren und das steilste Stück kam. „Die Gruppe war ganz okay. Und mit den Ostberlinern haben wir uns auch gut verstanden.“

Ich sagte nicht, wie gut. Ich erzählte Jonas von Berlin, während wir unsere Räder nebeneinander den Berg hochschoben. Markus erwähnte ich nicht, noch nicht. Er war im Moment unerreichbar weit entfernt und ich versuchte, die Gedanken an ihn aus meinem Kopf zu verbannen. Ich hatte beschlossen, bis zur nächsten Woche zu warten, dann wollte ich ihm schreiben.

Aber es vergingen nur einige Tage, bis ich mittags einen Brief für mich auf der Flurkommode fand. Die DDR-Briefmarke weckte Hoffnung; der Absender auf der Rückseite ließ mein Herz schneller schlagen. Ich verkroch mich in mein Zimmer, wo ich hastig den Umschlag aufriss. Zwei kleine Blätter und ein paar Schwarz-Weiß-Fotos segelten auf den Boden. Ich hob sie auf und las:

Liebe Katja, du bist weg und ich sitze hier und ärgere mich über die Mauer und mich. Mir ist jetzt danach, wutheulend diesen Betonbau einzureißen. Vorhin hab ich so ein bisschen auf cool gemacht – als ginge mir das nicht so nah. Stimmt nicht. Das war nur Steifheit – sinnlos, gell?!

Ich hätte dich länger umarmen und dir 'nen dicken Kuss geben sollen, aber mein ‚gesunder' Menschenverstand hat mich abgehalten. Doof, wa? Nun ärgere ich mich.
Na ja, ich hab dir ja meine Erfahrungen mit solchen ‚Storys' schon erzählt. Nun ist es mir schon wieder passiert … Ich mache mir aber keine Illusionen mehr, freue mich nur über jeden Brief (außer Abschiedsbriefen) von dir.
Wenn du nicht weißt, was du schreiben sollst, schreib einfach, was du so denkst und machst. Nun gut. Hiermit lade ich dich offiziell ein, mich möglichst bald zu besuchen.
Tschüss, friss den Frust auf. Die Welt ist rosa (durch die rosa Brille – ich hab keine).
Im Innersten bin ich Punk. Tut mir leid. Musst du aber wissen, um meine Bemerkungen zu verstehen. Ich schreibe doch noch weiter. Mit dem Punk-Sein ist das so 'ne Sache. Viele Leute finden das nicht gut. Ich bin eigentlich offiziell einer, der immer so Witzchen reißt, sozusagen Partylöwe-Musikant. Aber das kannst du dir abschminken. Ich male gerne schwarz-weiß (mehr Grafik, was?). Na ja, etwas Galgenhumor. Und zwar, weil viele Leute zu rosa sehen. Da muss man, glaub ich, entgegenwirken, sonst wird's gefährlich.
Nun zu meinen Hobbys: Neben Gitarre und Chor ist das Zeichnen und Malen. Und an erster Stelle: Leute schocken. Darum: von einem EXTREM ins andere. Du hast mich in 'ner ziemlich normalen Phase gesehen. Wenn mir was Gutes einfällt und ich in Stimmung bin, geht's live zu.
Na ja, darum hätte es mir auch nichts ausgemacht, das Schauspielhaus in den unpassendsten Farben und Formen zu malen. Tja, das machen wir noch, o. k.? Ich war heute nochmal unterwegs, da ist mir all so was eingefallen. Ich mag dich – ich versuch, es nicht so doll werden zu lassen. Das tut nur weh und nicht zu wenig.
Tschüss!
Markus

Es hatte ihn also wirklich erwischt! Ein Grinsen kroch in mein Gesicht, während meine Augen immer wieder über die Zeilen flogen. Aber wieso Punk? So hatte er nicht auf mich gewirkt. Nur bei der merkwürdigen Judorolle hatte ich den Eindruck gehabt, dass er es ganz witzig fand, Leute zu schocken.

Die Fotos, die mit im Umschlag gesteckt hatten, zeigten aus wechselnden Perspektiven enge, betonierte Hinterhöfe, umrahmt von rissigen Häuserwänden. Tristesse und Verfall. Mal hatte Markus von oben in die Höfe geknipst, mal aus ihnen heraus Richtung Himmel. Das blasse Himmelsviereck, das von unten aus zu sehen war, stand hoch über den Schmuddelhöfen. Ein Lichtblick. […]

Katja Hildebrand: Zwischen uns die Mauer. Thienemann Verlag GmbH, Stuttgart/Wien: 2006, S. 53–55.

2

Nennen Sie Aspekte, die Sie dazu veranlassen könnten, den Romanausschnitt der Gegenwartsliteratur zuzuordnen.

KOMPETENZBOX

Gegenwartsliteratur ab 1990

Themen:

→ Literatur zur Wiedervereinigung; oft verknüpft mit historischen Erinnerungen; Ost-West-Irritationen

→ Migrantenliteratur; Verhalten gegenüber Ausländern

→ Identitätskonflikte

→ Einfluss der multimedialen Technisierung

Stil:

→ Vielfalt an Schreibstilen

→ sprachlicher Facettenreichtum

Vertreter:

→ Christa Wolf, „Was bleibt"; Bernhard Schlink, „Der Vorleser", Thomas Brussig, „Helden wie wir"; Daniel Kehlmann, „Die Vermessung der Welt" und andere

3

Bearbeiten Sie die folgenden Aufgaben zum Textauszug. Beachten Sie dabei auch die Kompetenzbox.

a) Handlung: Zitieren Sie die Textpassagen in den Zeilen 54–93 des Briefes, die eine Beziehung zwischen Ost- und Westdeutschland andeuten.

b) Stoff: Nennen Sie die schwierigen Bedingungen, die Katja und Markus bewältigen mussten, um über ein Jahr so etwas wie ein Paar zu sein.

c) Figuren: Erläutern Sie anhand der Zeilen 69–80, was Markus damit meint, dass „Leute zu rosa sehen".

d) Gattung: Erklären Sie, welche Rolle Markus' historisch-biografische Briefe in dem autobiografischen Roman übernehmen.

e) Sprache: Beantworten Sie Markus' Brief, so wie Sie einem Freund antworten würden.

4 **P**

Recherchieren Sie arbeitsteilig Informationen zu folgenden Themen:

A Geglückte und gescheiterte Fluchtversuche
B Behandlung von Ausreiseanträgen durch das ehemalige DDR-Regime
C Mauerbau und Mauersystem
D Überwachungsstaat und Briefkontrolle
E Probleme, mit denen sich DDR-Schriftsteller konfrontiert sahen (Stichwort: Zensur)
F Probleme, mit denen sich die Menschen in der ehemaligen DDR auseinandersetzen mussten

Präsentieren Sie Ihre Ergebnisse in geeigneter Form der Klasse.

KOMPETENZBOX

„Zwischen uns die Mauer"

→ **Handlung**: Der Roman skizziert die Beziehung zweier junger Menschen im Jahr 1984 über die damals noch bestehende Grenze zwischen Ost- und Westdeutschland hinweg. Dabei sind Briefe das wichtigste Medium, denn das Telefonieren zwischen Ost- und Westdeutschland war zu jener Zeit kaum möglich.

→ **Stoff**: Katja und Michael sind trotz der schwierigen äußeren Bedingungen ungefähr ein Jahr so etwas wie ein Paar. Doch weder Katja ist bereit, freiwillig in den Osten überzusiedeln, noch wagt Markus einen lebensgefährlichen Fluchtversuch in den Westen. So beenden sie im Sommer 1986 ihre Beziehung. Erst mit dem Fall der Mauer treffen sich die beiden im März 1990 wieder und werden ein Paar.

→ **Figuren**: Katja und Markus stehen sinnbildlich für die Entwicklung der persönlichen Identität und der unterschiedlichen Sozialisation von Jugendlichen in der Bundesrepublik und der DDR.

→ **Gattung**: autobiografischer Roman

→ **Gestaltung**:

- Ereignisse werden rückblickend erzählt
- Montagetechnik (Ich-Erzähler, Dialoge und Briefe)

→ **Sprache**: Sprache als Gestaltungselement: Dialekt, Jugendjargon

Lesen

1

Entscheiden Sie, welche Aussagen Ihrer Meinung nach zutreffen und welche nicht.

A Lesen ist Urlaub vom Alltag.
B Ein gutes Buch ist ein guter Freund.
C Bücher, die man in der Schule lesen muss, sind in aller Regel eine Qual.
D Lesen bedeutet Freiheit.
E Bücher lesen – das ist etwas für neugierige Gaffer, deren eigenes Leben langweilig ist.
F Lesen ist mühsam.
G Lesen können bedeutet Macht haben.
H Ein gutes Buch stellt mir Fragen.
I Ein gutes Buch bringt mich zum Nachdenken über mein eigenes Leben.

2

Erzählen Sie, welche Bücher Sie gerne gelesen haben und an welche Bücher Sie sich nicht gerne erinnern.

3

Lesen Sie die folgenden Literaturtipps und entscheiden Sie, welches Buch Ihr Interesse weckt.

Feth, Monika: Fee. Schwestern bleiben wir immer. München: Bertelsmann Verlag/cbt 2002. (192 Seiten)
Claire und ihr Freund Jost unternehmen eine Motorradreise nach Schottland. Am Lake of Menteith haben sie ein kleines Blockhaus gemietet. Dort genießen sie die Zweisamkeit und die zerklüftete schottische Landschaft mit ihrem einzigartigen Licht. Erst hier, weit weg von zu Hause, findet Claire zu einer Verarbeitung des Tods ihrer Schwester Fee, die

Michael Sowa (Berlin), Kunstmann Verlag

vor Kurzem, im Alter von 19 Jahren, gestorben ist. Alle waren darauf vorbereitet, Fee zu verlieren, nur Claire nicht. Sie verübelt ihrer Mutter, dass diese irgendwann bereit war, ihre Tochter loszulassen. Nun hat die Mutter Claire ihre Tagebücher auf die Reise mitgegeben, aus denen sie Fees Entwicklung noch einmal ganz anders als in ihrer eigenen Erinnerung Revue passieren lässt. Daraus entsteht allmählich, wie ein Mosaik, Fees Geschichte.
Dieses Buch ist die Geschichte einer Ferienreise, einer ersten Liebe und eines Abschieds. Trotz des ernsten Themas zeichnet es sich durch eine bemerkenswerte Leichtigkeit aus.

Gaarder, Jostein: Das Orangenmädchen. München: Deutscher Taschenbuch Verlag 2005. (192 Seiten)
Georg ist 15 und lebt mit seiner Mutter, seinem Stiefvater und der kleinen Miriam in Oslo. An seinen Vater kann er sich kaum noch erinnern; er ist gestorben, als Georg vier war. Doch nun, elf Jahre später, greift Georgs Vater wieder in sein Leben ein – mit einem langen Brief, der all die Jahre versteckt war. Die Lektüre dieses Abschiedsbriefes ist für Georg eine Reise in

die Vergangenheit. Doch bald begreift er, dass es darin auch um seine Zukunft geht, zum Beispiel um die Frage, wie er es mit der Liebe hält. Und dem Leben. Sein Vater konnte ihm keine Antworten mehr geben. Aber er konnte seinem Sohn die richtigen Fragen stellen. – Eine Ode an das Leben, die Liebe, das Glück.

Haddon, Mark: Supergute Tage oder Die sonderbare Welt des Christopher Boone. München: Goldmann Verlag 2005.
(288 Seiten)
Christopher Boone ist fünfzehn Jahre, drei Monate und zwei Tage alt. Er kennt alle Länder und deren Hauptstädte sowie sämtliche Primzahlen bis 7507. Er liebt die Farbe Rot, hasst hingegen Gelb und Braun. Unordnung, Überraschungen und fremde Menschen versetzen ihn in Panik, denn Christopher leidet an einer leichten Form von Autismus. Als aber der Pudel in Nachbars Garten mit einer Mistgabel umgebracht wird, beginnt Christopher, aus seiner fest gefügten, kleinen Welt auszubrechen …

Hornby, Nick: High Fidelity. München: Knaur Taschenbuch Verlag 2003.
(321 Seiten)
Witzig, ironisch, aber auch ergreifend erzählt Nick Hornby in High Fidelity vom ganz normalen Chaos der Liebe und wie ein 35-jähriger Musikfreak von seiner Freundin verlassen wird, in sich geht, leidet und sie am Ende zurückgewinnt.

Linker, Christian: RaumZeit. München: Deutscher Taschenbuch Verlag 2002.
(160 Seiten)
Tim sitzt im Knast – zwanzig Monate Jugendstrafe. Statt Partys, Freunden, Mädchen: Misstrauen, Einsamkeit, Monotonie, dazu der tägliche Kampf, sich unter den Mitgefangenen durchzusetzen und nicht in gewaltsame Auseinandersetzungen zu geraten. Mühselig arrangiert er sich mit den Umständen, versucht sich zwischen rechten Schlägern und Marokkaner-Gangs zu behaupten, liest viel, denkt nach, lebt vor sich hin. Sein Verhältnis zu sich selbst und der Welt wird immer härter und zynischer, mit kühlem Blick analysiert er sich und seine Situation. Bis etwas passiert, was eigentlich gar nicht passieren kann: Tim verliebt sich. In Martha, die von „draußen“ kommt und dank Integrationsprogramm einmal wöchentlich im Knast auftaucht. Ein Hunger nach Leben erwacht in Tim und er denkt nur noch an Flucht …

Schmitt, Eric-Emmanuel: Monsieur Ibrahim oder die Blumen des Koran. Frankfurt/M.: Fischer Verlag 2004.
(100 Seiten)
Gar nicht schlecht, einen erwachsenen Freund zu haben, der einem mit Rat und Tat zur Seite steht, wenn die Dinge im Leben mal nicht so laufen, wie man sich das vorstellt. Und noch dazu, wenn er Araber ist und wie Monsieur Ibrahim, der Kolonialwarenhändler in der Rue Bleue, zu jeder Lebenslage etwas Passendes in seinem Koran zu finden weiß. Der zwölfjährige Moses lernt schnell, dass „Araber“ zu sein keineswegs allein mit der Herkunft zu tun hat, es bedeutet in der Branche nichts weiter als: nachts und auch am Sonntag geöffnet. Und er weiß, auf Monsieur Ibrahim, der Tag für Tag unverrückbar in seinem Laden sitzt, ist Verlass, denn er kennt die Geheimnisse des Glücks und des Lächelns. Das hilft selbst in den aussichtslosesten Situationen: im Männerhaushalt mit dem schwermütigen Vater wie bei den Mädchen in der Rue de Paradis, beim Konservenklau wie beim Fahren ohne Führerschein. Aber nie sind die Dinge bloß so, wie sie scheinen: Monsieur Ibrahim, der Krämer, ist kein Araber, genauso wenig wie die Rue Bleue blau ist.

Steinhöfel, Andreas: Die Mitte der Welt. München: Süddeutsche Zeitung Junge Bibliothek 2005.
(415 Seiten)
Siebzehn Jahre lang lebt Phil zusammen mit seiner jungen Mutter Glass und seiner Zwillingsschwester Dianne ein ganz und gar unbürgerliches Leben in „Visible“, dem chaotischen, paradiesischen, aber auch bedrohlichen Haus seiner Kindheit. Doch jetzt ist er auf der Suche: Nach seinem Vater, seiner großen Liebe, nach einem Leben jenseits von „Visible“.

Wahl, Mats: Der Unsichtbare. München: Deutscher Taschenbuch Verlag 2003. Reihe Hanser. (205 Seiten)
Der junge Hilmer Eriksson ist verschwunden. Eigentlich wollte Hilmer nur etwas mit dem Rad im Nachbardorf abholen. Doch dort ist er nie angekommen. Gab es einen Unfall? Oder wurde er das Opfer eines Verbrechens? Eine Kriminalgeschichte über ein schreckliches Verbrechen, das den Leser in Atem hält.

4 P

Besuchen Sie eine öffentliche Bücherei in Ihrer Nähe.

a) Informieren Sie sich darüber, nach welchem System die Bücher angeordnet sind.
b) Suchen Sie eins der hier vorgestellten Bücher.
c) Leihen Sie sich entweder diesen oder einen anderen Roman aus.
d) Lesen Sie das Buch und schreiben Sie eine Inhaltsangabe (s. Kompetenzbox S. 27–28) dazu.
e) Stellen Sie das Buch in Ihrer Lerngruppe vor.

KOMPETENZBOX

Ein Buch vorstellen

VORARBEIT

→ Buch lesen

→ Informationen über das Buch einholen (z. B. im Internet)

AUFBAU

→ Titel, Autor, Erscheinungsjahr, Verlag nennen

→ Den Inhalt kurz in eigenen Worten wiedergeben

→ Eventuell eine Leseprobe geben (einen kurzen Textausschnitt vorlesen)

→ Persönliche Wertung vornehmen (z. B. Ist das Buch spannend oder streckenweise langweilig? Ist die Sprache anspruchsvoll oder leicht zu verstehen? Kann man sich in die Personen gut hineinversetzen? Ist das Thema interessant?)

ZEITFORM

→ Präsens (Gegenwart)

Quellen richtig angeben

1

a) Listen Sie auf, aus welchen Medien Sie unterschiedlichste Informationen gewinnen können.
b) Erklären Sie, welchen Zweck Quellenangaben in einer schriftlichen Ausarbeitung/Facharbeit erfüllen sollen.

2 P

Organisieren Sie einen Bibliotheksbesuch und recherchieren Sie Informationen zu folgenden Themen:

A Kurzbibliografie eines Gegenwartsautors
B Aktuelle Problemstellungen Ihres Ausbildungsberufes

KOMPETENZBOX

Quellenangabe aus dem Internet

Besonderheiten des Internets:

→ Ständige Aktualisierung der Seiten

→ Seiten werden aus dem Netz entfernt

→ Jeder kann veröffentlichen, insofern müssen die Inhalte auf Richtigkeit überprüft werden.

Anzugebende Informationen:

→ Autor (wird wie bei Quellen aus Printmedien angegeben)

→ Titel des Aufsatzes

→ In: Titel der Seite und Erscheinungsdatum, sofern vorhanden

→ Stand: gibt das Datum an, zu dem das Dokument aufgerufen wurde.

→ Link

→ Datum des Abrufs

» **BEISPIEL:**
Bastian, Prof. Dr. Hans Günther: Kinder optimal fördern – mit Musik. Ergebnisse einer sechsjährigen Langzeitstudie über Wirkungen von Musik und Musizieren auf die Entwicklung 6- bis 12-Jähriger. In: Online-Familienhandbuch, Stand: 20. Juli 2004 (Link: http://www.familienhandbuch.de/cmain/f_Fachbeitrag/a_Kindheitsforschung/s_708.html, abgerufen am 05.07.2010)

P

3

Bilden Sie zwei Arbeitsgruppen A und B.
Planen Sie ein Projekt zu folgendem Thema: *Gefahren und Vorzüge des Internets.*

a) Recherchieren Sie Informationen zum Thema im Internet (Arbeitsgruppe A) und in Printmedien (Arbeitsgruppe B).

b) Präsentieren Sie die gewonnenen Informationen mithilfe eines Präsentationsprogramms. Beachten Sie dabei, Quellennachweise richtig anzugeben.

c) Rekonstruieren Sie die Quellennachweise der jeweils anderen Arbeitsgruppe.

KOMPETENZBOX

Quellenangabe aus Printmedien

Printmedien sind Druckerzeugnisse wie Zeitungen, Zeitschriften, Bücher etc.

Anzugebende Information:

→ Verfasser: Zuname, Vorname (bei Fehlen: „o. A." = ohne Angabe)

→ Titel: Vollständiger Titel des Werkes mit Untertiteln

→ Erscheinungsort(e) (bei Fehlen: „o. O." = ohne Ort)

→ Verlag: nach Doppelpunkt

→ Auflage: falls nicht erste Auflage

→ Erscheinungsjahr (bei Fehlen „o. J." = ohne Jahr)

→ Seite: bei Zitaten oder beim Zitieren von Aufsätzen genaue Seitenangabe bzw. von Seite bis Seite

» **BEISPIEL:**
Andree, Martin: Wenn Texte töten. Über Werther, Medienwirkung und Mediengewalt. München: Wilhelm Fink Verlag 2006, S. 187–198.

Sonderfälle:

→ Quellen, die nicht als selbstständiges Werk erschienen sind, z. B. Artikel in (Fach-)Zeitschriften

→ Verfasser, Titel des Aufsatzes

→ In: Titel der Zeitschrift, Nummer, Jahrgang

→ evtl. Seite der Zeitschrift

» **BEISPIEL:**
Hage, Volker: Ganz schön abgedreht. In: Der Spiegel, Nr. 12, 1999.

Sprachliche Übungen

1

Ordnen Sie die Zitate A und B den beiden Protagonisten Werther und Edgar Wibeau zu.
Begründen Sie Ihre Entscheidung mit der Wahl der sprachlichen Mittel.

A „‚Ich werde sie sehen!', ruf ich morgens aus, wenn ich mich ermuntere und mit aller Heiterkeit der schönen Sonne entgegenblicke […] Alles, alles verschlingt sich in dieser Aussicht."

B „Leider hatte ich nichts gegen kurze Röcke. Man kommt morgens völlig vertrieft aus dem ollen Bett, sieht die erste Frau am Fenster, schon lebt man etwas."

2

Gestalten Sie zu folgender erdachter Szene einen Dialog zwischen Werther und Wibeau als Dramentext.

Werther und Wibeau begegnen sich nach ihrem Tod und tauschen sich über das Schicksal ihrer Liebe in ihrer jeweiligen Zeit aus.

a) Beide Protagonisten sprechen die Sprache Werthers.
b) Beide Protagonisten sprechen die Sprache Wibeaus.
c) Jeder Protagonist spricht seine eigene, für die Zeit typische Sprache.

3

Wandeln Sie den Textauszug aus der Ich-Perspektive in die Er-/Sie-Erzählform um.

Aber es vergingen nur einige Tage, bis ich mittags einen Brief für mich auf der Flurkommode fand. […] Ich verkroch mich in mein Zimmer, wo ich hastig den Umschlag aufriss. Zwei kleine Blätter und ein paar Schwarz-Weiß-Fotos segelten auf den Boden. Ich hob sie auf und las: […]

Katja Hildebrand: Zwischen uns die Mauer. Thienemann Verlag GmbH, Stuttgart/Wien 2006.

4

Finden Sie sprachliche Ausdrucksformen (z. B. Metaphern, Vergleiche, treffende Verben, Substantive, Adjektive) zur Veranschaulichung folgender Gefühle:

A Aufregung
B Überraschung
C Angst
D gespannt sein auf etwas
E verliebt sein
F langsam gehen
G faul sein
H sich isolieren

5

Stellen Sie sich eine der beiden Situationen vor. Beschreiben Sie Ihre Sinneseindrücke:

- sehen
- hören
- riechen/schmecken
- spüren

Situation A
Sie befinden sich in einer großen Halle und erwarten ein Rockkonzert.

Situation B
Sie liegen an einem Frühsommervormittag auf einer Wiese im Park.

Lernbaustein 2

22

Siehe auch Lernbereiche
2 Texte lesen und verstehen
3 Inhalte von Texten wiedergeben
19 Mit literarischen Texten umgehen
20 Literarische Gattungen unterscheiden

Kreativ schreiben

?

Kreativ schreiben

Sprachliche Übungen

Von eigenen Erfahrungen berichten

Eine Geschichte aus einer anderen Perspektive schreiben
→ Einen ungewohnten Standpunkt einnehmen
→ Sich auf eine neue Sichtweise einlassen

Eine Geschichte zu Ende schreiben
→ Sich hineinfühlen in die betreffenden Personen
→ Eigene Ideen entwickeln

!

1

Erläutern Sie, welche Vorstellungen Sie mit Kreativität verbinden.

2

Berichten Sie von Situationen, in denen Sie kreativ sein mussten.

3

Nennen Sie aus Ihrer Erfahrung
a) Berufe, die eine hohe Kreativität verlangen,
b) berufliche Situationen, in denen Kreativität erforderlich ist.

Eine Geschichte zu Ende schreiben

1

Lesen Sie den Text.

Der Nachtschmetterling und der Stern

Ein junger, empfindsamer Nachtschmetterling hatte einst sein Herz an einen bestimmten Stern gehängt. Er erzählte seiner Mutter davon, und sie riet ihm, er solle sein Herz lieber an eine Leselampe hängen. „Sterne sind nicht das Richtige für unsereinen", sagte sie. „Das einzig Richtige sind Lampen." „Ja, bei denen kommt man zu etwas", bestätigte der Vater des Nachtschmetterlings. „Wer aber Sternen nachjagt, der kommt zu gar nichts." Der Sohn hörte nicht auf seine Eltern. Jeden Abend, kaum dass es dämmerte, unternahm er den Versuch, zu dem Stern hinaufzufliegen, und jeden Morgen bei Tagesanbruch kehrte er mit lahmen Flügeln zurück, erschöpft von seinem vergeblichen Bemühen. Eines Tages sagte sein Vater zu ihm: „Du hast dir in all den Monaten nicht einen Flügel verbrannt, mein Junge, und mir sieht's ganz so aus, als würdest du es niemals tun. Alle deine Brüder haben sich beim Rundflug um Straßenlampen schwer verbrannt, und alle deine Schwestern haben sich beim Rundflug um Hauslampen tüchtig versengt. Also vorwärts, nimm dir ein Beispiel an ihnen. Hinaus mit dir! Ein großer, stämmiger Nachtschmetterling-Bengel wie du und noch ohne eine Narbe am Leib!" Der Nachtschmetterling verließ die elterliche Wohnung, aber er flog nicht um Straßenlampen, und er flog nicht um Hauslampen. Er setzte seine Bemühungen fort, zu dem Stern zu gelangen …

KOMPETENZBOX

Kreativ schreiben – Eine Geschichte zu Ende schreiben

VORARBEIT

→ Text lesen und verstehen

→ Wichtige Informationen dem Text entnehmen

→ W-Fragen stichwortartig beantworten

→ Leerstellen (= Informationen, die der Text nicht gibt) mit eigenen Ideen füllen (kreativ werden!)

→ Sich hineinversetzen in die Situation

→ Sich hineinfühlen in die betroffenen Personen bzw. Tiere

INHALT

→ Die im Text genannten Personen bzw. Tiere aufgreifen

→ Eine Lösung bzw. einen gelungenen Schluss für das im Text vorgestellte Problem finden

→ Eigene Ideen entwickeln, aber auch die Ideen des Textes mit einbeziehen

ZEITFORM

→ Die im Text verwendete Zeitform übernehmen

SPRACHE UND STIL

→ Standardsprache (Hochsprache), keine Umgangssprache

→ Stil der Vorlage anpassen

James Thurber: Der Nachtschmetterling und der Stern.
In: James Thurber: 75 Fabeln für Zeitgenossen. Den unverbesserlichen Sündern gewidmet. Übersetzer: U. Hengst, H. Reisiger, H. M. Ledig-Rowohlt. Rowohlt Verlag, Reinbek bei Hamburg 1970, S. 17f.

2

Notieren Sie stichpunktartig,

a) wer in dieser Geschichte vorkommt,
b) was die einzelnen Personen bzw. Tiere wollen,
c) wie sie sich verhalten.

3

Entscheiden Sie, welche Zeitformen im Text überwiegen:

- Präsens (Gegenwart), z. B. er *erzählt*
- Präteritum (Vergangenheit), z. B. er *erzählte*
- Perfekt (Vollendete Gegenwart), z. B. er *hat erzählt*
- Plusquamperfekt (Vollendete Vergangenheit), z. B. er *hatte erzählt*

4

a) Notieren Sie stichwortartig, wie die Geschichte weitergehen könnte.
b) Bilden Sie Kleingruppen und bewerten Sie die unterschiedlichen Variationen der Geschichte.
c) Tragen Sie die Ergebnisse Ihrer Gruppenarbeit vor.
d) Wählen Sie aus den vorgestellten Fortsetzungen der Geschichte die Variation aus, die Ihnen am besten gefällt, und schreiben Sie die Geschichte zu Ende.

Eine Geschichte aus einer anderen Perspektive schreiben

1

Lesen Sie den folgenden Text.

Ein netter Kerl

Ich habe ja so wahnsinnig gelacht, rief Nanni in einer Atempause. Genau wie du ihn beschrieben hast, entsetzlich.

Furchtbar fett für sein Alter, sagte die Mutter. Er sollte vielleicht Diät essen. Übrigens, Rita, weißt du, ob er ganz gesund ist?

Rita setzte sich gerade und hielt sich mit den Händen am Sitz fest. Sie sagte: Ach, ich glaub schon, daß er gesund ist. Genau wie du es erzählt hast, weich wie ein Molch, wie Schlamm, rief Nanni.

Und auch die Hand, so weich.

Aber er hat dann doch auch wieder was Liebes, sagte Milene, doch, Rita, ich finde, er hat was Liebes, wirklich.

Na ja, sagte die Mutter, beschämt fing auch sie wieder an zu lachen; recht lieb, aber doch gräßlich komisch. Du hast nicht zuviel versprochen, Rita, wahrhaftig nicht. Jetzt lachte sie laut heraus. Auch hinten im Nacken hat er schon Wammen, wie ein alter Mann, rief Nanni. Er ist ja so fett, so weich, so weich! Sie schnaubte aus der kurzen Nase, ihr kleines Gesicht sah verquollen aus vom Lachen.

Rita hielt sich am Sitz fest. Sie drückte die Fingerkuppen fest ans Holz.

Er hat so was Insichruhendes, sagte Milene. Ich find ihn so ganz nett, Rita, wirklich, komischerweise.

Nanni stieß einen winzigen Schrei aus und warf

die Hände auf den Tisch; die Messer und Gabeln auf den Tellern klirrten.
Ich auch, wirklich, ich find ihn auch nett, rief sie. Könnt ihn immer ansehn und mich ekeln.
Der Vater kam zurück, schloß die Eßzimmertür, brachte kühle nasse Luft mit herein. Er war ja so ängstlich, daß er seine letzte Bahn noch kriegt, sagte er. So was von ängstlich.
Er lebt mit seiner Mutter zusammen, sagte Rita. Sie platzten alle heraus, jetzt auch Milene. Das Holz unter Ritas Fingerkuppen wurde klebrig. Sie sagte: Seine Mutter ist nicht ganz gesund, soviel ich weiß.
Das Lachen schwoll an, türmte sich vor ihr auf, wartete und stürzte sich dann herab, es spülte über sie weg und verbarg sie: lang genug für einen kleinen schwachen Frieden. Als erste brachte die Mutter es fertig, sich wieder zu fassen.
Nun aber Schluß, sagte sie, ihre Stimme zitterte, sie wischte mit einem Taschentuchklümpchen über die Augen und die Lippen. Wir können ja endlich mal von was anderem reden.
Ach, sagte Nanni, sie seufzte und rieb sich den kleinen Bauch, ach ich bin erledigt, du liebe Zeit. Wann kommt die große fette Qualle denn wieder, sag, Rita, wann denn? Sie warteten alle ab.
Er kommt von jetzt an oft, sagte Rita. Sie hielt den Kopf aufrecht.
Ich habe mich verlobt mit ihm.
Am Tisch bewegte sich keiner. Rita lachte versuchsweise und dann konnte sie es mit großer Anstrengung lauter als die anderen, und sie rief: Stellt euch das doch bloß mal vor: mit ihm verlobt! Ist das nicht zum Lachen!
Sie saßen gesittet und ernst und bewegten vorsichtig Messer und Gabeln.
He, Nanni, bist du mir denn nicht dankbar, mit der Qualle hab ich mich verlobt, stell dir das doch mal vor!
Er ist ja ein netter Kerl, sagte der Vater. Also höflich ist er, das muß man ihm lassen.
Ich könnte mir denken, sagte die Mutter ernst, daß er menschlich angenehm ist, ich meine, als Hausgenosse oder so, als Familienmitglied.

Er hat keinen üblen Eindruck auf mich gemacht, sagte der Vater.
Rita sah sie alle behutsam dasitzen, sie sah gezähmte Lippen. Die roten Flecken in den Gesichtern blieben noch eine Weile. Sie senkten die Köpfe und aßen den Nachtisch.

Gabriele Wohmann: Ein netter Kerl. In: Gabriele Wohmann: Habgier. Erzählungen. Rowohlt Verlag, Reinbek bei Hamburg 1978, S. 68–70. Der Text ist in alter Rechtschreibung abgedruckt.

2

Schreiben Sie auf, welche Personen in dieser Geschichte vorkommen und an welchem Ort die Handlung spielt.

3

Notieren Sie stichpunktartig, welches Verhältnis die einzelnen Personen zu Rita haben.

4

a) Markieren Sie in einer Kopie die Textstellen, die Hinweise darüber enthalten, wie es Rita geht.
b) Schreiben Sie zu jeder dieser Textstellen auf, wie sich Rita fühlt.

5

Markieren Sie in einer Kopie den Wendepunkt, an dem die Geschichte plötzlich einen anderen Verlauf nimmt.

6

a) Erstellen Sie eine Tabelle wie hier angedeutet.

Personen	Vorher	Nachher
Nanni	gehässige Bemerkungen	Schweigen

b) Beschreiben Sie, wie sich das Verhalten der einzelnen Personen nach diesem Wendepunkt verändert. Tragen Sie dazu stichpunktartige Notizen in die Tabelle ein.

KOMPETENZBOX

Kreativ schreiben – Eine Geschichte aus einer anderen Perspektive schreiben

VORARBEIT

→ Text lesen und verstehen

→ Klären, welche Personen in der Geschichte vorkommen und wie sie zueinander stehen

→ Prüfen, wo die Handlung spielt

→ Leerstellen (= Informationen, die der Text nicht gibt) mit eigenen Ideen füllen

→ Nachdenken darüber, wie sich die Person, aus deren Perspektive die Geschichte erzählt werden soll, fühlt

→ Sich in die Lage dieser Person hineinversetzen

INHALT

→ Die im Text genannten Personen aufgreifen

→ Den im Text genannten Ort einbeziehen

→ Unausgesprochene Wünsche, Gedanken und Gefühle ausformulieren

ZEITFORM

→ Die im Text verwendete Zeitform übernehmen

SPRACHE UND STIL

→ Standardsprache (Hochsprache), keine Umgangssprache

→ Stil dem vorliegenden Text anpassen

7

Schreiben Sie die Geschichte „Ein netter Kerl" aus Ritas Perspektive. Nutzen Sie dazu die Ich-Form. Versetzen Sie sich in die Lage von Rita und notieren Sie ihre Gedanken und Gefühle während des Gesprächs. Sie können diesen Anfang verwenden.

Er war gerade gegangen, Vater hatte ihn zum Zug gebracht, Mutter, Milene, Nanni und ich saßen noch immer am Esszimmertisch. Ich spürte schon, was auf mich zukommen würde – jetzt, wo er weg war, brauchten sie ja nicht mehr höflich zu sein und konnten über ihn herfallen wie ausgehungerte Raubtiere. Nanni war natürlich die Erste, die eine Bemerkung über ihn machen musste. Ich weiß gar nicht, warum sie immer so gehässig sein muss. Aber Mutter war auch nicht gerade freundlich, als sie sagte, wie fett er sei, und sich nach seinem Gesundheitszustand erkundigte. Ich spürte, wie ich nervös wurde und meine Anspannung kaum kontrollieren konnte. Das Schlimmste war, dass sie alle immerzu lachten, sie hatten nichts anderes zu tun, als sich über ihn lustig zu machen. Ich fand das so gemein, so ungerecht, und ich fühlte mich elend und hilflos. Er hatte sich wirklich sehr viel Mühe gegeben, war sehr höflich zu allen gewesen, hatte sich am Gespräch beteiligt und konnte interessant erzählen. Jetzt, wo er weg war, zählte plötzlich nur noch sein Übergewicht. Wie arrogant und widerlich meine Familie doch war! Mit Ausnahme vielleicht von Milene. Sie war die Einzige, die sagte, dass er ganz lieb sei. Aber Mutter und Nanni kriegten sich überhaupt nicht mehr ein vor Lachen. Ich wusste nicht mehr, was ich tun sollte. Ich war nass geschwitzt und hatte Angst. Aber ich spürte, dass ich es tun würde – ich würde es ihnen sagen …

Sprachliche Übungen

1

Ordnen Sie das Prädikat (Satzaussage) der richtigen Zeitform zu.

Präsens (Gegenwart)	Präteritum (Vergangenheit)
Perfekt (Vollendete Gegenwart)	**Plusquamperfekt (Vollendete Vergangenheit)**

A Ich habe gelacht.
B Es wurde alles aufgegeben.
C Er riet ihm dazu.
D Sie hatte ihm abgeraten.
E Es bestätigte sich.
F So kam man zu etwas.
G Er war ihnen nachgejagt.
H Langsam dämmert es mir.
I Sie hat viel unternommen.
J Die Flügel verbrennen leicht.
K Sie haben sich an ihm ein Beispiel genommen.
L Die Wohnung ist schon früh verlassen worden.
M Er wird nach Hause geflogen.
N Erschöpft kehrt er zurück.
O Er ist dort gesehen worden.
P Er hat sich viel vorgenommen.

2

Ergänzen Sie *wie, so … wie, wenn, je … desto, als.*

A Nachdem er nun schon eine Weile zu Hause gesessen hatte und aus dem Fenster gestarrt hatte, fühlte er sich plötzlich so, __ wenn er unter einem Trümmerhaufen begraben würde.

B Solche Depressionen hatte er nicht häufig, aber wenn sie über ihn hereinbrachen, konnten sie alles in ihm zu Fall bringen, er fühlte sich dann __ ein Haus, das man wegen akuter Einsturzgefahr vorsorglich evakuiert hatte.

C In solchen Momenten war äußerste Vorsicht geboten. __ stärker die Erschütterungen aus der nächsten Umgebung waren, __ höher war die Einsturzgefahr.

D Er fühlte sich dann __ der Lokführer eines Hochgeschwindigkeitszugs, der alles daran setzen musste, die Geschwindigkeit zu drosseln.

E Dies war jedoch gar nicht so einfach, denn __ mehr er sich anstrengte, __ unerreichbarer erschien ihm dieses Ziel.

F __ er seine ganze Willenskraft einsetzen würde, das wusste er, würde er den Zug zum Stehen bringen können.

G Die nächsten Minuten erschienen ihm __ lang __ eine unendliche Fahrt durch die sibirische Steppe.

H __ länger er darüber nachdachte, __ größer wurde seine Angst.

3

Bilden Sie aus den beiden vorgegebenen Sätzen einen Satz. Beginnen Sie diesen Satz mit der Präposition „wegen“.

A Der Strom fiel aus. Die Seilbahnkabinen blieben hängen.
B Die Rettungskörbe verfügten nur über eine geringe Kapazität. Die Rettungsaktion dauerte mehrere Stunden.
C Man hat eine wunderbare Sicht auf Manhattan. Die Seilbahn ist sehr beliebt.
D Die Dunkelheit setzte ein. Die Rettungsaktion wurde schwierig.

Lernbaustein 2 **23**

Siehe auch Lernbereiche
2 Texte lesen und verstehen
9 Stellung nehmen

Sich auf Prüfungen und Tests vorbereiten

?

Sich auf Prüfungen und Tests vorbereiten

Sprachliche Übungen

Prüfungsangst bewältigen
- → Ursachen der Angst
- → Mittel, um Angst zu bewältigen
- → Sich gezielt auf Prüfungen vorbereiten

Aufgabenstellungen verstehen
- → Stellungnahme ohne (längere) Textgrundlage
- → Stellungnahme auf der Grundlage eines Sachtextes

Arbeitsanweisungen interpretieren
- → Wichtige Arbeitsanweisungen
- → Bedeutung der Anweisungen

!

1

Bilden Sie Gesprächspaare und erzählen Sie sich gegenseitig, welcher Typ Sie am ehesten sind.

Typ A: Hat Angst vor Prüfungen.
Typ B: Geht unbeschwert in Prüfungen.
Typ C: Erstellt einen genauen Zeitplan, wann er was wie lange vor einer Prüfung lernt.
Typ D: Legt einfach nur den Beginn der intensiven Lernphase fest.

2

Berichten Sie aus Ihrer eigenen Erfahrung, wie Sie
a) Gelerntes besser behalten,
b) entspannter lernen,
c) konzentriert arbeiten können.

Prüfungsangst bewältigen

1

Lesen Sie den Text.

PRÜFUNGSANGST

Total gestresst?

Zittern, schwitzen, weinen

Prüfungen bedeuten für die meisten Menschen Stress. Je näher der Termin rückt, desto deutlicher können Angstsymptome auftreten: nervöse Unruhe, Herzrasen, Weinkrämpfe, Schlaflosigkeit, Hautausschlag, Fieber, Magen-Darm-Beschwerden, sozialer Rückzug und vieles mehr. Prüfungsangst ist weit verbreitet, und sogar starke Angstsymptome sind keineswegs selten. Wird der Grad der Anspannung jedoch zu hoch, kann die Informationsübertragung zwischen den einzelnen Nervenzellen blockieren. [...]

Nur keine Blamage

Ob man Prüfungssituationen mit Angst und Beschämung oder mit Freude verbindet, reicht häufig bis zurück in die Kindheit. Wie man früher von seinen Bezugpersonen korrigiert, überprüft, beurteilt, mit anderen verglichen wurde, kann die Einstellung zu Prüfungssituationen maßgeblich prägen. Schlechte Prüfungsergebnisse können unter anderem aber auch Folge von Faulheit, Überforderung, fehlender Motivation, schlechter Vorbereitung, mangelhaftem Zeitmanagement oder überzogenen Erwartungen an sich selbst sein. Dabei muss der Anlass für die Panik nicht die herannahende Abschlussprüfung sein. Genauso furchterregend kann das erste Date mit der Angebeteten, ein Vortrag vor der Klasse, die Teilnahme an einem Wettkampf oder etwas ganz anderes sein. Der Grund für die innere Unruhe ist meistens gleich: Angst vor negativer Bewertung. Niemand möchte als Loser gelten, sich blamieren oder in Frage gestellt werden. Hinzu kommt, dass Prüfungssituationen nur begrenzt kontrollierbar sind. [...]

Die Angst zerlegen

„Jetzt merken alle, dass ich nichts weiß", „Das schaffe ich nie", „Er wird mich fertigmachen", „Sie werden mich auslachen", „Ich werde mich blamieren". Mit solchen und ähnlichen Killerphrasen, mit qualvollen Fantasien und Gedanken kann man sich bereits lange vor einer Prüfung das Leben schwer machen. [...] Das Gemeine: Wer sich mies fühlt und negativ von sich denkt, ändert unbewusst auch sein Verhalten. Man konzentriert sich schlechter, engagiert sich weniger, gibt schneller auf. Die gute Nachricht: Alle drei Ebenen lassen sich günstig beeinflussen. Wenn man eine der drei Angstkomponenten besser in den Griff bekommt, – also entweder die Angstgedanken, die Körperreaktionen oder das Verhalten –, wirkt sich das meistens auch auf die beiden anderen positiv aus.

Die Angst in Schach halten

Prüfungsangst zu haben, ist kein unabwendbares Schicksal. Im Gegenteil: Angst hat ihren Sinn – jedenfalls solange sie nicht überhandnimmt. Prüfungsangst als positiver Stress kann Kräfte mobilisieren, die Konzentration erhöhen, das Gehirn auf Hochtouren bringen. Auch wenn sich die Angst vor Bewertungssituationen nicht einfach abschalten lässt, mit ihr fertig zu werden, kann man lernen.

• Der Angst nachgehen

Erster Schritt gegen Prüfungsangst: ihr auf die Spur kommen. Wer hinter dem Durcheinander der Gefühle erkennt, dass es handfeste Gründe für die Angst gibt, kann sie besser anpacken. Merke: Prüfungsangst ist erlernt. Man kann sie auch wieder verlernen.

• Prüfungsangst nachgehen
Es ist völlig normal, vor einer Prüfung aufgeregt zu sein. Es gibt sogar einen Namen dafür: Lampenfieber. Wer das akzeptiert, beruhigt sich meistens nach ein paar Minuten ganz von alleine.

• Nicht zu sehr unter Druck setzen
Wer die Erwartungen an sich selbst zu hoch schraubt, riskiert, dass die Angst immer größer wird. Besser: die eigenen Möglichkeiten realistisch einschätzen, sich auch mit 80 Prozent Leistung zufriedengeben.

• Gezielt vorbereiten
Fehlende Fähigkeiten oder lückenhafte Kenntnisse sind kein Verhängnis. Sie lassen sich durch eine entsprechende Vorbereitung ausgleichen. Und das Gefühl, gut vorbereitet zu sein, ist schon die halbe Miete. Deshalb: Lern- und Arbeitstechniken erlernen und das eigene Zeitmanagement überprüfen.

• Positiv denken, positive Leitsätze aufschreiben
Besonders vor einer Prüfung sollte man sich keinesfalls von negativen Gedanken beherrschen lassen. Mit positiven Selbstgesprächen kann man Stresssituationen günstig beeinflussen. Solche Sätze helfen: „Ich werde es schaffen", „Ich bin noch nie durchgefallen, jetzt klappt es auch", „Ich bin gut vorbereitet und packe diese Prüfung", „Ich kann mit Angst umgehen".

• Entspannung trainieren
Manche Menschen reagieren sehr stark körperlich. Hier können Entspannungsmethoden helfen. Beispiele: Atemübungen, Yoga, autogenes Training, progressive Muskelentspannung. Aber Achtung! Das gelingt nicht auf Knopfdruck. Frühzeitiges Üben ist unbedingt nötig.

• Nicht zurückziehen
Auch in Prüfungszeiten sollte man nicht aufhören, ein weitgehend normales Leben zu führen. Zum Beispiel regelmäßig Freunde treffen und Hobbys nachgehen. Das macht den Kopf frei. Aber Vorsicht! Mitmenschen, die einen verrückt machen und die Prüfungsangst verstärken, sollte man meiden.

Gabriele Mosbach: Arbeit und Gesundheit. UNTERRICHTSHILFE next, 2/2007

2

a) Lesen Sie den zweiten Abschnitt („Nur keine Blamage") erneut.
b) Bilden Sie Gesprächspaare.
c) Tauschen Sie sich gegenseitig aus, inwieweit die Aussagen im zweiten Abschnitt mit Ihren Erfahrungen übereinstimmen.

3

Entnehmen Sie den Bildern auf Seite 253, was Sie zur Vorbereitung einer Prüfung tun und was Sie vermeiden sollten.

4

a) Schreiben Sie drei Vorschläge aus dem Text auf, die Sie in die Tat umsetzen möchten.
b) Notieren Sie auch eine kurze Begründung, warum Sie diese Vorschläge gewählt haben.
c) Stellen Sie Ihre Notizen vor.

1 A

B

2 A

Zeit	Montag	Zeit	Dienstag	Zeit	Mittwoch	Zeit	Donnerstag	Zeit	Freitag	Zeit	Samstag	Zeit	Sonntag
	Aufstehen		Aufstehen		Aufstehen		Aufstehen		Aufstehen		Aus-schlafen		Aus-schlafen
	Betrieb		Betrieb		Betrieb		Betrieb		Betrieb		Einkaufen		
	Hausarbeit		Hausarbeit		Hausarbeit		Hausarbeit		Hausarbeit		Hausarbeit		
	Essen		Essen		Essen		Essen		Essen		Essen		
	Fach 1		Fach 2 vom Montag		Fach 3 vom Dienstag		Pausentag		Fach 4 vom Mittwoch		Fach 5 vom Freitag		
	Pause		Pause		Pause				Pause		Pause		
	Fach 2		Fach 3		Fach 4				Fach 5		Fach mit erhöhtem Nachhol-bedarf		

B

3 A

B

4 A

B

5 A

B

Arbeitsanweisungen interpretieren

1

Entscheiden Sie, welche Arbeitsanweisung in A bis C jeweils nicht zu einer Prüfungsaufgabe passt.

Arbeitsanweisung	Das ist gefordert
A 1 nennen	Informationen werden zielgerichtet aufgezählt, Stichworte sind möglich, aber ein einleitender vollständiger Satz ist nötig, damit klar ist, worüber man schreibt.
2 beschreiben	Aussagen und Sachverhalte werden in eigenen Worten wiedergegeben. Dabei verwendet man strukturierende Wörter, z. B. *zunächst … dann*, *einerseits … andererseits* usw.
3 kopieren	Der Text wird wortwörtlich abgeschrieben. Veränderungen dürfen nicht vorgenommen werden.
4 wiedergeben	Inhalte werden verkürzt und mit eigenen Worten formuliert, ohne zu verfälschen.
5 darstellen	Ein Sachverhalt oder eine Entscheidung wird mit eigenen Worten formuliert. Dabei benutzt man strukturierende Wörter, z. B. *als Erstes … des Weiteren*, *oben … weiter unten* usw.
B 1 vergleichen	Texte, Aussagen werden anhand bestimmter Gesichtspunkte gegenübergestellt, d. h., es werden Gemeinsamkeiten, Ähnlichkeiten und Unterschiede ermittelt.
2 erklären	Sachverhalte und Aussagen werden mit eigenen Worten verdeutlicht, sodass ein besseres Verständnis möglich ist.
3 erläutern	Siehe „erklären". Es werden aber noch zusätzliche Informationen gegeben und die Ausführungen mit Beispielen veranschaulicht.
4 charakterisieren	Ein Ablauf, ein Zustand oder eine Person wird mit seinen beziehungsweise ihren wesentlichen Eigenschaften beschrieben.
5 zeichnen	Es wird eine maßstabgetreue Skizze eines Textes mit Bleistift angefertigt.
C 1 beurteilen	Zu einer Aussage, einer Problematik formuliert man eine eigene Meinung, begründet diese und untermauert die Begründung eventuell noch mit Beispielen.
2 benoten	Mit einer Note zwischen 1 und 6 wird eine Aussage oder ein Text bewertet. Eine Begründung ist nicht erforderlich.
3 Stellung nehmen	Zu einer Problemstellung oder einem Sachverhalt äußert man eine eigene Meinung, begründet sie, unterstreicht die Begründung mit Beispielen und kommt zu einer Schlussfolgerung.
4 begründen	Zu einem Ergebnis werden Argumente, entsprechende Belege und Beispiele vorgebracht.
5 verfassen	Es wird ein Text formuliert. Dabei werden die Vorgaben für die jeweils verlangte Textsorte beachtet.

2

Entscheiden Sie, welche Formulierungen (1, 2 oder 3) der jeweiligen Arbeitsanweisung entsprechen.

A Arbeitsanweisung „erläutern"

1 Wenn ich immer nur sage: „Das schaffe ich nie", werde ich schließlich daran glauben und meine Angst wird nur bestärkt. Die Angst wird also nicht besiegt, sondern das Gegenteil wird erreicht.

2 Wenn ich immer sage: „Das schaffe ich nie", verstärke ich nur meine negativen Gefühle, lasse aber keine anderen Gefühle zu, die mich eher beflügeln würden. Mutlosigkeit wird die Folge sein, aber auch Unbehagen. Und schließlich wird einem auch der Sinn weiterer Anstrengungen verlorengehen. Gerade im Sport kann man häufig beobachten, dass gleichwertige Mannschaften sich dadurch eine Überlegenheit verschaffen, dass sie an ihre eigene Stärke glauben, indem sie sich „stark" reden.

3 Wenn ich immer nur sage: „Das schaffe ich nie", dann schaffe ich es auch nie. Das ist doch klar.

B Arbeitsanweisung „Stellung nehmen"

1 Ja, es ist schwer, Prüfungsangst zu besiegen. Das kenne ich aus eigener Erfahrung.

2 Natürlich ist es schwer, die Prüfungsangst zu besiegen. Das weiß jeder, der je eine Prüfung in der Schule oder die Fahrprüfung gemacht hat. Wer macht schon eine Fahrprüfung ohne Angst, zumal viel Geld auf dem Spiel steht?

3 Es stimmt schon, dass Prüfungsangst schwer zu besiegen ist. Denn Angst ist ein Gefühl und Gefühle lassen sich nicht immer kontrollieren, zumal wenn diese Gefühle schon in unserer frühen Jugend eine bedeutende Rolle gespielt haben. Deshalb darf man auch nicht hoffen, dass sich von heute auf morgen eine Änderung einstellt. Aber man kann kleine Schritte machen: sich gut vorbereiten, sich bewusst machen, was man kann, Gedanken verwerfen, die einem sagen, was man nicht kann. Die kleinen Erfolge muss man sich immer ins Gedächtnis rufen, dann wird man schließlich gelassener in die Prüfung gehen. Ein bisschen Aufregung aber ist gut und mobilisiert die Kräfte.

Aufgabenstellungen verstehen

Stellung nehmen

1

Lesen Sie die Aufgabe mit dem kurzen Text dazu.

Innere Werte sind sexy

Jungen und Mädchen finden beim anderen Geschlecht jeweils vor allem die sogenannten inneren Werte anziehend. Persönlichkeit, Selbstbewusstsein und Ausstrahlung stehen sowohl bei Jungen (92 Prozent) als auch bei Mädchen (95 Prozent) an erster Stelle. In einer repräsentativen Umfrage des Meinungsforschungsinstituts Forsa im Auftrag der Jugendzeitschrift „Yam!" gaben 88 Prozent der Jungen und 91 Prozent der Mädchen ferner an, wichtig sei für sie auch der Humor. 500 Mädchen und Jungen zwischen 14 und 17 Jahren waren befragt worden, worauf sie beim anderen Geschlecht besonders achten. Erst an dritter Stelle kommt bei den Jungen

(84 Prozent) die Figur eines Mädchens. 71 Prozent der Mädchen stehen auf Jungen mit einer guten Figur.

Stuttgarter Zeitung, 03.08.2006

Aufgabe:
Ist für Sie die Rangfolge der Werte, die in der Untersuchung ermittelt wurde, nachvollziehbar? Nehmen Sie Stellung.

2

Beurteilen Sie, ob in A oder B die Prüfungsaufgabenstellung richtig wiedergegeben wird.

A In der Aufgabenstellung wird verlangt, dass ich mich dazu äußere, ob ich verstehen kann, dass junge Menschen zuerst auf die inneren Werte, den Humor und dann erst auf das Aussehen beim jeweils anderen Geschlecht achten. Danach muss ich meine Meinung begründen, mit Erklärungen und Beispielen belegen und schließlich eine Folgerung und/oder Aufforderung daraus ableiten.

B In der Aufgabenstellung wird verlangt, dass ich den Inhalt des Textes wiedergebe und dann zu jedem Ergebnis der Untersuchung eine Stellungnahme mit Begründung, Belegen, Schlussfolgerung und/oder Aufforderung abgebe.

3

Ordnen Sie die folgenden Schlussfolgerungen je einer ablehnenden und zustimmenden Stellungnahme zu.

A So ganz scheint die Jugend nun doch nicht von der Werbewelt mit den täglich Tausenden von Bildern und Szenen mit schönen Menschen vereinnahmt zu sein, sonst hätten innere Werte für sie nicht diesen Stellenwert. Vor allem stellt dieses Ergebnis männlichen Jugendlichen ein positives Bild aus, da sie doch eher im Verdacht stehen, nur kurzfristig zu denken und nur das Äußere bei Frauen zu sehen.

B Viele meinen auch, dass sie als oberflächlich gelten, wenn sie nur auf das Äußere großen Wert legen, oder haben von älteren Menschen den Spruch im Ohr: „Schönheit ist vergänglich“ und trauen sich dann nicht, bei einer Befragung das zu sagen, was sie eigentlich denken.

Stellung nehmen auf der Grundlage eines Sachtextes

1

Lesen Sie den Text mit den beiden Aufgaben unter dem Text.

Patricia Wolf

Schönheit, die von außen kommt

Jedes fünfte deutsche Kind zwischen 9 und 14 Jahren hat schon einmal mit dem Gedanken gespielt, sich unters Messer zu begeben. Laut einer Emnid-Umfrage würden die Kinder sich vor allem Fett absaugen lassen. In der gleichen Befragung gab jedes vierte Kind an, sich zu dick zu fühlen, Mädchen häufiger als Jungen.
Es gehört zur menschlichen Identitätssuche, von sich ein Bild zu erschaffen, für das Ich einen äußerlichen Ausdruck zu finden. Nun kann man die Möglichkeit zur Operation als Möglichkeit begreifen. Im Zeitalter der technischen Reproduzierbarkeit[1] muss die von der launischen Natur uns

zugedachte Nase nicht länger einfach so hingenommen werden. Menschen, die Angst vor dem Zahnarzt haben, begeben sich nun freiwillig und bei vollem Verstand auf den Operationstisch, um sich mit Kanüle, Skalpell oder Meißel malträtieren[2] zu lassen. Und es sind gerade junge Menschen, die meistens nicht viel Geld, aber einen großen Glauben an die Technik und ihre Möglichkeiten haben, die sich einer solchen Operation unterziehen. Und weil es längst nicht mehr Privileg der Stars ist, sich 10 Jahre jünger und 15 Kilo schlanker machen zu lassen, hat die Schönheits-OP als Statussymbol ausgedient.

Jeder sechste Deutsche sei bereit, sich für seine Schönheit in den OP zu begeben. In der Altersklasse der 14- bis 29-Jährigen sogar jeder Vierte. Obwohl die Methoden sich verbessert haben und die Materialien verträglicher geworden sind, ist es immer noch nicht ungefährlich, sich einer solchen Prozedur zu unterziehen. Gerade beim Fettabsaugen, der Liposuktion. Wenn es nur hässliche Dellen oder Krater in der Haut wären. Doch in etwa zehn Prozent der Fälle treten Taubheitsgefühle, Wasseransammlungen unter der Haut oder starke Schmerzen auf. Manche Operateure und Patienten verstehen den Eingriff als generelles Mittel gegen Fettsucht. Aber Fettabsaugen funktioniert nicht so einfach wie Staubsaugen. Jedes Mal entstehen große Wundflächen, die nachbluten oder sich schnell infizieren können, wenn die Hygienestandards nicht peinlich eingehalten werden. Der Facharzt für plastische Chirurgie hat mindestens eine sechsjährige Zusatzausbildung durchlaufen – doch darf jeder Mediziner operieren. So verkleinern heute Kieferchirurgen Brüste, Orthopäden liften das Gesicht. Allein in Deutschland bezahlen bis zu 50 Patienten mit ihrem Leben, bei jährlich rund 150.000 Liposuktionen.

Paradoxerweise streben im Zuge der Individualisierung[3] immer mehr Menschen danach, sich einem allgemeinen Ideal anzugleichen. Alle wollen das Gleiche: gertenschlank sein. Alle wünschen sich große Augen, volle Lippen, kleine, schmale Nasen. Doch eines Tages wird individuelles Körperdesign in einen weltweiten Einheitslook münden.

DER TAGESSPIEGEL, 28.08.2004 (Auszug)

Worterklärungen

1 Reproduzierbarkeit
= Nachbildung
2 malträtieren
= misshandeln, quälen
3 Individualisierung
= Hervorhebung des Eigentümlichen, Besonderen

Aufgaben:

1) Geben Sie die Hauptgedanken des Textes wieder.
2) Nehmen Sie zu den Hauptaussagen Stellung.

2

Beurteilen Sie, ob in A, B oder C die Aufgabenstellung richtig wiedergegeben wird.

A In der Aufgabenstellung wird verlangt, dass ich eine Inhaltsangabe verfasse und dann eine Stellungnahme schreibe.

B In der Aufgabenstellung wird verlangt, dass ich stichwortartig die Gedanken der Autorin aufzähle und in jeweils einem Satz sage, was ich von ihren Aussagen halte.

C In der Aufgabenstellung wird verlangt, dass ich wie in einer Inhaltsangabe die Textquelle und das Thema angebe, dann in ganzen Sätzen die 3 bis 5 wesentlichen Gedanken der Autorin wiedergebe und schließlich jeweils eine Stellungahme zu den wesentlichen Gedanken der Autorin (also 3 bis 5 Stellungnahmen) schreibe.

3

Führen Sie die Sätze fort, die nach der Quellenangabe des Textes die Hauptgedanken (siehe Aufgabe 1) wiedergeben.

Quellenangabe und Thema:
Bei dem vorliegenden Text „Schönheit, die von außen kommt" handelt es sich um einen Auszug aus einem Artikel von Patricia Wolf, der in der Zeitung DER TAGESSPIEGEL am 28.08.2004 erschienen ist. In dem Artikel geht es um Schönheitsoperationen in Deutschland.

Hauptgedanken:
A Die Autorin bezieht sich auf eine Umfrage, nach der immer mehr Menschen, vor allem Jugendliche, …
B Will man sich einer Schönheitsoperation unterziehen, spielt das Geld …
C Nach Ansicht der Autorin werden die Gefahren einer solchen Operation nicht oder …
D Die Autorin sieht in dieser Entwicklung eine Tendenz …

4

Entscheiden Sie, welche Meinung Sie zu dem jeweiligen Hauptgedanken einnehmen wollen:
1 = Den Hauptgedanken unterstützen
2 = Einwände gegen ihn vorbringen

Meinung zum Hauptgedanken A
1 Ich kann Jugendlichen, die mit ihrem Äußeren nicht zufrieden sind, durchaus ein gewisses Verständnis entgegenbringen.
2 Für mich ist es befremdend, dass immer mehr Menschen ihrem Aussehen eine solche Bedeutung zumessen.

Meinung zum Hauptgedanken B
1 Es ist für mich auch nachvollziehbar, dass manche Leute das geplante Geld für einen Kleinwagen lieber in eine Schönheitsoperation als in ein Fahrzeug investieren.
2 Hat man früher noch die äußerlichen Veränderungen bei Stars als Starallüren abgewertet und belächelt – sie hatten ja das nötige Kleingeld –, habe ich für Leute, die einen Bruchteil ihrer Vorbilder verdienen, kein Verständnis mehr, wenn sie ihr ganzes Vermögen in den äußeren Schein investieren.

Meinung zum Hauptgedanken C
1 Weiß man, wie viele Informationen man üblicherweise vor einer ganz normalen Operation einholt oder einholen sollte, um eventuelle Risiken abzuwägen, dann kann es gar nicht sein, dass alle Patienten, die sich einer Schönheitsoperation unterziehen, mit Sorgfalt die Risiken abgewogen haben.
2 Die Autorin unterstellt, dass sich Patienten einer Schönheitsoperation zu wenig informiert haben. Das kann ich nicht glauben.

Meinung zum Hauptgedanken D
1 Die von der Autorin befürchtete Entwicklung zum Einheitsmenschen sehe ich auch.
2 Noch sind die Zahlen nicht so alarmierend, dass man von einer Entwicklung zum Einheitsmenschen sprechen müsste.

5

Ergänzen Sie die ausgewählten Meinungen jeweils mit Argumenten und Belegen.

Sprachliche Übungen

1

Bilden Sie den Plural (Mehrzahl) (siehe Anhang, Regel 5).

A Kenntnis
B Kollegin
C Verhängnis
D Schriftstellerin
E Ergebnis
F Autorin

2

Setzen Sie die richtigen s-Laute ein (siehe Anhang, Regel 6).

A Bei einem erneuten Mi__lingen des Versuchs mu__ er aufgeben.
B Trotz ihres guten Abschlu__e__ hatte sie nur Au__enseiterchancen.
C Sie war be__er als alle anderen trotz des Stre__e__ in der Schlu__pha__e.
D E__ wird deutlich, da__ ihr fa__t alles au__er diesem Mann gleichgültig i__t.
E Seltsamerwei__e lie__ sie sich immer stärker von ihrem Ha__ treiben.
F Regungslo__ sa__ sie da und geno__ den Augenblick.

3

Bilden Sie Verben (Tätigkeitswörter) mit dem gleichen Wortstamm.

A Skizze
B Konzentration
C Interesse
D Motivation
E Engagement
F Reaktion
G Blamage
H Operation
I Kontrolle
J Training
K Notiz
L Risiko
M Fantasie
N Akzeptanz
O Management
P Struktur

4

Bilden Sie Adjektive (Eigenschaftswörter) mit dem gleichen Wortstamm.

A Termin
B Stil
C Maschine
D Chance
E mobilisieren
F Progression
G Hochtour
H Information
I Operation
J Individualität
K Tradition
L Reproduzierbarkeit

5

Trennen Sie die Sätze und Infinitivgruppen durch Komma voneinander ab (siehe Anhang, Regeln 22 und 23).

A Stellenweise wirkt sie wie in Trance dann aber verhält sie sich wieder ganz normal.
B Sie hat nichts worauf sie sich abends freuen kann.
C Sie ist in Gefahr auch das noch zu verlieren was sie noch hat.
D Sie bemerkt nicht dass sie sich in eine lebensgefährliche Situation begibt.
E Alles was ihr bleibt ist nur ein geringer Hoffnungsschimmer.
F Sie ist sehr eifersüchtig auf alle Frauen obwohl sie keinen Grund hat.
G Sie riskiert dass sie alles verliert.
H Weil sie meistens nicht beachtet wird kommt sie mit den Fahrgästen auch nicht in Kontakt.
I Jedes Mal wenn sie beschimpft wird ärgert sie sich.
J Ihr ist viel daran gelegen nicht mehr einsam zu sein.
K Durch ihre Tätigkeit ist sie so isoliert dass sie kaum einmal mit anderen reden kann.
L Sie nutzt die Gelegenheit auch belanglose Gespräche zu führen um überhaupt reden zu können.

Anhang

Grundsätzliche Begriffe zur Interpretation literarischer Texte

BEGRIFF	DEFINITION	BEISPIELE
Alliteration	Zwei oder mehrere aufeinanderfolgende Wörter haben den gleichen Anfangslaut.	Die Stimmung war trüb, traurig und trostlos.
Anapäst	Dieser Versfuß besteht aus drei Silben. Die ersten beiden Silben sind unbetont; die dritte Silbe ist betont.	Das Wort „Anapäst" besteht aus zwei unbetonten und einer betonten Silbe.
Anapher	Dasselbe Wort oder dieselbe Wortgruppe wird am Anfang von aufeinanderfolgenden Sätzen oder Versen wiederholt.	„Keiner spricht meine Sprache, keiner kauft mir meine Erinnerungen ab" (Herbert Grönemeyer: „Schmetterlinge im Eis", aus dem Album *Bleibt alles anders*, das im Jahr 1998 aufgenommen wurde)
Anekdote	In einer Anekdote wird kurz und häufig auch auf witzige Weise von einer Begebenheit erzählt. Die Anekdote endet mit einem Wendepunkt oder mit einem überraschenden Schlusseffekt.	Johann Peter Hebel: „Seltsamer Spazierritt"
Daktylus	Dieser Versfuß besteht aus drei Silben. Die erste Silbe ist betont; die zweite und dritte Silbe sind unbetont.	„Quellende, schwellende Nacht" (Friedrich Hebbel: Das Zitat stammt aus dem Gedicht „Nachtlied")
dramatische Texte	Ein Drama ist ein Stück, das dafür geschrieben wurde, auf einer Bühne aufgeführt zu werden. Dramatische Texte bestehen daher zu einem großen Teil aus direkten Redeanteilen.	ILL: Klara. CLAIRE ZACHANASSIAN: Alfred. ILL: Schön, daß du gekommen bist. CLAIRE ZACHANASSIAN: Das habe ich mir immer vorgenommen. Mein Leben lang, seit ich Güllen verlassen habe. ILL *unsicher*: Das ist lieb von dir. CLAIRE ZACHANASSIAN: Auch du hast an mich gedacht? ILL: Natürlich. Immer. Das weißt du doch, Klara. (Friedrich Dürrenmatt: „Der Besuch der alten Dame". Diogenes Verlag AG, Zürich 1986, S. 25)

BEGRIFF	DEFINITION	BEISPIELE
Ellipse	Einige Wörter oder Satzteile werden weggelassen, sodass ein unvollständiger Satz entsteht. Diese rhetorische Figur findet sich sowohl in literarischen Texten als auch in der Alltagssprache.	„Ich soll heute – den Befund – meinen Befund." (Josef Reding: „Der Befund", siehe Seite 205, Z. 12)
epische Texte	Epische Texte sind Texte, bei denen das Erzählen im Vordergrund steht. Romane, Novellen, Erzählungen, Kurzgeschichten, Anekdoten und Fabeln gehören beispielsweise zur Gattung der Epik.	**BEISPIEL FÜR EINEN ROMAN:** „Ich erinnere mich noch genau an den Morgen, an dem mich mein Vater zum ersten Mal zum Friedhof der Vergessenen Bücher mitnahm. Die ersten Sommertage des Jahres 1945 rieselten dahin, und wir gingen durch die Straßen eines Barcelonas, auf dem ein aschener Himmel lastete und dunstiges Sonnenlicht auf die Rambla de Santa Mónica filterte …" (Carlos Ruiz Zafón: „Der Schatten des Windes". Insel Verlag, Frankfurt am Main 2003, S. 7) **BEISPIEL FÜR EINE KURZGESCHICHTE:** Josef Reding: „Der Befund", siehe S. 205–206
Fabel	Die Fabel ist eine kurze Erzählung, in der menschliche Schwächen, Hoffnungen, Sehnsüchte und allgemeine Verhaltensweisen durch Tiere dargestellt werden. Die Fabel endet häufig mit einer Moral bzw. mit einem Lehrsatz.	James Thurber: „Der Nachtschmetterling und der Stern", siehe S. 245
gehobener Stil	In offiziellen Verlautbarungen ist der Stil häufig gehoben. Im Alltag verwenden wir den gehobenen Stil zumeist nicht, es sei denn, wir wollen etwas ganz besonders höflich formulieren oder haben die Absicht, dass eine Äußerung offiziell klingen soll.	Die Beschäftigten wollen den Kompromiss zum geplanten Stellenumbau annehmen. In einer Urabstimmung votierten sie für ein Ende der Streiks.
Gleichnis	Dichterische Veranschaulichung eines Sachverhalts, indem man eine Geschichte aus einem anderen Lebensbereich erzählt und diese zum Sachverhalt in Beziehung setzt.	„Er sagte: Wem ist das Reich Gottes ähnlich, womit soll ich es vergleichen? Es ist wie ein Senfkorn, das ein Mann in seinem Garten in die Erde steckte; es wuchs und wurde zu einem Baum, und die Vögel des Himmels nisteten in seinen Zweigen." (Lk 13,18–19. In: Die Bibel. Einheitsübersetzung der Heiligen Schrift. Gesamtausgabe. Verlag Katholisches Bibelwerk GmbH. © 1980 Katholische Bibelanstalt Stuttgart, 1. Aufl. © 1999.).
Gruppensprache	Eine bestimmte Gruppe, z. B. eine Altersgruppe, bringt eine Sprachform hervor, die eindeutige sprachliche Gemeinsamkeiten aufweist. Bestimmte Begriffe, die diese Gruppe verwendet, werden nur innerhalb dieser Gruppe verstanden oder verwendet und heben sich deutlich von der Umgangssprache ab.	**BEISPIELE FÜR GRUPPENSPRACHEN:** • Jugendsprache • EDV-Sprache • Gruppensprache in einzelnen Sportarten • Sprache von Parteifunktionären
hypotaktisch	(= untergeordnet) Durch das Bilden eines Nebensatzes erhält ein Satzteil einem anderen Satzteil gegenüber eine untergeordnete Position.	Nachdem sie gegangen war, fühlte er sich hilflos und allein.

BEGRIFF	DEFINITION	BEISPIELE
Inversion	Die gewöhnliche Wortstellung im Satz wird umgestellt.	„Mehr hab ich das nie gewollt." (Aus dem Gedicht „Nie mehr" von Ulla Hahn, siehe S. 197)
Ironie	Hierbei handelt es sich um einen spöttischen Kommentar oder eine spöttische Bemerkung, bei der das Gegenteil von dem, was gemeint ist, gesagt wird.	„Super. Vielen Dank. Jetzt kann ich noch mal von vorne anfangen."
Jambus	Bei diesem Versfuß ist die erste Silbe unbetont und die zweite betont.	„Es schlug mein Herz. Geschwind, zu Pferde!" (Aus dem Gedicht „Willkommen und Abschied" von Johann Wolfgang von Goethe)
Kurzgeschichte	Eine Kurzgeschichte beginnt direkt und unvermittelt. Es gibt keine Vorbereitung auf die Handlung; auch die Personen werden nicht vorgestellt. Als Leser/in ist man sofort mitten im Geschehen und gewinnt einen kleinen Einblick in die Lebenssituation einer Person.	Gabriele Wohmann: „Ein netter Kerl" (siehe S. 246–247) Josef Reding: „Der Befund" (siehe S. 205–206) Selim Özdogan: „Marita" (siehe S. 209–210)
lyrisches Ich	Siehe Kompetenzbox S. 198	Siehe Kompetenzbox S. 198
lyrische Texte	Gedichte sind lyrische Texte. Anders als bei den epischen Texten steht hier nicht ein bestimmtes Ereignis, von dem erzählt wird, im Vordergrund, sondern das lyrische Ich bringt zum Ausdruck, wie es sich fühlt, wie es die Welt um sich herum empfindet.	Siehe S. 204
Metapher	Die Metapher entsteht dadurch, dass zwei verschiedene Bedeutungsbereiche miteinander verbunden werden. So entsteht ein sprachliches Bild mit einer neuen Bedeutung.	„Mag sein, dieser Flug hört niemals auf." (Aus dem „Liebesgedicht" von Hans-Ulrich Klose, siehe S. 204) Das Wort „Flug" verbindet hier den Bedeutungsbereich „Fliegen", bei dem man zum Beispiel an einen Langstreckenflug von Düsseldorf nach New York denkt, mit dem Bedeutungsbereich „Beziehung".
Neologismus	(= Wortneuschöpfung) Aus bereits bekanntem Wortmaterial wird ein neues Wort mit einer neuen Bedeutung gebildet.	Der Begriff „unkaputtbar" tauchte vor einigen Jahren in der Werbesprache auf. Er wurde dazu gebraucht, um auf die damals neu entwickelte Getränkeflasche aus Kunststoff (PET-Flasche) aufmerksam zu machen. Seitdem wird der Begriff teilweise auch in anderen Zusammenhängen verwendet.
Parabel	Eine Parabel ist eine Beispielerzählung, die im Gegensatz zum Gleichnis von einer einmaligen Begebenheit erzählt, um der Leserin oder dem Leser eine bestimmte Botschaft zu vermitteln.	In Lessings Ringparabel geht es beispielsweise darum, dass die Anhänger der drei großen Religionen (Christentum, Judentum, Islam) einander mit Toleranz und Respekt begegnen sollen.
parataktisch	(= nebengeordnet) Stehen einzelne Hauptsätze gleichberechtigt nebeneinander, so bezeichnet man dieses Satzmuster als parataktisch.	Er lädt sie ein, er schenkt ihr Blumen, er begleitet sie nach Hause.

BEGRIFF	DEFINITION	BEISPIELE
Personifikation	(= Vermenschlichung) Etwas wird in Gestalt einer Person dargestellt.	„[…] im atmenden Wald/wo Grasspitzen/sich verneigen" (Aus dem Gedicht „Das Schönste" von Rose Ausländer, siehe S. 204)
Reim	Siehe Kompetenzbox S. 198	Siehe Kompetenzbox S. 198
rhetorische Frage	Eine Frage, auf die keine Antwort erwartet wird, sondern die dazu dient, zum Nachdenken anzuregen. Der Leserin oder dem Leser ist klar, wie die Autorin/der Autor diese Frage beantworten würde.	„Machen wir nicht alle Fehler?"
Sprecher	Siehe Kompetenzbox S. 198	Siehe Kompetenzbox S. 198
Standardsprache	Die Standardsprache ist die Sprachform, die in sämtlichen Regionen Deutschlands verstanden wird. Die Nachrichten im Fernsehen, im Radio, in der Zeitung beispielsweise gebrauchen ausschließlich die Standardsprache.	„Der Bahn fehlen 1000 Lokführer. Angesichts der steigenden Last beim Personen- und Güterverkehr will das Unternehmen jetzt massiv einstellen – das teilte das Unternehmen in Berlin mit. Voraussetzungen seien ein Alter von 21 Jahren, das Interesse für Technik und mindestens ein guter Hauptschulabschluss. […]" Quelle: www.tagesschau.de/wirtschaft/bahn2.html, abgerufen am 15.09.2007
Strophe	Siehe Kompetenzbox S. 198	Siehe Kompetenzbox S. 198
Symbol	(= Sinnbild) Einem konkreten Gegenstand, der in einem literarischen Text genannt wird, kommt eine Bedeutung zu, die über ihn hinausweist. (Siehe Kompetenzbox S. 207, Literarische Texte verstehen)	Siehe Kompetenzbox S. 207, Literarische Texte verstehen
Trochäus	Bei diesem Versfuß ist die erste Silbe betont und die zweite unbetont.	„Tiefe Stille herrscht im Wasser,/Ohne Regung ruht das Meer" (Aus dem Gedicht „Meeresstille" von Johann Wolfgang von Goethe)
Umgangssprache	In alltäglichen Gesprächen verwenden wir in aller Regel die Umgangssprache, auch Alltagssprache genannt.	„Kannst du mal kurz kommen? Kannst du mir mal eben helfen?"
Vergleich	Zwei verschiedene Bedeutungsbereiche werden durch das Vergleichswort „wie" miteinander verknüpft. Dadurch werden die Gemeinsamkeiten zwischen den beiden Bereichen hervorgehoben.	„[…] als könnte sie ihn am ende/wie einen pickel ausdrücken" (Aus dem Gedicht „gänseblümchen" von Albert Ostermaier, siehe S. 204)
Vers	Siehe Kompetenzbox S. 198	Siehe Kompetenzbox S. 198
Wortspiel	Durch den Gebrauch von gleich oder ähnlich klingenden Wörtern wird häufig eine humorvolle Wirkung erzielt. Besonders in der Werbesprache werden gern Wörter mit mehreren Bedeutungen benutzt.	„Wer nichts wird, wird Wirt." „Mach es fertig. Bevor es dich fertigmacht." „Alles, außer gewöhnlich."

Rechtschreibung

REGELN	BEISPIELE
1 Jedem Vokal (Selbstlaut) und jedem Konsonanten (Mitlaut) sind im Deutschen grundsätzlich bestimmte Buchstaben zugeordnet.	*zuhören, dir*
Dies gilt auch für die Schreibung der meisten Fremdwörter.	*Risiko*
2 Vor l, m, n, r steht oft ein h, wenn der Vokal davor lang gesprochen wird.	*fa**h**ren, ne**h**men, Bo**h**rer*
3 Das lang gesprochene **i** wird in deutschen Wörtern meist **ie** geschrieben.	*s**ie**ben, sie l**ie**st*
Gleiches gilt für Fremdwörter auf **-ieren**. Sie werden immer mit „**ie**" geschrieben (auch die entsprechenden Substantive (Hauptwörter), die auf **-ierung** enden).	*inform**ie**ren, Regul**ie**rung*
4 Wenn auf einen kurzen, betonten Vokal (Selbstlaut) nur ein Konsonant folgt, wird dieser verdoppelt.	*ste**ll**en*
k- und z-Laute schreibt man nach kurzem, betontem Vokal (Selbstlaut) **ck** und **tz**.	*ba**ck**en, He**ck**e, se**tz**en, Bli**tz***
kk und **zz** gibt es nur in Fremdwörtern.	*A**kk**usativ, Ma**kk**aroni, Pi**zz**a, Ski**zz**e*
5 Substantive (Hauptwörter) auf **-in** und **-nis** verdoppeln das **-n** bzw. **-s** im Plural (Mehrzahl).	*die Ärzt**in** – die Ärzt**inn**en* *das Geheim**nis** – die Geheim**niss**e*
6 Nach einem kurzen Vokal (Selbstlaut) schreibt man den stimmlosen s-Laut mit **ss**.	*Flu**ss**, Ha**ss***
Der stimmlose (scharfe) s-Laut wird nach einem langen Vokal (Selbstlaut) oder Diphthong (Doppellaut) **ß** geschrie-ben.	*Spa**ß**, Strau**ß***
7 „**Das**" kann durch „dieses" oder „welches" ersetzt werden und bezieht sich meistens auf ein Substantiv (Hauptwort).	***das** Auto* = Artikel (Begleiter) *das Ziel, **das** er sich gesetzt hatte* = Relativpronomen (rück-bezügliches Fürwort) ***das** weiß ich nicht* = Demonstrativpronomen (= hinwei-sendes Fürwort)
„**Dass**" leitet einen Nebensatz ein, es kann nicht durch ein anderes Wort ersetzt werden. Es steht gelegentlich in Verbindung mit „so" oder „ohne".	*Ich weiß, **dass** sie nicht kommen kann.* *Er verlor das Gleichgewicht, **so dass**/**sodass** sie umfiel.* *Sie verschwand, **ohne dass** es jemand bemerkte.*

REGELN	BEISPIELE
8 Substantive (Hauptwörter) schreibt man mit großem Anfangsbuchstaben.	*Ausdauer, Verbesserung*
9 Am Satzanfang wird der erste Buchstabe großgeschrieben. Dies gilt auch nach einem Doppelpunkt.	*Ich muss zugeben: Wir lernten viel.*
10 Adjektive, Verben, Pronomen, Zahlwörter und andere Wortarten, die als Substantive (Hauptwörter) verwendet werden, schreibt man mit großen Anfangsbuchstaben.	*Dort wirst du viel Schönes erleben.* *Hier ist Rauchen verboten.* *Ich bot ihm das Du an.* *Jeder Dritte gewinnt.* *Sie erhält nur ein Viertel.*
11 Tageszeiten, die Substantive (Hauptwörter) sind, werden großgeschrieben.	*Am Abend bin ich meist zu müde, um zu lesen.* *Wir sehen uns heute* (= Adverb) *Abend* (= Substantiv). *Am Montagvormittag habe ich Zeit.*
Tageszeiten, die auf -s enden, werden kleingeschrieben.	*Lieber lese ich nachmittags.*
12 Die höflichen Anredepronomen (Anredefürwörter) „Sie" und „Ihr" und die flektierten (gebeugten) Formen „Ihnen", „Ihrem" usw. werden großgeschrieben.	*Wenn Sie ein Buch lesen, erschließt sich Ihnen eine ganze Welt.*
Das Anredepronomen „du" und seine abgeleiteten Formen werden kleingeschrieben. Im Brief kann man sie auch großschreiben.	
13 Namen von Straßen, Plätzen usw. schreibt man getrennt und groß,	
• wenn der erste Bestandteil ein Adjektiv (Eigenschaftswort) ist.	*Schmale Straße*
• wenn deren erster Bestandteil auf -er von Ortsbezeichnungen abgeleitet ist.	*Kieler Straße, Schwarzwälder Platz, Erfurter Allee*
Meistens aber werden Straßennamen zusammengeschrieben.	*Siemensstraße*
Besteht der Name aus mehreren Wörtern, werden Bindestriche gesetzt.	*Albrecht-Dürer-Weg*
14 Verben, die mit Adjektiven und Substantiven verbunden sind, werden zusammengeschrieben, wenn durch die Verbindung eine neue Bedeutung entsteht.	*schwerfallen* (= Mühe verursachen) *richtigstellen* (= einen Irrtum ausräumen)
Gleiches gilt für Verben, die mit „bleiben" oder „lassen" verbunden sind.	*liegenbleiben* (= unerledigt bleiben) *platzenlassen* (= ausfallen lassen)

REGELN	BEISPIELE
15	
Wortverbindungen mit „zusammen" werden meist zusammengeschrieben.	*zusammenhalten, zusammenkommen*
Getrennt werden diese Wortverbindungen dann geschrieben, wenn „zusammen" so viel wie „gemeinsam" oder „gleichzeitig" bedeutet.	*Sie können das Stück Weg nicht zusammen laufen.* („zusammen" = „gemeinsam")
Immer getrennt geschrieben wird die Verbindung von „zusammen" mit dem Verb „sein."	*Er möchte immer mit ihr zusammen sein.*
16	
Kardinalzahlen (Grundzahlen) unter einer Million und alle Ordinalzahlen (Ordnungszahlen) werden zusammengeschrieben.	*achtzehntausend* *einundzwanzigste*
17	
Zusammensetzungen mit Ziffern, Einzelbuchstaben und Abkürzungen schreibt man mit Bindestrich.	*5-mal, T-Shirt, Kfz-Mechaniker, Musik-CD, 17-jährig, die 17-Jährige*
Zur Hervorhebung einzelner Bestandteile von Zusammensetzungen kann ein Bindestrich gesetzt werden.	*Ich-Form* oder *Ichform*
In Aneinanderreihungen setzt man Bindestriche zwischen die einzelnen Wörter oder Ziffern.	*3-Zimmer-Wohnung, Mund-zu-Mund-Beatmung, zum Aus-der-Haut-Fahren*
18	
Wörter werden nach Sprechsilben getrennt.	*Bre-zel, ei-lig, Fens-ter, freund-lich, Ka-ta-log, Mee-re, rutsch-te, sit-zen*
Die Buchstabenfolgen ch, ck, rh, sch und th werden nicht getrennt, wenn sie als ein Laut gesprochen werden.	*la-chen, Brü-cke, Fla-sche, Stro-phe, Myr-rhe, Ca-shew-nuss, Diph-thong*
Zusammengesetzte Wörter und Wörter mit Vorsilbe werden nach ihren Bestandteilen getrennt.	*Dank-bar-keit, Bio-müll*
Fremdwörter können sowohl nach ihren Bestandteilen als auch nach ihren Sprechsilben getrennt werden.	*in-ter-es-sant* oder *in-te-res-sant*
Nicht abgetrennt wird ein einzelner Vokal am Anfang oder am Ende eines Wortes.	*Abend, Fei-er-abend, Aue, Kleie, Treue*
Trennungen, die beim Lesen in die Irre führen, sollte man vermeiden.	*Ur-einwohner* (nicht: *Urein-wohner*) *An-alphabet* (nicht: *Anal-phabet*)
19	
Der Apostroph (Auslassungszeichen) zeigt an, dass ein Buchstabe oder mehrere Buchstaben in einem Wort ausgelassen worden sind.	*„Ah, Sie sind's schon wieder!"* *„Ich hab's geahnt, dass Sie keine Zeit haben."*
Er wird auch genutzt, um den Genitiv (Wesfall) deutlich zu machen, falls am Wortende ein s, ss, ß, tz, z oder x steht.	*„Max' Bücher liegen wieder einmal zu Hause!"* *„Elias' Lösungsvorschläge waren auch sehr gut."*
Wenn eine Präposition (Verhältniswort) und ein Artikel (Geschlechtswort) miteinander verschmelzen, setzt man in der Regel keinen Apostroph.	*ins* (= „in das"), *ans* (= „an das"), *hinterm* (= „hinter dem"), *unterm* (= „unter dem")

Zeichensetzung

REGELN	BEISPIELE
20	
Am Schluss eines Aussagesatzes steht ein Punkt.	*Mein Kollege arbeitet noch.*
Kein Punkt steht nach Überschriften.	*Preise steigen nur langsam*
Aussagesätze können auch durch Komma oder Semikolon (Strichpunkt) getrennt werden, wenn man deren Zusammengehörigkeit betonen will.	*Die Angelegenheit ist erledigt; darum wollen wir nicht länger streiten.*
21	
Aufzählungen (einzelne Wörter, Wortgruppen, Teilsätze oder ganze Sätze) werden durch Komma abgetrennt.	*Der Kollege ist höflich, belastbar, flexibel.* *Die Praktikantin zeigt viel Engagement, hat großes Interesse an der Mitarbeit in unserem Betrieb, ist den Kolleginnen und Kollegen gegenüber sehr aufgeschlossen.* *Ihre Botschaft kam an, das spürte man.*
Sind die gleichrangigen Teilsätze, Wortgruppen oder Wörter durch „und“, „oder“, „beziehungsweise/bzw.“, „sowie“ (= „und“), „wie“ (= „und“), „entweder … oder“, „nicht … noch“, „sowohl … als (auch)“, „sowohl … wie (auch)“ oder durch „weder … noch“ verbunden, so setzt man kein Komma.	*Wir haben weder Zeit noch Geld.*
22	
Nebensätze werden von Hauptsätzen durch Komma abgetrennt.	*Das Buch,* ***das*** *du mir ausgeliehen* ***hast****, war sehr interessant.* *Ich habe es in zwei Tagen gelesen,* ***weil*** *es so spannend war.*
Nebensätze werden auch von anderen Nebensätzen durch Komma abgetrennt.	*Du weißt,* ***dass*** *ich solche Bücher mag,* ***obwohl*** *du mich sonst nicht so genau kennst.*
23	
Infinitivgruppen werden durch Komma abgetrennt, wenn sie • mit „als“, „anstatt“, „außer“, „ohne“, „statt“, „um“ eingeleitet werden, • von einem Substantiv abhängen, • mit einem hinweisenden Wort angekündigt oder wieder aufgenommen werden.	*Es gibt Schöneres,* ***als*** *hier Stunden* ***zu*** *warten.* ***Ohne*** *ihn an****zu****schauen, grüßte er nur beiläufig.* *Er kam,* ***um*** *sich aus****zu****sprechen.* *Es besteht die* ***Möglichkeit****, die Arbeit nachzuholen.* *Er neigt* ***dazu****, sich zu viel zuzumuten.*
Auch bei den übrigen Infinitivgruppen sowie erweiterten Partizipialgruppen empfiehlt es sich, ein Komma zu setzen, um Missverständnisse zu vermeiden.	
24	
Mehrteilige Zeit-, Datums- und Wohnungsangaben werden durch Komma getrennt.	*Wir sehen uns am Montag, dem 19. September, um 18:00 Uhr.* *Dienstag, den 16. Juni, 14:00 Uhr[,] findet die Sitzung statt.* *Sie wohnt in Wiesbaden, Mainzer Str. 17.*

REGELN	BEISPIELE
25 Entgegensetzungen, Zusätze und Nachträge werden durch Komma abgetrennt.	*Einerseits war er sehr freundlich, andererseits aber auch etwas seltsam.* *Die Klassensprecherin, eine begabte Rednerin, überzeugte alle.* *Es gab viel zu beschließen, z.B. die Höhe der Abgaben im nächsten Jahr.*
26 Beginn und Ende der wörtlichen Rede werden durch Anführungszeichen gekennzeichnet.	*Er fragte: „Wo ist das Protokoll der letzten Sitzung?“* *„Wo ist das Protokoll der letzten Sitzung?“, fragte er.*
Nach der wörtlichen Rede muss ein Komma stehen, wenn der Begleitsatz ganz oder teilweise folgt.	*„Ich bringe es Ihnen gleich zur Durchsicht“, antwortete Sven.*
27 Ein Zitat ist eine wörtliche Wiedergabe einer Textstelle oder einer Äußerung. Beim Zitieren ist Folgendes zu beachten: • Zitate müssen wörtlich, d.h. ohne sprachliche Veränderungen, wiedergegeben werden und stehen in Anführungszeichen.	***Originaltext:*** *Beispielsweise könnten gute Verhandlungspartner mehr Jahresurlaub durchsetzen.* ***Zitat:*** *Wer gut verhandelt, kann auch mal „mehr Jahresurlaub durchsetzen“.*
• Auslassungen werden durch eckige Klammern mit drei Punkten [...] gekennzeichnet.	*Es ist denkbar, dass „beispielsweise [...] gute Verhandlungspartner mehr Jahresurlaub durchsetzen“.*
• Am Ende eines Zitates gibt man in Klammern die Zeile (evtl. Seite) des Textes an, den man zitiert, bzw. bei Gedichten die Strophe (römische Zahlen) und den Vers (arabische Zahlen).	*„Wir sahen uns an“ (I, 3), heißt es am Ende der ersten Strophe.*
Das Einbinden eines Zitates in den eigenen Text mithilfe eines Begleitsatzes ist – wie bei der wörtlichen Rede – auf dreierlei Arten möglich.	*„Diese Informationen sind für mich sehr wichtig“, betonte er.* *Er betonte: „Diese Informationen sind für mich sehr wichtig.“* *„Diese Informationen“, betonte er, „sind für mich sehr wichtig.“*

Grammatik

WICHTIGE GRUNDBEGRIFFE		BEISPIELE
1 WORTARTEN		
Artikel (Geschlechtswort, Begleiter)	• bestimmter • unbestimmter	*der, die, das* *ein, eine, ein*
Substantiv (Hauptwort)		*Freude*
	• Maskulinum (männlich) • Femininum (weiblich) • Neutrum (sächlich)	*der Vortrag* *die Liebe* *das Wetter*
	• Singular (Einzahl) • Plural (Mehrzahl)	*der Vorwurf* *die Vorwürfe*
	• deklinieren (beugen) = in die Fälle setzen (Hauptwort: Deklination): 1. Fall – Nominativ (Wer? Was?) 2. Fall – Genitiv (Wessen?) 3. Fall – Dativ (Wem?) 4. Fall – Akkusativ (Wen? Was?)	 *das Gericht* *des Gerichts* *dem Gericht* *das Gericht*
	• substantivierte Wörter (Wörter, die vorher kein Substantiv waren)	*alles* ***Gute***
Pronomen (Fürwort)	u. a. • Personalpronomen • Possessivpronomen • Demonstrativpronomen • Relativpronomen • Interrogativpronomen	 *sie, ihm* *mein, dein* ***dieses*** *Verfahren* *das Wissen,* ***das*** *ich benötige* ***welches*** *Wissen?*
Adjektiv (Eigenschaftswort)	• regelmäßige Steigerung	*interessant, interessanter, am interessantesten*
	• unregelmäßige Steigerung	*gut, besser, am besten*
	In Vergleichen steht • nach dem Positiv (z. B. gut) „wie“,	 *„Die eine Nachrichtensendung ist so interessant* ***wie*** *die andere.“*
	• nach dem Komparativ (z. B. besser) „als“.	*„Die neue Internetseite ist interessanter* ***als*** *die alte.“*
Verb (Tätigkeitswort)	• Infinitiv (Grundform)	*gehen*
	• Zeitformen – Präsens (Gegenwart) – Präteritum (Vergangenheit) – Futur I (Zukunft) – Perfekt (vollendete Gegenwart)	 *sie lobt* *sie lobte* *sie wird loben* *sie hat gelobt*

WICHTIGE GRUNDBEGRIFFE		BEISPIELE
Verb (Forts.)	– Plusquamperfekt (vollendete Vergangenheit)	*sie hatte gelobt*
	– Futur II (vollendete Zukunft)	*sie wird gelobt haben*
	• Indikativ (Wirklichkeitsform)	*Er kommt sofort.*
	• Konjunktiv I (Möglichkeitsform)	*Er sagte, er komme sofort.*
	• Konjunktiv II (irreale Möglichkeitsform)	*Er sagte, er käme sofort …*
	• Aktiv (Tatform) Zeitformen (siehe S. 269)	*Sie befestigten die Sprossenwand.*
	• Passiv (Leideform) Zeitformen	*Die Sprossenwand wurde befestigt.*
	– Präsens (Gegenwart)	*sie wird gelobt*
	– Präteritum (Vergangenheit)	*sie wurde gelobt*
	– Futur I (Zukunft)	*sie wird gelobt werden*
	– Perfekt (vollendete Gegenwart)	*sie ist gelobt worden*
	– Plusquamperfekt (vollendete Vergangenheit)	*sie war gelobt worden*
	– Futur II (vollendete Zukunft)	*sie wird gelobt worden sein*
	• konjugieren (beugen); Substantiv: Konjugation	*ich gehe* *du gehst* *er, sie, es geht* *wir gehen* *ihr geht* *sie gehen*
	• Imperativ (Befehlsform)	*Geh!* *Geht! Gehen Sie!*
Konjunktion (Bindewort)		*da, obgleich,* *und, oder*
Präposition (Verhältniswort)		***auf** der Straße,* ***wegen** des schlechten Wetters*

2 SÄTZE

Was ist ein Satz?	Ein vollständiger Satz besteht mindestens aus Subjekt (Satzgegenstand) und Prädikat (Satzaussage). Erkennungsfrage nach dem Subjekt: Wer oder Was? Erkennungsfrage nach dem Prädikat: Was wird ausgesagt?	*Ich* (Subjekt) *tapeziere* (Prädikat).
	Meist sind die Sätze nicht so kurz, sondern enthalten u. a. auch Objekte (Satzergänzungen).	*Ich* (Subjekt/Satzgegenstand) *schenke* (Prädikat/Satzaussage) *dir* (Dativobjekt/Satzergänzung im 3. Fall) *das Buch* (Akkusativobjekt/Satzergänzung im 4. Fall).

WICHTIGE GRUNDBEGRIFFE		BEISPIELE
Was ist ein Satzgefüge?	Wird ein Hauptsatz mit einem oder mehreren Nebensätzen verbunden, spricht man von einem Satzgefüge. Die Sätze werden durch Komma getrennt.	*Wenn man jemanden namentlich anreden kann* (Nebensatz), *ist es immer von Vorteil* (Hauptsatz).
Woran erkennt man einen Nebensatz?	Der Nebensatz kann nicht alleine stehen. Er wird durch • eine Konjunktion oder • ein Fragewort oder • ein Relativpronomen eingeleitet.	 *weil* *warum* *den*

Sachregister

Bildquellenverzeichnis

Cover: Corbis (Darius Ramazani), Düsseldorf; **4.1** Klett-Archiv (Bub-Kalb, Esslingen), Stuttgart; **4.2** Klett-Archiv (David Ausserhofer), Stuttgart; **4.3** Klett-Archiv (Holger Hill, Reutlingen), Stuttgart; **4.4** Klett-Archiv (Holger Hill, Reutlingen), Stuttgart; **4.5** tabato/Image Source, Köln; **6** tabato/Image Source, Köln; **7.1** Klett-Archiv (Ulrich Mezger, Stuttgart), Stuttgart; **7.2** Klett-Archiv (Ulrich Mezger, Stuttgart), Stuttgart; **13** Klett-Archiv (Holger Hill, Reutlingen), Stuttgart; **14** Klett-Archiv (David Ausserhofer), Stuttgart; **14.1** Picture-Alliance (dpa/Oliver Berg), Frankfurt; **16.1** Mauritius Images (age), Mittenwald; **16.2** Corbis (zefa/Mika), Düsseldorf; **18** Klett-Archiv (Holger Hill, Reutlingen), Stuttgart; **21.1** iStockphoto (RF/Anita Patterson), Calgary, Alberta; **21.2** Modular (Steinle), Stuttgart; **23** CCC, www.c5.net (Gerhard Mester), Pfaffenhofen a.d. Ilm; **24** Fotosearch Stock Photography (Image Source/RF), Waukesha, WI; **26** Klett-Archiv (Holger Hill, Reutlingen), Stuttgart; **29** Klett-Archiv (Holger Hill, Reutlingen), Stuttgart; **30** Klett-Archiv (Holger Hill, Reutlingen), Stuttgart; **31.1** Klett-Archiv (Holger Hill, Reutlingen), Stuttgart; **31.2** Fotolia LLC (RF/Ron Burgundy), New York; **36** Imago (Kolvenbach), Berlin; **38** Klett-Archiv (Holger Hill, Reutlingen), Stuttgart; 39 Picture-Alliance (GLOBUS Infografik), Frankfurt; 40 Klett-Archiv (Holger Hill, Reutlingen), Stuttgart; **41** Picture-Alliance (GLOBUS Infografik), Frankfurt; **43.1** Picture-Alliance (dpa-infografik), Frankfurt; **43.2** Picture-Alliance (dpa-infografik), Frankfurt; **48.1** Klett-Archiv (Holger Hill, Reutlingen), Stuttgart; **48.2** Klett-Archiv (Holger Hill, Reutlingen), Stuttgart; **55.1** Klett-Archiv (Holger Hill, Reutlingen), Stuttgart; **58.1** iStockphoto (RF/Gingerich), Calgary, Alberta; **58.2** Ullstein Bild GmbH (Teich/Caro), Berlin; **59.1** Ullstein Bild GmbH (Becker & Bredel), Berlin; **59.2** Freelens Media GmbH (Alabiso), Hamburg; **62.2** Klett-Archiv (Bernd Kusber, Bremen), Stuttgart; **63.1** Klett-Archiv (Bernd Kusber, Bremen), Stuttgart; **63.3** Klett-Archiv (Bernd Kusber, Bremen), Stuttgart; **63.4** Klett-Archiv (Bernd Kusber, Bremen), Stuttgart; **63.5** Klett-Archiv (Bernd Kusber, Bremen), Stuttgart; **63.6** Klett-Archiv (Bernd Kusber, Bremen), Stuttgart; **63.7** Klett-Archiv (Bernd Kusber, Bremen), Stuttgart; **63.8** Klett-Archiv (Bernd Kusber, Bremen), Stuttgart; **63.9** Klett-Archiv (Bernd Kusber, Bremen), Stuttgart; **65** Bananastock, Watlington/Oxon; **67** Intro (David Ausserhofer), Berlin; **70** f1 online digitale Bildagentur (Paul), Frankfurt; **70.1** iStockphoto, Calgary, Alberta; **70.2** Imago, Berlin; **72** Photothek.net Gbr (Thomas Imo), Radevormwald; **73** Bundesagentur für Arbeit (Foto: Erich Malter, Erlangen), Nürnberg; **76.1** Mauritius Images (Workbookstock), Mittenwald; **76.2** Ullstein Bild GmbH (Sylent Press), Berlin; **77.1** Freelens Media GmbH (Kreutzer), Hamburg; **77.2** Mauritius Images (Peter Widmann), Mittenwald; **80.1** Klett-Archiv (Holger Hill, Reutlingen), Stuttgart; **80.2** Klett-Archiv (Holger Hill, Reutlingen), Stuttgart; **82** tabato/Image Source, Köln; **88** MARCO POLO, Paris (F. Bouillot); **92** Klett-Archiv (Holger Hill, Reutlingen), Stuttgart; **93.1** Corbis, Düsseldorf; **93.2** Okapia (H. Baesemann/UNEP/Still Pict), Frankfurt; **94** Klett-Archiv (Holger Hill, Reutlingen), Stuttgart; **98** Action Press GmbH (Langbehn), Hamburg; **99** Klett-Archiv (Holger Hill, Reutlingen), Stuttgart; **100** Klett-Archiv (Holger Hill, Reutlingen), Stuttgart; **102** Klett-Archiv (Holger Hill, Reutlingen), Stuttgart; **109** Getty Images (Bruce Laurance/Riser), München; **114** Mauritius Images (age fotostock), Mittenwald; **116** Picture-Alliance (dpa/Fotoreport), Frankfurt; **117** iStockphoto (RF/Amanda Grandfield), Calgary, Alberta; **118** Quelle: JIM 2009 © Landesanstalt für Kommunikation Baden-Württemberg (LFK), Stuttgart www.mpfs.de; **119** Mauritius Images (Boris Lehner), Mittenwald; **125.1** easy Whiteboard, GO Conference GmbH, Hochstr. 5, 57299 Burbach, www.go-conference.de; **125.2** easy Whiteboard, GO Conference GmbH, Hochstr. 5, 57299 Burbach, www.go-conference.de; 125.3 easy Whiteboard, GO Conference GmbH, Hochstr. 5, 57299 Burbach, www.go-conference.de; **126.1** Klett-Archiv (Holger Hill, Reutlingen), Stuttgart; **126.2** Klett-Archiv (Holger Hill, Reutlingen), Stuttgart; **126.3** Klett-Archiv (Holger Hill, Reutlingen), Stuttgart; **128** Intro (David Ausserhofer), Berlin; **131.2** Ullstein Bild GmbH (Lebrecht Music & Arts Photo Library), Berlin; **131.A** URW, Hamburg; **131.B** URW, Hamburg; **131.C** URW, Hamburg; **131.D** URW, Hamburg; **135** MEV Verlag GmbH, Augsburg; **137** Klett-Archiv (Holger Hill, Reutlingen), Stuttgart; **138.1** Klett-Archiv (Holger Hill, Reutlingen), Stuttgart; **138.2** Klett-Archiv (Holger Hill, Reutlingen), Stuttgart; **138.3** Klett-Archiv (Holger Hill, Reutlingen), Stuttgart; **146** Landesanstalt für Kommunikation Baden-Württemberg. www.mpfs.de/Sabine Feierabend/Thomas Rathgeb; **151** Klett-Archiv (Holger Hill, Reutlingen), Stuttgart; **152.1** zweitgeist GmbH, Hamburg; **152.2** zweitgeist GmbH, Hamburg; **152.3** zweitgeist GmbH, Hamburg; **152.4** zweitgeist GmbH, Hamburg; **152.5** zweitgeist GmbH, Hamburg; **155** Picture-Alliance (dpa/ZB/Ralf Hirschberger), Frankfurt; 156 Corbis (Image Source), Düsseldorf; **157** Mauritius Images (allOver), Mittenwald; **158** Avenue Images GmbH (Index Stock), Hamburg; **162.A** Klett-Archiv (Holger Hill, Reutlingen), Stuttgart; **162.B** Klett-Archiv (Holger Hill, Reutlingen), Stuttgart; **162.C** Klett-Archiv (Holger Hill, Reutlingen), Stuttgart; **162.D** Klett-Archiv (Holger Hill, Reutlingen), Stuttgart; **162.E** Klett-Archiv (Holger Hill, Reutlingen), Stuttgart; **162.F** Klett-Archiv (Holger Hill, Reutlingen), Stuttgart; **164.1** Keystone (Jochen Zick), Hamburg; **164.2** Mauritius Images (age), Mittenwald; **168** Argus (Mike Schroeder), Hamburg; **172** Fotosearch Stock Photography (Banana Stock), Waukesha, WI; **172** Corbis (zefa/Mika), Düsseldorf; **174** Klett-Archiv (Holger Hill,

Reutlingen), Stuttgart; **181** Ullstein Bild GmbH (AKG Pressebild), Berlin; **183** Ullstein Bild GmbH (Witters), Berlin; **186** Klett-Archiv (Katrin Schäflein), Stuttgart; **188** Klett-Archiv (Holger Hill, Reutlingen), Stuttgart; **190** Klett-Archiv (Holger Hill, Reutlingen), Stuttgart; **192** Klett-Archiv (Holger Hill, Reutlingen), Stuttgart; 200 Klett-Archiv (Holger Hill, Reutlingen), Stuttgart; **203** Getty Images (Pete Turner), München; **205** f1 online digitale Bildagentur (Beate Zoellner), Frankfurt; **207** f1 online digitale Bildagentur (bilderlounge), Frankfurt; **209** Mauritius Images (Fiona Fergusson), Mittenwald; **210** Ullstein Bild GmbH (Ulrich Niehoff/Imagebroker.net), Berlin; **213** aus: Bernhard Schlink, Der Vorleser Copyright © 1995 Diogenes Verlag AG Zürich; **214.oben** Interfoto, München; **214.unten** Interfoto, München; **218** Interfoto, München; **219** Interfoto (NG Collection), München; **220** Picture-Alliance (dpa), Frankfurt; **223** Picture-Alliance (dpa/Uwe Zucchi), Frankfurt; **224** Picture-Alliance (dpa/London Express), Frankfurt; **225** AKG, Berlin; **231.1** Corbis (Bettmann), Düsseldorf; **231.3** iStockphoto (clu), Calgary, Alberta; **231.4** Interfoto (Bildarchiv Hansmann), München; **231.5** Ullstein Bild GmbH, Berlin; **231.6** Ullstein Bild GmbH (Lebrecht Music & Arts Photo Library), Berlin; **231.7** Ullstein Bild GmbH (Würth GmbH/Swiridoff), Berlin; **231.8** Ullstein Bild GmbH (Hoppe), Berlin; **232** Goethe-Museum (Walter Klein), Düsseldorf; **233** Deutsches Theatermuseum (Archiv Hildegard Steinmetz), München; **239** © Michael Sowa, mit freundlicher Genehmigung des Antje Kunstmann Verlags/VG Bild-Kunst, Bonn 2010; **247** Klett-Archiv (Holger Hill, Reutlingen), Stuttgart; **250** Klett-Archiv (Holger Hill, Reutlingen), Stuttgart; 253.1A Ullstein Bild GmbH (Wodicka), Berlin; 253.1B tabato/Image Source, Köln; 253.2B f1 online digitale Bildagentur (I Love Images), Frankfurt; **253.3A** Klett-Archiv (Holger Hill, Reutlingen), Stuttgart; **253.3B** Klett-Archiv (Holger Hill, Reutlingen), Stuttgart; **253.4A** Klett-Archiv (Holger Hill, Reutlingen), Stuttgart; **253.4B** Klett-Archiv (Holger Hill, Reutlingen), Stuttgart; **253.5A** Klett-Archiv (Holger Hill, Reutlingen), Stuttgart; **253.5B** Klett-Archiv (Holger Hill, Reutlingen), Stuttgart; **258** Imago (Peter Widmann), Berlin

1. Auflage 1 5 4 3 2 1 | 2014 2013 2012 2011 2010

Alle Drucke dieser Auflage sind unverändert und können im Unterricht nebeneinander verwendet werden.
Die letzte Zahl bezeichnet das Jahr des Druckes.

www.klett.de

Redaktion: Andrea Höppner; Hanne Lier, Stuttgart
Herstellung: Sylvia Kusch, Carina Riehl
Umschlag und Layoutkonzeption: Petra Michel, one pm, Stuttgart
Satz: Markus Schmitz, Büro für typografische Dienstleistungen, Münster
Repro: Meyle + Müller, Medien-Management, Pforzheim
Druck: Offizin Andersen Nexö Leipzig GmbH

Printed in Germany

ISBN 978-3-12-804025-7

9 783128 040257